삼일신고
말씀

삼일신고 말씀

초판 1쇄 인쇄 2014년 8월 30일
초판 1쇄 발행 2014년 9월 5일

지은이 | 박길서 / 박수만 공저
펴낸이 | 金泰奉
펴낸곳 | 한솜미디어
등 록 | 제5-213호

편 집 | 박창서, 김수정
마케팅 | 김명준
홍 보 | 김태일

주 소 | (우143-200) 서울시 광진구 구의동 243-22
전 화 | (02)454-0492
팩 스 | (02)454-0493
이메일 hansom@hansom.co.kr
홈페이지 www.hansom.co.kr

값 20,000원
ISBN 978-89-5959-402-3 (03220)

*잘못 만들어진 책은 구입하신 서점에서 친절하게 바꿔드립니다.

삼일신고
말씀

박길서 / 박수만 공저

한솜미디어

| 머리말 |

  70년 전 우리나라의 경제생활과 문화수준은 어떠하였는가?
  일제의 압박에서 광복이 되었던 전후 시대는 허기진 배를 움크리고 어려운 생활을 하였다. 가난한 살림살이에 강냉이죽, 호박죽, 풀떼기죽, 개떡, 감자밥, 보리밥 등을 세끼도 못 먹고 두 끼로 또는 한 끼로 하루 식생활을 땜질하듯 살았다. 보릿고개를 걱정하며 살았던 세월도 불과 60년 전 일이다.
  조선시대를 생각해 보자.
  반상(班常)으로 나누어져 있었고 먹는 문제가 끊임없이 삶을 괴롭혀 왔다. 인간 대접을 받지 못하고 권세 앞에 오금을 제대로 펴지 못하고 때로는 억울한 일을 당하는 것도 비일비재하였다. 인권 존중이 어디 있었는가?
  '농자는 천하지대본'이라고 하였지만 농민은 배고프게 살았으며 사람대접도 받지 못하고 살았다. 만약 그 해에 흉년이라도 들었다면 그 생활상은 더욱 비참할 수밖에 없었다.
  이제 1천 년 전으로 거슬러 올라가 보자.
  그 당시 생활수준은 어느 정도였을까? 문화 수준은 어떠하였을까?
  또 반만년 전으로 거슬러 올라가 보자. 머리에 떠오르는 것은 미개인처럼 살았던 원시생활을 생각하게 된다.
  까마득한 옛날이다. 70년 전만 해도 그러한데 5천 년 전이면 형언키 어려울 정도로 어려운 환경 속에서 지극히 힘겨운 삶을 살았을 것이다. 이슬과 비를, 추위와 풍설을 어떻게 피하였을까? 온갖 짐승들을 어떻게 막고 살았을까? 살아남기조차 힘든 상황이었을 것이다. 머리는 산발한 귀신같았을 것이며 학교가 없으니 생각하는 것은 본능적 사고에

●●● 삼일신고 말씀

머물러 지극히 단순한 본능적 욕구를 위한 생활이 전부였을 것이다.
 그런데 말이다,
 자기 혼자도 살아가기 힘들었을 텐데 '홍익인간 재세이화'를 건국이념으로 나라를 세웠다면 이것이 가능하다고 생각하는가?
 사실역사였다면 이는 실로 위대한 역사적 사건이다. 고도의 정신문화 속에서만 탄생될 말씀이기 때문이다. 숭고하고 장엄한 역사적 사건으로 인식해야 하며, 그 당시 조상님들의 제반 상황을 심도 있게 탐구해 야 할 것이다. 최고의 물질문명과 최고의 학문 수준을 자랑하는 현시대보다 5천 년 전 우리 조상님들의 생각이 더 크고 높으니 말이다.
 이것을 알고 싶었다. 이 사실을 속 시원하게 알고 싶었다. 반만년 전에 고도의 정신문화세계를 가지고 실천했던 그 구체적인 제반 사실을 말이다.
 이 책에서 이러한 수수께끼가 풀리기를 바란다. 나아가 우리 조상님들의 참모습을 찾아 오늘의 우리를 찾아야 하고 내일의 천운을 가슴에 안을 수 있다면 참으로 좋지 않겠는가?

 사람들이 흔히 말하기를, 사람의 혼이 육체로부터 빠져나가면 그 사람은 죽는다고 한다.
 사람은 혼이 있을 때 사람으로서 무한한 가능성을 연출해 낼 수 있다. 가정도 마찬가지이고 민족도 마찬가지이다. 만약 혼이 그 민족으로부터 빠져나갔다면 그 민족은 이미 죽은 거나 다름없을 것이다. 그 민족은 지리멸렬될 수밖에 없을 것이다. 그 민족은 이미 존재할 기력이 없어졌으니 그때에 힘 있는 자가 와서 짓밟으면 그대로 짓밟히게 된다.

 이것은 남의 이야기가 아니다. 150년 전 우리나라의 모습이다. 우리나라 것은 무조건 천하게 생각하고 명나라 것을 세상 최고로 생각하여 하늘처럼 떠받들었다.

 만약 동학혁명이 성공했다면 우리 민족혼은 살았을 것이다. 우리나라 것은 천하게 생각하고 다른 나라 것만 숭상하다 보니 우리의 민족혼은 짓밟혀버렸다. 결국 강한 자에게 짓밟혀서 민족 최대 비극을 36년간 겪게 되었다.

 지금 누가 우리나라 전통적인 것을 천하게 여기고 있는가?
 지금 누가 우리나라 역사를 짓밟으려고 하는가?
 지금 누가 우리 민족의 혼을 질식시키려 하는가?
 소스라치는 놀라움에 가슴이 뛰며 형언할 수 없는 애감이 서린다. 나의 뿌리를 찾아야겠다. 우리 민족의 뿌리도 찾아야겠다. 홍익인간 재세이화의 민족혼을 찾아야겠다.

 역사 이래 한민족은 최고의 이상세계도 경험하였고 굴욕이라는 망국도 경험하였다. 3천 년 은둔했던 세월을 과감히 떨치고 새 역사 조류에 기지개를 켜고 21세기를 엮어나가야 한다.

 이 책이 민족 앞에 일조하기를 두 손 모아 빌고 빈다.

 지난 2011년 12월, 최재충 선생님의 『천부경』 해석을 알게 되었고, 그 뒤 2012년 6월 『삼일신고』가 한순간 눈에 들어와 다 이해할 수 있었다. 그 뒤 서울 연남동에서 소수에게 삼일신고를 강의하기 시작하였고, 모두가 감동을 받아 생각이 증폭되고 자연적으로 인격에 변화를 보이는 모습을 보았다.

  삼일신고가 위대한 말씀이라는 것을 깨닫고 어떻게 해야 이 소중한 삼일신고가 하늘의 뜻에 부합될 수 있을지 깊은 생각을 하게 되었다.

  삼일신고의 전파를 위한 모델을 먼저 만들어보자는 생각에 미칠 즈음, 지방을 택하여 준비된 사람을 찾아 돌아다녔다.

  이 책도 그 일환이 되었다. 먼저 이 책을 쓰도록 은혜를 주신 조상님께 엎드려 감사드린다. 또 그동안 민족의 사실역사를 찾아 험난한 길을 뚫고 노력해 오신 민족의 선각자 모든 분께 고개 숙여 감사를 올린다.

  또 특별한 인연으로 심정적인 맥락을 이어주시고 민족정신을 일깨워 주신 고 최재충 선생님께 고개 숙여 감사드린다.

  그리고 물심양면으로 밀어주시고 지켜보며 기도해 주신 박양서 큰형님과 이유를 묻지 않고 따라와 준 만서 아우님께 깊은 감사를 드리며 어려운 여건 속에서도 긍정적으로 생각하고 항상 함께하였던 고마쑥찜 회원과 삼일신고 연구회원에게 깊이 감사드린다.

  한편 삼일신고를 세계화하려는 마음으로 고심할 때 미국에서 큰 힘을 실어주었던 Bensman soyoung 님께 고마움을 전하며 모든 일들을 꼼꼼히 챙겨주신 한솜미디어 김태봉 대표와 편집팀에게 심심한 감사를 드린다.

  모든 분들께 낙락당(樂樂堂)으로 행복을 누리시길 간절히 빈다.

효선수림원에서
황반이 씁니다.

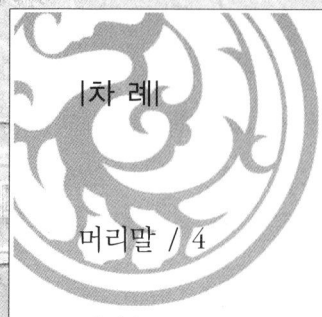

|차 례|

머리말 / 4

제1부 3중 구조

제1장 3중 구조와 30진법

제1절 2중 구조와 3중 구조
  1. 2분법과 2중 구조/ 16
  2. 3분법과 3중 구조/ 28

제2절 수의 세계
  1. 수의 본질/ 33
  2. 수의 생성원리/ 36
  3. 수의 질과 양의 개념/ 40

제3절 3중 구조와 30진법
  1. 3중 구조와 30진법/ 44
  2. 3차 분석의 숫자와 기호/ 52

제2장 3중 구조와 천부경

제1절 천부경의 개요
  1. 천부경의 가치/ 58
  2. 천부경의 종류/ 62
  3. 천부경의 유래/ 66

● ● ● 삼일신고 말씀

제2절 천부경의 해설
  1. 【1단】 일시무시일 석삼극 무진본/ 73
  2. 【2단】 천일일 지일이 인일삼 일적십거 무궤화삼/ 88
  3. 【3단】 천이삼 지이삼 인이삼 대삼합육 생칠팔구/ 101
  4. 【4단】 운삼사 성환 오칠일묘연 만왕만래 용변 부동본/ 109
  5. 【5단】 본심본 태양앙명 인중천지일 일종무종일/ 119

제3장 3중 구조와 인체 구조

제1절 사람의 몸
  1. 인체(人體)/ 126
  2. 인체의 구성/ 127
  3. 인체의 10계통/ 130

제2절 3중 구조와 인체
  1. 3중 구조와 인체/ 135

제3절 10개체와 인체/ 136

제4절 3중 구조와 36조직
  1. 36조직/ 137
  2. 10개체와 36조직/ 137
  3. 개체기관과 조직기관/ 140

제5절 내분비 계통
  1. 호르몬/ 165

제2부 삼일신고

제1장 삼일신고의 개요

제1절 삼일신고의 종류
  1. 고경각 신사기본/ 176
  2. 발해 석실본(渤海 石室本)/ 179
  3. 태백일사본(太白逸史本)/ 181

제2절 삼일신고의 유래
  1. 환웅시대/ 183
  2. 옛 조선시대/ 184
  3. 고구려시대/ 186
  4. 발해국시대/ 186
  5. 고려시대/ 187
  6. 조선시대/ 188
  7. 근세시대/ 188
  8. 백두산 이야기/ 189

제3절 삼일신고는 교화경
  1. 교화경(敎化經)/ 204

제2장 삼일신고 본문의 해설

제1절 천훈(天訓)/ 210
제2절 천훈에 대한 해설/ 213

제3절 천부경과 삼일신고의 연계성/ 237
제4절 신훈(神訓)/ 244
제5절 신훈에 대한 해설/ 247
제6절 천부경과 삼일신고의 연계성/ 261
제7절 천궁훈(天宮訓)/ 263
제8절 천궁훈에 대한 해설/ 266
제9절 천부경과 삼일신고의 연계성/ 279
제10절 세계훈(世界訓)/ 281
제11절 세계훈에 대한 해설/ 285
제12절 천부경과 삼일신고의 연계성/ 314
제13절 인간훈(人間訓)/ 316
제14절 인간훈에 대한 해설/ 323
제15절 천부경과 삼일신고의 연계성/ 394

제3장 가정에 대한 소고

제1절 가정에 대한 소고
  1. 부부/ 398
  2. 가정/ 398
  3. 부부살이의 4가지 형태/ 401
  4. 부부는 사랑 창조/ 402

부록/ 405

제 1 부

3중 구조

창조주의 창조 공식을 의미하는
천리 이치 제1공식은 3중 구조이다.
3중 구조는 매우 귀중하다.
또한 3중 구조에 탄성이 절로 나온다.
우리가 3중 구조를 이해할 수 있을 때
창조의 실상을 알게 된다.
이에 3중 구조를 먼저 꼭 알아야 하는 것은
3중 구조는 인간의 존재 의미와 인생의 궁극의 목적을
명쾌하게 정리할 수 있는 첫 관문이며 열쇠이기 때문이다.
삼일신고의 깨달음을 얻게 된 이유를 되돌아보니
필자는 반대말이 아닌 상대말로 보며
의식이 긍정적이고 3중 구조적인 마음을 가지고 있었기 때문이었다.
그리고 수의 생성과 전개는 최재충 선생님의 깨달음이었다.
선생님은 하늘나라로 가셨지만 서적은 남아 있어
삼일신고를 이해하는 데 큰 도움이 되므로
수의 세계에 대한 내용을 이곳에 옮겨놓았다.

제1장

3중 구조와 30진법

제1절 2중 구조와 3중 구조

1. 2분법과 2중 구조
1) 음양론

음양론이란 자연 속에는 음과 양이 존재하고 있으며 음양의 이치에 따라서 작용하고 있는 것을 말한다. 일상생활에서 사용되고 있는 음양에 대한 내용들을 살펴본다.

하늘은 양이고 땅은 음이다.
육지는 양이고 바다는 음이다.
낮은 양이고 밤은 음이다.
새벽은 양이고 저녁은 음이다.
봄은 양이고 가을은 음이다.
여름은 양이고 겨울은 음이다.
남자는 양이고 여자는 음이다.
아버지는 양이고 어머니는 음이다.
부모는 양이고 자녀는 음이다.
선생은 양이고 학생은 음이다.
남편은 양이고 아내는 음이다.
소년은 양이고 노인은 음이다.
앞은 양이고 뒤는 음이다.
위는 양이고 아래는 음이다.

밖(외부)은 양이고 안(내부)은 음이다.
찬성은 양이고 반대는 음이다.
원인은 양이고 결과는 음이다.
주체는 양이고 대상은 음이다.
마음은 양이고 몸은 음이다.
오른쪽은 양이고 왼쪽은 음이다.
등은 양이고 배는 음이다.
손등은 양이고 손바닥은 음이다.
형님은 양이고 동생은 음이다.
시작은 양이고 끝은 음이다.
기쁨은 양이고 슬픔은 음이다.
웃음은 양이고 눈물은 음이다.
희망은 양이고 절망은 음이다.
오르막은 양이고 내리막은 음이다.
움직임은 양이고 정지는 음이다.
물질은 양이고 공간은 음이다.
공격은 양이고 수비는 음이다.
부자는 양이고 거지는 음이다.
여당은 양이고 야당은 음이다.

2) 흑백론

중국에서는 음양론이 나왔고 서양에서는 흑백논리가 나왔다.

사느냐 아니면 죽느냐
흑(黑)인가 아니면 백(白)인가
찬성인가 아니면 반대인가

맞았는가 아니면 틀렸는가
O인가 아니면 ×인가
이익인가 아니면 손해인가
지배하느냐 아니면 지배받느냐
평화인가 아니면 전쟁인가
자유인가 아니면 구속인가
성공인가 아니면 실패인가
행복인가 아니면 불행인가
민주주의인가 아니면 공산주의인가

흑백론은 이것이냐 아니면 저것이냐 하면서 양자택일하는 것으로 단순하게 결정지어버리는 논리이다.

오랜 세월이 흐르면서 사람들은 이와 같이 습관화되고 제도화되었으며 나아가 법규까지 만들어버렸다. 그에 따라 당연하게 이런 틀 안에서 줄곧 살아왔다.

3) 반대말

반대란 두 사물의 목적과 방향이 서로 맞서서 다른 것으로 아주 상반된 것이다. 또 남의 말을 뒤집어 거스르는 것을 말한다. 곧 두 존재가 목적이 서로 반대이고 방향이 서로 반대로 향하는 것을 말하는 것이다.

초등학교 2~3학년부터 국어시간에 비슷한 말과 반대말을 배우게 된다. 학생들은 국어책과 선생님이 가르쳐주는 대로 배우고 머릿속에 그대로 입력되어 평생을 그렇게 살아가게 된다.

초등학교에서 반대말에 대한 공부를 이렇게 하였다.

하늘의 반대는 땅이다.

육지의 반대는 바다이다.
봄의 반대는 가을이다.
여름의 반대는 겨울이다.
낮의 반대는 밤이다.
새벽의 반대는 저녁이다.
남자의 반대는 여자이다.
아버지의 반대는 어머니이다.
부모의 반대는 자녀이다.
선생의 반대는 학생이다.
남편의 반대는 아내이다.
소년의 반대는 노인이다.
앞의 반대는 뒤다.
위의 반대는 아래다.
밖(외부)의 반대는 안(내부)이다.
양의 반대는 음이다.
찬성의 반대는 반대이다.
원인의 반대는 결과이다.
주체의 반대는 대상이다.
마음의 반대는 몸이다.
오른쪽의 반대는 왼쪽이다.
등의 반대는 배이다.
손등의 반대는 손바닥이다.
형님의 반대는 동생이다.
시작의 반대는 끝이다.
기쁨의 반대는 슬픔이다.
웃음의 반대는 눈물이다.

희망의 반대는 절망이다.
오르막의 반대는 내리막이다.
움직임의 반대는 정지다.
시간의 반대는 공간이다.
공격의 반대는 수비이다.
부자의 반대는 거지다.
여당의 반대는 야당이다.

4) 모순성

그동안 어렸을 때부터 익혀온 것이기에 별다른 생각 없이 자연스럽게 반대말을 받아들이고 또 이를 그냥 사용하였다. 그런데 조금만 생각해 보면 모순되고 난처한 점이 발견된다. 반대말에는 모순이 있다.

하늘의 반대는 땅이고
육지의 반대는 바다이고
흙의 반대는 물이다.

땅과 육지와 흙의 공통점은 모두가 땅과 관계하는 말이다.
땅과 흙은 비슷한 말이다. 그런데 땅과 흙은 다르게 쓰이고 있다. 반대말은 큰 차이를 이룬다. 땅의 반대가 하늘이고 흙의 반대가 물이라면 하늘과 물은 비슷한 내용의 말이든가 아니면 동일한 뜻이 있는 말이 되어야 한다.
단어의 기준을 어디에 두었을까?

반대말이란 두 사물의 목적과 방향이 맞서 있는 상반관계라고 하였다. 반대말을 생각하면 목적이 다른 두 존재가 팽팽한 대립관계를 갖고 긴장하고 있음을 생각하게 된다.

반대말 속에는 결코 두 존재가 하나로 될 수 없고 대립하고 있으니 싸움을 추구하게 되는 것이다. 반대관계는 항상 투쟁하고 싸우는 관계이다.

반대라는 의식이 빚어낸 결과는 투쟁하는 모습이다. 정치에서 여당과 야당은 반대말인 것처럼 서로 반대관계이니까 서로 대립하여 싸우고 투쟁을 추구한다.

그러나 여당과 야당을 만들어 세운 근본 이유를 살펴보면, 국민과 국가를 위해 정치가로서 일하라고 국민이 국회의원을 선출하여 만들어 놓은 것이다. 여당과 야당이 대립 투쟁하거나 싸움을 하라고 선출한 것이 아니다. 그런데 국회의원은 여당과 야당이라는 편을 만들어 싸움을 일삼고 있으니 이는 근본 이유를 망각하는 결과가 되었다. 이것이 모순됨이다.

가정에서는 남편과 아내가 반대말이다. 서로 반대관계이니까 남편과 아내는 하나 되기보다는 항상 대립하고 싸우게 된다. 부부싸움을 당연한 것처럼 생각한다. 팽팽한 관계가 유지되다가 때로는 싸우고 때로는 이혼도 한다. 이혼도 당연한 것이라고 말하며 흔한 다반사가 되었다.

그러나 근본으로 돌아가 보면 남녀가 만나서 사랑하고 가정을 이루자며 결혼하고 영원히 살겠다고 약속하여 시작된 부부였다. 그런데 근본 이유를 망각하고 부부싸움을 하는 일이 많고 이혼도 많이 한다. 이것도 앞뒤가 맞지 않는 모순이다.

5) 대안

앞의 모순에 대한 대안은 무엇인가?

천리 이치를 기준으로 판단하여야 하고 나아가 이것을 실용하여야 한다. 천리 이치 입장에서 펼쳐보면 자연은 반대말이 하나도 없다. 반대말로 생각하는 것에서부터 잘못되었다.

자연 속에서는 두 사물이 목적과 방향을 서로 달리하는 존재가 하나도 없다는 것이다. 자연은 반대말처럼 적대적 관계를 가지고 있는 것이 하나도 없으며, 팽팽한 대립관계로 투쟁을 추구하는 것이 하나도 없다. 자연은 오직 천리 이치대로 끝없이 순환하고 반복하며 균형과 조화를 이루며 흐르고 있는 것이 사실이다.

여름과 가을은 반대적 대립관계가 아니라 순환하고 있는 것이다.
낮과 밤은 반대적 대립관계가 아니라 순환하고 있는 것이다.
남편과 아내는 반대적 대립관계가 아니라 가정을 이루는 데 꼭 필요한 상대관계이다.
아버지와 어머니는 반대적 대립관계가 아니라 가족을 형성하는 데 반드시 필요한 상대관계이다.
선생님과 학생은 반대적 대립관계가 아니라 배움을 이루는 데 꼭 필요한 상대관계이다.
하늘과 땅은 지구를 구성하는 데 꼭 있어야만 되는 절대적 필요한 존재이다. 하늘이 없는 지구는 있을 수 없고 또 땅이 없는 지구는 존재 자체가 성립될 수 없다. 육지와 바다도 지구를 존재케 하는 절대적 필요 존재이다.
그러므로 하늘이나 땅이나 물은 지구를 형성하는 데 반드시 있어야 할 구성물이므로 반대말이 아니다.
반대말이라는 단어를 인간이 인위적으로 만들어 쓰는 것은 인간을 미혹하는 말이 되었다. 인간이 자연을 반대로 구분 지어 생각하는 것은 엄청난 큰 오류를 범하고 있는 것이다. 자연은 반대말로 이루어진 것이 하나도 없다. 자연을 반대말로 생각하는 것은 큰 착각을 하고 있는 것이다. 심하게 말하면 인간을 거짓말로 미혹시키는 사도(詐道)의 말이다.

그렇다면 대안은 무엇인가?
자연은 근본으로 돌아가서 천리 이치를 기준으로 생각하면 된다.
상대말이라는 것이 있다. 상대란 입장이 서로 다르더라도 동일한 목적이 있고 그 목적을 향하여 같은 방향을 추구해 가며 서로가 서로를 필요로 하는 관계를 말한다.
자연에서는 모두가 다 상대관계로 존재하고 상대관계로 작용하며 상대적으로 존속되고 있으니 자연 모두가 상대말뿐이다. 반대말은 하나도 없다.

하늘과 땅은 상대말이다.
육지와 바다는 상대말이다.
봄과 가을은 상대말이다.
여름과 겨울은 상대말이다.
낮과 밤은 상대말이다.
새벽과 저녁은 상대말이다.
남자와 여자는 상대말이다.
아버지와 어머니는 상대말이다.
부모와 자녀는 상대말이다.
선생과 학생은 상대말이다.
남편과 아내는 상대말이다.
소년과 노인은 상대말이다.
앞과 뒤는 상대말이다.
위와 아래는 상대말이다.

밖(외부)과 안(내부)은 상대말이다.
양과 음은 상대말이다.
찬성과 반대는 상대말이다.
원인과 결과는 상대말이다.
주체와 대상은 상대말이다.
마음과 몸은 상대말이다.
오른쪽과 왼쪽은 상대말이다.
등과 배는 상대말이다.
손등과 손바닥은 상대말이다.
형님과 동생은 상대말이다.
시작과 결과는 상대말이다.
기쁨과 슬픔은 상대말이다.
웃음과 눈물은 상대말이다.
희망과 절망은 상대말이다.
오르막과 내리막은 상대말이다.
움직임과 정지는 상대말이다.
시간과 공간은 상대말이다.
공격과 수비는 상대말이다.
부자와 거지는 상대말이다.
여당과 야당은 상대말이다.

이렇게 자연은 모두가 상대관계를 이루고 있으니 모두가 상대말이 되며 반대된 관계는 하나도 없다. 반대말은 오직 인간에게만 있다.

선과 악은 반대이다.
순천과 역천은 반대이다.

6) 거짓 문화

거짓말을 하면 양심이 가책을 받으므로 스스로 부끄럽게 생각한다. 거짓말을 들으면 마음이 속상해지고 상대방을 믿을 수 없게 된다. 거짓말의 결과는 괴로움과 불신과 슬픔을 만들어낸다.

천리 이치를 역행하면 앙화가 닥쳐온다. 그래서 '순천자는 흥하고 역천자는 망한다'고 하였다.

그동안 우리는 상대말과 반대말을 혼동함으로 말미암아 큰 손해를 보고있다. 금전으로 계산하면 돈으로 환산할 수 없는 엄청난 금액의 피해를 입고 있는 것이다.

인간은 반대라는 말만 들어도 피곤해지고 스트레스가 생긴다. 괴롭고 짜증이 일어난다. 가는 길이 가시밭길이 된다. 그러나 상대적이라는 말은 필요한 존재이니 말만 들어도 궁금하고 그립고 보고 싶은 것이다. 희망과 기쁨을 만들어주는 말이다. 세월이 흐를수록 더 좋아지고 더 큰 기쁨이 만들어진다.

남편과 아내는 상대말인데 반대말로 생각하므로 말미암아 결과적으로 얼마나 큰 피해를 당하고 있는가?

부부관계를 상대적으로 생각하는 남편과 아내는 가정과 사랑을 위해서 꼭 있어야 하는 절대적 필요 존재로 생각하는 인격을 갖게 된다. 그래서 부부는 처음부터 상대적 존재이니 대립할 이유가 하나도 없으며 대립할 생각조차도 일어나지 않고 헤어짐은 상상조차도 하지 않는다. 오직 가정을 위해서 바르게 무엇을 할 것인지 생각할 뿐이다. 사랑을 위해서 만났고 한 지붕 밑에서 한 이불을 덮고 살아가는 사이로써 서로 서로 귀하게 상대적으로 생각하니 서로 위해 주고 서로 아껴주게 된다. 그래서 부부는 행복하고 즐겁게 살아간다.

이에 반하여 남편과 아내가 반대라고 생각하면 반대하는 인격을 만들어 살게 되니 부부는 처음부터 반대적 존재로 잠재의식이 형성되어 있어서 생각하는 것도 반대이고 하는 일도 반대이고 인격도 반대적으로 산다. 죽을 때도 혼자 죽으니 내 인생은 내가 가는 것이라고 생각하며 너는 너고 나는 나로서 살아가야 한다고 생각한다. 내 돈은 내 것이고 네 돈은 네 것으로 각각 자기 마음대로 살자고 생각한다. 이것을 당연하다고 생각하니 개선될 수가 없다. 그래서 부부는 각자의 인격체로 서로 간에 대립하고 싸우고 심하면 이혼까지 서슴없이 해버리는 인생이 되어간다. 이러한 생각 때문에 인생살이가 힘들게 되고 부부 갈등으로 이혼하여 가정이 깨지고 결국 인생이 망가지는 일을 당하는데 이것을 돈으로 환산할 수 있는가?

정치를 하는 국회에는 여당과 야당이 있다. 여당의 반대는 야당이라는 잠재의식이 있기에 서로 반대적 존재이니 대립하고 싸우게 된다. 여기에 당리당략과 이기적인 야욕까지 합쳐져서 거짓, 이권, 비리, 음모, 술수 등이 무수하게 넘치고 있다. 이 피해를 돈으로 환산할 수 있는가?

그런데 여당과 야당을 반대말이 아닌 상대말로 생각해 보자.

여당과 야당은 상대말로서 국가와 국민을 위해서 완급을 조율하고 공익을 우선하는 정치인이 될 것이다. 사리사욕을 취하지 않는 공인으로 여야가 국가를 위하여 서로가 필요한 상대적 정치인으로 대한다면 싸움이 일어날 수가 없다.

모든 사람이 하는 일은 그 사람의 인격에 비례하는 결과로 만들어진다. 상대관계로 만나면 토론이 되지만 반대관계로 만나면 싸움이 일어나는 것이다.

7) 2중 구조

2중 구조라는 말을 들으면 먼저 생각나는 것은 프라이팬의 코팅이 2중 구조로 되어 있는 것이다. 요즈음은 이것이 발전하여 3중 4중 코팅 처리가 되었다. 또 방수복이나 잠바도 2중 처리되어 매우 효과적이며 실용적으로 되어있다. 이렇게 2중 구조란 생활용품의 두께를 다룰 때 흔히 듣는 말이다.

사람들은 그동안 음양론, 흑백론, 반대말 등의 영향을 받아서 피조 세계를 말할 때도 무형세계와 유형세계 두 가지로 구분하고, 학문을 말할 때도 형이상학과 형이하학 두 가지로 구분하였다. 이에 따라 인간을 말할 때도 정신과 육체 또는 맘과 몸으로 구분하였다. 이것은 2중 구조적 생각인 것이다. 곧 세계는 2중 구조인 무형세계와 유형세계로 되어 있으며 인간도 2중 구조인 정신과 육체로 되어 있다는 것이다.

우리가 흔히 쓰는 일상생활의 말에도 사람을 2분법으로 판단하여 정신과 육체만을 생각하여 이렇게 말을 한다.

사람은 정신과 육체가 모두 건강한가?

인격자는 언행일치(言行一致)를 하는 사람이야!

얼굴도 예쁘지만 맘도 예쁜 사람이야!

이렇게 인간을 정신과 육체라는 2중 구조로 생각하고 말도 그렇게 한다. 누구나 다 이러한 생활에 젖어서 살아가고 있다. 너무도 당연한 말이기에 달리 생각하지 않으며 문제라고 생각조차 해보지도 않고 살아가고 있다.

그냥 2분법과 2중 구조에 습관화되었다. 그러므로 사람이 생각하는 것이나 표현하는 것이나 심지어 병을 치료하는 것도 모두가 2중 구조식으로 생활하며 살아가고 있다.

2. 3분법과 3중 구조

1) 3분법

우리 민족은 3수를 좋아하므로 3수에 대한 설명이 필요 없으리라 본다. 3분법이란 전체를 세 부분으로 나누어보는 것이다.

3분법으로 나누어져 있는 3수를 살펴보자.

물체의 가로 세로 높이
위치의 상 중 하
사건은 원인 과정 결과
논문은 서론 본론 결론
투표는 찬성 반대 기권
국가는 입법 사법 행정
사람은 머리 가슴 배
기독교는 성부 성자 성신
불교는 법신 보신 화신
우주의 구조는 천 지 인
등등 수없이 많다.

2분으로 보면 싸움이 될 것을 3분으로 보면 화해가 되고 안정이 된다. 우리나라에 유명한 이기론(理氣論)의 일화가 있다. 이퇴계 선생은 이(理)에서 기(氣)가 나온다고 이발기설(理發氣說)을 주장하였는데 이에 기고봉 선생은 기에서 이가 나온다고 기발이설(氣發理說)을 주장하였다. 이에 대하여 이율곡 선생은 이가 올라타 있는 기에서 시작한다고 이승기발(理乘氣發)을 말함으로 이기론의 논쟁이 조용해졌다.

2) 2점과 3점의 차이

두 점을 찍어놓고 서로를 이으면 직선이 만들어진다. 그러나 세 점을 찍어놓고 직선으로 이으면 삼각형이 만들어진다. 또 세 점을 곡선으로 이으면 원형도 만들 수 있다.

직선을 보면서 느끼는 감정은 끝없이 뻗어나갈 수 있는 무한의 힘이다. 직선에서도 가로로 그려진 직선은 끝없이 이어가고 끝없이 벌어짐을 느낀다.

수직으로 그려진 직선은 끝없이 솟구쳐 올라가며 끝없이 경쟁하는 것을 느낀다. 직선상에서 끝없는 생각은 끝없는 소유 욕심으로 커진다. 돈을 벌어도 끝없이 벌어야 하고 돈을 가져도 끝없이 소유하려 하기 때문에 끝없는 몸부림이 이루어진다.

2점을 이으면,

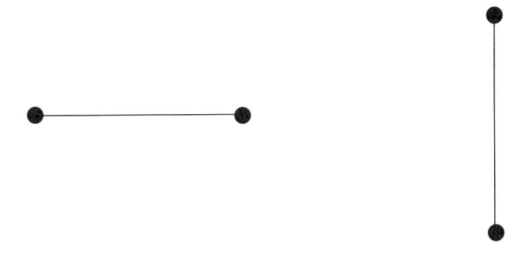

끝없는 경쟁과 비교는 불신을 불러오고 자신을 피곤하게 만든다. 경쟁이 심해지면 싸움을 불러오며 평화가 깨지고 불안정 속으로 빠져들어간다. 모든 것이 결국 스트레스로 변하여 고통과 괴로움으로 변한다.

이렇게 직선상에서 느끼는 파생 결과는 전진, 경쟁, 전쟁 등이 일어나게 된다.

두 개의 점은 직선을 만들어내고, 인간의 2분법 생각은 끝없는 스트레스를 만들면서 살아가는 인생을 만들어간다. '인생은 고해이다'라는 고통과 불행은 2분법이 만들어낸 결과물이다.
　반면 삼각형은 공간적인 것을 느끼며 항상 안정감이 있다. 또 원형은 돌고 도는 평등이나 영원, 평화, 사랑 등을 느낀다.

　3점을 이으면,

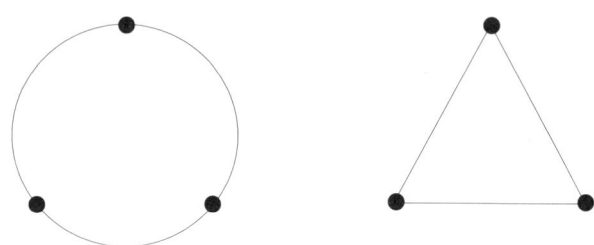

　삼각형이나 원형이 만든 결과는 안정과 평화와 사랑이다. 원형은 모남이 없으며 찌르는 것이 없기에 상처가 생기지 않고 원만하게 돌아가니 화목하며 평화가 이루어진다. 돌고 돌아가니 위아래가 없고 차별이 없는 평등과 조화가 이루어진다. 서로가 좋으니 같이 기쁘고 같이 행복한 모습으로 상생이 되고 사랑이 되어 영원성이 일어난다.
　그러므로 세 점이 만나서 이루는 원형은 스트레스가 아닌 평등과 평화와 사랑을 만들어가는 인생이 된다. 우리 민족이 3수를 좋아하면서 행복지수가 낮은 것은 3수의 문화를 일구어내지 못하고 3수를 실용하지 않았음은 아닐까?

3) 3중 구조

　사람들이 3중 구조를 잘 이해하지 못하는 것은 상식적인 2중 구조를 많이 생각하고 있기 때문이다.
　그런데 천주는 3중 구조로 되어 있다.
　인간도 3중 구조로 되어 있다.

우리나라를 살펴보면 우리나라의 3기관은 입법부·행정부·사법부이다.

우리나라에서 행정부의 행정 구조를 보면 국가수반을 정점으로 하여 총리와 각부 장관이 있고, 직할시와 도 — 시군구 — 읍면동 — 리통반의 조직으로 이루어져 있다. 입법부의 입법 구조를 보면 국회의장을 정점으로 국회의 국회의원이 있고, 각 정당의 도지부 — 시군구지부가 있다. 사법부의 사법 구조를 보면 대법원장을 정점으로 대법원이 있고 고등법원이 있고 지방법원이 있다.

국가는 구조적으로 보면 행정 구조망과 입법 구조망과 사법 구조망으로 된 3중 구조를 복합적으로 이루고 있다.

또 3중 구조로 되어 있는 것으로 우리말이 있다. 한말(한국말을 주시경 선생이 처음으로 당시에 사용하고 있던 국어(國語)를 순수한 우리말의 표현으로 '한말'로 번역하고, 국문(國文)을 '한글'로 표현하였다)이 3중 구조로 되어 있다.

우리말과 한글은 초성, 중성, 종성으로 된 3중 구조이다.

초성(처음소리)이 19개,

중성(가운뎃소리)이 21개,

종성(끝소리)이 28개 있다.

'김' 하면 초성은 ㄱ, 중성은 ㅣ, 종성은 ㅁ이지만 한꺼번에 김이라고 말한다. 우리는 '그- 이- 므-'를 한번에 '김'으로 된 우리말을 사용하게 되었다. 이것이 3중 구조로 되어 있는 말이다.

우리나라 말이 3중 구조로 된 과정을 생각해 보면 처음엔 말이 아닌 소리만 있었을 것이다. 원시인은 맨 처음에는 오늘날과 같은 말을 못하고 지극히 단순한 소리를 질렀다.

"아~", "어어~"

마치 타잔처럼 "아아아아~"

그러다가 "아바, 어마" 하면서 점점 발달하여 오늘날처럼 초성 중성 종성의 3중 구조적인 '아버님, 어머님' 이런 말이 되었다.

대우주는 원래 3중 구조로 창조되었다. 하느님은 처음부터 대우주를 3중 구조로 만들었다. 곧 대우주는 하늘과 땅과 사람이라는 3중 구조로 만들었다. 이에 소우주인 사람도 3중 구조로 만들어진 것이다. 곧 인간은 얼, 몸, 맘으로 된 3중 구조의 존재이다.

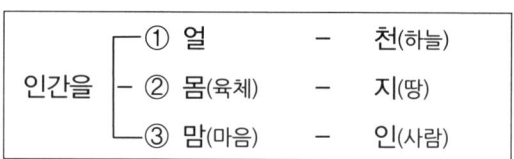

얼에 대한 내용은 뒤쪽 제5훈 인간훈에서 설명한다.

제2절 수의 세계

1. 수의 본질

자연의 본질과 수(數)의 본질은 어떤 관계가 있을까?

자연의 본질과 수의 본질은 글자는 다르지만 내용 면에서는 같은 공통점이 있다. 곧 자연이 존재하고 있는 것이라면 수는 존재 속에 있는 성격과 같은 것이다. 왜냐하면 수는 공간이나 물질이나 시간의 성격을 규정하고 있기 때문이다. 수는 자연 속에 내재하고 있는 성격이다.

우리 인간은 잉태되면서부터 죽을 때까지 수의 제약에서 벗어날 수 없다. 인간의 생멸시종(生滅始終)이 모두 수의 개념이다. 나이도 수를 더해 가면서 세는 것이다. 신장, 체중, 맥박, 시력 등 모든 것이 수로 표현된다.

자연이나 우주 등 모든 사물이 있는 곳에는 반드시 수가 들어 있다. 그러므로 수는 모든 사물의 속성이며 무형의 내면세계이다.

그래서 수는 존재를 뜻한다. 수는 존재물과 더불어 존재하는 속성적 개념이다.

또 수의 본질세계는 무한한 것이어서 그 정확한 이해는 수의 구상성과 추상성 또는 양과 질의 양면에서 추구해 보지 않으면 안 될 것이다.

수는 '헤아림'과 '쓰임'으로써 가치를 일컫게 되며, 양과 질의 관계에 의한 가치의 척도가 만들어진다.

또한 수가 존재의 의미로서 가치 구조를 지니기 위해서는 다음의 요소를 구비하지 않으면 안 된다.

첫째, 목적이 있어야 한다. 자연계의 존재와 변화가 아무런 목적성이 없는 것이라면, 질서와 조화가 이루어질 수 없는 것이며 모든 것은 무의미해진다.

삼라만상이 변화해 가는 모습은 그저 변화되어 가는 것이 아니라 그 어떤 목적을 향하고 또 그 방향으로 진행하는 것이다. 보다 높은 차원을 향하여 완벽한 설정과 계획에 의해서 일관성 있게 진행하고 있는 것이다.

수의 법칙 속에서는 시공간의 진행에 의한 우주의 목적성과 필연성을 담고 있다. 모든 자연의 변화운동을 어떠한 목적을 향한 발전적 전개로 보는 이유는 수의 진행법칙이 이것을 시사하고 있기 때문이다.

현상계에 존재하는 모든 것은 그 어떤 최고 가치의 구현을 위한 창조적 목적에 의하지 않은 것이 하나도 없다.

존재하는 모든 것은 다 존재 목적이 있다. 존재 목적이 없는 것은 가치의 부재이며 가치의 상실이다. 곧 무가치의 존재로 전락한다. 사물이 존재 목적을 상실하면 그것은 마치 쓰레기와 같이 버려지게 된다.

볼펜은 글씨를 쓰는 것이 볼펜의 존재 목적이다. 그런데 글씨가 안 써진다면 그 볼펜은 쓰레기통에 버리게 된다. 존재 목적이 상실하여 존재할 가치가 없는 물건들은 쓸모없는 쓰레기가 된다.

우주가 존재하는 것도 존재하여야 할 목적이 있기 때문이다. 결론적으로 우주는 구조, 질서, 변화에 의해서 존재하는 목적성의 통일체이며 우주 그 자체가 지대한 하나의 유기적인 가치 체계인 것이다. 그러므로 우주 속에 내재하는 수는 우주의 존재 목적과 동일하게 존재하고 있는 것이다.

둘째, 존재물은 개체와 전체가 함수관계에 의해 성립됨으로써 서로 수수작용(授受作用)을 하는 유기체이며 통일된 하나의 합목적인 존재이여야 한다.

개체 존재는 전체 존재 속에 있고, 전체 존재는 개체 존재의 통합으로 구성되므로 개체 없는 전체나 전체 없는 개체는 모두 있을 수 없다. 이러한 평범한 진리를 수의 가치 체계로 증명하려는 것이다.

수의 의미로 볼 때 삼라만상이 홀로 존재하는 것은 아무것도 없다. 존재란 개체와 전체의 조직적 구성력 없이는 성립되지 않는다.

자(自)의 존재는 타(他)의 존재와의 함수적 연관이라는 공동체로 존재하며, 마치 우리 인체의 어느 기관 하나하나가 떨어져서 존재할 수 없는 것과 같은 이치라 할 것이다.

셋째, 가치 개념으로서의 수는 구조와 질서와 변화가 상대적으로 구성되지 않고서는 성립되지 않는다. 그 어떤 개체나 전체도 구조와 질서라는 수의 개념적 정립 없이는 그 자체가 성립되지 않기 때문이다. 구조 속에 질서가 있고 질서 속에 구조가 있으므로 상관관계를 유지하는 것이며, 이것을 구체적으로 설명하는 것이 제2장에 나오는 천부경의 수가 잘 명시하고 있다.

곧 자연법칙은 한마디로 체계화된 수의 세계이다. 우주가 무한하고 신비로운 것처럼 수의 세계도 무한하고 신비로운 것을 지니고 있다.

수의 세계는 그대로 생성원리이며 존재 방식이자 가치 체계이며 변화와 운동의 법칙이니 모든 명제는 궁극적으로 수에서 출발하여 수에 귀결된다고 해도 과언은 아닐 것이다.

자연은 질서적 구조이며 구조적 질서이다. 결코 혼란이 아니다. 모든 이치는 알고 나면 쉽다. 진리는 우리와 가장 가까운 곳에 있으며 가장 쉬운 것이 진리이다.

'종이 한 장 차이다'라는 말을 흔히 한다. 바로 자연은 종이 한 장 차이일 수도 있고 가장 가까운 곳에 있기도 하며 알고 나면 간단할 수 있는 것이 대자연이다. 다만 혼잡한 생각이나 이원론적인 고정관념을 가진 자신이 문제인 것이다.

이 시대에 있어서 이원론적 지식이 많을수록 자연과 거리가 멀어져 간다고 본다. 오늘의 고등수학이 자연과 거리가 오히려 멀어지는 이유는 통일성이 없기 때문이다.

왜냐하면 자연을 포함한 전 우주를 축소한 것이 인간이기 때문이다. 인간은 소우주이다. 인간은 생명과 더불어 의식을 하고 인식과 판단을 하며 감정을 가지고 있는 참으로 위대한 존재이다. 영혼이 없는 우주보다 더 큰 것이 영혼을 가진 인간이다. 곧 인간이 우주의 중심적이고 주체적인 존재라는 것이다. 인간의 목적성과 자연의 목적성과 우주의 목적성이 일관성이 있고 완성을 이루는 것에 이바지하는 것이 되어야 하기 때문이다.

2. 수의 생성원리

수의 기원은 우주의 생성과 더불어 시작한다. 수의 근본 개념을 정렬함에 있어서 전제할 것은 이 거대한 우주가 우연이 아닌 필연적 생성 과정이었음을 인식하는 일이며 또한, 자연법칙의 근원이라 할 수 있는 구조적 생성형식이 곧 6진법과 10진법과 30진법이 동시에 구성되어 출발한다는 점이다.

3중 구조의 형식이란 수의 체계가 이루어지는 가장 근본적인 생성원리로써 한마디로 요약하면 공간성, 물질성, 운동성의 복합적 형태라고 말한다.

공간, 물질, 운동은 하나로써 융합하는 일체이며 복합 구조체가 된다. 공간은 물질과 상대적으로 존재하고 물질은 공간과 상대적으로 존재하여 공간성 운동과 물질성 운동이 상대적으로 존재함으로써 생성의 복합적 3중 구조가 성립되는 것이다.

우주는 공간, 물질, 운동의 동시적 통일체이면서 또한 생성의 순서와 삼자가 각자의 성격을 가지고 있다. 개체적 성질은 다르지만 복합체로써 유기적으로 한 덩어리를 이룬다.

또한 공간적 존재와 물질적 존재와 운동적 존재를 종합한 곧 총체적 존재의 첫 발생은 공간적 존재를 우선함으로써 그 바탕이 된다.

생성원리로 볼 때 공간은 성격적으로 '홀'에 해당되고 물질은 '짝'에 해당된다. 홀과 짝은 어디에서나 상대적 성격이다.

다시 말하여 홀과 짝은 단수와 복수의 의미가 아니라 +성과 -성의 상대성을 말하는 것이며, '짝'이라는 어휘 자체가 상대를 뜻한다.

+성은 어디까지나 홀수이고 -성은 짝수이다.

천체역학적으로 보면 공간성은 힘이며 이력(離力), 팽창력, 분산력의 총합이며 중심에서 외부로 이탈하려는 힘으로 원심력(遠心力)이다.

또 수적인 발생으로서는 첫 1(홀)이며 그 성격은 기호로 표시할 때 +(플러스)로 표시한다. 다시 말하면 기호 +는 공간이며, 이력이며, 홀이며, 우주의 바탕이다. 곧 공간성은 1이며, +이며, 첫 발생은 홀수이다. 홀수는 첫 시작이지만 그 홀로써 존재할 수 없는 것이며, 상대적인 짝수가 필연적으로 존재하게 된다.

존재의 두 번째 원인은 공간성의 상대적 존재인 물질성이다. 물질성은 인력(引力)이며 수축력이자 집합력의 총합이며, 외부에서 중심으로 집결하는 힘으로 구심력이다. 수의 발생으로서는 둘째 11(짝)이며 그 성격은 기호로 표시할 때 -(마이너스)로 표시한다. 곧 물질성은 11이며 -이고 둘째 발생은 곧 짝수이다.

11(짝수)이란 홀수의 상대수라는 뜻이며 수치의 2를 말하는 것이 아니다. 공간은 밖으로 벌어지고, 물질은 안으로 모인다. 공간성은 물질성 없이 존재할 수 없고 물질성은 공간성이 없으면 존재가 성립될 수 없다.

셋째 원인은 작용적 운동이다. 상반된 두 성격이 서로 견제하면서 결합하는 힘의 운동 상태에서 작용이 발생하는 것이다.

이렇게 볼 때 존재는 정지가 아닌 운동이다. 공간과 물질이라는 결합으로 곧 +이력과 -인력이 그 질과 양에 의해 부딪히고 어울리는 힘이 작용을 만든다. 작용이라는 운동 없이 공간과 물질은 존재할 수 없는 것이다.

곧 작용은 공간과 물질의 합성이며 수의 발생으로써 셋째이고 1 11 (홀짝)이다. 그 성격은 기호로 표시할 때 ±이며 합성한 수가 되어 홀수와 짝수가 공동으로 존재하는 상태가 되며 1 + 11 = 1 11이 된다.

이렇게 보면 공간, 물질, 작용은 삼위일체가 되지만 시간에 있어서는 1 11 (홀짝)은 +성이 강한 공간성 운동(작용)이 되며, 공간을 기준한 삼위일체가 된다. 곧 합성적인 셋째 발생은 홀수이면서도 홀수와 짝수가 공동으로 존재하는 상태가 되며 1 + 11 = 1 11이 된다.

'공간과 물질'의 상대말은 '물질과 공간'이다. 물질과 공간이라는 결합으로 곧 -인력과 +이력이 그 질과 양에 의해 부딪히고 어울리는 힘이 작용 또는 시간을 만든다.

이 작용은 물질과 공간질의 합성이며 수의 발생으로써 셋째이고 11 1 (짝홀)이다. 그 성격은 기호로 표시할 때 ∓이며 합성한 수가 되어 짝수와 홀수가 공동으로 존재하는 상태가 되며 11 + 1 = 11 1이 된다. 즉 -성이 강한 작용이 된다. 물질, 공간, 작용은 삼위일체가 되지만 작용에 있어서 11 1(짝홀)은 -성이 강한 작용이 된다.

이렇게 하여 공간성 삼위일체와 물질성 삼위일체의 상대적 결합으로 완전한 형식이 되어 생성원리가 성립되는 것이다.

① 공간성,　　물질성,　　공간성 작용 → 원(原)형 삼위일체
② 물질성,　　공간성,　　물질성 작용 → 상대형 삼위일체

1) 원(原)형 삼위일체는 공간성, 물질성, 공간성 작용으로

공간성	물질성	공간성 작용		
↓	↓	↓		
홀	짝	홀짝		
Ⅰ	Ⅱ	Ⅰ Ⅱ	또는	(Ⅰ + Ⅱ)
+	-	(±)		

2) 상대형 삼위일체는 물질성, 공간성, 물질성 작용으로

물질성	공간성	물질성 작용		
↓	↓	↓		
짝	홀	짝홀		
Ⅱ	Ⅰ	Ⅱ Ⅰ	또는	(Ⅱ + Ⅰ)
-	+	(∓)		

합성수를 표기함에 있어서 공간성 합성수는 홀수성 합성수이므로 ±로 표시하고, 물질성 작용은 짝수성 합성수이므로 ∓로 표시한다.

생성원리로 볼 때 공간은 성격적으로 '홀'에 해당되고 물질은 '짝'에 해당된다.

한마디로 우주의 생성형식은 원형 삼위일체와 상대형 삼위일체의 복합구조로 된 공간성, 물질성, 작용성의 통일체인 6진 형식이다.

6진 형식은 그대로 생성형식이며 존재양식과 변화운동의 기본이 되는 근본원리이며 기초가 되는 것이다.

수의 본질적 근본개념은 한마디로 6진 형식이 바탕이며 공간성, 물질성, 운동성의 통일체이므로 모든 현상의 근본은 오직 하나의 대원칙으로써 일이관지(一以貫之)하다.

다시 말하여 공간성, 물질성, 작용성의 뿌리는 하나이고 이렇게 한

덩어리 된 존재를 '✿'으로 표시한다.

6진의 변화형식에서 힘의 구조 원리로써 공간이 팽창하고 확산하는 힘(+)과 물질이 수축하고 집결하는 힘(-)의 상호작용으로 인한 운동 상태에서 합성적이며 중성 성격인 작용이 생긴다.

+와 - 즉, 공간과 물질은 본시 하나이며 이것은 상호 견제하면서 조화를 이루고 힘의 균형을 유지하고 있는 것이다.

3. 수의 질과 양의 개념
1) 조직수
수 자체는 양과 질의 양면성을 지니고 있다. 이것을 복합개념으로 비교하여 봄으로써 이해를 돕고자 한다.

양(量)의 수가 결과적인 현상이라면 질(質)의 수는 원인적인 본질이다. 곧 양은 질의 결과이며 질은 양의 원인이다.

양과 질의 대비

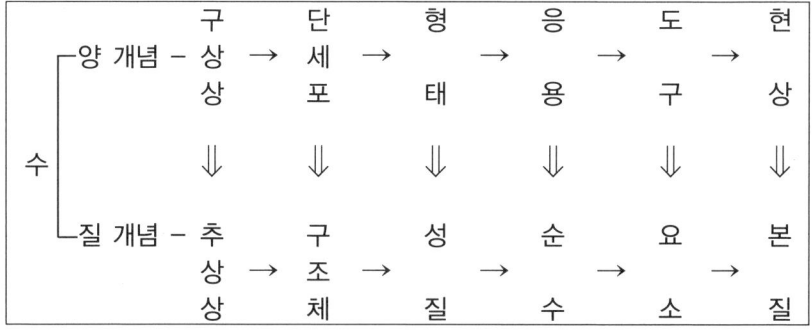

좀 더 쉽게 말하여 '양의 수'가 하나, 둘, 셋 하고 세는 수라면, 조직수인 '질의 수'는 '하나도 셋으로, 둘도 셋으로, 셋도 셋이다'라고 읽는 수라고 할 수 있다.

또 구조적으로 볼 때 수 자체의 체계를 구성하는 조직력은 조직수의

독특한 작용성으로 이루어진다. 즉 조직수마다 어떠한 물리적인 성질을 소유하면서 함수적으로 상호관계를 유지한다. 그러므로 조직수는 개체 조직과 전체 조직을 동시에 구성하며 조직수 자체는 전체 조직을 이루는 하나의 세포적인 것으로 질적인 수를 말한다.

수의 원리적 의미와 그 특질을 말하면 다음과 같다.

조직수의 구성력

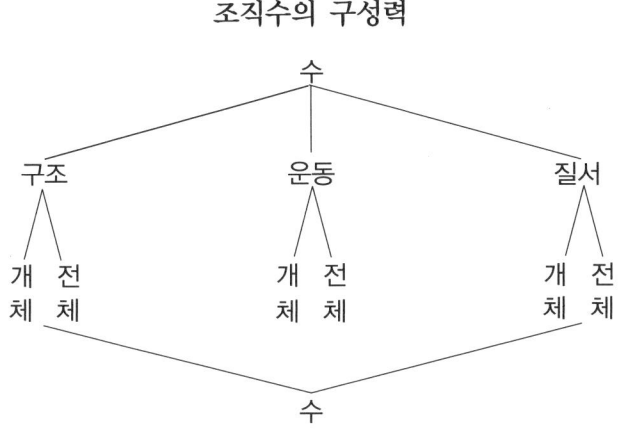

2) 수

(1) 수는 존재의 속성이므로 수의 영역은 제한이 없다.

수란 곧 무제한의 뜻을 지닌다. 수는 그 어떤 분야를 막론하고 인식 세계의 모든 사물이나 지식세계의 밑바닥에 골고루 깔려 있다. 사물이 있는 곳에 수가 있고 수가 있는 곳에 사물이 있는 것이다.

(2) 수는 총체적인 것이면서 세포적인 것이다.

질적인 것이나 양적인 것을 포괄적으로 종합하고 사물을 더 쪼갤 수 없이 분석함으로써 극대화에서 극소화에 이르며 하나의 공통법칙을 도출하는 통일성을 소유한다.

(3) 조직수로 설명되는 수의 본질은 우주성을 말한다.

존재의 뿌리는 하나이며 공간성, 물질성, 작용성은 하나의 뿌리에서 일어나는 분신이다. 분신은 자체로써 존재할 수 없으며 각기 성격을 달리하며 전체적인 통일성을 이룬다.

즉 공간성은 +, 물질성은 -, 작용성은 합성적 중성(±, ∓)으로 이러한 성격 규정이 곧 모든 것을 설명하는 수의 본질인 것이며, 어떠한 개체나 전체도 이 원칙을 떠나 존재할 수 없다. 모든 현상의 원인은 이러한 원칙에서 발생하는 수의 법칙에 따라 이루어진다.

(4) ✿의 개념(✿은 모든 수의 근원이다)

공간성, 물질성, 작용성의 뿌리는 하나이고 이렇게 한 덩어리 된 존재를 지금부터 '✿'으로 표시한다.

✿의 본질은 가장 근본이다.

✿은 수치가 없는 수의 바탕이다.

✿은 비어 있으므로 무(없음)이지만 유(있음)가 발생하는 수의 근원처이다.

✿은 경험할 수 없는 본질이므로 말이나 글로써 설명할 수 없는 개념이며 인식 이전의 것이다.

✿은 모든 존재와 생멸변화와 시원종말의 원초이며 대일원(大一圓)이다. 수의 모태이며 전체를 포용하는 개념인 것이다. 따라서 ✿은 구조적이며 질서적 종합체이다.

✿은 존재의 원인(原因)이다.

✿전체의 원형은 원만과 원숙, 대단원의 완성체를 뜻하는 것이며 원상순환의 운동법칙을 나타낸다.

✿은 우주생성 이전의 태초의 혼돈 속에서 공간성, 물질성, 작용성이 발생한 핵이며 종(宗)이다. 공간성, 물질성, 작용성의 발생과 더불어

수가 탄생한 것이다. 수가 탄생함으로써 구조와 질서가 이루어지며 구조와 질서에 의해 운동법칙이 성립된다.

✿은 모든 수의 구조 +, −, (±) (∓)는 공간성, 물질성, 작용성의 존재를 포용한다. 즉 모든 존재의 원인인 원 존재가 ✿ 속에 존재하고 있는 것이다.

✿을 기호로 나타내면 +성과 −성, −성과 +성의 합친 기호로 ±와 ∓로 표시할 수 있다. 이 모든 것은 하나이다.

✿은 광의로 말하면 우주 전체의 원질로 볼 수 있으나 협의로 말하면 우주의 중심으로 볼 수 있다. 수치상으로 볼 때도 ✿은 원점이며, 환원점이며 중심이 된다.

✿은 원인이며 결과이고 또 전체이며 개체이다.

제3절 3중 구조와 30진법

1. 3중 구조와 30진법

30진법에 대한 이해를 돕기 위해서 이런 가설을 만들어본다. 원심력을 (+)라고 가정하고 구심력을 (−)라고 가정하였다.

원심력의 양이 많아지면 공간이라고 하고 구심력의 양이 많아지면 물질이라고 연관시켜도 된다. 이때 원심력이나 공간이 아무리 넓어도 공간은 공간이며 반대로 구심력이나 물질이 아무리 집결해도 물질은 물질이지 공간은 아니다. 그러나 많아지고 적어지는 것은 또 다른 문제가 발생할 수 있다. 즉 수량의 비례에 따라 그에 대한 힘의 차이가 생기는 것이다.

수의 양이 모여서 힘이 생기면 힘의 양이 달라지는 것은 운동의 변화로 이어지며 운동의 변화는 시간의 차이가 나타난다. 이런 과정이 바로 질과 양의 구조적 질서이며 시간은 전과 후라는 순서가 되는 것이다.

이 원심력과 구심력 그리고 질과 양의 개념을 동시에 나타내는 것이 3중 구조적 가변성 30진법이다.

원심력의 공간성을 1 (홀) 또는 + 라고 하고
구심력의 물질성을 ll (짝) 또는 − 라고 가정해 본다.

다음과 같이 A B C로 2진법에 맞춰 배열해 보았다.
이것은 공간과 물질 또는 원심력과 구심력 또는 1(홀)과 ll(짝)을 집약한 것이다.

```
       공간 물질 공간 물질 공간 물질 공간 물질 공간 물질
A →    +   −   +   −   +   −   +   −   +   −
```

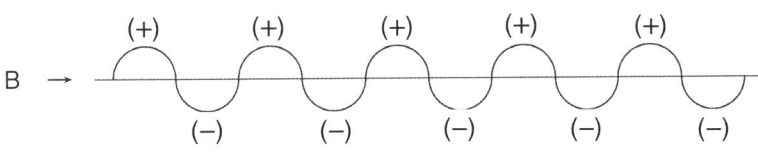

```
C →   |  ||   |  ||   |  ||   |  ||   |  ||
```

A와 B와 C는 모두 같은 것으로 표현 방법만 다를 뿐이다.
그러나 이 상태를 아래와 같이 분석하여 본다.

A의 분석에 일련번호를 넣으면,

```
   +     −     +     −     +     −
   1     2     3     4     5     6
```

A의 분석을 2진법으로 배열하면 평범한 것이 되지만 3진법으로 배열하여 보면 변화가 생긴다.

A의 분석을 다시 배열할 때 1 + 2를 합쳐서 3을 만들고 4 + 5를 합쳐서 6을 만들면 다음과 같이 된다.

    1과   2를 합치면 3이 된다.
    +   −   ±

    4와 5를 합치면 6이 된다.
    −   +   ∓

즉 1은 +, 2는 −, 3은 ±, 4는 −, 5는 +, 6은 ∓이 된다.

이를 다시 1과 2와 3을 한 덩어리로 묶고 4와 5와 6을 한 덩어리로 묶으면,

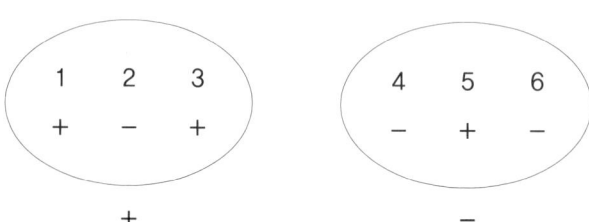

1과 2와 3을 한 덩어리로 묶은 것은 중성적 +성이 되고
4 5 6을 한 덩어리로 묶은 것은 중성적 -성이 된다.

B의 분석에 일련번호를 넣으면

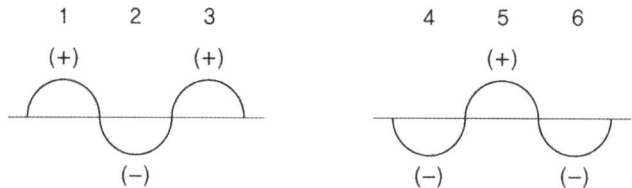

B의 분석을 2진법으로 배열하면 평범한 것이 되지만 3진법으로 배열하여 보면 변화가 생긴다.

B의 분석을 다시 배열할 때 1 + 2 + 3을 합쳐서 한 덩어리로 만들고, 4 + 5 + 6을 합쳐서 한 덩어리로 만들면 다음과 같이 된다.

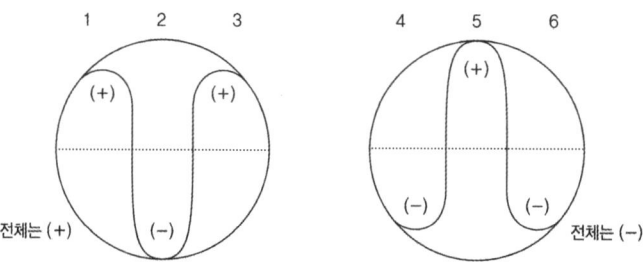

그림과 같이 1 2 3은 凸형이 2개이고 凹형이 1개가 되며, 4 5 6은 凹형이 2개가 되고 凸형이 하나가 된다.

즉 (+)질과 (−)질이 모여 앞쪽의 1 2 3은 ▽ 모양을 이루게 되고, 뒤쪽의 4 5 6은 △의 모양을 이루게 된다. 이와 같이 질서적 구성으로 되어 있음을 알 수 있다.

또 1과 2와 3을 한 덩어리로 묶은 것은 중성적 +성이 되고
4 5 6을 한 덩어리로 묶은 것은 중성적 −성이 된다.

C의 분석에 일련번호를 넣으면

```
 |      ||      |      ||      |      ||
 1      2       3      4       5      6
```

C의 분석을 2진법으로 배열하면 평범한 것이 되지만 3진법으로 배열하여 보면 변화가 생긴다.

C의 분석을 다시 배열할 때 1 + 2를 합쳐서 3을 만들고, 4 + 5를 합쳐서 6을 만들면 다음과 같이 된다.

　(1)　　(2)　　　(3)
　 | 과　 ‖ 는　합치면　| | | 이 된다.

　(4)　　(5)　　　(6)
　 ‖ 와　 | 가　합쳐도　| | | 이 된다.

그러나　3과 6은 각각 그 내용이 다르다.

　(1)　(2)　　(3)
　 | 과 ‖ 는　 | + ‖ 인　 | ‖ 이며

(4)   (5)   (6)
‖ 와 ｜ 는 ‖ +｜ 인 ‖｜ 이다.

다시 정리하면 다음과 같다.
｜ + ‖ = ｜‖은 (3)홀이며 중성적 홀이 되고
‖ + ｜ = ‖｜은 (6)짝이며 중성적 짝이 된다.

1 2 3   4 5 6
홀 짝 홀   짝 홀 짝
  ↓   ↓
홀수가 2개   짝수가 2개가 되어

그 결과는
1은 ｜, 2는 ‖, 3은 ｜‖, 4는 ‖, 5는 ｜, 6은 ‖｜ 이렇게 된다.
이를 다시 1과 2와 3을 한 덩어리로 묶고
4와 5와 6을 한 덩어리로 묶으면
1 2 3 덩어리는 홀(+)성이 되고 4 5 6 덩어리는 짝(−)성이 된다.

ABC를 동시에 표현하면,

| 1 | 2 | 3 | 4 | 5 | 6 |
| ｜ | ‖ | ｜‖ | ‖ | ｜ | ‖｜ |

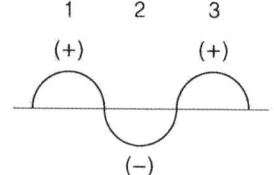
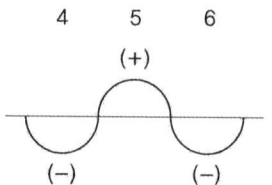

```
1      2      3       4      5       6
+성    -성   (±)중성   -성   +성    (∓)중성이 된다
```

이 상태를 계속 배열해 보면,

```
           1    2    3    4    5    6
구조수 :    +    -   (±)   -    +   (∓)
           ↓    ↓    ↓    ↓    ↓    ↓
일련수 :    1    2    3    4    5    6
```

위와 같이 맨 처음의 2진법 구성에서 3진 형식으로 변화를 주었더니 각기 다른 성격의 6가지가 이루어지면서 6진 형식으로 변하는 것을 보게 된다.

```
1      2      3      4      5      6
+      -     (±)     -      +     (∓)
```

그리고 6진 형식이 기본이 되어 계속 6진 형식이 반복을 한다.

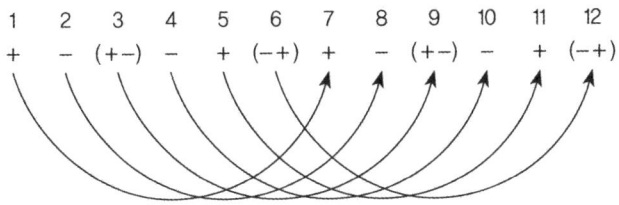

```
1  2  3     4  5  6      7  8  9     10 11 12
+  - (±)    -  + (∓)     +  - (±)    -  + (∓)

13 14 15    16 17 18    19 20 21    22 23 24
+  - (±)    -  + (∓)     +  - (±)    -  + (∓)

25 26 27    28 29 30
+  - (±)    -  + (∓)
```

삼일신고 말씀   49

이를 30까지 배열하여 보면 다음과 같다.

```
 1   2   3   4   5   6   7   8   9  10  11  12  13  14  15  16  17  18
 ↓   ↓   ↓   ↓   ↓   ↓   ↓   ↓   ↓   ↓   ↓   ↓   ↓   ↓   ↓   ↓   ↓   ↓
 +   -   ±   -   +   ∓   +   -   ±   -   +   ∓   +   -   ±   -   +   ∓

19  20  21  22  23  24  25  26  27  28  29  30
 ↓   ↓   ↓   ↓   ↓   ↓   ↓   ↓   ↓   ↓   ↓   ↓
 +   -   ±   -   +   ∓   +   -   ±   -   +   ∓
```

이를 30까지 배열해 보면 개체마다 각각 다른 성격으로써 전체는 3중 구조의 복합구성을 이루고 있다.

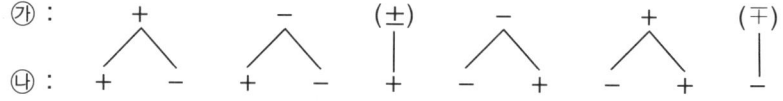

```
    1 2 3 4 5 6 7 8 9 10 11 12 13 14 15 16 17 18 19 20 21 22 23 24 25 26 27 28 29 30
㉰: ↓ ↓ ↓ ↓ ↓ ↓ ↓ ↓ ↓ ↓  ↓  ↓  ↓  ↓  ↓  ↓  ↓  ↓  ↓  ↓  ↓  ↓  ↓  ↓  ↓  ↓  ↓  ↓  ↓  ↓
    + -(±) - +(∓) + -(±) - +(∓) + -(±) - +(∓) + -(±) - +(∓) + -(±) - +(∓)
```

A와 B와 C를 모두 종합하여 도표를 만들면 51쪽과 같다.

51쪽의 도표(6진 형식과 30진법)에서

㉮는 6진 형식이 진행되며

㉯는 10진 형식이 진행되며 ㉯의 전체는 ㉮의 전체를 포함하고 있고

㉰는 30진 형식을 진행하며 ㉰의 전체는 ㉮의 전체와 ㉯의 전체를 포함하고 있다.

위의 ㉮㉯㉰를 한 덩어리로 묶으면 전체는 하나이지만 그 속에는 6진법과 10진법과 30진법이 동시에 들어 있는 것이 된다.

즉 다음 도표는 구성상으로 볼 때 도표의 총 전체의 모습은 3중 구조로 되어 있으며, 그 속에서 ㉮의 6진법과 ㉯의 10진법과 ㉰의 30

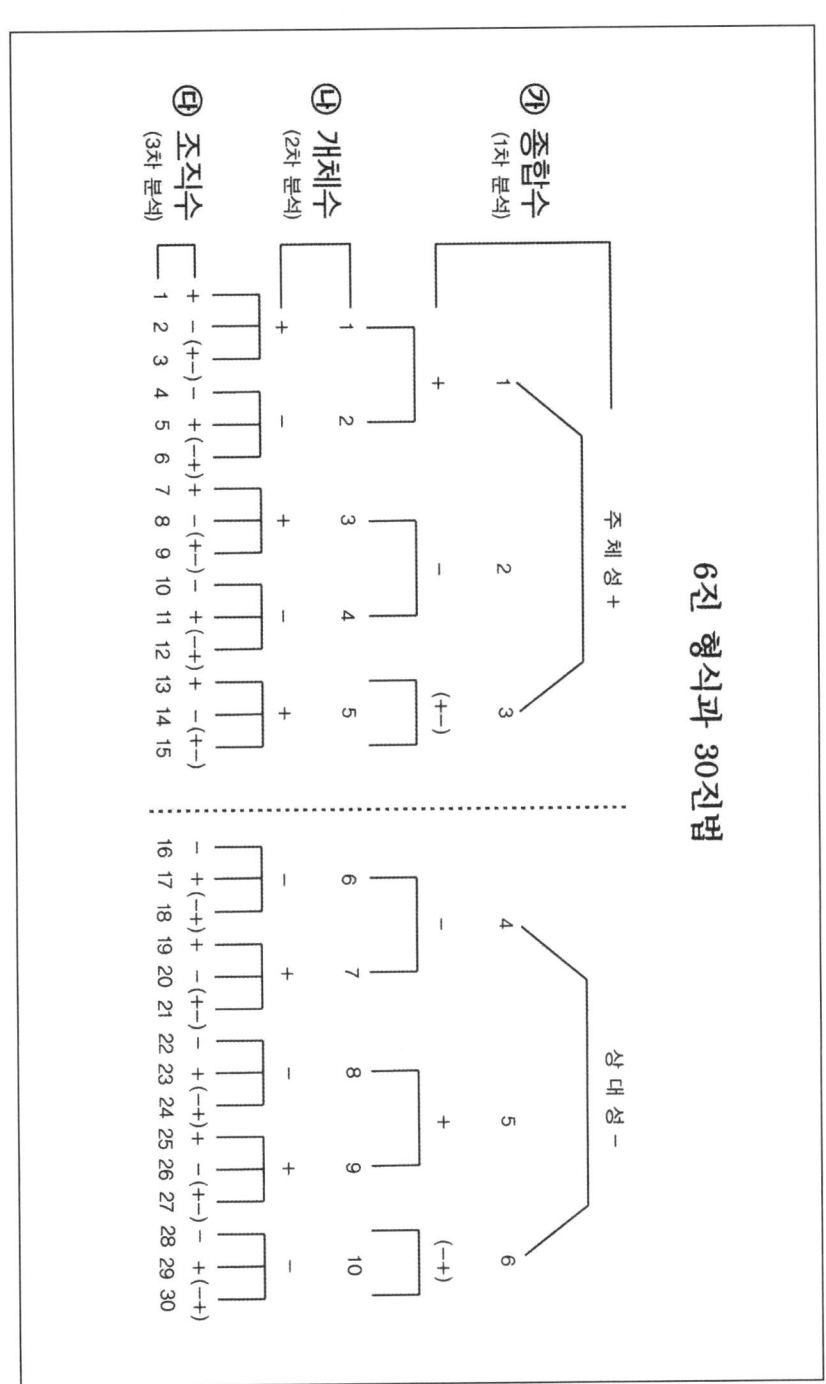

진법으로 구성되어 있으므로 곧 전체는 3중 구조의 구성이 이루어져 있는 것이다. 즉 단순한 배열이지만 3가지 곧 질과 양, 구조와 질서, 순서를 동시에 가지고 있음을 알 수 있다.

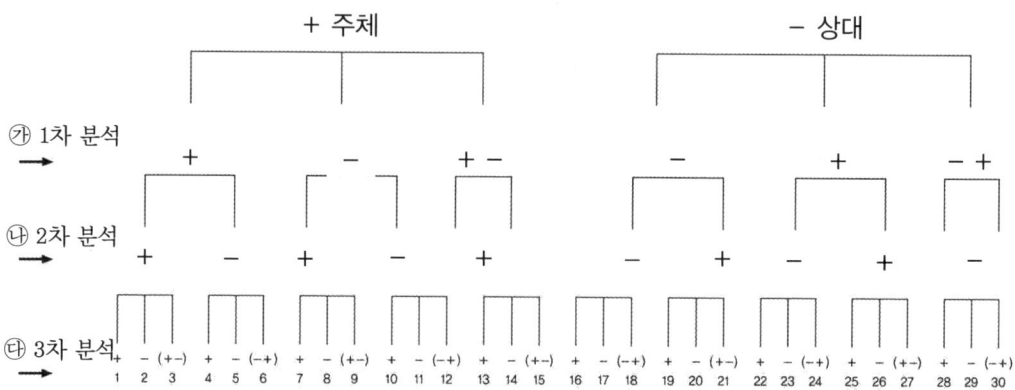

2. 3차 분석의 숫자와 기호

3차 분석인 ㉰의 1에서 30까지의 기호는 다음과 같다

1은 + + + 기호이며 원형성이다.
2는 + + − 기호이며 원형성이다.
3은 + + ± 기호이며 원형성이다.
4는 + − − 기호이며 원형성이다.
5는 + − + 기호이며 원형성이다.
6은 + − ∓ 기호이며 원형성이다.
7은 − + + 기호이며 원형성이다.
8은 − + − 기호이며 원형성이다.
9는 − + ± 기호이며 원형성이다.
10은 − − − 기호이며 원형성이다.
11은 − − + 기호이며 원형성이다.

12는　－　－　∓　기호이며 원형성이다.
13은　±　＋　＋　　→　＜ ＋＋＋　1 (13의 ± 중성을 쪼갠다)
　　　　　　　　　　　　　－＋＋　7
14는　±　＋　－　　→　＜ ＋＋－　2 (14의 ± 중성을 쪼갠다)
　　　　　　　　　　　　　－＋＋　8
15는　±　＋　＋－　→　＜ ＋＋±　3 (15의 ± 중성을 쪼갠다)
　　　　　　　　　　　　　－＋±　9
16은　－　－　－　기호이며 대상성이다.
17은　－　－　＋　기호이며 대상성이다.
18은　－　－　∓　기호이며 대상성이다.
19는　－　＋　＋　기호이며 대상성이다.
20은　－　＋　－　기호이며 대상성이다.
21은　－　＋　±　기호이며 대상성이다.
22는　＋　－　－　기호이며 대상성이다.
23은　＋　－　＋　기호이며 대상성이다.
24는　＋　－　∓　기호이며 대상성이다.
25는　＋　＋　＋　기호이며 대상성이다.
26은　＋　＋　－　기호이며 대상성이다.
27은　＋　＋　±　기호이며 대상성이다.
28은　∓　－　－　→　＜ －－－　16 (28의 ∓중성을 쪼갠다)
　　　　　　　　　　　　　＋－－　22
29는　∓　－　＋　→　＜ －－＋　17 (29의 ∓ 중성을 쪼갠다)
　　　　　　　　　　　　　＋－＋　23
30은　∓　－　－＋　→　＜ －－∓　18 (30의 ∓ 중성을 쪼갠다)
　　　　　　　　　　　　　＋－∓　24

종합	개체	조직	기호			종합	개체	조직	기호		
\+ 天						− 地					
1 天	1	1	+	+	+	4 地	6	16	−	−	−
		2	+	+	−			17	−	−	+
		3	+	+	(+−)			18	−	−	(−+)
	2	4	+	−	−		7	19	−	+	+
		5	+	−	+			20	−	+	−
		6	+	−	(−+)			21	−	+	(+−)
2 地	3	7	−	+	+	5 天	8	22	+	−	−
		8	−	+	−			23	+	−	+
		9	−	+	(+−)			24	+	−	(−+)
	4	10	−	−	−		9	25	+	+	+
		11	−	−	+			26	+	+	−
		12	−	−	(−+)			27	+	+	(+−)
3 人	5	13	1,7	(+−)	+	+	6 人	10	28	16,22	(−+)	−	−
		14	2,8	(+−)	+	−			29	17,23	(−+)	−	+
		15	3,9	(+−)	+	(+−)			30	18,24	(−+)	−	(−+)

제2장

3중 구조와 천부경

천부경을 이해하고 깨달음을 얻은 후에야
삼일신고의 의미가 줄줄이 이해된다.
천부경은 대단히 귀중한 글임에 틀림없다.
천부경만 홀로 있으면
그 변화가 무궁무진으로 팽창하여
다양성으로 많아지게 된다.

본 천부경의 해석은 최재충 선생님의 깨달음이었다.
천부경이 난해하고 다양한 견해가 있어도
최재충 선생님의 해설을 이해할 수 있다면
큰 깨달음을 이루며 삼일신고를 이해하는 데
큰 도움이 될 수 있다는 판단을 하고
그분의 견해를 고스란히 담아
이곳에 옮겨놓았다.

天符經

一始無始一析三極無
盡本天一一地一二人
一三一積十鉅無匱化
三天二三地二三人二
三大三合六生七八九
運三四成環五七一妙
衍萬往萬來用變不動
本本心本太陽昂明人
中天地一一終無終一

천 부 경

【1단】 一始無始一析三極無盡本
　　　　일시무시일석삼극무진본

【2단】 天一一地一二人一三一積十鉅無匱化三
　　　　천일일지일이인일삼일적십거무궤화삼

【3단】 天二三地二三人二三大三合六生七八九
　　　　천이삼지이삼인이삼대삼합육생칠팔구

【4단】 運三四成環五七一妙衍萬往萬來用變不動本
　　　　운삼사성환오칠일묘연만왕만래용변부동본

【5단】 本心本太陽昂明人中天地一一終無終一
　　　　본심본태양앙명인중천지일일종무종일

- 천부경의 원문을 설명하기 위하여 5단으로 나누어 정렬하였다.

제1절 천부경의 개요

1. 천부경의 가치

1) 천부경은 천리 이치(天理理致)에 부합하는 내용

천부경은 천리 이치에 딱 맞는 내용으로 된 경문으로서 우주의 본질에 대한 이치를 말하는 것이며, 우주와 인간의 관계에 대한 이치와 창조의 이치를 설명하는 내용이다.

부(符) 자의 뜻은 '부신 부', '증거 부', '맞을 부'로 딱 들어맞는 신표를 뜻한다. 신표란 뜻이 같은 사람이 피치 못할 일이 생겨서 먼 훗날 다시 만날 것을 약속하는 증표로써 옥비녀, 노리개, 칼 등을 쪼개어서 한쪽씩 나누어 가졌다가 다시 만날 때 증표를 꺼내어 맞추어보면 딱 들어맞는 것을 말한다.

증표가 딱 들어맞듯이 하늘의 이치 곧 천리 이치에 딱 들어맞는 경이 바로 천부경이다.

하늘의 이치는 무엇일까?

천부경은 이러한 물음에 그 깨달음의 경지에서 천부경이라는 위대한 글이 탄생되었다. 천리 이치에서 깨달았던 하늘!

그 하늘을 알았기에 우리의 조상님은 하늘을 두려워하며 감히 역천을 금하였고, 그 심정과 뜻을 담아서 대대로 전하여 왔으니 그 실체의 하나가 바로 천부경이다.

2) 세계에서 최고(最古)의 역사를 가진 경

천부경은 지금부터 약 9천 년 전 글자가 생기기 전부터 구전지서(口傳之書)로 곧 입에서 입으로 전해 왔다고 한다. 천부경은 세계의 모든 경서 중에서 가장 오랜 역사를 가지고 있다.

3) 세계에서 최단(最短)의 짧은 경

불교 경전은 8만 4천 자가 되고 기독교의 성경은 66권이다.

경전 중에서 가장 짧은 경이 중국의 도덕경이라고 한다. 노자를 중심으로 하는 도덕경은 81절로 되어 있어서 가장 짧다고 하는데, 천부경은 81절이 아닌 81자로 되어 있으니 전 세계에서도 제일 짧은 경이다.

4) 세계에서 최고(最高)의 내용이 들어 있는 경

천부경에는 무(無), 천(天), 본(本), 이(二)가 각각 4회 나오고 지(地), 인(人)은 각각 3회 나오고 시(始), 종(終), 만(萬), 칠(七)이 각각 2회 나온다.

또 본문 81자를 가로 세로에 각각 9자씩 정사각형으로 나열했을 때 정사각형의 네 모서리에는 일(一), 무(無), 중(中), 일(一)이 있다. 1과 무와 중이 모두 같은 뜻을 내포하고 있는 중요한 글자로 보인다.

또 정사각형의 정중앙에는 6이라는 숫자가 있다. 6이라는 숫자가 천부경의 핵심이 되어 있는데 매우 중요한 의미가 들어 있다.

또 천부경은 모든 경서 중에서 가장 짧은 글이면서 천리 이치를 완벽하게 설명하고 있다. 지금도 풀어 해석하지 못하는 부분도 있고 또 이해하지 못하는 어려운 내용의 암호도 있다.

세계적인 대석학 하이데거(Heidegger, Martin. 1889~1976. 독일의 실존주의 철학자) 박사가 서울대학교 철학박사를 만나서 천부경에 대한 것을 설명해 주기를 요구하였다는 일화가 있을 정도로 심오하고 방대한 내용이 함축되어 있는 경이다.

5) 조화경(造化經)

천부경을 조화경이라 한다. 조화를 일으키는 경이다. 전국적으로 천부경을 실용하고 있는 사람을 만나는 기회가 있었다. 모두 제각각 달랐다. 모두가 각기 다른 방법으로 천부경을 활용하고 있었다. 자기의 수준에 맞는 모습으로 어쩌면 조화를 일으키는 내용이라고 말할 수 있도록 다양하게 그 결과가 이루어지고 있었다.

예를 들면, 자기의 행하고 있는 일에서 어려운 난관을 부딪치게 되었을 때 천부경을 계속 독송하면 문제가 쉽게 해결되었다.

천부경을 암송하면 지혜가 떠오르는 사람이 있었다.

천부경 원리로 인생의 운명과 운세를 감정하는 사람이 있었다.

천부경의 원력으로 예언을 하는 일도 있었다.

천부경으로 영적 능력을 행사하는 신통력을 가진 사람도 있었다.

우리 민족에는 3가지 경이 있다. 그중 천부경은 조화경(造化經)이고, 삼일신고는 교화경(敎化經)이고, 참전계경은 치화경(治化經)이라 한다.

6) 수리(數理)로 된 경

1) 천부경은 전체가 81자로 되어 있는데 그중에서 31자가 숫자이다.

천부경에 사용된 총 31자의 숫자 구성은

1의 숫자는 11번,

3의 숫자는 8번,

2의 숫자는 4번,

7의 숫자는 2번,

4, 5, 6, 8, 9, 10의 숫자는 각 1번씩이다.

전체에서 1/3이 넘는 38%가 숫자이다. 천부경은 수리가 들어 있는 매우 특이한 경이다.

2) 천부경은 1에서 시작하고 1로 끝난다.

1자가 11번 나오고 전체의 13.5%를 차지한다. 1자가 의미하는 바가 대단히 큰 것이며 1의 숫자가 대단히 귀중한 글자임에 틀림없다. 또 대 1(大一)이라는 것은 '한' 또는 '대원(大圓)'과 같은 뜻을 가지고 있다.

3) 천부경에서 3은 8번 사용되어 전체의 10%가 된다. 곧 1과 3은 전체의 23%를 차지하므로 두 숫자가 대단히 귀중한 숫자임을 말한다. 즉 1과 3에 편중되었다. 특징이면서 기형적 현상이다.

4) 천부경에서 2는 4번 사용되었다. 곧 천부경에서는 1과 2와 3의 숫자가 가장 큰 비중을 차지하고 있고 또한 매우 귀중한 숫자임에 틀림없다. 경문에 1석 3극, 대3합6, 5 7 1 묘연 등 숫자의 의미는 그 자체가 숫자를 넘어서 엄청난 의미로 연결되고 함축되어 있다.

5) 정사각형 천부경의 정중앙에는 6이 있다. 6이라는 숫자는 천부경의 핵심이다.

6) 천부경에는 1, 2, 3, 4, 5, 6, 7, 8, 9, 10까지 모두 들어 있다. 이렇게 열 개의 숫자가 들어 있는 경은 천부경이 유일하다.

7) 경서 속에 숫자가 있고 숫자가 귀중한 뜻을 담고 있는 경서는 천부경이 유일하다.

8) 천부경의 숫자만을 뽑아서 나열하면 이렇다.

```
1 1 3                    一始無始一析三極
1 1 1 2 1 3 1 10 3       天一一地一二人一三一積十鉅無匱化三
2 3 2 3 2 3 3 6 7 8 9    天二三地二三人二三大三合六生七八九
3 4 5 7 1                運三四成環五七一
```

1 1 1　　　　　　　　　——終無終—

위 숫자의 모양을 구조화하면 아래와 같은 새로운 조직을 만들 수 있다. 이 조직은 나중에 3중 구조로 된 조직을 체계화시킬 수 있는 그림이다.

1 — 1,　1 — 2,　1 — 3,　　　天——地—二人—三
1 × 10 × 3　　　　　　　　　一積十鉅無匱化三
2 — 3,　2 — 3,　2 — 3,　3　天二三地二三人二三　大三
6 ~ 7 · 8 · 9　　　　　　　　合六生七八九
3 × 4　　　　　　　　　　　運三四
5 · 7 , · 1　　　　　　　　　成環五七一

7) 민족의 유산 제1호

(1) 세계에서 한민족만이 천부경을 가지고 있다. 천부경은 한민족 전 유물이다. 조상님이 내려주신 유산이다.
(2) 숭례문이 방화로 소실된 후 재건축할 때 상량에 천부경을 새겨넣어 천부경이 새겨진 숭례문을 국보 1호로 하자는 이야기가 있었다. 신라에서는 천부경이 쓰여 있는 황금으로 만든 자를 금척이라 하여 임금님의 신표로 사용되었다고 역사에 기록되어 있는 것과 같이 매우 의미 있는 일이라고 생각하였다.
(3) 아리랑이 세계에서 가장 아름다운 곡으로 선정되었다. 한글이 세계에서 가장 우수한 글자로 평가되었다. 천부경도 세계에서 가장 위대한 경으로 인식될 날이 올 것이다.

2. 천부경의 종류

천부경은 5가지 종류가 있다. 묘향산에서 찾은 묘향산 석벽본, 고운 최치원의 유물에서 나온 고운 사적본, 노사 기정진이 소장하였던 노사본, 태백일사책에 들어 있는 태백일사본, 고려 말 농은 민안부가 소장하였던 농은본이다.

1) 묘향산 석벽본

천부경을 단제시대 신하 신지가 전자로 비석에 새겼다고 하였다. 이 전비를 신라 말기에 고운 최치원이 보았고 이를 작첩하여 태백산 석벽에 각석하였다.

亦嘗見 神誌篆古碑 更復 作帖而 傳於世也
(역상견 신지전고비 갱복 작첩이 전어세야)
― 소도경전본훈

이 기록이 담겨 있는 태백일사를 해학 이기가 소장하고 있었고, 이기는 제자 계연수에게 이 내용을 전해 주었다. 이에 계연수는 실증적인 사실을 찾아내려고 노력하던 중 드디어 다음과 같은 편지를 쓸 수 있었다.

계연수의 편지

"…내가 스승님의 말씀을 명심하고 그것을 구하려 했으나 구할 수가 없었다. 성품을 닦고 약초 캐기를 업으로 삼아 십여 년간 명산을 떠돌던 중 지난 가을 마음을 다그쳐 태백산(묘향산) 깊은 골짜기로 들어가 인적이 닿지 않는 곳에 이르렀는데 시내 위의 바위벽에 옛날에 새겨놓은 것이 있는 듯했다. 손으로 바위에 덮인 이끼를 쓸어내니 글자의 획이 선명하게 드러나는데 바로 천부경이었다.

두 눈이 확 뜨임에 절하고 꿇어앉아 공경을 다해 읽어보니 한편으로는 단군의 보배로운 글임에 기뻤고 또 한편으로는 고운 선생의 신기한 자취라 매우 기뻤다. 충만한 마음으로 이를 얻었기에 나는 비로소 스승의 말씀이 헛된 것이 아니었음을 깨달았다.

이에 백 걸음마다 돌을 쌓아 길을 표시해 놓은 뒤 돌아와서 종이와 먹을 가지고 다시 산속으로 들어갔는데 전날 가던 곳을 찾기가 어려웠다.

이리저리 찾다가 마침내 산신령님께 빌며 사흘 밤을 지내고서야 그곳을 발견할 수가 있었다. 그때가 병진년(1916) 9월 9일이다. 겨우 탁본 한 벌을 박으니 글자가 심히 흐릿하여 다시 박으려 하니 구름과 안개가 문득 일어나는지라 그만 산사로 돌아왔다. 밤이 새도록 풀어보았으나 그 요령을 알지 못했다.

스스로 돌아보건대 젊어서 배움이 짧고 이제는 늙어 총명함이 떨어지므로 다시 연구하여 터득할 길이 없고 단지 입으로만 읽을 뿐이었더니 마침 서울에서 온 사람이 있어 말하기를 서울에 단군교가 있다 하는지라.

이 말을 듣고 심히 기뻐서 뜻으로는 가보고자 하나 그 뜻을 수행치 못하고 덧없이 봄이 되는지라, 길에서 서울로 가는 사람을 만나 이 탁본을 드리오니 바라건대 이 글을 잘 풀어 중생을 가르치면 그들이 복록을 받고 교운이 일어날 것이요…"

- 정사년 정월 초열흘날 향산 유객 계연수 재배

독립 운동가였던 운초 계연수(1864~1920)는 스승인 해학 이기의 말씀을 듣고 약초꾼이 되어 천부경의 흔적을 찾기 위하여 명산을 찾아다니며 약초 캐는 일을 하였다. 그러던 중 묘향산에서 고운 최치원이 각석하였다는 천부경을 찾았으니 얼마나 감격스러웠을까?

후일 퇴계원에 살았던 박동호 한의사도 묘향산에 들어가 이 석벽 글씨를 보았다고 하였다.

2) 고운 사적본

고운 최치원(孤雲 崔致遠)의 후손 최국술이 1925년 고운이 남긴 저작을 모아 엮은 『최 문창후 전집』에 실려 있는 '고운 선생 사적' 편에 실려 있다.

"태백산에 단군의 전비가 있었는데 그 글을 읽기가 몹시 힘들었고 해석하기가 어려웠다. 고운이 그것을 번역하였다."

고운 사적본은 묘향산 석벽본과 7자가 다르고 전체는 81자로 똑같다. 다르게 쓰인 글자는 아래와 같다.

析(석)→碩(석)　　匱(궤)→愧(괴)　　妙衍(묘연)→杳演(묘연)

動(동)→同(동)　　昻(앙)→仰(앙)　　地(지)→中(중)

3) 노사본

노사 기정진(盧沙 奇正鎭, 1798~1876)은 순창 출신으로 9세에 경서를 통달한 성리학의 대가였다.

소년시절에 전비문 천부경을 접하였으나 임종 시에 그의 수제자 이승학에게 전해 주었다. 그의 손자가 보관 중인 것을 김형택 선생이 얻어보고 30여 년간 연구하여 1957년 『단군철학 석의(檀君哲學釋義)』를 간행하였다.

인중천지일에서 지(地)자 1자가 다르고 그 외는 똑같다.

人中天地一 → 人中天中一

4) 태백일사본

조선 중종 때 찬수관을 지낸 일십당 이맥(一十堂 李陌, 1455~1528)이 쓴 태백일사에 실려 있다.

81자가 묘향산 석벽본과 일치한다.

5) 농은본

농은 민안부(農隱 閔安富, 1328~1401)는 고려 말 충신 목은 이색, 포은 정몽주, 도은 이숭인, 야은 길재, 수은 김충한과 같이 6은이라 불리며,

조선 개국 시(1392년)에 고려 신하로 두문동에 은거한 72현 중 한 사람이다.

묘향산 석벽본과 4자 다르고 내용은 아래와 같다.

析(석)→新(신)　　　化(화)→從(종)
大三(대삼)→大氣(대기)　運(운)→衷(충)

농은본은 문중 보관으로 있었던 것을 2000년 1월 후손 민홍규가 송호수 박사에게 사본을 보내어 이러한 사실을 2000년 1월 17일 자 〈뉴스피플〉지에 소개하였다.

이 글을 언어학자 박대종 교수가 해석하여 "갑골문자 천부경이다"고 말하였다.

글자 중 32자가 중국 갑골문자와 동일하며 미 해독 문자가 4자나 있었다.

특히 '환' 자를 최초로 해석하였다.

3. 천부경의 유래

1) 천부경은 9천여 년 전 구전지서(口傳之書)로 내려왔다.

이맥의 태백일사 소도경전본훈에서 "천부경은 천제 환국에서 입으로 전해지던 글이다"라고 하였다.

天符經 天帝桓國 口傳之書也
천부경　천제환국　구전지서야

-한단고기 232쪽

2) 6천여 년 전 신지 혁덕이 녹도문(鹿圖文)으로 기록하였다.

소도경전본훈에서 환웅대성존이 하늘에서 오신 뒤 신지 혁덕에게 명하여 녹도의 글로써 기록하게 하였다.

_{환웅대성존 천강후 명 신지혁덕 이녹도문기지}
桓雄大聖尊 天降後 命 神誌赫德 以鹿圖文記之

- 한단고기 232쪽

3) 단군조선 때 전문(篆文)으로 기록하였다.

동국역대의 고조선편 단군 1세 경오년에

_{교천부경 포고신고 이삼백육십육 교해국민}
敎天符經 布誥神誥 以三百六十六 敎海國民

단군세기에서 제11세 단제 도해 때 국자랑의 스승이었던 유위자(有爲子)는 말하길, "환웅천왕께서 개천하고 무리를 거두심에 온전하게 하는 것으로 가르침을 세워 백성에게 교화하였고 이를 천경신고로 가르쳤다"라고 하였다.

_{환웅개천납중이전설계이화지 천경신고조술어}
桓雄開天納衆以佺設戒而化之 天經神誥詔述於

- 한단고기 82쪽

또 을해 46년(BC 1846) 3월에 삼신께 제사를 지내고 누각에 오르셔서 천부경에 대해서 논하고 삼일신고를 강연하였다.

_{등루전 논경연고}
登樓殿 論經演誥

- 한단고기 85쪽

4) 신라 때 최치원이 한자로 번역하여 수첩에 기록하였다가 후세에 전하였다고 한다.

소도경전본훈에서 고운 최치원은 일찍이 신지의 전문을 옛 비석에서 보고 다시 이를 첩으로 만들어 세상에 전하게 되었다.

최치원 역상견 신지전고비 갱복 작첩이 전어세야
崔致遠 亦嘗見 神誌篆古碑 更復 作帖而 傳於世也

- 한단고기 232쪽

5) 발해 3세 문왕 봉장기에 기록하기를

"…소자가 신고를 받들어 온 뒤로 항상 잃거나 떨어질까 두려워하며 옛날 석본(石本)과 목본(木本) 두 본이 세상 풍파에 없어진 것을 생각하여 안타깝게 느끼고 이에 영보각에 두었던 임금이 지은 예찬이 붙어 있는 진귀한 진본을 태백산 보본단의 석실에 옮겨 봉장함으로 영원히 없어지지 않게 하려함이라.

대흥 3년(739) 3월 15일에 봉장하노라."

6) 고려

고려 말 공민왕 때 행촌은 몇몇 일행과 더불어 천보산(天寶山)에서 놀다가 태소암에 야숙한 일이 있었다.

그곳에 있는 거사가 말하기를 "여기에는 기이한 옛 책이 많이 저장되어 있다(奇古之書 多藏)"하므로 행촌은 이명, 범장과 이 신서를 얻어보니 모두가 옛 환단군전수지진결(桓檀君傳修之眞訣)이었다고 적혀 있다.

이때 행촌 이암(杏村 李嵒, 1297~1364)은 『단군세기』를 쓰고(공민왕 12년 1363), 『태백진훈』과 『농상집요』를 썼다. 그 후 이맥은 『태백진훈』을 보고 『태백일사』를 썼다.

복애 범장(伏崖 范樟)은 『북부여기』와 『가섭원부여기』를 썼다.

청평 이명(淸平 李茗)은 조대기를 인용하여 『진역유기 3권』을 썼다(그 후 북애 노인은 진역유기를 보고 『규원사화』를 썼다).

7) 조선

(1) 매월당 김시습(梅月堂 金時習, 1435~1493)은 징심록의 금척송 후기에

천부경을 운운하였다.

부도지는 『징심록』의 제1권이다.
『징심록』은 박제상(朴堤上363~418?)이 쓴 역사서로 총 15편으로 되어 있는데 여기에 백결 선생이 쓴 '금척지 1편'과 김시습이 쓴 '징심록 추기'를 포함해서 총 17편이다.

금척지에 대한 김시습 글이 매우 귀중한 것은 어디에서도 찾을 수 없는 금척에 대한 수수께끼를 풀어주고 있기 때문이다. 즉 금척의 내용과 형태와 소재 등을 자세하게 설명하고 있다. 금척은 천부경의 이치를 본떠 만들었으며 또 천부경을 영원히 보존하기 위하여 금으로 만든 잣대 곧 금척은 신물이라는 점을 뚜렷이 밝혀주었다.

"… 형태는 삼태성이 늘어선 것 같으니 머리에는 불구슬을 물고 네 마디로 된 다섯 치이다. 그 허실의 수가 9가 되어 10을 이루니 이는 천부의 수다. 그러므로 능히 천지조화의 근본을 재고 능히 이세소장(理世消長)의 근본을 알고 인간 만사에 이르기까지 재지 못하는 것이 없으며 기운, 마음, 목숨을 재면 기사회생한다고 하니 진실로 신비한 물건이라고 할 것이다…"

시고 김척지유래 기원심원 기리 심수이기형상칙여삼태지렬 두
是故 金尺之由來 其源 甚遠 其理 深邃而其形象則如三台之列 頭
함화주 사절이오촌 기허실지수 구이성십 차칙천부지수야 이고
含火珠 四節而五寸 其虛實之數 九而成十 次則天符之數也 以故
능도천지조화지근 능지리세소장지본 지어인간만사 무불측찰이
能度天地造化之根 能知理勢消長之本 至於人間萬事 無不測察而
규구어기문 심규 명근칙능기사회생운 진가위신비지물야
規矩於氣門 心窺 命根則能起死回生云 眞可謂神秘之物也

천부경이 새겨진 금척을 보유한 박혁거세는 천지만물의 이치를 통달한 제천 군주이기에 6촌장 회의에서 왕으로 추대됨은 당연지사다.

어느 날 박혁거세의 꿈에 신인이 나타나 금척을 주면서,

"이것을 왕위의 표로 드리니 자손 대대로 길이 전하시오. 만일 병든 백성이 있거든 이것으로 몸을 재면 즉시 나을 것이오."

눈을 뜨니 신인은 없고 머리맡에 금척이 번쩍이고 있었다. 어느 날 죽은 백성이 있어 금척으로 몸을 재니 살아났다.

(2) 조선 중기에 일십당 이맥은 태백일사를 썼다. 태백일사에는 천부경 전문과 삼일신고 전문이 기록되어 있고, 여러 군데에 천부경과 삼일신고에 대한 이야기가 나온다.

이맥은 행촌 이암의 현손으로 연산군 때 문과에 합격하여 돈녕부사를 지냈고 괴산으로 유배되었다가 중종 15년 찬수관에 임명되어 궁중에 소장되어 있는 고서를 마음껏 탐독할 수 있었다.

소도경전본훈에

"이렇게 전해 온 천부경이 조선에 와서는 오로지 유서에만 뜻을 두었기 때문에 조의를 알고자 하는 자는 다시 알 수가 없었으니 이 또한 한스러웠다. 고로 특별히 후대에 보이기 위하여 여기에 밝히노라" 하면서 정성스레 천부경 전문 81자를 기록하여 놓았다(운초 계연수의 묘향산 석벽본과 일치하는 81자이다).

이맥은 1에서 10까지 있는 천부경의 시작과 끝의 수, 곧 1과 10을 자호로 하여 일십당(一十堂)이라 하였으니 천부경을 자기와 한 몸으로 생각하였다.

(3) 격암 남사고(格菴 南師古, ?~?)는 명종 때의 예언가이며 사직 참봉

겸 천문학 교수이며 소시 때 신인을 만나 비결서를 받았다고 한다. 남사고도 천부경을 운운하였다.

격암유록 송가전(松歌田)에서는

"丹書用法 天符經 無窮造化 出現
天井名 生命水 天符經 眞經也.
晨淸跪坐 誦眞經을
不赦晝夜 잊지 말고 洞洞燭促 銘心하소."

단서용법 천부경에 무궁조화 출현하니
천정명은 생명수요 천부경은 진경이라.
맑은 새벽 꿇어앉아 천부경 외우기를
밤낮으로 잊지 말고 곳곳마다 불 밝히고 깊이깊이 기도하소.

(4) 임진왜란(1592~1597)

조선시대에 4대 사고(서울 춘추관, 충주 사고, 성주 사고, 전주 사고)가 전쟁 중에 불타버렸다.

천만다행으로 전주 사고에 있던 책들을 내장산 용굴에 피난시켜 간수하였고, 전쟁 후 해주 묘향산으로 옮겨놓았다가 다시 마니산으로 옮겨 보관하였다.

전쟁 후 필사본으로 5대 사고를 만들었다(서울 춘추관, 오대산 사고, 태백산 사고, 마니산 사고, 적성산 사고).

고종 3년(1866)에 병인양요가 발생하여 이때 프랑스 함대의 포격을 받아 마니산 사고의 모든 서적이 불타버렸다. 그런데 소실된 줄로만 알았는데 현재 많은 책들이 프랑스에 있다. 지난 고속철도 입찰 시 프랑스는 혜초의 『왕오천축국전』을 준다고 하였다.

'베르사이유 국립도서관에는 한국 고서가 345권이 소장되어 있다.'(1978년 중앙일보 보도)

8) 근세시대

(1) 해학 이기(海鶴 李沂, 1848-1909)는 구한말 애국지사로 '대한자강회'를 조직하여 동지 10여 명과 함께 친일 매국노 5명을 주살 결행했으나 실패하여 진도로 유배되었다. 해학은 가계 대대로 내려온 태백일사를 소장하였고 이 책을 제자 계연수에게 주었다. 태백일사에는 천경신고를 여러 번 이야기하고 있다.

(2) 운초 계연수(雲樵 桂延壽, 1864~1920)는 해학 이기 선생의 문인이었으며, 1916년 묘향산 석벽에서 천부경을 탁본하여 단군교에 보냈다. 그 뒤 1919년 이상룡 장군 밑에서 참획군정으로 공을 세우고 다음 해 만주에서 일본군에 잡혀 피살되었다.

운초는 한단고기(삼성기 상하, 단군세기, 북부여기, 태백일사 5권을 합편)를 묘향산 단군굴암에서 1911년 5월에 합편하였다.

'삼성기 상'은 안함로가 썼고 계연수의 가문에 오래토록 전수해 온 가장본(家藏本)이었다. '삼성기 하'는 원동중이 썼고 평북 태천의 백진사 관묵 선생으로부터 나왔다고 한다.

'단군세기'는 이암이 썼고, '북부여기'는 범장이 썼고, '태백일사'는 이맥이 썼다. 이 책은 후손에게 가계 비장으로 내려오다가 구한말 후손 이기에 의해서 계연수에게 전해졌다.

제2절 천부경의 해설

천부경은 전체가 81자로 된 하나의 덩어리로 뭉쳐 있지만 설명을 하기 위하여 편의상 5단으로 나누어서 설명하고자 한다.

【1단】 一始無始一析三極無盡本
일 시 무 시 일 석 삼 극 무 진 본

【2단】 天一一地一二人一三一積十鉅無匱化三
천 일 일 지 일 이 인 일 삼 일 적 십 거 무 궤 화 삼

【3단】 天二三地二三人二三大三合六生七八九
천 이 삼 지 이 삼 인 이 삼 대 삼 합 육 생 칠 팔 구

【4단】 運三四成環五七一妙衍萬往萬來用變不動本
운 삼 사 성 환 오 칠 일 묘 연 만 왕 만 래 용 변 부 동 본

【5단】 本心本太陽昂明人中天地一一終無終一
본 심 본 태 양 앙 명 인 중 천 지 일 일 종 무 종 일

【1단】 일시무시일 석삼극 무진본

一始無始一析三極無盡本
일 시 무 시 일 석 삼 극 무 진 본

하나의 시작은 무에서 시작하고
하나를 3극으로 나누어도 근본은 다함이 없다.

---

1. **일시무시일**(一始無始一)

1) 하나의 뜻은

(1) 일(一)은 하나에 대한 한자(漢字)이다. 하나를 줄이면 한이라는 글자가 된다.

일(一)은 다시 넓은 뜻과 좁은 뜻으로 두 가지 의미를 지닌다. 일(一)의 넓은 뜻으로는 개념상 전체, 또는 우주(宇宙)라는 뜻이다. 하나(1)를 줄인 말로 '한'은 우리말에서 '한없이. 한세상, 한평생. 한길' 등에서는 무한대, 최대, 모든 것, 유일무이, 큰 등의 뜻으로 사용되기도 한다. 또 좁은 뜻으로는 개체, 자아(自我)가 된다. 하나(1)의 뜻에는 '한 개, 한 알, 한 건, 한 사람, 한 걸음, 한 몸' 등에서는 하나, 시작, 유일을 의미하는 뜻으로 사용하기도 한다.

(2) 하나(1)는 모든 수를 포괄하고 있으면서도 모든 수에 깃들어 있는 수의 근원이자 출발점이다. 또한 수가 만물의 속성으로 내재하는 것이므로 하나는 곧 만물의 근원이자 출발점이기도 하다.

(3) 우주, 하느님, 절대적 존재 등을 숫자로 표현할 때 하나(一)로 표현하였다. '하나로 시작한다'고 할 때 여기서 하나는 만물의 근원으로서의 하나이며, 무(無)에 대비되는 유(有)로써 우주 자체를 말하는 것으로 볼 수 있다. 하느님도 하나와 한에서 변형된 이름이다.

(4) 하나의 뜻은 하나를 줄인 말이 '한'이기도 하며 하나는 '한'과 나(한낱) 다시 말해서 전체와 개체, 또는 우주와 자아의 합일을 뜻하는 말이다.

'한'을 떠나서 '나'가 없고 '나'가 없는 '한' 또한 없음이나 다름없다. 나의 탄생은 우주의 탄생이며 나의 소멸은 우주적 가치가 있는 세포 한 개의 소멸이다.

(5) 그러한 참 나는 오로지 자아완성을 통해서만 이루어지는 진리체로서의 인간이 아니면 안 된다. '한'과 합일하지 못하는 '나'는 한낱 중생일 뿐이다.

(6) 하나는 또한 사물의 시작, 시초를 말한다. '한'은 비롯이 없는 가

운데에 처음 비롯이며 모든 수를 존재하게 하는 바탕이 되는 한 낱이다.
(7) 하나는 중앙을 뜻한다. '한가운데', '한복판' 등은 중앙, 가운데를 뜻한다. 그러므로 일시무시를 순수한 우리말로 하면 '하나는 없음에서 비롯되었다'라고 말할 수 있다. 비롯은 비어 있는 것에서 얻어진 것이란 뜻이다. 빔은 없음이요, 얻음은 있음이다. 있음은 없음에서 나온다(有生無).

2) '하나'와 '한'

나는 곧 너와의 관계를 맺는 주관적 개체성이다. 하나를 알면 열을 안다는 말은 개체 '나'를 알면 전체 '한'을 안다는 뜻도 되며, 또 나를 앎으로써 우주를 알 수 있는 것이다. 1은 전체와 개체를 복합하는 하나의 개념이므로 크게는 우주이며 작게는 개인 '나'로 볼 수 있다.

우리말에서 의미를 찾아보면 없음은 우리말로 또한 업음이다. 옛말에 '업은 아이 사흘 찾는다'는 말이 있듯이 앞에 보이지 않을 뿐 실재는 바로 내 뒤에 업고 있는 것이다.

비롯은 공이니 비움에서 비롯되었다는 뜻이다. 비움은 또한 빔이니, 빔은 빈다, 또는 비나이다의 뜻이 된다. 빌기 위해서는 마음을 비워야 한다.

우리나라 사람의 '빕니다 - 비나이다'라는 말은 본래의 뜻이 '나 좀 주세요, 또는 도와주세요'가 아니라 맘을 텅 비워, 티 없이 청백한 상태가 되어 온갖 잡스러운 생각과 헛된 욕망을 털어버리고 빈자리로 돌아간다는 순수 정신을 말한다.

사람의 죽음을 '돌아간다'라는 말로 나타내는 뜻은 돌아가다(還元)와 돌다(循環)의 뜻을 함께 지니는 것이며 본래의 자리로 돌아가는 복귀이다.

'한'의 원리로 보면 있음과 없음은 분리된 둘의 개념이 아니라 본래

하나이다.

낳음과 죽음도 다름 아닌 본시 하나이다. 초월한 곳에 진체(眞體)가 있는 것이니 '한'은 더없이 빈 맘에서 찾게 된다. 그릇을 비우지 않으면 내용물을 담을 수 없다. 맘도 비우지 않으면 참 진리를 채울 수 없다.

나를 초탈한 초자아의 경지에서만 큰 그릇인 대아적(大我的) '한'에 이를 것이다.

3) 수의 개념

인간은 태어나서 죽을 때까지 수 속에서 살아간다. 나이, 맥박, 호흡, 체온 등을 모두 수로 표시한다. 생활에서도 수를 많이 사용하고 있다. '운수나 재수가 있다' '이럴 수가 있는가' '수틀리면 국물도 없다' '도수가 차야 일이 이루어진다' 등등 유달리 우리 민족은 수를 가지고 생각하고 분석하면서 살아왔다. 우리가 일상적으로 사용하는 것도 1, 2, 3… 숫자이며 사물의 수량이나 무게, 부피, 크기, 거리 등을 표시하는 방법으로 사용한다. 인간의 생멸시종이 모두 숫자 속에서 이루어지고 있다.

4) 무(無)의 뜻은

(1) 일반적으로 무(無)라고 말할 때 그것은 유(有)와 상대되는 개념으로 아무것도 없음을 뜻한다. 즉 아무것도 존재하지 않는, 곧 아무것도 없는 상태를 무라고 말하는 것이다.

(2) 유(有)는 존재하는 것, 있는 것, 다시 말해서 우리의 오감이나 정신에 의해 감식되는 현상계의 삼라만상을 일컫는 것이다.

(3) 그런데 오래전부터 동양의 자연철학에서 주장해 온 것이나 오늘날의 양자물리학에서 밝혀지는 사실들로 볼 때, 엄밀한 의미에서 아무것도 없는 무란 존재하지 않는다는 것이다.

(4) 이러한 인식을 바탕으로 박용숙 선생은 무의 개념에 대해 땅속에 있는 씨, 자궁 속에 있는 아기처럼 '보이지는 않지만 존재하는 것'이라고 비유하고 있다. 곧 무형(無形)적인 것을 말하고 있다.

"무(無)는 어둠 속에 감춰진 모습이라고 해야 옳다. 어둠 속에 감춰진 존재가 빛에 의해 드러났을 때 유(有)인 것이다. 모태 속에 들어 있는 아이는 그 자체로서는 엄연히 '있는 것'이지만 그 존재가 자궁 속에 갇혀 있음으로 해서 '없는 존재'가 되어 있다. 그런 의미에서 없다는 것은 인간의 합리적인 인식으로써는 확인되지 않은 부분이다."

- 한국의 시원사상에서

5) 자연과학에서 바라본 무(無)

서양의 과학자들은 좀 더 분석적인 입장에서 문제를 찾고 연구하였다. 고대에서 데모크리토스(Demokritos, 그리스의 철학자) 같은 원자론자들은 물질을 나누는 데는 한계가 있으며, 물질은 더 이상 나누어지지 않는 입자들로 구성되어 있다고 주장했다.

이전의 철학자들이 살이나 뼈, 머리카락 등의 원소의 질이 각기 다르다고 주장한 데 비하여 원자론자들은 모든 단위 또는 원자들이 질에 있어서는 비슷하다고 주장하였다.

영국의 과학자 존 돌턴(John Dalton, 1766~1844 영국 물리학자)은 "우주에 있는 모든 물질이 더 이상 쪼갤 수 없는 원자들로 이루어져 있다"라고 하였다.

오늘날에는 이러한 원자들을 그보다 더 작은 기본입자로 나눌 수 있다는 사실도 밝혀졌다. 즉 원자는 양성자와 중성자와 전자로 이루어져 있으며 이들은 다시 쿼크라는 소립자로 구성되어 있다는 것이다. 이렇게 물질을 세분해서 들어갈수록 물리학은 새로운 발견을 하게 되었다.

"러더포드(Ernest Rutherford, 1871~1937, 물리학자)가 말한 원자모형은 + 전하를 띤 중앙의 원자핵 주위로 전자가 궤도운동을 한다는 것이다. 이 모형은 태양계를 닮은 모양이었다. 고대로부터 믿어왔듯이 원자는 딱딱하고 견고한 입자들이 아니라 극도로 미세한 입자인 전자들이 전기력에 의해 핵에 묶여져 그 주위를 돌고 있는 광대한 공간으로 구성되어 있다는 것이 판명되었다. 원자의 지름은 약 1억분의 1cm이다. 만일 우리가 원자를 축구공이나 방의 크기만큼 확대할지라도 원자핵은 여전히 너무 작아서 육안으로 볼 수는 없을 것이다."

- 현대 물리학과 동양사상

원자의 지름이 1억분의 1cm이고 그것의 10만분의 1쯤 되는 원자핵의 크기란 정말 상상하기 어렵다. 원자핵의 양성자는 1.6725×10^{-27}kg이다. 이러한 원자와 원자핵의 관계를 다음과 같이 비유하였다.

원자를 올림픽 경기장만 한 크기로 팽창시킨다면 원자핵의 크기는 경기장 중앙에 떨어져 있는 완두콩만 할 것이다. 우주에 텅 빈 공간이 있는 것처럼 원자 내부에도 텅 빈 공간이 있는 것이다. 모든 물질은 이와 같다.

"현대물리학이 밝혀낸 바에 따르면 물질의 하부구조에는 쿼크라는 소립자가 서로 결합되어 있는데 이것은 이론상 자유로운 상태로 분리시키는 것이 불가능하다고 한다.

이러한 쿼크의 구조적 특성의 발견으로 이제까지의 물질관은 혁명적 전환을 하게 되었다. 모든 자연은 어느 미세한 것이라도 독립적으로 존재하지 않는다는 것이다. 물질을 구성하는 기본입자들은 데모크리토스가 주장했던 그런 기본 구성체가 아니라 다른 체계들과의 상호 작용을 통해서만 정의될 수 있고 관찰될 수 있다는 것이다.

곧 소립자란 분석이 불가능한 실체가 아니라 다른 것들과의 관계 속에서 그 존재와 속성을 얻는다는 것이다. 이것은 우주의 본질적인 상호 연결성을 뜻하는 동시에 세계를 독립적으로 존재하는 최소단위로 분해할 수 없다는 사실을 보여준다.

또한 소립자들은 구조적 특성뿐만 아니라 생성과 소멸에서도 물질에 대한 기존 관념들을 바꿔놓았다.

현대물리학은 소립자들이 순간적으로 소멸되고 또한 이내 새로운 입자가 생성되는 과정을 되풀이한다는 것이다.

한 개의 입자가 존재하는 시간은 100만분의 1초보다도 짧다고 한다. 실제로 하나의 입자가 소멸되어 사라지는 대신 다른 입자가 다시 생겨나는 시간은 10^{-15}초 정도에 불과하다고 한다. 이 지극히 짧은 시간 동안에 유와 무의 교대가 이루어지는 것이다. 이 정도로 짧은 시간이라면 감지할 수도 없다. 그러므로 유와 무가 따로 존재한다는 생각조차 무의미해졌다.

이런 사실로 볼 때 물질의 기본을 이루는 소립자의 세계에서는 유와 무를 구분 지을 수 있는 기준이나 경계선이 모호해진다. 즉 아무 원인이나 이유 없이 무로부터 입자가 무차별적으로 생겨나는 것이므로 결국 물질과 빈 공간 사이의 구별은 의미가 없다. 따라서 우리가 비어 있다고 생각해 온 진공도 결코 비어 있는 것으로 볼 수 없다. 오히려 무수한 기(에너지)를 보유한 에너지의 저장 탱크이다."

- 천부경의 수수께끼 중에서

그러므로 '일시무시'에 대한 해설은 하나의 시작은 무에서 시작되었다. 이를 쉽게 표현하면 무형에서 창조의 첫 시작이 되었다. 곧 실(실수)은 허(허수)에서 비로소 시작되었다는 말과 동일하다.

2. 일석삼극무진본(一析三極無盡本)

1) 일석삼극(一析三極)

일석삼극이란 하나가 3으로 분화되었다. 맨 처음 1(하나)이 시작될 때 하나는 3으로 된 하나이니 곧 3극이 하나로 뭉쳐진 것이다. 큰 1 속에 3이 들어 있다. 그래서 일석삼극은 삼위일체와 같은 뜻이다. 일석삼극은 일즉삼(一卽三)의 연역적 뜻이 담겨 있고, 삼위일체는 삼즉일(三卽一)로써 귀납적 뜻이 담겨 있다.

근본인 하나(1)를 앎으로써 셋으로 갈라짐을 알고 셋으로부터 한으로 되돌아가는 구성 원리에서 만물의 척도를 찾게 된다.

하나는 곧 셋이요, 셋이 하나라는 뜻은 존재핵적인 근본 요소가 되므로 헤아림이나 수효를 말하는 것이 아니라 구조적인 존재양식을 말한다.

대우주의 구성 요소는 셋으로 이루어졌으니 하늘(天)과 땅(地)과 사람(人)이다. 천 지 인의 3극이다. 곧 천의 구조와 지의 구조와 인의 구조로써 3중 구조로 되어 있다.

인간은 3중 구조로 얼, 몸, 맘으로 존재하며, 얼은 성·명·정으로 구성하고, 몸은 머리·가슴·배로 구성되어 있고, 맘은 지·정·의로 구성되어 있다.

창조의 석삼극은 공간성, 물질성, 작용성이 있다. 이것이 발달하여 우주가 이루어지면서 하늘, 땅, 사람으로 나타난다.

3수로 구분하는 것을 보면 나는 아버지와 어머니에 의해서 태어났다. 그러므로 나는 삼자의 관계에 의한 존재이다. 또 인간의 혈연관계는 부계의 친족이 있고 모계의 외족이 있고 처계의 처족으로 3족이 있다. 공간적으로는 가로·세로·높이의 3차원이 있고, 시간적으로는 과거·현재·미래의 3시대가 있다. 자연은 물과 공기와 흙으로 되어 있고, 물체는 고체·액체·기체가 있고, 색깔도 빨강·노랑·파랑의 3원색이 있다. 이렇게 3수의 존재는 이루 헤아릴 수 없이 많다.

생활문화에서 3수를 보면 옛날부터 우리 민족이 가장 좋아하는 숫자는 3이라는 숫자다. 예를 들면 '세 살 버릇 여든까지 간다' '삼시 세 번을 하자' '수염이 석자라도 먹어야 양반이다' '내 코가 석자이다' '중매는 잘하면 술이 석 잔이고 못하면 뺨이 세 대이다' '겉보리 서 말만 있으면 처가살이 않는다' '좋은 말도 세 번하면 듣기 싫다' 등등 수없이 많다.

또 우리 민족 대대로 내려오는 '삼신할머니가 점 지어 주신 것이다'라는 말이 있다. 여러 가지 의미가 있지만 삼신은 조화주·교화주·치화주를 말한다. 삼신은 일체삼용(一體三容)의 존재로 체는 하나이고 쓰이는 일에서는 3가지로 나타나는 것이다. 이는 군사부일체라는 말과 상통한다.

부모는 생명의 조화를 만들어내고, 스승은 교화를 이루어 사람을 사람답게 변화시키는 일을 만들어내고, 임금님은 치화를 이루어 인간과 자연의 세계를 행복하고 평화롭게 다스림을 만들어내는 것이다.

역사적으로는 옛날에 한임이 계셔서 덕으로 다스림을 이루어 온갖 조화를 이루신 큰 어른이 되셨고, 환웅님이 계셔서 지혜로 다스림을 이루어 온갖 교화를 이루신 큰 어른이 되셨고, 단제님이 계셔서 큰 뜻과 큰 힘으로 다스림을 이루어 온갖 치화를 이루신 큰 어른이 되시어 나라를 건국하고 천리 이치에 맞는 부도를 건설하고 그 뜻을 후손에 전하였다.

일석삼극

			천	지	인
1	→		하늘	땅	사람
			↓	↓	↓
대우주	┌ 자연	→	공간	물질	작용, 시간
	└ 인간	→	얼	몸	맘

2) 일석삼극의 방위 개념

일석삼극을 방위로 보면 입체적 공간 개념이 되며 내용적으로는 초공간적인 형이상학적 의미가 된다. 하늘의 공간을 종적 방향으로 보면 위, 가운데, 아래가 된다.

위…

위는 높은 자리가 되는 상위를 말한다. 천체 공간에서는 가장 먼 자리가 위쪽이 된다. 곧 북극성이 자리하는 방향이며 방위의 기준으로 삼는다.

인간에게는 가장 높은 자리가 머리이다. 사람의 머리는 얼이 깃든 신성한 자리이며 인체에서도 가장 윗자리이다. 인간은 땅 위에 살면서 머리는 하늘을 향해 위에 있고, 아래는 두 발을 땅에 디디고 살아가는 존재로 천지간에 하늘과 땅의 중심이 된다.

가운데…

'가'는 시작도 나타내고 끝도 나타낸다. 바닷가 글자에서 '가'는 바다의 시작도 되고 끝도 된다. 가슴에는 허파가 있으며 숨 쉼의 시작이기도 하고 끝이 되기도 한다.

'운'은 중앙 부분을 말한다.
'한가운데에 앉으세요'라는 말은 중앙에 앉으라는 말이다.

아래…
아래는 곧 알애이다. 알은 생식기 쪽에 있으며 신체에서 중앙 부분에 있다. 사람의 몸에서 아래 또는 아랫도리는 알이 있는 하체이며 생식기 부분이 된다. 위가 하늘이라면 아래는 땅이다. 위는 공간(하늘)이며 아래는 물질들(땅)이라는 뜻도 된다.

또 하늘의 공간을 횡적 방향으로 보면 오른쪽, 가운데, 왼쪽이 된다.

오른…
'오른'이란 오른다(昇)의 뜻이며 해가 솟아오르는 쪽을 가리킨다.
'오르다'는 옳다, 바르다, 높은 자리로 오른다, 또는 정(正)과 상승(上昇)을 나타낸다.
우리나라가 해가 떠오르는 오른쪽에 위치함으로써 때를 얻으면 국운은 무한히 상승하게 될 지운이 있는 것이다. 해가 떠오르는 동방의 빛이 곧 '한' 정신의 현현이며, 오래 지속되어 온 어두운 역사는 물러가고 온누리에 서기를 발할 수 있다. 또 사람이 보편적으로 오른팔을 많이 사용하는 것은 바로 오름을 나타내는 것이다

왼…
외는 외진 곳, 바깥쪽을 가리킨다. 해는 오른쪽에서 떠오르고 왼쪽으로 넘어간다. 왼쪽은 현상계의 바깥쪽이니 어떠한 초월적 세계 또는 외계(外界)를 상징한다.

위, 가운데, 아래의 개념은 단순히 방향만을 가리키는 것이 아니라 위상적인 천체 공간의 뜻을 담고 있다.

본래 천체 공간은 둥글고 상하좌우가 없다. 상하좌우는 상대적인 것으로 인간 스스로 그렇게 설정하였을 뿐이다. 무시무종하여 시작도 끝도 없는 원융회통(圓融會通)이 우주의 모습이다. 시공간은 처음과 끝, 상하좌우가 없이 궁극은 하나로 돌아가는 둥글음이다.

동서남북의 사방 개념은 일석삼극의 원리로 볼 때 동 - 서로 연결되는 선과 남 - 북으로 연결되는 선으로 두 개의 선으로 그려볼 수 있다. 동서남북은 원래 평면에서 본 방위 개념이고, 입체적 일석삼극으로 보면 위 가운데 아래가 된다.

3) 일석삼극과 종교

세계적으로 여러 종교의 신앙관 속에는 천부경이 제시한 일석삼극의 이치와 공통되는 일면들이 들어 있다.

다시 말하면 만교일본(萬敎一本)의 원리가 저항감 없이 받아들여지는 것이 1(하나)이며, 1은 구조적으로 다시 셋으로 갈라지니 모든 종교 사상에서 일석삼극과 공통점이 있다.

단제의 설화 : 단제는 우리나라의 백성을 대표하는 시조조상을 뜻한다. 말하자면 우리 한민족은 김씨, 이씨, 박씨 등등의 성씨를 말하기 전에 '한'이라는 큰 성을 가지고 있는 셈이며 그래서 국호도 한이 들어 있는 '대한민국'이라 한다.

일석삼극이나 삼신은 같은 의미의 단어로 본질이 하나이며 위격은 셋이다. 삼신이란 조화주, 교화주, 치화주를 말한다. 조화, 교화, 치화는 일체삼용으로 체는 한 몸이고 쓰임과 작용에서는 셋으로 나타난다. 군사부일체라는 뜻과 같다. 삼신은 하느님이 세 분이라는 뜻이 아니다. 하느님은 한 분이지만 기능과 작용에 있어서 세 가지로 나타난다는 것이다.

이에 삼신관의 의미는 신과 자연과 사람이 일체로써 하나의 근원에서 이루어졌음을 말하는 것이다.

또한 하나는 '한 + 나'로써 한의 전체를 말함이고, 나는 개체를 말함인데 전체와 개체는 하나로 연결되어 있다는 말이다. 곧 하나는 개체를 말함이 아니며 일즉다(一卽多)이며 다즉일(多卽一)로써 만물 속에 내재하는 속성이다. 마치 천상의 달은 하나이지만 지상에 비친 달의 그림자는 모든 강물에 떠 있으며 헤아릴 수 없이 많음과 같은 이치이다.

일석삼극을 종교의 교리에서 보면,
대종교 : 성(性) 명(命) 정(精)의 삼진귀일(三眞歸一)사상
천도교 : 경천(敬天) 경물(敬物) 경인(敬人)의 삼경사상
선도 : 정(精) 기(氣) 신(神)
증산교 : 천계(天界) 지계(地界) 인계(人界)의 삼계
도교 : 도생일(道生一) 일생이(一生二) 이생삼(二生三)의 삼생만물(三生萬物)
원불교 : 일원상 동그라미 표시는 '한'과 동일한 것임.
　　　　　　일원상・법신불・진리불
불교 : 법신(法身) 보신(報身) 응신(應身) 또는 불 법 승의 삼보
기독교 : 성부 성자 성신의 삼위일체

그리고 천도교, 대종교, 선도(仙道), 증산교, 원불교 등은 전통신앙의 차원에서 포괄되며 천부경 사상을 원류로 하여 맥락이 통일될 수도 있을 것이다.

동학의 인내천 사상도 천부경의 경천애인 사상이 잠재적 바탕이 되는 것으로 보아야 옳을 것이다. 설령 천부경을 그 이념으로써 표방하여 제시하지 않았다 하더라도 모든 민족사상의 명맥을 이 경전에서 찾

아야 한다는 주장도 할 수 있다.

일석삼극에서 포일(包一)하는 대동(大同)의 원리를 찾아 공동의 장이 마련됨이 바람직하다.

일석삼극에서 +와 -, 즉 공간과 물질은 본시 하나이며 이것은 상호 견제하면서 조화를 이루고 힘의 균형을 유지하고 있는 것이다. 이것이 천부경에서 말하는 일시무시일석삼극무진본(一始無始一析三極無盡本)의 개념인 것이다.

즉 수리 개념의 일시(一始)는 일(一)의 시작이란 뜻이며, 무(無)란 '✿'이다. 일(一) 속에는 한 개의 뜻도 있고 3중 복합구조로 이루어진 '하나'라는 뜻도 있고 삼위일체의 원인이라는 뜻도 된다.

다시 말하면 물질이란 볼 수 있는 공간이며 공간이란 볼 수 없는 물질이면서 공간과 물질이 합치면 적용 또는 시간이 된다.

4) 무진본(無盡本)

무진본이란 '근본은 다함이 없다'의 의미로 근본은 변함이 없고 무한하다는 것이다. 무진본의 본(本)은 다함이 없는 본디이니 존재의 근본을 말하는 것으로 제2부 삼일신고 서두에서 말하는 하늘의 세계를 말한다.

근본이란 순수한 우리말로 '뿌리'를 뜻한다. 뿌리의 원인은 씨이다. '씨를 뿌리다'라는 말을 풀어보면 씨(種)는 뿌리(根)의 원인이라는 뜻이 된다. '씨를 뿌리다'의 씨는 주어이고 뿌리다는 술어이다. '원인은 근본이다'가 되며 곧 근본은 원인이라는 뜻이 된다.

사물의 본바탕은 그에 말미암은 까닭이 있다. 말에는 말의 씨가 있고 맘에는 맘의 씨가 있고 날에는 날씨가 있으니 그 씨는 본디 하나의 원인이 되는 것이다.

우주(자연과 인간)는 일석삼극(天地人) 무진본으로써 씨(원인)가 하나이다.

씨는 뿌리(根本)로서 다함 없는 본디(無盡本)이다. 그리고 현대 물리학에서 소립자의 끊임없는 소멸과 생성 과정 속에서도 에너지의 기능을 잃지 않고 있는 에너지 불멸의 법칙에서 무진본을 이해할 수 있다.

3. 결론

진리는 멀리 있는 것이 아니라 가장 쉽고 가장 가까이 있는 것이다. 그리고 인간이 이해할 수 있어야 하고 인간이 실용할 수 있어야 한다. 천부경도 이해가 되고 실용이 되어야 한다. 천부경은 천리 이치를 깨달아 함축시킨 하늘의 진리를 말하는 경이다.

'일시무시일 석삼극 무진본'은 천리 이치의 시작을 밝히는 것으로 존재의 시작은 무형에서부터 이루어진다는 것이다. 보이는 것의 시작은 보이지 않는 것에서 시작하여 보이는 것으로 나타나는 것이다. 실수는 허수에서 나온다는 이치와 같은 것이다.

또 창조의 첫 설계도에는 하나에서 3가지의 목표를 가지고 시작되었다. 그것이 우주로 나타날 때는 하늘과 땅과 사람으로 출현되었지만 그 근원에는 무형적인 것으로 공간성, 물질성, 작용성이 있으며 그 근본의 세계는 시공간을 초월한 세계로 소멸의 존재가 아니라 본질의 존재로 영원하며 변함이 없다.

3차원 세계에서 살고 있는 한시적인 몸이라는 물질을 가지고 판단할 수 있는 것이 아니라 시간과 한시적 국한이 없는 허공성의 세계에 있는 이치를 설명하고 있다.

> **【2단】 천일일 지일이 인일삼 일적십거 무궤화삼**
>
> 천일일지일이인일삼일적십거무궤화삼
> 天――地―二人―三―積十鉅無匱化三
>
> 천(하늘)의 맨 처음이 첫 번째로 나왔고 지(땅)의 맨 처음이
> 두 번째로 나왔고 인(사람)의 맨 처음이 세 번째로 나왔다.
> 1에서 10까지 쌓아감은 그 목적이
> 가장 귀중한 3으로 변화하는 데 있다.

1. 천일일 지일이 인일삼(天―― 地―二 人―三)

1) 천일 지일 인일(天― 地― 人―)

1단에서는 우주만물의 생성 과정을 말하고 있다. '일시무시일'로서 무에서 시작하여 유가 나타나는 우주만물의 시작을 밝히고, 1에서 시작하여 일석삼극으로 나누고 이것이 천 지 인으로 나타나는 과정을 밝혔다.

2단에서도 역시 천리 이치를 설명하는 것으로써 '천일일 지일이 인일삼'이라는 것은 석삼극이 발전하여 천 지 인으로 나타날 때 맨 먼저 천이 나왔고 두 번째로 지가 나왔고 세 번째로 인이 나왔음을 말한다.

맨 처음 나온 천을 천일(天―)이라고 하고, 맨 처음 나온 지를 지일(地―)이라고 하고, 맨 처음 나온 인을 인일(人―)이라고 한다.

태백일사의 '삼신오제본기'에 이르기를,

"천일(天―)은 천계를 관장하면서 만물의 성(性)을 통하는 오묘한 조화작용을 하는데 형체가 없는 것이라 하였고, 지일(地―)은 지계를 관장하면서 만물로 하여금 그 명(命)을 알게 하고 만물을 생육시키는 교화작용을 하는데 그것을 무위로써 한다고 하였고, 인일(人―)은 천계와 지계의 중간세계를 관장하면서 만물로 하여금 정(精)을 보전하게 하고 최고의

덕으로 만물의 진화와 발전을 돕는 치화작용을 한다"고 하였다.

2) 삼신과 우주

천 지 인은 삼위일체이면서 그 생성 순서는 하늘이 으뜸이요, 하늘의 상대적인 땅이 둘째이며, 하늘과 땅의 상대적 관계에 따른 결과가 세 번째인 사람이다.

이러한 일석삼극의 이치를 사람에게 적용하면 얼이 으뜸이요, 얼과 상대성인 몸이 둘째이며, 얼과 몸의 결과가 셋째인 마음이라 할 수 있다. 얼이 살아 있는 마음이 되어야 얼찬 마음 또는 얼찬 사람이 되는 것이다.

천지는 인간이 있으므로 존재 의미가 있는 것이며 인간이 존재하지 않는 천지는 빈집이나 다름없다. 공간과 물질은 시간에 의해서 운동하는 것이며 얼과 몸은 맘을 얻음으로 인격으로 발동하는 것이다. 그러므로 마음은 중성적 존재이다.

삼신의 성격을 생각하여 보자. 삼신은 천일과 지일과 인일을 한 덩어리(일체)로 말하는 것이다. 천일(天一)은 맨 처음의 하늘(천)이므로 천신(天神)이며 조화신이다. 또 공간과 우주를 만들어내는 원인이 되니까 창조신이라 할 수 있다. 그래서 조화신은 하늘나라에 계신다. 조화신은 자아 속에 존재하는 얼나(靈我)가 되고, 수로 볼 때는 홀수이며 물리적 성격으로는 플러스(+)성이며 원심력이다.

지일(地一)은 맨 처음의 땅(地)이므로 지신(地神)이며 교화신으로 물질을 관장하는 신이다. 자아 속에 존재하는 몸나(肉我)가 되어 수로 볼 때 짝수이며 물리적 성격으로는 마이너스(-)성이며 구심력이다.

인일(人一)은 맨 처음 사람으로 인신(人神)이며 치화신으로 시간을 관장하는 신이며 정신적 존재이다. 역사와 문화의 창조신이 되어 사람의 마음속에 존재한다. 인일은 자아 속에 존재하는 맘나(心我)가 되어 수로 볼 때 홀수와 짝수가 공존하는 3수가 되며 물리적 성격으로는 중성(+-)이 된다.

이 삼자를 크게 보면 우주이며 작게 보면 원소적인 존재핵이 된다. 존재핵이란 공간성, 물질성, 시간성이 하나로 결집된 원심력, 구심력, 중성력의 조화를 이루며 더 쪼갤 수 없이 최소화된 힘의 근원이다.

공간은 첫 발생으로써 홀수이며 그 성격이 한없이 퍼져나가는 팽창력이자 이력이며, 기호는 플러스(+)로 표시되나 이력은 그 자체만으로는 존재할 수 없고, 상대적인 성격(인력)과의 결합을 필연적으로 요구하는 유기체이다.

물질은 둘째 발생으로써 짝수이며 그 성격이 하늘과 상대되는 수축력이자 인력이며, 기호는 마이너스(-)로 표시되나 인력은 역시 그 자체만으로 존재할 수 없으며 상대적으로 이력과의 결합을 요구하는 공동체이다.

하늘에서 땅이 나왔으니 하늘과 땅의 그 근원은 원래 한 존재이다. 이는 천지조화를 이룩하는 음양합일의 근본이치이다.

(+)로 표시되는 원심성(이력)과 (−)로 표시되는 구심성(인력)은 서로 상대되는 성질이어서 상대적으로 어울리는 하나이다. 이를테면 천지건곤은 둘로 갈라지면서도 뿌리는 하나에서 나왔으므로 극과 극은 하나로 통하는 양면일원(兩面一元)이다.

양극은 대립된 것이 아니라 상대적으로 균형과 조화를 이루는 하나이다. 만약 양과 양, 음과 음으로 편향되면 충격과 흐트러짐이 있을 뿐이다. 이러한 조화의 원리에서 천지는 생성되었으니 하늘 없는 땅이 있을 수 없고 땅 없는 하늘이 있을 수 없는 것이다. 물질 없는 공간은 원초적으로 존재할 수 없으며, 공간 없는 물질도 물질이 될 수 없는 것이다.

삼신과 우주

삼 신	조화주	교화주	치화주
세 계	하늘	땅	사람
우 주	공간	물질	작용(시간)
성 격	적극적	소극적	온건적
사 람	얼	몸	맘
자 아	영아(靈我)	육아(肉我)	심아(心我)
수	1	2	3
물 리	+성	-성	± 중성

 이러한 상대성의 원리는 인간의 신체구조를 놓고 볼 때도 좌반신과 우반신이 상사형(相似形)으로 구성되어 있다.

 유와 무, 생과 사는 존재의 양면일 뿐 뿌리는 하나이니 인류세계가 양극으로 갈라져 있다 한들 궁극은 하나로 돌아가야 하는 이치가 천지법도의 섭리이다.

 하나에서 천일 지일 인일 석삼극이 되어 나왔으니 일체삼용으로 합치면 다시 하나가 되고 나누면 셋이 되어 세 가지로 작용한다.

 작용으로 나타난 천일은 조화주이고, 작용으로 나타난 지일은 교화주이며, 작용으로 나타난 인일은 치화주이다. 조화주와 교화주와 치화주가 하나로 합치면 삼신이 된다. '삼신이 도우셨다', '삼신할머니의 점지를 받았다'라는 말의 삼신이란 이를 의미한다.

 삼신의 이치를 역사적으로 펼치면 천일 조화주로 나타나신 분이 한인님이시고, 지일 교화주로 나타나신 분이 환웅님이시고, 인일 치화주로 나타나신 분이 단제님이시다. 구월산 삼성각은 역사적 삼신이 되신 한인 환웅 단제 세 분을 봉안한 곳이다. 그러므로 펼치면 세 존재이며 합치면 한 존재이니 이를 삼신일체 또는 일체삼용이라고 한다.

3) 천 지 인은 셋이면서 하나

(1) 하나

하나는 '하 + 나'이며 (한)은 '하 + ㄴ'이다. 하나는 하늘 이전에 있었으나 하늘로 비롯되었다.

우리 조상들은 사람을 가장 귀한 것으로 알았다. 동학에서는 인내천(人乃天)이라 하였고 사람 알기를 하늘같이 알라고 하였다. 하늘이야말로 천 지 인의 으뜸이며 모든 것을 감싸 안고 있다. 사람은 하늘 안에 있으면서 하늘을 품는다. 사람을 하늘같이 알아야 하겠거늘 사람의 가치는 차츰 떨어지고 이 땅 위에 티끌이 되어가고 있다.

하늘이 하늘이요, 땅이 땅인 것은 사람이 있음으로써 이해한다. 하늘과 땅의 상대성 원리는 인간의 호흡에 비유할 수 있다. 인간은 호(원심력), 흡(구심력)을 쉴 새 없이 지속함으로써 생명을 유지한다. 인간의 태어남은 호흡의 시작이요, 인간의 죽음은 호흡을 정지함이다. 즉 호흡의 상대성 운동에서 생존하는 것이 육신이다.

호(呼)를 하늘로 비상하려는 원심력으로 본다면 흡(吸)은 땅의 지기인 구심력으로 볼 수 있다. 인간을 영위케 하는 모든 먹거리는 물질인데 땅에서 취하는 것이므로 인간은 공기와 동시에 땅의 지기를 흡수하고 사는 것이다. 또 땅(물질)은 하늘(공간)에서 나왔으므로 둘째 번 하늘이며 보이는 하늘이라고 말할 수 있다. 그 가운데 있는 공기는 하늘과 땅의 입김이요 숨결이다. 그러므로 사람은 하늘과 땅을 함께 소유함으로써 천 지 인은 하나가 되는 것이다.

(2) 울과 물

물(물질物質)은 울(공간空間)을 수용한다. 울은 울타리이며 울타리는 공간성을 말한다. 울은 또한 울리다(響, 울려 퍼지다膨脹)이며 원심력을 나타낸다.

물은 H₂O의 구성물이다. H와 O의 원소 결합체이다.

육지의 3/4이 물이다. 물과 뭍은 같은 ㅁ(미음)에서 나왔다. 뭍은 육지를 말함이다. 또 ㅁ이 들어 있는 묻이다(埋沒 資源), 모이다(結集), 먼지(塵間粒子), 몸 등은 물질성이 있는 말이다.

또한 천 일원(天一圓), 지 이방(地二方), 인 삼각(人三角)이 되었고, 사람은 셋째이니 원(圓)과 방(方)을 공유하는 각(角)으로 형상화한다.

얼, 몸, 맘에서 맘은 중성이니 중성 속에는 원인과 결과를 동시에 가지고 있는 이중 구조의 성격을 갖는다. 다시 말해서 맘은 얼과 몸을 소유하면서 본질과 현상의 양면성을 갖는 실재이다.

천 지 인의 구성

일체성	삼신	본질	현상성	힘	작용
천일일 (天一一)	조화주	공간	+ 전자	이력(離力)	원심성
지일이 (地一二)	교화주	물질	− 전자	인력(引力)	구심성
인일삼 (人一三)	치화주	작용(시간)	중성자	와권력(渦捲力)	무중력성

삼일신고 말씀   93

2. 일적십거 무궤화삼(一積十鉅 無匱化三)

1) 일적십거 무궤화삼

일적십거(一積十鉅)는 10진법(또는 2진법)을 말하는 것이며, 무궤화삼은 3진법을 기본 구조로 하는 30진법을 말한다.

10진법(2진법)은 홀수와 짝수의 반복일 뿐이며 홀수는 플러스(+)성이고, 짝수는 마이너스(-)성으로 표시된다. 각 숫자는 수의 양만 표시될 뿐 수 자체의 성격이나 구조는 없고 오로지 홀수와 짝수가 있을 뿐이다.

그러나 2진법은 무궤화삼으로 제시되는 3진법에 이르러 비로소 수마다 개체성을 이루는 성격 구조를 갖게 된다. 무궤화삼은 곧 일석삼극의 기본원리에 의한 것이며 일석삼극이란 다시 말해서 공간과 물질과 작용이 서로 공유하며 동시에 존재하는 것으로 3요소가 절대 불가분의 관계를 형성하고 있다. 그러므로 하나의 숫자마다 일석삼극의 존재핵적인 구성 요소가 존재함으로써 하나의 개체성을 성립하게 되면서 동시에 전체적 유기체가 되므로 전체성도 성립된다. 이를테면 모든 개체성은 공간성·물질성·작용성의 삼위일체로 구성되어 있으며, 크게 보면 이 삼위일체가 곧 우주의 기본 구성 요소가 되는 것이다.

곧 30진법은 10진법(2진법)의 개체적 구조화 내지 전체적 체계화로 보면 이해가 된다. 10진법이 양(量)의 세계라면 30진법은 질(質)의 세계이다.

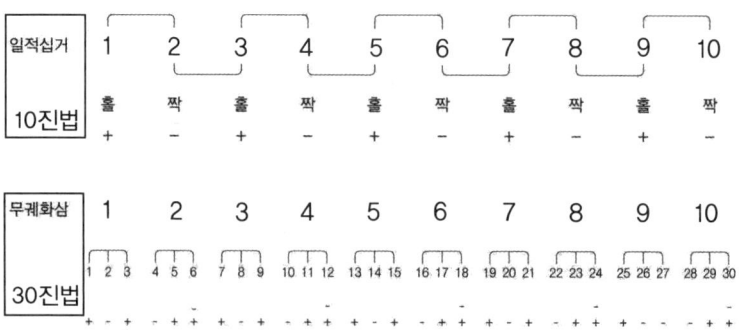

현재 사용하고 있는 10진법의 계열은 +성과 −성의 반복일 뿐이며 중성수가 존재하지 않는다.

그러나 30진법에서는 10진법의 수 하나를 개체성으로 보는 것이며 이 개체성을 구성하기 위하여 각 개의 모든 수는 수마다 +성, −성, 중성(+− 또는 −+)을 삼위일체적으로 소유하게 된다.

6진수가 종합수 계열이라면 10진수는 개체수 계열이고 내부 구조인 30진법은 조직수 계열이라고 볼 수 있다.

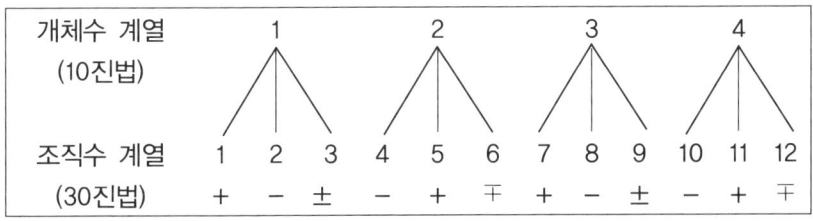

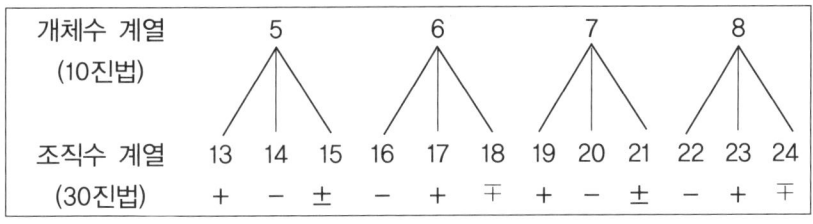

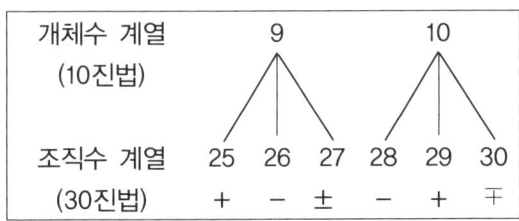

중성 성격으로 홀수성 중성수와 짝수성 중성수가 있는데 홀수성 중성수는 ±로, 짝수성 중성수는 ∓로 표시한다. 중성수인 조직수 3은 홀수이므로 ±가 되고 6은 짝수가 되므로 ∓로 표시한다.

±중성은 원심성이 강한 중성 성격이며, ∓중성(마이너스 중성)은 구심

성이 강한 중성 성격이다.

± = (+ −) -- 홀 짝의 중성
∓ = (− +) -- 짝 홀의 중성

일적십거 무궤화삼은 (1×10) × 3 = 30으로 다시 말해서, 일적십거 무궤화삼은 30진법을 말하며 30진법을 여는 무궤화삼은 일석삼극 원리에 의한 일적십거의 내부 조직이다. 이 내부 조직에 의하여 중성 조직수가 탄생한다. 중성 조직수는 30진수 가운데 3, 6, 9, 12, 15, 18, 21, 24, 27, 30이 된다.

2) 일적십거

일적십거란 하나를 쌓아 큰 열을 이루니 하나는 개체이며 열은 전체이다. 이는 곧 현대수학에서 쓰고 있는 10진법을 말하는 것이나 10진법은 수의 원형적인 골격일 뿐이다. 10진법은 하나의 계열로 수 자체가 조직화된 세계가 없다. 예컨대 10진수 가운데 1과 2에서 1과 2 사이를 이을 수 있는 아무런 유기적인 조직관계가 없다.

그러나 일적십거가 발전하여 무궤화삼에 이르러 개체간의 궤를 뚫고 유기적인 연결이 이루어지게 된다.

3) 조직수

무궤화삼의 삼(3)은 일석삼극의 삼(3)으로 천성(天性, 공간성, +), 지성(地性, 물질성, −), 인성(人性, 시간성, ± ∓)을 삼위일체로 한 우주성을 말하는데 개체수 1과 2의 유기적 연결은 다음 표와 같이 이루어진다.

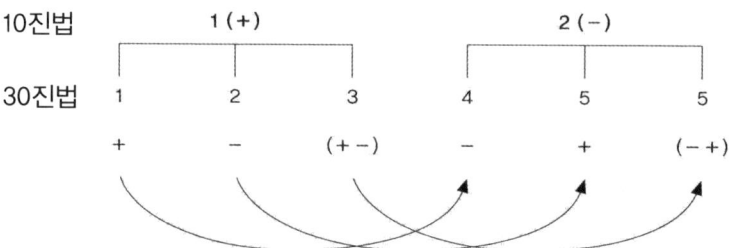

30진법의 구성표에서 보는 바 30진법 조직수 1은 +성이므로 같은 조직수 4인 −성과 상대적으로 합일됨으로써 개체수 1 안에 내재한 천성과 2 안에 내재한 지성의 합일이 이루어진다. 원점으로 돌아가 천과 지는 각기 독존할 수 없으며 상대적으로 합일함으로써만 존재한다는 기본 개념을 이미 밝힌 바 있다.

　즉 조직수 1은 +이고 조직수 4는 −이므로 합일이 되고, 조직수 2는 −이고 조직수 5는 +이므로 합일이 되고, 조직수 3은 +−이고 조직수 6은 −+이므로 합일이 된다. 이와 같이 개체수 1 안에 존재하는 삼위일체와 2 안에 존재하는 삼위일체는 완전히 상대적인 관계를 맺고 유기적인 조직화가 이루어진다.

　이와 같은 방법으로 10진법은 30진법에 의하여 조직적인 유기체가 가능하게 된다.

　그 어떤 개체도 전체를 떠나서 존재할 수 없으며 전체는 개체간의 유기적 조직관계에 의해서만 존재할 수 있다는 존재원리가 곧 30진법의 조직수임을 말해 준다.

　또 10진법은 양(量)의 세계이므로 무한히 양을 더해 가는 자연수의 성격을 지닌다. 30진법은 질(質)의 세계이므로 구조적인 기본 요소의 조직화가 되며 그 자체가 원심력, 구심력, 중성력의 물리적인 힘의 총화이며 항상 30수로 순환한다.

　인간 한 사람의 개성체는 양의 세계로 볼때는 광대무변의 우주 안에서 티끌만 한 존재에 지나지 않으나 질의 세계로 볼 때는 엄연히 우주성을 간직한 모든 것이다.

　인간에 있어서 우주성이란 공간성, 물질성, 작용성을 인간 속에 내재하는 영아(靈我), 육아(肉我), 심아(心我)의 삼아일체(三我一體)로 내인화(內因化)한 것이다.

　일적십거의 십(10)은 우리말로 열이다. 열은 열리다의 뜻이다. 열은

30진법의 구성

10진법	1	2	3	4	5	6	7	8	9	10
음양기	+	−	+	−	+	−	+	−	+	−
을상기	Ⅰ	Ⅱ	Ⅲ	Ⅰ	Ⅱ	Ⅲ	Ⅰ	Ⅱ	Ⅲ	Ⅰ

30진법	1	2	3	4	5	6	7	8	9	10	11	12	13	14	15	16	17	18	19	20	21	22	23	24	25	26	27	28	29	30
무극	+	−	−	+	−	+	+	−	+	−	+	−	−	+	−	+	−	+	−	+	−	+	−	−	+	−	+	−	+	−
체	−	+	+	−	+	−	−	+	−	+	−	+	+	−	+	−	+	−	+	−	+	−	+	+	−	+	−	+	−	+
화	天	地	人	天	地	人	天	地	人	天	地	人	天	地	人	天	地	人	天	地	人	天	地	人	天	地	人	天	地	人

수가 열리는 전개의 기본법칙이다. 열리는 수는 바로 열이니 열에 이르러 수의 세계는 전개되는 것이며, 열기 위한 방법이 무궤화삼이다.

궤(匱) 속의 보물은 열어야만 가치를 발하는 것이니 궤(匱) 자의 글자 모양을 보아도 귀한 물건은 궤 속에 있으나 궤는 한쪽 편은 열리도록 되어 있다. 열리는 수는 바로 열(10)이며 열기 위한 방법이 무궤화삼인 셋(3)이다. 사람의 손가락이나 발가락은 모두 열이며 두 손을 활짝 펼 때 열이라는 전체의 수를 형상적으로 나타낸다.

거듭 말해서 수의 세계는 하나라는 개체가 모여 열이라는 전체를 구성함으로써 열린다는 뜻이며, 그 핵심은 무궤화삼으로 각각 하나의 수마다 근본원칙을 모두 가지고 있는 존재가 되는 것이다.

일적십거의 10진수가 계열 자체로 보면 골격만의 형태로 무기질적 계열이라면 무궤화삼의 30진수는 조직화된 유기적 계열이 되는 것이다. 그 결과 전 우주는 종합수 계열의 6 종합수로 된 1단과 개체수 계열의 10으로 된 2단과 조직수 계열의 30으로 된 3단 구조를 이루고 있으며 전체적인 유기체 조직으로 완성되어 있는 것이다.

(3) 우리말과 30진법
10 -- 열 ---열리다
20 -- 스물----숨다
30 -- 설흔(서른)----흔이 서다
40 -- 마흔(마은)
50 -- 쉬흔(쉰)
60 -- 예순
70 -- 일흔
80 -- 여든
90 -- 아흔
100 -- 백, 온 -- 온갖, 온누리

30은 우리말로 설흔이다.

설은 '섰다'이며 '셋'이라는 뜻이다. 흔은 'ㅎ + 은'으로 '하늘은'의 줄임말이 된다.

설흔에서 흔은 30(설흔)진법에 이르러 '흔이 섰다', '30수가 섰다', '3중 구조의 30진법이 제대로 완성되었다', '천리 이치로 30진수와 3중 구조가 제대로 이루어졌다'라는 뜻풀이가 된다.

3. 결론

'일시무시일'로 시작하는 우주만물의 창조가 삼극을 설계로 하여 먼저 무형세계인 천(天)의 세계를 만들었다.

천의 무형세계에서도 첫 번째로 천을 만들었는데 맨 처음 나타난 천일(天一)이 있고, 천의 세계에서 두 번째로 지를 만들었는데 처음 나타난 지일(地一)이라는 무형존재가 있고, 천의 세계에서 세 번째로 인을 만들었는데 처음 나타난 인일(人一)이라는 무형존재가 있다. 인일은 천일과 지일의 합성존재이며 천일과 지일의 목표가 되는 존재이다.

지일의 세계는 1에서 10까지 전개되는 양성과 음성의 구조로 일적십거로서 10진법을 가지고 있으며, 그 모든 것은 3중 구조를 향하고 있으며, 또 인일을 향하고 있으니 나아가 인일로 변화되기 위한 것으로 무궤화삼인 것이다.

인일의 세계는 3수로 전개되며 천 지 인의 구조를 가지고 있다. 더불어 인일의 세계는 천, 지의 합성으로 천 지 인 구조의 양성적 존재와 천 지 인 구조를 지닌 음성적 존재가 있다.

결국 천일과 지일은 인일을 목표로 하여 이루어졌고 인일을 만들어 내기 위한 것이 천리 이치라는 것으로 이 구조가 3중 구조 합성체를 이루게 되는 것이다.

> ## 【3단】 천이삼 지이삼 인이삼 대삼합육 생칠팔구
>
> 天二三地二三人二三大三合六生七八九
>
> 하늘은 2와 3으로 되고 땅도 2와 3으로 되고
> 사람도 2와 3으로 되고 큰 3과 큰 3이 합하여 6을 이루고
> 이 6은 다시 7 8 9를 만들어낸다.

1. 천이삼 지이삼 인이삼 (天二三 地二三 人二三)

1) 천이삼 지이삼 인이삼

천 지 인의 각 이삼은 육(2 × 3 = 6)으로써 6수를 말한다.

천 지 인 각 6수는 수의 구조적 세 차원인 종합수, 개체수, 조직수의 질서적 배열을 말하는데 일적십거 무궤화삼을 하여 30 조직수로 변하고, 내부 조직화된 10진수는 다시 상위구조인 종합수 6에 의해 포괄된다.

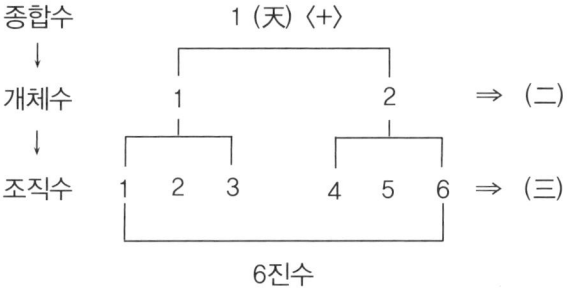

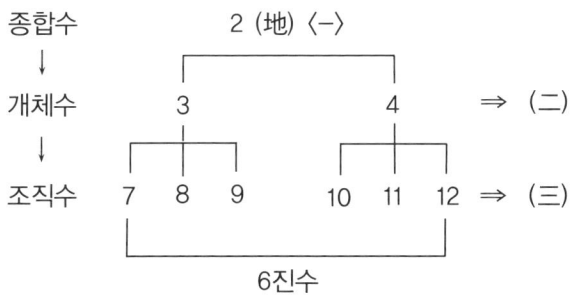

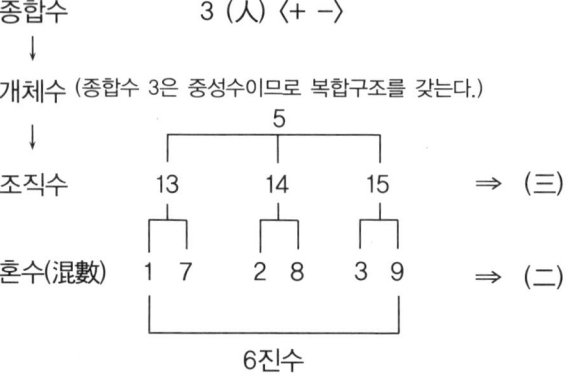

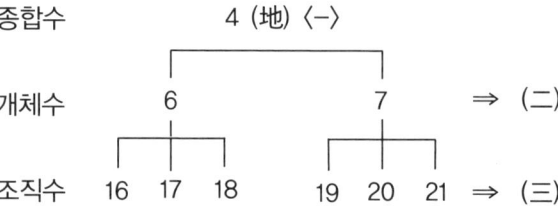

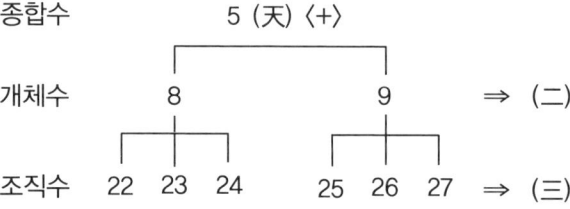

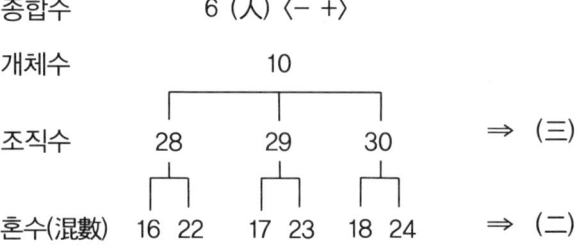

앞 1단에서 설명한 것과 같이 1에서 석삼극이 되고, 천 지 인 일석삼극은 전수(주체수)와 후수(대상수)로 갈라지며 이것은 상대적으로 6생수를 구성하게 된다. 곧 일석삼극의 3수는 원형적인 요소일 뿐이며 6진수에 이르러 천 지 인은 형상을 완전하게 이루게 된다.

종합수 3에서 인(人)은 그 자체가 천과 지를 공유하는 중성 성격이므로 복합구조인 혼수를 갖는다. 종합수 6수도 이와 같은 이치가 된다.

일석삼극은 사물의 본질적인 요소일 뿐이며 6진수에 이르러 비로소 상대적으로 현상성을 갖게 된다.

개체수 계열인 10진수는 종합수인 6진수를 상위구조로 하며 그 안에 30진수의 하위구조가 있다고 생각하면 된다.

체계적으로 본 수의 조직화는 이 삼단구조(三段構造)에 의해 큰 하나의 질서율을 낳고, 이 질서율에 의해 천 지 인의 대삼합은 공간·물질·작용의 통일적 운동을 전개하고 있는 것이다.

이를 더 구체적으로 말하면 10진수라는 개체적 수 계열이 발생하기 이전에 종합수 계열의 6진수가 있었고, 6진수의 원형인 3진수가 있으며, 3진수는 일석삼극으로 하나(1)로 귀일한다.

또 6진수 계열에서 하나의 종합수는 두 개의 개체수로 나타나고, 두 개의 개체수는 다시 6개의 조직수로 구성되는 셈이다.

앞서 말했듯이 종합 계열의 천 지 인 각 6수는 전수와 후수로 나누어지며 전수는 상대성 +가 되어 개체수 1~5는 전수에 속한다. 후수는 상대성 -가 되며 개체수의 6~10은 후수에 속한다. 다시 조직수 1~15는 전수에 속하고 16~30은 후수에 속한다.

종합수 3에 해당되는 조직수 13, 14, 15와 종합수 6에 해당되는 28, 29, 30은 각각 복합구조인 혼수를 소유하므로 3수로써 사실상 6수의 구실을 하게 된다.

왜냐하면 종합수 3수와 6수는 중성수로써 단독기호가 아닌 복합기호이기 때문에 하나의 수로써 두 개의 구조를 갖기 때문이며 이를 혼수라 한다.

단독기호란 + 또는 - 이며 복합기호란 (±) 또는 (∓)의 중성기호를 말한다.

개체수가 두 개의 수로써 하나의 종합수를 구성하는 까닭은 천(空間)과 지(物質), 다시 말해서 원심력(+)과 구심력(-)은 각각 그 혼자만으로는 존재할 수 없고, 필연적으로 둘이 하나로 결합하는 상대성의 원리에 의한 것이다.

천이삼 지이삼 인이삼의 각 2와 3이라는 것은 2는 2차 분석의 양성과 음성의 상대성이고, 3은 3차 분석의 석삼극의 법칙을 구조화한 것이다.

2) 2와 3

천이삼에서 천은 종합수 계열이고, 이는 개체수 계열이고, 삼은 조직수 계열을 말하는 것이다. 다시 말해서 종합수 1의 천은 2차 분석에서 양성, 음성으로써 2로 나누어지고 3차 분석에서는 천, 지, 인 3존재로 나누어진다.

지이삼에서 종합수 2의 지는 2차 분석에서 양성, 음성으로서 2로 나누어지고 3차 분석에서는 천, 지, 인 3존재로 나누어진다.

인이삼에서 종합수 3의 인은 ± 중성으로 +와 -의 복합적으로 되어 있으니 2가 내재하여 있고, 2차 분석에서는 양성으로서 나타나고 3차 분석에서는 천, 지, 인 3존재로 나누어지며 13, 14, 15로 나타나고 13 숫자 속에는 양음의 1과 7, 14 숫자 속에는 2와 8, 15 숫자 속에는 3과 9로써 각각 2씩 들어 있다. 또 28, 29, 30도 그 속에 양음의 16과 22, 17과 23, 18과 24로써 각각 2씩 들어 있다.

2. 대삼합육(大三合六)

1) 대삼합

일석삼극이 연역이라면 대삼합은 귀납이다. 즉 일석삼극 = 일분삼(一分三)이며 대삼합 = 삼합일(三合一)이 된다.

삼라만상 억조 만물의 근본 요소는 셋이라는 개념으로 파악되는 것이며 이 셋은 궁극에 가면 하나로 돌아간다.

분석적인 연역 방법과 종합적인 귀납 방법을 동시에 해석함으로써 삼위일체의 기본 구조는 석연해지는 것이며 그대로 천부경의 중심원리를 이룬다.

일적십거 무궤화삼은 30진법의 원리로 볼 때 대삼합은 생성수(종합계열), 존재수(개체계열), 법칙수(조직계열) 세 차원을 구조적인 큰 하나로 합하는 것이 된다. 예를 들어 조직수의 1은 종합 기호가 +, 개체 기호가 +, 조직 기호도 +이므로 대삼합의 구조기호를 연계적으로 보면 + + +가 된다.

다시 말해서 조직수 1은 세 차원(하나의 조직수에 걸려 있는 3중 구조)이 모두 +성이 된다는 뜻이다.

조직수 1은 종합개체의 세 차원이 모두 원심성이므로 구심성이 전혀 없고 이력(離力)만이 가장 강한 성격을 지닌 수가 된다. 이는 조직수의 첫 수인 1이 처음 발생하는 상태이므로 순수한 능동성(能動性)이며 역학적으로 볼 때 세 차원이 완전한 원심성 작용을 하게 됨을 나타낸다.

삼위일체의 중심원리로 볼 때 모든 개체수는 수마다 +성, -성, 중성의 조직적 삼합으로 구성되어 있으나 이것은 일석삼극의 기본형이며 개체수 안의 조직일 뿐 전체적인 대삼합은 아니다.

종합계열의 6수(+의 세 수와 -의 세 수)는 태초에 우주가 탄생한 생성적 의미를 지녔으므로 종수(宗數)가 되며, 개체계열의 10진수는 비로소 사

천지인과 30진법

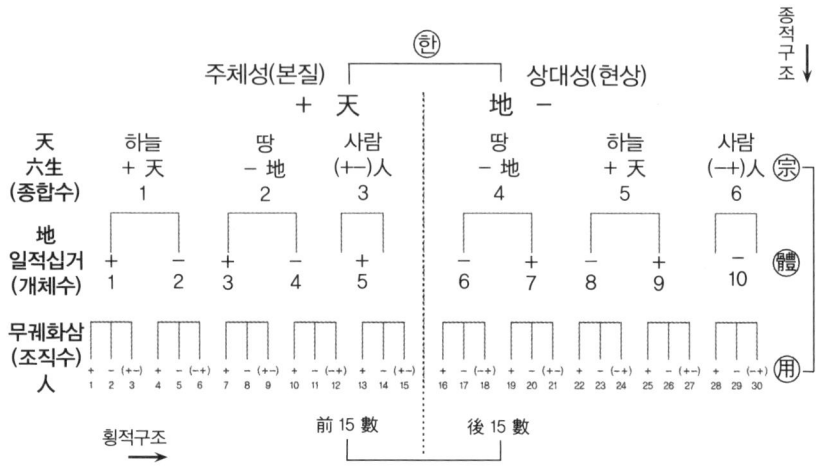

물이 개체성을 형성하는 존재적 의미를 지녔으므로 몸을 지닌 체수(體數)가 되고, 조직계열의 30진수는 사물이 가변하는 운동원리와 자연법칙의 응용수가 되므로 용수(用數)가 된다.

이러한 종(宗), 체(體), 용(用)을 하나로 보는 3중 구조(三重構造)가 대삼합이 된다.

2) 대삼합의 분야

(1) 대우주 : +천, -지, 인(+-)과 -지, +천, 인(-+)

(2) 인간
  (a) 개인(인격) : 성 명 정 + 심 기 신

  (b) 부부(사랑) : 얼 몸 맘 + 얼 몸 맘
                    남편   아내

3) 대3합6이 되면 생(生)을 한다.

(1) 대3합6이 되면 파생이 이루어진다. 대3과 대3이 뭉치면 6을 이루고, 6의 구조를 갖추게 되면 이것을 기본으로 하여 변화되고 확장으로 파생이 이루어진다. 그래서 6은 다시 18가지로 파생되어 확장을 이룬다. 18가지는 다시 파생되어 108가지로 파생 확장되고 다시 계속적으로 파생결과를 만든다. 또 파생결과로 인격체를 형성하여 간다. 또 파생결과로 자녀 출생이 이루어진다.

(2) 대3합6이 되면 회전운동이 이루어진다. 대3과 대3이 뭉치면 6구조를 이룬다. 6구조를 갖추면 그 자체 내에서 질량의 차이를 이룸으로 원심력과 구심력의 작용이 일어나며 그 결과 회전력이 생긴다. 대3합6 구조는 그 자체 내에서 회전이 일어난다.

사람이 수정될 때 정자와 난자가 만나서 한 덩어리가 되면 회전을 하면서 약 6일 동안 난관을 따라 이동하여 자궁벽에 착상되는데 회전은 신비로운 조화이다.

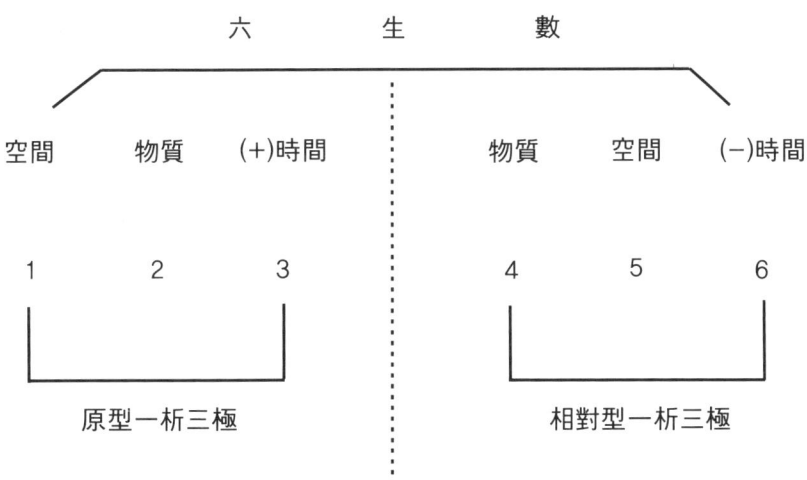

육생수(六生數)는 일석삼극(一析三極)의 복합구조다

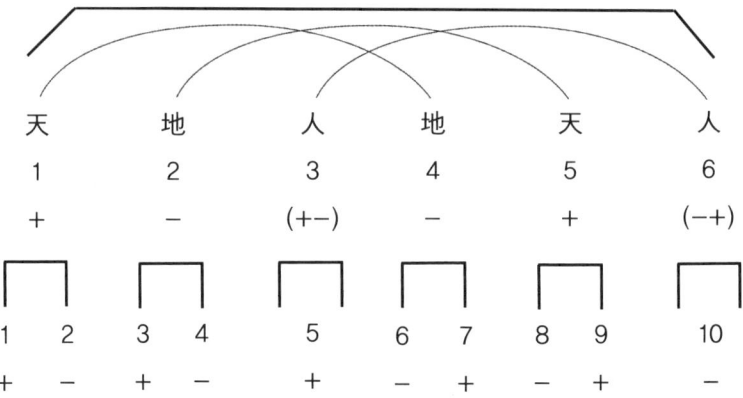

대우주도 우주 중심을 기준하여 회전하고 있으니 그 역시 신비로운 일이다. 이것이 무한동력이다. 대3합6의 이치가 과학적으로 증명되는 일이 곧 올 것이다.

3. 육생칠팔구(六生七八九)

여섯은 생성수(6생수)이며 만물은 여섯을 바탕으로 생성하므로 일곱, 여덟, 아홉으로 발전하면서 수가 이루어진다.

칠, 팔, 구란 수치를 말하는 것이 아니라 발전적 전개를 뜻하는 것이며, 그 기본 바탕은 반드시 6구조를 이루게 되어 있다. 6구조는 곧 '+천, -지, ±인(남)과 -지, +천, ∓인(여)'이다. 6구조가 되면 다시 파생을 이루고 파생의 결과는 무한히 전개되는 생(生)을 이룬다. 이것을 생 7 8 9라고 하였다.

> **【4단】 운삼사 성환 오칠일묘연 만왕만래 용변 부동본**
>
> 運_{운삼사}三四 成_{성환}環 五_{오칠일묘연}七一妙衍 萬_{만왕만래}往萬來 用_{용변}變 不_{부동본}動本
>
> 셋과 넷으로 운행을 하고 5 7 1로 고리를 이루면서
> 여기에 묘미가 있다.
> 만 번 가고 만 번 오며 쓰여지거나 변화가 되어도
> 근본은 움직임이 없는 것으로 변함이 없다.

1. 운삼사 성환 오칠일묘연 (運三四 成環 五七一妙衍)

1) 운 3 4 (運三四)

운(運)이란 운동, 운행이란 뜻이며 6생수를 기초로 하여 자연 현상의 법칙적 운동을 말한다.

4단은 천 지 인 가운데에서 지(땅)에 대한 이치를 뜻하는 것이다. 물질세계의 이치로써 먼저 3·4의 이치가 있다. 곧 3과 4로 돌고 운행을 한다. 물질세계에서 자연이 변화하고 순환하는 데 있어서 3과 4에 대한 실례를 찾아본다.

(1) 지구가 태양을 한 바퀴 도는 시간은 약 1년으로 지구는 봄, 여름, 가을, 겨울 4계절이 3개월씩으로 순환하고 있다.

(2) 3×4=12로 시간으로는 시계의 한 바퀴가 12시간이 되며 둥근 원모양을 이룬다.

(3) 일적십거 무궤화삼의 30수는 둥근 원(圓)의 과정을 이룬다.

(4) 원은 360° = 36×10 = (3×3×4)×(3+3+4)이므로 3과 4로 분해되고,

(5) 공의 부피를 구하는 공식이 $V = 4/3\pi r^3$ 이므로 3과 4와 관계를 가진다.

(6) 최의목은 '둥글게 되려는 자연의 원리를 글로 표현하면 운삼사성

환이 된다'고 하였다. － 〈도통하는 천부경〉에서

(7) 64종류로 이루어진 DNA는 A·C·G·T라는 4종류 염기의 3문자 배열로 3과 4를 관계하고 있다.
(8) 수리에서 '피타고라스의 정리'는 직각삼각형에서 $c^2 = a^2+b^2$에서 $5^2=3^2+4^2$이 된다.
(9) 곤충이나 식물은 4변으로 곤충은 알 – 애벌레 – 번데기 – 나방, 씨 – 뿌리 – 잎 – 꽃으로 4변 탈바꿈한다.
(10) 포유류나 난생동물은 3변으로 수컷 – 암컷 – 새끼로 나타난다.
(11) 인간은 팔다리 4개와 손가락이 3마디씩 있다.
(12) 4는 2의 상대적인 관계이므로 평면적인 것이며 정적(靜的)인 상태가 된다. 3의 상대적 복합구조인 6에 이르러 입체적이며 동적(動的)인 원으로써 회전운동을 하게 된다.

30진법의 원리로 볼 때 3, 4성환은 원을 형성하는 과정이며 다음의 5, 7, 1묘연에 이르러 비로소 원의 운동체가 구성된다. 그러므로 삼사성환과 오칠일묘연은 떼어놓을 수 없는 것이다.

2. 성환 오칠일묘연(成環 五七一 妙衍)

1) 5 7 1 묘연

오칠일묘연은 경문 중에서도 가장 난해한 대목이다. 오칠일묘연의 오칠일(5, 7, 1)은 순수한 수리적인 측면에서 해석해야 30진법의 구조원리가 드러날 것이다. 5, 7, 1을 설명하기 위해서는 조직수 13의 이치를 알아야 한다.

3중 구조 30진법에서 개체수 5는 상위구조인 종합수 3에 해당되며 하위구조인 조직수에서는 13, 14, 15의 수를 지닌다. 13수는 7과 1이라는 혼수로 구성되어 있고, 14수는 8과 2라는 혼수로 구성되어 있으며, 15는 9와 3이라는 혼수로 구성되어 있다.

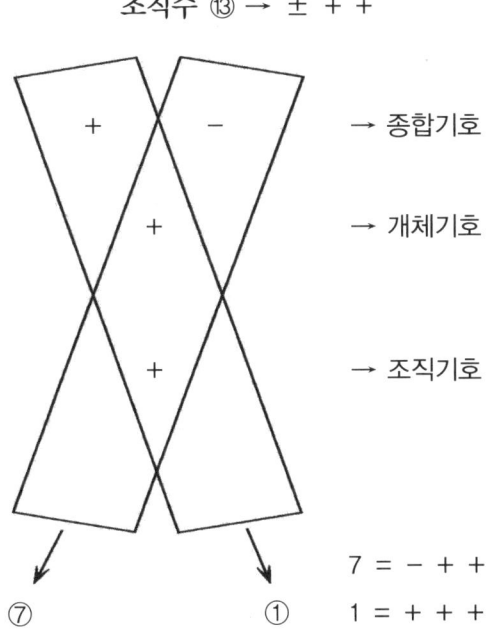

　종합기호가 복합기호이므로 둘로 따로 분해하여 +++와 -++로 나누어보면 +++는 1이 되고 -++는 7이 된다.

　또한 중위구조인 개체수 5의 상대수는 10이다. 개체수 10은 2차 분석 개체수 10의 상위구조인 종합수 6에 해당되며 하위구조인 조직수 28, 29, 30의 수를 지닌다. 28수는 16과 22라는 혼수로 구성되어 있고, 29수는 17과 23이라는 혼수로 구성되어 있고, 30은 18과 24라는 혼수로 구성되어 있다.

　이러한 구조 원리는 30진법의 체계적인 전체 구성을 알지 못하면 이해하기 어려울 것이다.

　5, 7, 1의 묘연함은 조직수 13의 구조를 분석해야 실마리가 풀린다.
　5+7+1=13(가로 세로 합하여도 모두 13이라는 답이 나온다.)

13	13	13	13	13
13	1	7	5	13
13	7	5	1	13
13	5	1	7	13
13	13	13	13	13

　5, 7, 1을 합하여도 13이란 수가 도출되며 13이란 수에 열쇠가 있음을 암시하고 있다. 5, 7, 1의 5는 2차 분석의 개체수이며 30진법의 조직 원칙으로 볼 때 주체성 +에 속한다.

　천부경 본문에는 원칙만 제시하였으며 5의 상대수인 10에 대한 설명은 하지 않았으나 5, 7, 1 묘연의 이치를 깨달으면 자명해질 것이다.

　5, 7, 1 속에 묘연이 있다. 인간의 묘미는 13, 14, 15와 28, 29, 30 속에 있다.

　제1부 제1장의 3중 구조 30진법과 제3장 인체 구조와 제2부 삼일신고에 자세히 설명되어 있는 5, 7, 1은 인간에 있어서 아주 중요하고 신기 묘묘한 부분이다. 신체에서 13, 14, 15는 인간의 머릿골이고 그 속에서 분비되는 호르몬이 바로 7, 1이다. 호르몬에 의해서 인간은 신체도 변하고 감성도 일어나며 쾌락도 느끼며 행복을 가질 수 있다.

　5에서 13으로 나타나고 다시 7과 1로 나타나고 연결되는 것이야말로 인간이 사랑할 수 있게 되는 것이며, 쾌락도 누리며 인생의 목적도 완성할 수 있고 더 나아가 하느님의 창조 목적도 완성할 수 있는 곳이 바로 5 - 13 - 7, 1로 인한 것이다.

그래서 창조의 신비와 놀라운 경탄이 있는 곳이 5, 7, 1 묘연이다. 이것이 천리 이치이고 천부경은 그 이치를 설명하고 있다.

5, 7, 1 묘연은 천부경의 수학적 원리로 볼 때 가장 핵심적이고 미묘한 부분으로써 30진법의 구조상 중심부에 속하는 수이며 합성상태로써 원심력과 구심력의 중간에 해당되는 무중력의 중성 성격이 된다.

또 5, 7, 1 묘연은 시간성의 측면에서 계절적으로 보면 춘분과 추분에 해당하는 자리이며 공간적으로는 원의 형태가 구성되는 중심자리가 된다.

또한 5, 7, 1은 수치의 의미를 넘어서 우주의 중심자리를 뜻하는 것이며, 인간에 있어서는 인간의 마음자리이니 항상 맘의 중심이 무엇인가를 알고 스스로 조화의 묘를 찾아 정진해야 할 것이다.

5, 7, 1 묘연 (10, 22, 16 묘연)

2) 3, 4, 5의 수리

5 → 다섯----------다(諸)   섯(立, 成立)

한 손을 활짝 펴면 다섯 손가락이 '다 선다.'

다섯 손가락은 한쪽 손이며 열 손가락의 반이며 모양은 주먹이 되어 원형(圓形)을 이룬다. 즉 한 손인 다섯 손가락의 상대적 복합 형태가 양 손이고 전체가 열 손가락이 된다.

$3^2 + 4^2 = 5^2$

$5^2 + 5^2 = 7^2 + 1^2$

$3^2 + 4^2 + 5^2 + 7^2 + 1^2 = 100$

3) 원형의 구조

1, 2, 3, 4까지는 직선을 이룬다. 5에 와서 13, 14, 15는 지그재그 상태가 되어 신축작용을 이룬다.

1	2	3	4	5
1 2 3	4 5 6	7 8 9	10 11 12	13 14 15
				1 7 2 8 3 9

5, 7, 1 묘연을 개체수 1에서 10까지와 조직수 1에서 30까지를 이용하여 원으로 그려본다.

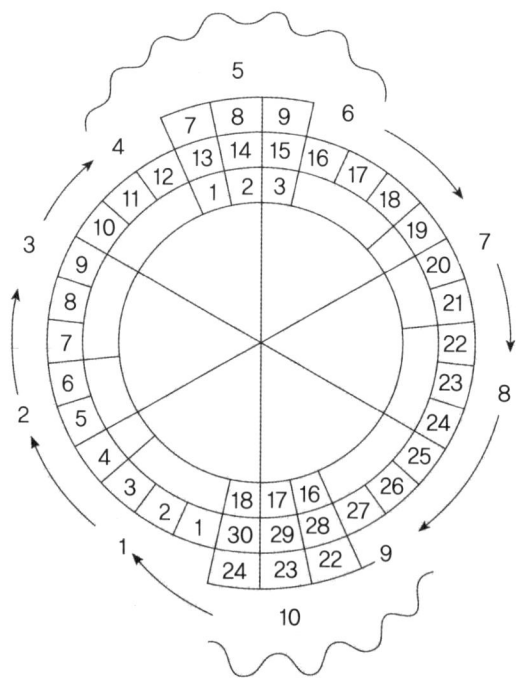

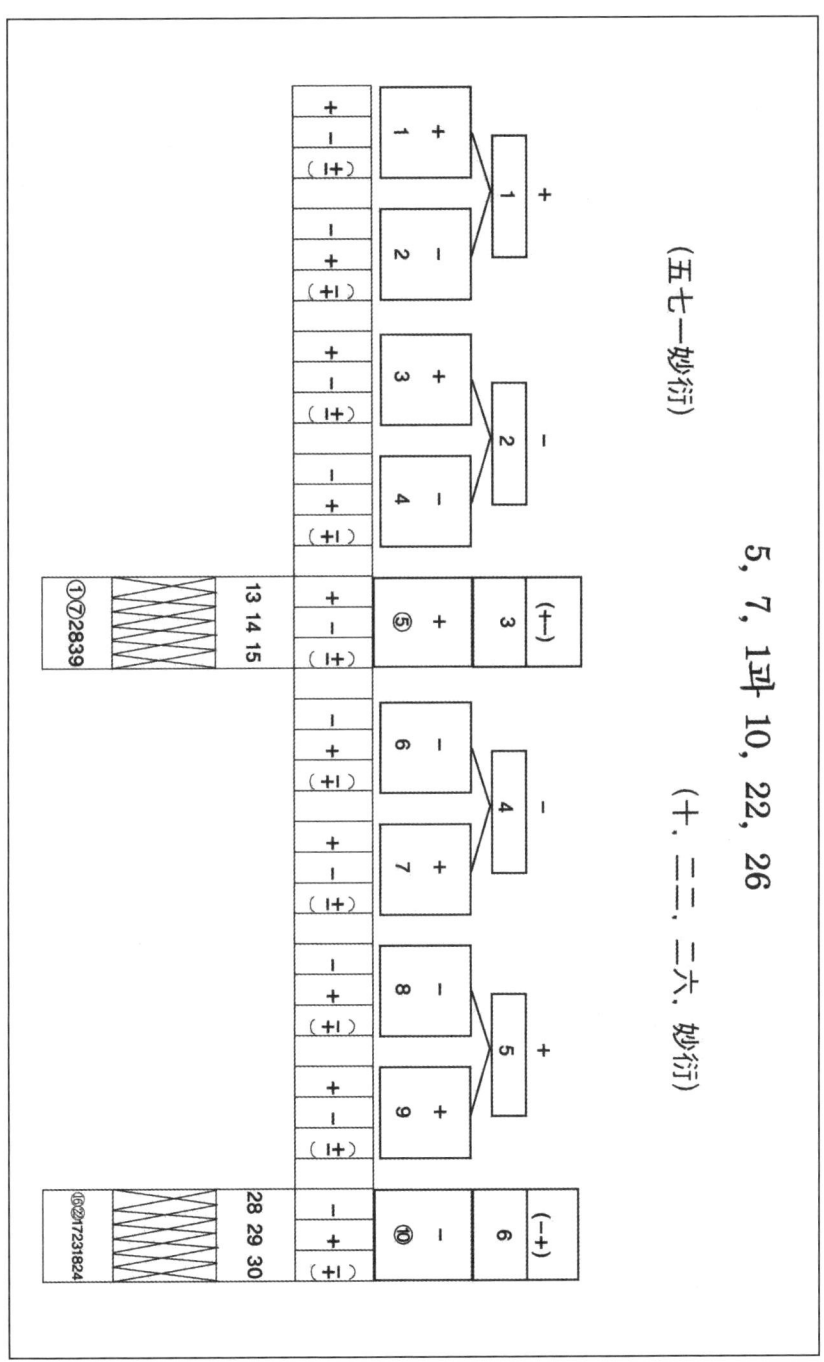

삼일신고 말씀

4) 삼사성환의 방위

30진법으로 보는 운 3, 4의 동서남북 방위는 다음과 같다.

30진법으로 본 삼사성환 방위

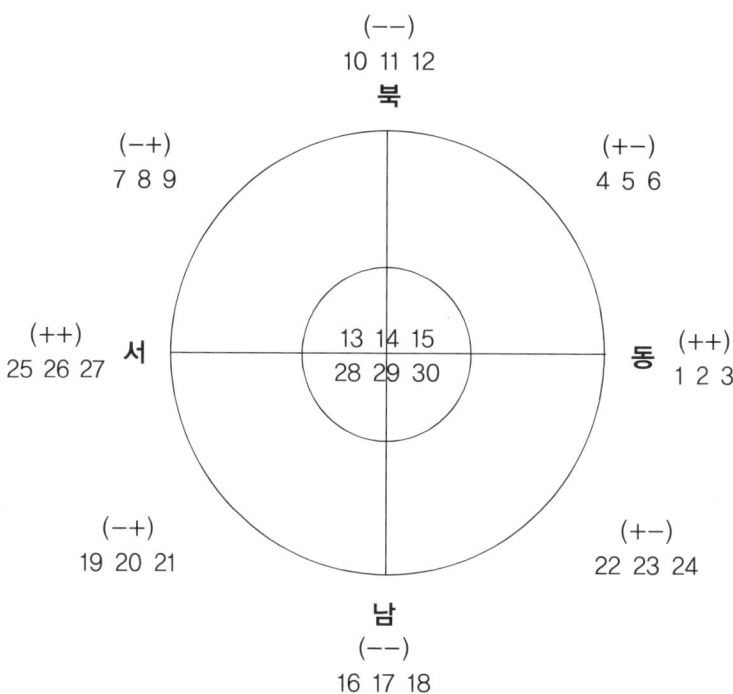

13, 14, 15와 28, 29, 30은 중심수가 된다.

3. 만왕만래(萬往萬來)

만(萬)은 '많다'이며 '모든 것'이란 뜻이다.

　만왕만래는 생명체나 우주가 무수히 오고 감을 뜻하는 것으로 끊임없는 변화가 있는 것이다. 우주와 자연은 한시도 멈추어 있지 않고 살아 움직이고 변화되고 있다. 살아 있는 것이나 무생물까지 모두 다 변화한다.

태백일사에서는
"대저 천하일체의 만물은 개벽을 따름으로써 존재하고 진화를 쫓음으로써 존재하고 순환을 닮음으로써 존재한다"라고 하였다. 존재하는 모든 것들은 운동과 변화와 발전을 본질로 하고 있다는 것이다.

노자의 『도덕경』 첫 문장에 "도가도 비상도 명가명 비상명(道可道 非常道 名可名 非常名)"이라 하였다. 이는 자신의 도가 고정된 불변의 진리가 아니라 늘 변화하는 것이라는 것이다.

우주만물은 항상 변화한다. 물질을 구성하는 소립자들도 지극히 짧은 시간에 생성되고 소멸을 반복한다. 극한 순간에서 쉼 없는 변화를 이루고 있다.

즉 모든 변화현상은 이러한 묘연한 이치에서 일어난다는 뜻이다. 30진법에 있어서 13은 중심적 자리이며 조화된 묘수(妙手)의 위치가 된다.

1) 용변 부동본(用變 不動本)

용변은 우주만물에 대한 것으로 우주만물은 무수히 분열하고 다시 통일하는 끊임없는 작용을 하고 또 생물과 인간이 변하고 이용하는 것이 전개되는 것을 일컬음이다. 용변의 모습은 극미세한 소립자의 쿼크도 생성과 소멸이 끊임없이 반복되고 있는 것이다.

부동본이란 변함이 없다. 아무리 많이 쓰여도 근본은 변함이 없고 아무리 변하여 바뀌어도 다시 근본으로 돌아가면 역시 본래 처음처럼 똑같은 것이다.

부동본의 의미란 우주의 본체는 변하지도 않고 변할 수도 없으며 움직이지도 않는 것이다.

4. 결론

지(땅)에 대한 이치가 들어 있는 문장이다. 물질세계에서는 3과 4로 운행하고 순환하는 이치가 있다. 3×4=12로 원을 이룬다. 원을 이루면 돌고 도는 계속된 반복 순환을 하게 된다. 그러므로 물질세계에서는 순환이야말로 대원칙이다. 또한 물질세계의 핵심이 5, 7, 1에 묘묘하고 신기한 일이 있다는 것을 제2부 삼일신고에 자세히 설명하였다.

감정이 존재하는 이유는 5, 7, 1에 담아두었다. 희로애락을 느끼고 행복과 쾌락을 만들어 이룰 수 있는 것이 바로 5, 7, 1 묘연에 있기 때문이다. 인간의 행복을 여기에서 완전히 찾을 수 있고 만들어낼 수 있고 영원히 누릴 수도 있다. 그 신기 묘묘함이 존재하도록 창조된 것이 천리 이치이기 때문이다.

우주는 항상 변화하고 끊임없이 오가며 때로는 사용되고 소비해도 우주의 근본은 에너지 불멸이 되는 것처럼 우주의 근본도 변함이 없는 것이다.

> **【5단】 본심본 태양앙명 인중천지일 일종무종일**
>
> 本心本 太陽昂明 人中天地一 一終無終一
> (본심본 태양앙명 인중천지일 일종무종일)
>
> 우주의 본원과 인간 본심의 근본은 태양처럼 밝고 밝은 것이다.
> 하늘과 땅이 하나가 되는 일이 사람에게 있다.
> 인간이 완성되면 하나(유형)는 다시 무형으로 돌아감으로
> 마침이 되며 다시 처음의 하나가 된다.

1. 본심본 태양앙명(本心本 太陽昂明)

본심이란 거짓이 없는 본디의 마음이니 인간의 천성적 성품이다. 우주에서는 저 태양이 본디의 광명이다. 사람의 마음도 본디는 해와 같이 밝음을 지녔다. 태양계의 핵심이 태양이듯이 인간은 본심의 마음자리가 바로 선을 향하여 간다. 사람은 누구나 선을 추구하며 선하게 살고자 하는 양심이 있다. 선을 벗어나면 양심이 부끄럽고 가책을 받는다. 본심이 선과 만나면 양심이 되는 것이다.

우주가 자연변화의 과정을 거쳐 본래적 목적인 궁극의 대완성을 위하여 쉬지 않고 달리고 있는 것처럼 사람은 본심을 수행함으로써 인간 완성을 위한 가치관을 정립하고 우주와 더불어 대완성을 향하여 살아야 한다.

태양은 순수한 우리말로 '해'가 된다. 해란 시간적으로 볼 때 지구가 태양의 둘레를 한 바퀴 도는 공전기간을 말함으로써 1년이 곧 한 해가 된다.

태양을 한자로 일(日)이라고도 쓰며 일(日)은 시간적으로 볼 때 지구의 자전시간인 하루가 된다.

일(日)은 우리말로 날이며 날은 나(我)와 알(卵)이 합한 말이다. 나의

알 즉 자아의 원인이라는 뜻이다. 마음의 핵심 원인이 본심이듯이 태양계의 핵심 원인은 해(太陽)로 동일한 의미이다.

날(日)은 곧 나의 알이니 생명체의 근본 에너지가 되며 그것은 또한 형상을 초월한 심상으로써 나의 본질 속에 존재하는 광명인 것이다.

마음이 태양과 같은 것이고 태양이 마음과 같은 것이니 해(太陽)와 인간은 혼연일체가 되어 새로운 우주에서 영원히 빛날 것이다.

인간이 본심본태양 그대로 자연과 더불어 영원한 생명을 얻는 길은 우주의 섭리에 따라 천지의 도(道)를 지키고 스스로의 맘을 밝고 맑게 하는 일뿐이다. 심성을 밝고 맑게 함으로써 본래의 순수정신을 되살리고 태양과 같이 광명정대하게 할 것이며, 빛을 잃지 않도록 연마하기를 항상 게을리하지 말 것이니 내 맘과 내 성품이 곧 보이지 않는 광명체인 것이다.

내 마음을 닦음으로써 정신 에너지는 해와 같이 활활 타오를 것이며 내 마음을 바로 가질 때 천지의 도는 환하게 열릴 것이다. 오로지 인격 완성과 구도 정신의 실천적 삶을 가져야 할 것이며 마음은 어둠을 밝히는 등불임을 알아야 할 것이다.

2. 인중천지일(人中天地一)

'인중천지일'이라는 말은 인간존엄(人間尊嚴)을 명료하게 밝혀준 구절이다.

귀하고 귀한 것이 오직 인간이니 사람 위에 사람 없고 사람 밑에 사람 없는 것이다. 하늘과 땅 사이에 사람보다 귀한 존재가 또 어디 있으랴. 천부경 사상의 진수이자 궁극은 바로 이 한마디로 족하다.

모든 종교와 신앙의 핵심은 이 한마디로 집약된 인간 존중에 있으며 사랑과 자비와 인의 정신은 모두 인간을 위해 있을 뿐이다.

천지 대자연은 인간의 집이요, 인간을 감싸고 있으나 인간에 의해서

만 그 참과 좋음과 아름다움의 가치가 드러나게 되는 것이다.

하느님의 인간에 대한 사랑은 스스로 창조하신 인간 존중을 의미하는 것이며, 부처님의 자비심도 오로지 자성을 통한 인간 각성에 바탕을 두었다.

사람이라는 말의 어원은 사랑이다. '람'의 받침 ㅁ이 받침 ㅇ으로 변해야 한다. 그리하여 사람이 사랑으로 되어야 하는 것이며 사랑을 찾아가야 할 존재가 사람인 것이다. 사람의 본질은 사랑임을 이렇게 한글이 말해 준다. 곧 사랑의 정신을 형상화한 것이 사람이라는 실체이다. 하느님께서 설정하신 자연법칙은 준엄하나 우주를 지배하는 이성은 오직 사랑이다.

우주의 생성원리로 볼 때 사람은 천지의 합성적 중성 존재이며 하늘과 땅 사이의 중심자리가 된다.

삼라만상의 존재 목적은 그 중심이 되는 인간의 가치적 완성에 있으며 가치적 완성은 진 선 미의 총화인 사랑의 실현에 있다.

사랑이 실현되는 곳에 인간이 인간을 살육하는 전쟁은 있을 수 없으며 어떠한 명분으로도 폭력은 정당화될 수 없다.

물질 위주와 이기주의와 전체의 합목적을 떠난 자기중심적 생각으로 인하여 천리 이치에 맞는 가치관을 상실하여 인간 경시의 풍조가 심화되고 인간끼리의 싸움과 갈등이 이루어지고 있다. 이대로 가면 안 되는 일이다. 인간이 인간을 유린하는 행위야말로 우주의 섭리에 어긋나는 근원적 죄악임에 틀림없다.

한마디로 말해서 인간계의 모든 죄악과 갈등은 참다운 사랑의 부재와 인간성 상실에 의한 소아(小我)의 집착에서 오는 것이며, 참다운 사랑은 참다운 인격을 가진 사람이 만들어낼 수 있으니 이것이 홍익인간의 참모습이다.

인간 자체가 곧 진리이니 인도(人道)를 지킴이 천도를 지킴이다. 이렇게 된 사람 속에서 천지가 화동하고 천지는 영원히 아름다울 것이다. 곧 천, 지, 인 3중 구조로 혼연일체되어 한 덩어리가 될 것이다. 이것이 인중천지일이다. 이것을 인간이 만들어 이루어야 한다. 인간만이 이것을 만들어 이룰 수 있기 때문이다.

그리고 더 큰 의미의 '인중천지일'이 있다. 인(人)은 한 사람을 의미하기도 하지만 남과 여 두 사람의 존재를 합쳐서 말하기도 한다. 남녀가 있는 세상이 진정한 인간 세상이다. 인중(人中)이란 남녀 속에 있다는 말이다. 남녀가 합할 수 있는 자리는 오직 부부만이 가능하다. 삼일신고 '인간훈'에서 설명한 것처럼 부부 사랑이 성숙한 대3합6된 성통공완이 바로 인중(人中)이다. 3중 구조에서 천의 세계 속에서 인간의 자리(3과 6)에는 ±, ∓ 곧 중성으로 된 모습이었다. 이것이 물질을 쓰고 나타난 것이 양성으로 남자가 되고 음성으로 여자가 되었다. 남과 여는 부부가 되고 부부 사랑으로 한 덩어리가 되면 이 자리가 곧 천, 지, 인이 하나 되는 자리가 된다. 부부가 합일된 자리는 천지가 합일되는 자리이며 창조 목적의 최고 이상이 되는 것이다. 그러므로 인중천지일은 큰 의미로 보면 부부 사랑을 완성하는 모습을 말하는 것이다.

3. 일종무종일(一終無終一)

종은 '끝'이며 마지막이란 뜻이다. 마지막은 또한 마주침이다.

천부경에서 숫자의 진행은 무에서 시작하여 1을 만들고 1은 일석삼극으로 분화되어 3을 만들고, 일석삼극은 상대적으로 6생수(六生數)를 낳고 6생수는 다시 십거수(十鉅數)를 낳으며, 십거수는 무궤화삼하여 30진수가 되어 구조와 질서를 이루었다. 생성적 차원인 종합계열 6수, 존재적 차원인 개체계열 10수, 법칙적 차원인 조직계열 30수는 천, 지, 인 3중 구조가 된다. 다시 종, 체, 용의 대3합6으로써 5, 7, 1 묘연을 이루어 행복이 된다. 그러나 끝은 새로운 시작과 마주치게 되며 다시 새로운 하나가 열리게 된다.

　일시무시로 시작하여 일종무종으로 끝났다. 1(하나)은 없음에서 비롯하여 천리 이치대로 작용하여 완성을 이루고 다시 없음으로 돌아간다. 끝의 1(하나)로써 다시 새로운 하나(1)가 비롯되니 하나는 시작과 끝을 이룬다. 다시 말해서 있음과 없음을 함께하는 자리가 된다.

　끝의 일(1)은 지금까지의 모든 진행과 전개법칙 즉, 일시무시하여 일종무종에 이르기까지 모든 법칙이 하나의 우주공식이 되어 되풀이되면서 순환하는 것이며, 종국의 대완성을 위해 질서적으로 진행하고 있음을 말해 주는 것이다.

　넓은 뜻으로 볼 때 끝의 일(1)은 수의 대종을 이루는 것이며 지금까

일종무종일(一終無終一)

지의 체계화된 구조와 질서의 큰 하나 그 자체를 두고 하는 말이다. 법칙적으로 말하면 마지막 일(1)은 최초의 일(1)과 동일한 글자이다. 일시에서 일종을 원으로 그리면 1은 겹쳐지는 숫자가 된다.

그러므로 경문의 숫자는 모두 31자가 아니라 30자라는 풀이가 되며 그 자체가 이미 30진법을 암시하고 있다. 즉 형식상 동일한 법칙이 공식적으로 되풀이하면서 보다 높은 차원으로 발전하는 것이다. 30진법의 순환법칙에서 볼 때 처음과 끝이 마주치는 자리는 영(0)이 된다. 영(0)은 공(空)이며 무극이 자리가 되므로 숫자상의 표시는 없다.

무(無)에서 낳음을 받은 나는 천리 이치를 깨우치고 인생의 완성을 이루어서 천지와 더불어 일체가 되는 길을 이루어야 한다.

4. 결론

인간의 본심은 본 태양과 같은 이치로써 밝고 맑고 신선한 것이다. 본심을 잘 일깨워서 밝고 맑은 양심을 이루고 선한 사람이 되어 참 사람의 인격을 이루는 대3합6을 이룬다. 인격을 가지고 다시 가야 할 길은 부부가 만나서 사랑을 완성해야 하는 것이다. 인격을 자기가 만들어야 하는 것처럼 부부 사랑도 부부가 만들어야 한다. 창조주도 할 수 없고 인간만이 할 수 있는 영역이다.

본 성품을 바탕으로 인격을 완성하고 인격을 바탕으로 하여 부부 사랑을 완성하는 것이 창조 이치이며 천리 이치인 것이다. 결론적으로 천, 지, 인을 하나로 만들어야 하는 이치가 담겨 있는 것이 바로 천부경이다. 이것이 창조 목적을 완성하는 마침이니 이렇게 하여 본래의 1로 돌아가 영원한 것이 되는 것이다.

제3장

3중 구조와 인체 구조

3중 구조와 30진법으로 건강을 되찾아 세우는 일에서
그동안 수많은 체험과 실험을 통해서
신비하고 기적과 같은 사례들이 많이 있었다.
세포를 되살려내고 건강하게 살아가려면
생명력을 왕성하게 만들어내야 한다.
여기에 침열(扰熱)이 필요했다.
그중에서 쑥찜은 대단히 좋은 방법이었다.
그 방법으로 이곳에 정리하였으니
좀 더 많이 연구하고 보강이 되기를 진정으로 바란다.

결국에 가서는 얼이 꽉 들어차 있는
제정신을 가지고 창조의 이치대로
살아가게 되면 모두가 하늘사람이 되고
신선과 같이 되어 맑고 아름다운 사람에 의해서
창조의 뜻함대로 하늘세상이
이 땅에 실현될 것이다.

인체를 36구조적으로 구분한 것은
최재중 선생님의 견해이다.
36구조에 대한 이해를 돕기 위하여
필자가 설명을 부언하여 첨부하였다.

제1절 사람의 몸

본 제3장은 인체를 건강 지킴이로 사용하는 쑥찜을 실용하는 데 기본상식으로 정리하였다. 인체 구조를 3중 구조 30진법으로 구분해 보았다.

1. 인체(人體)

1) 몸

우주는 천 지 인의 3중 구조로 구성되어 있고, 인간은 얼 몸 맘의 3중 구조로 되어 있다.

인간의 얼은 성 명 정으로 구분하고, 몸은 머리 가슴 배로 구분하고, 맘은 지 정 의로 구분한다.

인간의 몸에서 머리는 천(天)의 구조이고, 가슴은 지(地)의 구조이며, 배는 인(人)의 구조이다. 몸을 구성하는데 이 세 부분은 절대 필요 부분이다.

혹 TV에서 팔다리 없는 사람이 강의하며 삶을 살아가고 있는 모습을 보았는가? 팔다리가 없어도 생명을 유지할 수 있지만 머리 가슴 배는 꼭 있어야 생명을 유지할 수 있다.

그러나 현대교육을 받은 사람들은 인간의 육체를 머리, 몸통, 팔다리로 생각하였는데 이것이 상식이 되어 지금도 그렇게 생각하고 있다.

위 두 가지의 차이는 어디에 있을까?

인간생활이라는 기준으로 바라볼 때는 머리, 몸통, 팔다리를 절대 필요로 판단하게 된다. 팔과 손이 없으면 자유자재로 작업할 수가 없고 다리가 없으면 자유롭게 걸어 다닐 수가 없다.

반면, 3중 구조 천리 이치라는 기준으로 바라볼 때는 우주를 천 지 인의 구조로 보는 것처럼 인간은 얼 몸 맘이라는 구조로 보게 되고 몸에서도 3중 구조로 보면 머리 가슴 배로 되어 있다. 대우주나 소우주인 인간은 모두 3중 구조로 되어 있으니 천 지 인 구조로 구분하고 판단하는 것이 옳다. 몸의 생명을 유지하려면 머리 가슴 배는 절대적으로 필요 부문이다.

현대 의학적으로 보면 몸의 구성은 세포가 모여 조직이 되고 조직이 모여 기관이 되고, 기관이 모여 계통을 이루고 계통이 모여 인체를 이루며, 인체는 여러 내장기관의 통합과 복합적인 구성에 의해 전체 활동이 조화를 이룬다.

인간은 활동을 위해서 항상 에너지를 필요로 하는데 이 에너지는 음식물을 먹고 물질대사의 활동에 의해서 에너지 생산을 한다. 이러한 활동의 모든 것을 조절하는 것이 신경 계통이다. 각각의 계통을 총합하여 인체는 생명현상을 영위하는데 그 통합조절기관으로 중추신경계가 존재한다.

뇌는 우리 몸무게의 2% 정도이지만 소비하는 산소의 양은 20%이며 피의 15% 정도를 사용한다.

사람은 태어날 때 305개의 뼈를 가지고 태어나는데 성장하면서 뼈가 합쳐지므로 성인이 되면 206개(두개골 23, 척주골 33~35, 늑골 24, 상지골 64, 하지골 62 등)의 뼈가 된다.

2. 인체의 구성
1) 세포
인간의 몸을 구성하는 세포의 크기는 평균 10~30㎛인데, 가장 작은 것은 혈액 속에 있는 림프구로 지름이 5㎛, 큰 세포는 난자로 200㎛이 다(1㎛는 1/1000㎜).

세포의 종류는 상피세포, 근육세포, 신경세포, 결합세포가 있다. 세포의 수명은 평균 6개월이며 피부세포는 몇 시간 되는 것도 있고 간세포는 1.5년이 된다. 세포의 구조는 세포핵과 세포형질로 되어 있다. 세포의 형태는 여러 가지가 있지만 체내에서는 먼저 비슷한 형태와 기능을 가진 세포끼리 모여서 조직을 만든다.

2) 조직

(1) 인체 조직은 상피조직, 결합조직, 근조직, 신경조직의 4종류가 있는데 조직 세포는 서로 조화를 이루며 활동하고 있다.

(2) 상피조직은 동물체의 내외 전 표면을 덮고 있는 조직으로 이러한 상피는 우리 신체에 넓게 분포되어 있다. 신체의 외부나 내부의 표면을 덮고 있는 모든 조직이 상피로 되어 있으며 세포끼리 밀착되어 있다. 상피조직은 음식이 입에서 항문까지 통과하며 접촉하는 모든 조직과 공기나 혈액이나 오줌이 순환하며 접촉하는 모든 조직과 복강 내에서 내장기관을 둘러싸고 있는 모든 조직이다.

(3) 근조직은 근세포가 모여 이루어진 조직으로 근육은 높은 점성(粘性)과 탄력성으로 수축작용을 일으키며 팔의 굴신에서 볼 수 있듯이 항상 짝을 이루어서 자율신경을 매개로 하여 대뇌의 지배를 받는다. 근조직의 종류에는 민무늬근, 가로무늬근, 심근 세 가지가 있다.

(4) 결합조직은 체내에 가장 많이 존재하며 각 기관의 사이나 기관 본래의 조직 속에 파고들어 세포를 연결하는 구실을 한다. 결합조직으로 이루어진 것은 골조직, 연골조직, 혈액 등이다.

(5) 신경조직은 신경세포와 그 돌기로 구성되어 있다. 신경세포의

경우 그 돌기(突起 : 신경섬유)가 1m에 이르는 것도 있다. 상피세포, 근육세포, 신경세포, 결합세포 네 가지 조직이 여러 모양으로 조합되어 하나의 형태와 일정한 활동을 하는 기관 또는 장기를 이루는 것이다. 예를 들면 위나 장은 상피조직, 결합조직, 근조직이 모여서 되었다.

뇌와 척수는 거의 신경조직만으로 되어 있다.

그리고 조직들이 모여서 더 큰 기관(장기)을 이룬다.

3) 기관

인체는 여러 기관이 있다. 소화기관은 입, 식도, 위, 십이지장, 간, 쓸개, 췌장, 소장, 대장, 항문 등으로 구성되어 있다. 호흡기관은 비강, 기도, 기관지, 모세기관지, 폐 등으로 구성되어 있다.

순환기관은 심장, 혈관, 혈액, 동맥, 정맥 등으로 구성되어 있다.

비뇨기관은 콩팥, 요도, 방광, 성기 등으로 구성되어 있다.

생식기관은 생식기, 고환, 전립선, 자궁, 난소, 성기 등으로 구성되어 있다.

내장기관은 위, 간, 췌장, 비장, 소장, 대장, 십이지장 등으로 구성되어 있다. 기관이 모여서 더 큰 계통을 이룬다.

4) 계통

기관이 일정한 구성 아래 2개 이상 모여서 공동의 기능을 수행하는 경우를 계통이라고 한다. 인체에서 위, 장, 간, 이자 등 소화기관의 조합구성은 소화 작용을 하기 위한 것이며 소화계통이라고 한다.

인체 계통은 10가지로 나눈다. 곧 골격계통, 근육계통, 소화계통, 순환계통, 호흡계통, 비뇨기계통, 생식기계통, 내분비계통, 신경계통, 피부계통이다.

3. 인체의 10계통
1) 근육계통
(1) 근육은 근세포로 구성되며 수축활동을 하는 작용이 있다. 근육의 기본적인 임무는 **뼈**를 움직여 인체의 움직임을 가능하게 하는 것이고, 부수적으로는 인체의 모양과 윤곽을 형성하는 데 기여한다. 근조직은 총 650여 개가 있고 체중 전체의 40~50%를 차지하며 근육의 신경자극에 의해 수축 또는 이완할 수 있는 성질을 가지고 있다.

(2) 근육의 특수성은 흥분성이 있다. 중추 신경으로부터 자극을 받으면 반응을 일으키는 성질이 근육운동의 시작이 되는 것이다. 수축성이 있다. 근조직이 짧아지기도 하고 두꺼워지기도 한다. 신장성이 있다. 근육 운동으로 수축되면 길항작용으로 신장하게 된다. 탄력성이 있다. 근육이 늘어났다가 원래의 모습으로 돌아가는 것을 말한다.

(3) 근육의 기능은 수의근의 기능과 불수의근의 기능으로 나눌 수 있다. 수의근의 기능은 우리가 흔히 근육의 작용이라 일컫는 것이며 자세 유지 기능과 열 생산 기능, 신체 운동 기능을 한다. 불수의근 기능은 물질의 추진 기능이다. 인체의 내장근들은 불수의근으로 물질을 운반하는 기능을 수반한다. 소화기관, 대장, 소장 등이며 음식물을 밀고 나가는 현상과 혈관 내의 혈액이 흐르는 일 등이다.

2) 골격계통
(1) 인체의 골격은

① 두개골(頭蓋骨)은 머리를 형성하고 있는 **뼈**를 말하며, 15종류 23개의 뼈로 되어 있다.

② 척주(脊柱)는 몸의 중추를 이루는 골격으로 상하에 연골(軟骨)로 연결되어 있다. 33~35개의 추골(椎骨)이 모여 구성되며 전체적으로 S자형으로 구부러져 있다. 척주는 다음의 5부로 구별되어 있다.
  (ㄱ) 경추(頸椎) – 경부이며 제1경추부터 제7경추에 이르는 7개의 뼈이다.
  (ㄴ) 척추(胸椎) – 흉부이며 제1척추부터 제12척추에 이르는 12개의 뼈이다.
  (ㄷ) 요추(腰椎) – 요부이며 제1요추부터 제5요추에 이르는 5개의 뼈이다.
  (ㄹ) 천골(薦骨) – 5개의 추골이 서로 유합(癒合)하여 1개의 뼈를 이룬 것으로 삼각형을 나타내고 있다.
  (ㅁ) 미추(尾椎) – 3~5개의 추골이 서로 유합하여 미골이 되었다.
③ 흉곽(胸廓) – 흉곽은 늑골, 흉골 및 흉추 등 여러 가지 뼈에 의하여 구성된 원추형의 골격으로 흉부체벽의 지주를 이루고 있다. 늑골은 좌우 12쌍으로 24개의 뼈이다.
④ 상지의 골격으로 상지(上肢)는 상지대(上肢帶)·상완·전완·손의 4부로 64개의 뼈이다.
⑤ 하지의 골격으로 하지는 하지대(下肢帶)·대퇴(大腿)·하퇴(下腿)·발의 4부로 62개의 뼈이다.

3) 소화기계통

소화계통은 음식물을 소화시킴으로써 에너지와 영양분을 생산하고 쓸모없는 음식은 몸 밖으로 내보내는 역할을 한다.

소화기는 입에서 시작하여 항문으로 끝나는 하나의 관이며 인체를 관통하는 터널이다. 이 터널에는 막다른 옆길(맹장)이 한 곳 있는 것 외에는 완전히 하나의 길이다. 그 속을 통과하는 물질은 일방통행으로 이상 사태를 제외하면 역류하는 일은 없다.

소화기관 각부의 벽은 그 기능에 대응하여 다른 구조를 하고 있으며 소화에 필요한 분비물을 만드는 장기가 부속되어 있다.

소화기의 경로는
치아 → 혀 → 식도 → 위 → 십이지장 → (간) (쓸개) (췌장) → 소장 → 대장 → 항문으로 이어진다.

4) 순환계통

심장 - 동맥 - 정맥 - 심장 등을 말한다.

혈관을 단면으로 쪼개면 내막, 중막, 외막이 있다. 그중 중막이 근육으로 되어 있고 불수의근이라 한다. 혈압이 높아지거나 신경을 많이 쓰면 중막이 두꺼워지고 안쪽으로 살이 쪄서 혈관이 좁아지는데 고혈압을 더욱더 가중시키며 동맥경화, 심장비대증, 대동맥류, 뇌졸중, 심장병 등 합병증을 유발한다.

5) 호흡기계통

숨을 쉬기 위해 공기가 드나드는 통로와 기관으로 코, 인두, 후두 기관, 기관지, 허파 등이 있다.

6) 비뇨기계통

오줌을 몸 밖으로 배출하는데 관여하는 기관의 계통으로 콩팥(신장), 요관, 방광, 요도 등으로 이루어져 있다.

7) 생식기계통

생식을 관장하는 장기로 남성에게는 정소, 정소상체, 고상체(睾上体),

정관, 정낭, 사정관, 전립선의 내성기와 음경, 음낭의 외성기가 있다. 여성생식기는 난소, 난관, 자궁, 질의 내성기와 외성기는 대음순, 소음순, 음핵 등이 해당된다.

8) 내분비계통

주요 내분비선은 뇌하수체, 갑상선, 흉선, 부신, 췌장, 난소, 정소, 송과선으로 내분비계통(內分泌系統)은 호르몬을 분비하는 기관을 말한다.

호르몬이 분비되어 따로 운반하는 관이 없고 혈액이나 림프관 속으로 스며들어 표적 기관으로 이동하여 적절한 작용을 일으키는 조직 또는 기관을 말한다. 이러한 내분비선의 이상은 전반적 생리기능의 저하와 이상 현상을 야기한다. 이 기관은 몸의 물질대사, 생장, 조직을 통제하며 기분 감정까지 통제한다.

9) 신경계통

신경계는 많은 신경세포로 구성되어 있다. 인간의 몸 안팎에서 일어나는 각종 변화로 인한 자극을 빠르게 전달하여 그에 대한 반응을 생성하는 기관이다. 이러한 작용을 하기 위한 특수한 세포가 신경세포이다.

신경계는 크게 중추신경계와 말초신경계로 구분할 수 있다. 중추신경계는 들어온 자극을 종합해서 반응을 생성하는 신경계이며, 말초신경계는 자극과 반응을 전기 신호의 형태로 전달하는 역할을 한다. 척추동물에서 중추신경계는 뇌와 척수에 해당하며 말초신경계는 신경섬유 형태로 감각기관과 근육, 내장 등을 중추신경계와 이어준다.

중추신경계는 주로 연합뉴런으로 구성되어 있고 말초신경계는 자극을 받아들여 중추신경계에 전달하는 감각세포와 중추신경계에서 만들어진 반응을 몸 곳곳에 전달하는 운동세포로 구성되어 있다.

또한 말초신경계는 동물이 의식적으로 조절할 수 있는 작용을 맡고 있는 체성신경계와 의식적으로 조절할 수 없는 작용을 맡고 있는 자율신경계로 구분할 수도 있다. 자율신경계는 서로 반대되는 작용을 하는 교감신경계와 부교감신경계로 나뉜다.

10) 피부계통

피부계통(皮膚系統)은 사람의 외부 부분을 덮고 있는 것을 말한다. 이 부분은 누구나 보고 만질 수 있으며 다양한 기능을 가지고 있다. 피부계통에는 피부, 머리카락, 손톱 등이 있다.

피부를 두 부분으로 나눌 수 있는데 표면상피인 표피와 그 밑에 있는 연결조직인 진피로 나눌 수 있다.

부속 구조물에는 털(머리카락, 체모 등), 손톱, 외분비선을 포함한다. 이 구조물들은 진피에 위치하며 표피를 지나 피부 표면으로 나와 있다.

표피계는 다른 장기들과 연결되어 있다. 혈관의 넓은 그물망은 진피로 퍼져 있으며 감각기관들은 압각, 촉각, 통각, 온도를 감지하며 중추신경계로 정보를 제공한다.

진피의 아래에는 피하조직이라 불리는 느슨한 결합조직이 있다. 이 조직은 근육(뼈나 근육)과 피부를 분리해 주고 있다.

표피계와 피하조직의 기능은
    (1) 외부의 생체 교란인자로부터 아래에 위치한 조직을 보호하고
    (2) 피부에 있는 외분비선으로 염과 물, 유기물질을 방출하고
    (3) 단열과 증발로 몸의 온도를 유지하고
    (4) 진피의 지방세포와 피하조직에 있는 지방조직에 지방을 저장하고
    (5) 촉각, 압각, 통각, 온도, 자극을 감지해서 신경계로 정보를 전달한다.

제2절 3중 구조와 인체

1. 3중 구조와 인체

1) 3중 구조

앞부분의 제1장과 제2장에서 밝힌 바와 같이 3중 구조의 근거는 천부경에서 일석삼극이라고 말한 것에서부터 연유한다. 여기서 삼극은 공간성, 물질성, 작용성이다. 이로 말미암아 대우주는 하늘(天), 땅(地), 사람(人)의 3중 구조로 형성될 수 있었다. 인간도 소우주로 얼 · 몸 · 맘의 3중 구조로 되어 있다. 얼은 성 · 명 · 정의 3중 구조로 되어 있고, 몸은 머리 · 가슴 · 배 3중 구조로 되어 있고, 맘은 지 · 정 · 의 3중 구조로 되어 있다.

그리고 이 3중 구조는 횡적 3중 구조와 종적 3중 구조로 되어 있다.

2) 6 종합수

횡적 3중 구조는 천 지 인의 내용이 6진으로 구성되어 있다. 6진 형식은 물질세계의 근원이 되는 무형세계로 천(天)의 세계이며 6진에 해당하는 수를 종합수라고 한다. 횡적 3중 구조는 곧 6진법으로 시작하며 6진법은 다음과 같다.

1	2	3	4	5	6
하늘	땅	사람	땅	하늘	사람
+	−	±	−	+	∓

제3절 10개체와 인체

인간의 몸을 구성하고 있는 10개체는 천 지 인 3중 구조에서 지(地)에 해당하는 물질세계의 계통으로 10진법으로 전개되는 것이다.

10개체는 다음과 같다.

1) 자율신경계
2) 소화기계
3) 장기계
4) 혈관정맥계
5) 뇌 중추신경계
5-1) 내분비계
6) 순환기계
7) 호흡기계
8) 비뇨기계
9) 생식·특수신경계
10) 연수 뇌간계
10-1) 내분비계

5-1과 10-1은 내분비 계통이다. 이에 대한 설명은 다음의 36조직에서 다루어보자.

제4절 3중 구조와 36조직

1. 36조직

3중 구조에서 인(人)의 구조에 해당하는 것은 30조직수인데 여기에 내분비계까지 포함하여 36구조의 조직수로 구성되어 있다. 이 분야는 현대의학에서 연구가 전혀 되어 있지 않으므로 앞으로 더 많은 전문가의 연구가 필요하다.

2. 10개체와 36조직

10개체와 36조직은 다음과 같다.
10개체 표시는 1)로 하고 36조직 표시는 ①로 표시한다.

   1) 자율신경계 - ① 경추 자율신경
                     ② 척추 자율신경
                     ③ 요추 자율신경
   2) 소화기계 - ④ 비장
                     ⑤ 위장 · 식도
                     ⑥ 간장 · 십이지장
   3) 장기계 - ⑦ 췌장
                     ⑧ 소장
                     ⑨ 대장
   4) 혈관정맥계 - ⑩ 뇌 및 경부 대정맥
                     ⑪ 흉부 소화 대정맥
                     ⑫ 요부 · 장기 대정맥

5) 뇌 중추신경계 - ⑬ 정신 · 중추신경계
⑭ 운동 · 척수신경계
⑮ 뇌 · 소화신경계

5-1) 내분비계 - ① ⑦ 뇌 내분비계
② ⑧ 경부 내분비계
③ ⑨ 전신 내분비계

6) 순환기계 - ⑯ 심장
 (동맥계) ⑰ 관상동맥
⑱ 복부 · 신장 · 생식 대동맥

7) 호흡기계 - ⑲ 폐문 · 늑막
⑳ 기도 · 기관지
㉑ 폐장

8) 비뇨기계 - ㉒ 신우 · 부신
㉓ 요관 · 방광
㉔ 신장

9) 생식 · 특수신경계 - ㉕ 정소 · 난소 · 심장 자율신경계
㉖ 자궁 · 고환 · 호흡 자율신경계
㉗ 하지 · 좌골 · 신장 자율신경계

10) 연수 뇌간계 - ㉘ 피부 · 모발 · 손발톱
㉙ 근육 · 세포
㉚ 골관절

10-1) 내분비계 - ⑯ ㉒ 혈액 내분비
⑰ ㉓ 혈관 내분비
⑱ ㉔ 비뇨 · 생식 내분비

30집법과 인체 구조

종합성	계통성	개체성	번호	개체성(세부)	조직성
1 우 대뇌	1 자율신경계		1	자율신경계	경추 자율신경계
			2	경추 자율신경계	
			3	요추 자율신경계	
2 우 소뇌	2 소화기계		4	미 정장계	
			5	위·장 정신이든계	
	3 장기계		6	간·십이지장계	
			7	췌 소장계	
			8	소장계	
			9	대장계	
3 척수 및 뇌신경계	4 혈관 정맥계		10	뇌부·경정맥계	
			11	흉부 소화 대정맥계	
			12	요부 장기 대정맥계	
	5 뇌 중추 신경계		13	정뇌 중추 신경계	
			14	정뇌 척수 신경계	
			15	뇌·소뇌 신경계	
4 좌 대뇌	6 순환기계		16	관상·명맥 명막계	
			17	신부 정맥계	
			18	신부 정·상 모맥계	
	7 호흡기계		19	폐·목만계	
			20	기관·도간지계	
			21	폐정부 신경계	
5 좌 소뇌	8 비뇨기계		22	신부 신장계	
			23	신·노 방광계	
			24	정·소 신장 자율신경계	
	9 생식·특수 신경계		25	고환 자율신경계	
			26	하부 지부·신발계	
			27	피부 말단·근육·세포계	
6 연수 및 뇌간계	10 연수 뇌간계		28	피부 근육계	
			29	골·근·세포계	
			30	골관절계	

삼일신고 말씀 139

3. 개체기관과 조직기관

1) 개체성 1 - 자율신경계

신경계는 가장 크게 중추신경계와 말초신경계로 구분할 수 있다. 중추신경계는 들어온 자극을 종합해서 반응을 생성하는 신경계이며, 말초신경계는 자극과 반응을 전기 신호의 형태로 전달하는 역할을 한다.

말초신경계는 의식적으로 조절할 수 있는 작용을 맡고 있는 체성신경계와 의식적으로 조절할 수 없는 자율신경계로 구분한다.

자율신경계는 서로 길항작용을 하는 교감신경계와 부교감신경계로 나뉜다.

【1】 경추 자율신경계

경추란 목뼈를 말하며 총 7개로 이루어져 있다. 위로는 머리의 두개골과 연결되고 아래로는 등에 있는 척추와 연결된다.

기능은 뇌에서 사지로 전달되는 운동신경은 사지와 몸통의 각 기관에서 뇌로 전달되는 감각신경들이 척수로 되어 있다. 각 부위별로 연관된 자율신경 기능은 다음과 같다.

경 추	관 련 부 위
경추 1번	머리 전체, 뇌하수체, 교감신경, 신체균형, 혈액측정
경추 2번	눈, 시신경, 청각신경, 비강, 혀, 앞이마
경추 3번	이, 볼, 얼굴뼈, 삼차신경
경추 4번	귀, 입, 입술, 코, 삼차신경
경추 5번	성대, 인후, 구강, 혀, 인두, 갑상선
경추 6번	어깨, 목 근육, 편도선
경추 7번	갑상선, 어깨, 팔꿈치, 엄지와 지각

【2】 척추 자율신경계

척추란 가슴 부위에 해당하는 척추로 12개로 구성되어 있으며, 전체적인 모습은 등 쪽으로 볼록하다. 흉추는 경추보다 크나 요추보다는 작고, 상위에서 하위로 갈수록 커진다.

기능은 척추에서 나오는 신경은 교감신경이 포함되어 있어 심장 기능, 소화 기능, 피부발한, 혈관수축 등의 자율신경 기능과 밀접히 연관된다. 각 부위별로 연관된 자율신경 기능은 다음과 같다.

척 추	관 련 부 위
척추 1번	식도, 기관지, 팔꿈치 아랫부분, 손목, 손가락
척추 2번	심장, 관상동맥
척추 3번	폐, 기관지, 늑막, 가슴, 흉부, 유부
척추 4번	담낭, 총담관, 전신의 관
척추 5번	간장, 혈액순환, 복강신경
척추 6번	위, 늑간신경, 신경성
척추 7번	췌장, 십이지장
척추 8번	비장, 횡경막
척추 9번	부신, 신장
척추 10번	신장
척추 11번	신장, 수뇨관
척추 12번	소장, 임파액순환계통

【3】 요추 자율신경계

요추는 척추와 천골(薦骨) 사이의 부분으로 허리뼈라고도 한다.

요추는 5개의 추골(椎骨)로 되어 있다. 각 부위별로 연관된 자율신경 기능은 다음과 같다.

요 추	관 련 부 위
요추 1번	대장, 대장결장, 서혜부
요추 2번	맹장, 하복부, 대퇴부
요추 3번	성기, 자궁, 난소, 고환, 방광
요추 4번	전립선, 요로, 좌골신경, 허리근육
요추 5번	하퇴부, 무릎 아래, 발목, 발바닥, 발가락

* 천골과 미골

천골(薦骨) – 5개의 천추(薦椎) 유합(癒合)으로 형성되었으며 척주의 일부를 이루어 골반의 후벽을 구성하는 것이다.

미골(尾骨) –꼬리뼈로 3~5개의 미추골(尾椎骨)이 서로 맞붙어서 이루어진 부위이다.

천, 미골	관 련 부 위
천골	엉덩이(좌골 둔부), 하지, 생식기, 척추완골
미골	직장, 항문, 생식기

2) 개체성 2 – 소화기계(消化器系)

소화기계는 입 · 구강 · 인두 · 식도 · 위 · 소장 · 대장 · 항문으로 구성되어 있고, 부속선에는 구강선 · 간장 · 담낭 · 췌장(이자) 등이 있다.

소화가 진행되는 동안 효소(침샘·위·췌장·소장에서 생산), 위산(위), 담즙(쓸개)이 음식물을 부수어 신체에 필요한 영양성분을 만든다.

위장에 음식물이 들어가면 위 점막 표면에서 이슬 같은 작은 액체 방울이 스며 나오는데 이것이 음식물의 소화를 돕는 위액이다. 위액의 분비는 자율신경에 관계한다. 음식물을 보거나 또는 위에 음식물이 들어갔을 때 그 정보가 부교감신경에 전달되어 위액을 분비하는 작용을 한다. 초조할 때는 교감신경이 위액의 분비를 방해하기도 한다.

음식물이 구강에서 항문까지 통과하는데 걸리는 시간은 약 24~48시간에 이른다.

【4】 비장계(지라)

사람의 배 속에는 지라라고 하는 비장과 이자(췌장이며 ⑦번에서 설명한다)가 있다. 비장은 왼쪽 갈빗대가 끝나는 곳에 있으며 위장의 뒤쪽으로 등에 붙어 있다. 비장의 무게는 약 200g 정도이고, 길이는 약 12㎝ 정도이며 편편하고 둥근 모양으로 얇은 피막에 쌓여 있다. 비장은 호르몬과 인슐린을 분비하는 인체에서 가장 큰 임파 기관이다. 췌액을 하루에 약 1000~2000㎖ 분비한다.

비장은 혈액을 만들고 혈액을 저장하며, 쓸모없는 적혈구를 파괴하고 피 속에 균이 들어오면 이것을 없애주는 면역체를 만든다. 또한 임파구를 만들어 저장하며 단백질과 지방, 탄수화물을 분해하는 역할을 돕는다.

비장의 증상은 소화불량과 비만을 가져오며 설사와 피부병을 일으키기도 한다.

【5】 위장·식도계

위(밥통)는 소화관 중에서 가장 크고 넓으며 명치 바로 밑 왼쪽으로 갈빗대가 끝나는 부분에 비스듬히 놓여 있다. 간의 왼쪽 부분이 위를 덮고 있으며 배꼽 위쪽 상복부에서 왼쪽으로 치우쳐 있다.

위는 커다란 주머니같이 생겼으며 매우 신축성이 있어서 늘어났다

줄어들었다 하는 큰 장기이다.

위에 음식이 들어갈 수 있는 양은 어른의 경우 1200~1500cc 정도이다. 위와 식도가 연결되는 곳을 분문, 위가 소장의 윗부분인 십이지장과 연결되는 곳을 유문이라 한다.

위 점막에 있는 위선은 소화에 꼭 있어야 하는 위액을 만들어낸다. 위액은 하루에 1.5ℓ 가량 나온다.

위는 일정한 간격을 두고 율동적으로 되풀이되는 운동을 한다. 이 운동에 의하여 음식물을 위액과 섞으며 묽은 죽과 같이 부수어놓는 일을 한다. 이것을 위의 소화작용이라 하며 죽처럼 된 음식물을 소장으로 내려보낸다.

위가 정상인 경우는 3~5시간에 소화되어 소장으로 내려보낸다.

위장이 나쁘면 얼굴에 문제가 일어나고 팔다리가 나른하고 유방과 치아에 질환이 발생하고 간과 신장병까지 일으키며 구토, 소화불량, 답답함, 트림, 메슥거림 등을 일으킨다.

* **식도**(食道)

소화기관 중의 소화관으로 인두(咽頭)와 위(胃) 사이의 관상부를 말한다. 위(胃)의 분문(噴門)에 이어지는 길이 25㎝ 정도의 근육성 관이다.

식도의 내강(內腔)은 엄지손가락 굵기 정도이지만 음식물이 통과할 때는 상당히 확장된다. 위의 입구에 있는 분문에는 괄약근이 있어 평상시에는 근육이 수축되어 분문을 닫고 있으나 음식물이 들어가면 반사적으로 열려 내용물을 받아들인다.

【6】 간장 · 십이지장계

간은 명치 바로 밑에 오른쪽으로 치우쳐 놓여 있는데 대부분 갈비뼈 밑에 있다. 간은 검붉은 색으로 비교적 말랑말랑하며 무게는 약 1.3Kg

정도이고 윗부분은 둥글고 밑은 우묵하며 우엽과 좌엽으로 나누어져 있다. 우엽 즉 오른쪽 간이 훨씬 크다.

간이 하는 일은
(1) 담즙을 만든다.
　　간에서는 하루에 800~1,000㎖ 정도의 담즙(쓸개 물)을 만들어 소장으로 보내어 소화를 돕는다. 담즙의 흐름이 원활하지 않으면 황달을 일으킨다.
(2) 혈액을 만든다.
(3) 혈액을 저장해 둔다.
(4) 알부민을 만든다.
(5) 해독작용을 한다.
(6) 간은 화학공장이라고 하며 오장육부 중에서 가장 많은 일을 한다. 간의 이상증상은 눈으로 표현되며 눈에 지루한 느낌이 오거나 눈물이 잦을 때는 주의를 요한다. 간에 피가 많고 순환이 안 되면 신경질이 많아지며 흥분과 분노를 잘하고 돌아다니기를 좋아하며 신경이 매우 예민해진다.

* 쓸개(담)

쓸개는 오른쪽 간 밑에 붙어 있다. 쓸개는 뚱뚱한 가지 모양의 주머니 같기 때문에 담낭이라 불린다. 쓸개의 크기는 7~10㎝이고 쓸개즙을 담을 수 있는 양은 35~40cc이다.

담낭은 간에 연결되어 있고 또 소장의 십이지장에 연결되어 있다. 담은 간에서 만들어진 담즙(쓸개 물)을 그 속에 저장하며 담즙 속에 있는 물기를 12분의 1까지 졸아들게 하는 즉 농축시키는 역할을 한다. 그리고 음식물이 위에서 십이지장으로 내려오게 되면 반사적으로 담낭이 수축되며 담즙을 쏟아내어 총담관을 통해 십이지장으로 내려보낸다. 담낭관이 담석에 막히거나 간 또는 담낭에 병이 생겨서 담즙의 배출이 안 되면 결국 담즙 성분이 피 속으로 거꾸로 흘러들어 황달이 일어난다.

쓸개즙은 간에서 만들어져 담낭에 보관된다. 담즙의 색깔은 미녹색이다. 이 미녹색이 물에 풀어지면 노란색을 띠는데 대변의 노란색은 바로 담즙색이다. 담즙은 소장 속에서 지방분 즉 기름기를 소화하는데 작용한다.

담이 약해지면 눈이 어지러우며 구역질을 하고 물건이 넘어지는 것 같이 보인다. 옆머리, 뒷머리, 옆구리, 발목까지 아픔을 느끼며 넷째 발가락까지 통증을 유발한다.

* 십이지장(十二指腸)
위 가까이에 있는 작은창자의 일부분으로 소화에 필요한 담즙 및 소화액을 장에 보내는 역할을 한다.

손가락 12개를 옆으로 늘어놓은 길이가 된다고 하여 십이지장이라는 이름이 붙여졌으나 실제는 그보다 길다. 길이가 약 25㎝ 정도이며 영어의 C자 모양이다.

3) 개체성 3 - 장기계(臟器系)
【7】 췌장계(이자)
췌장은 소화액을 만들어내는 곳으로 위장의 뒤쪽인 척추뼈 앞에 가로 누워 있으며 췌장의 머리는 십이지장에 둘러싸여 있다. 요추 2, 3번 높이에 위치한다. 그리고 췌장의 꼬리 부분은 비장에 닿아 있다.

췌장은 길이가 약 12~15㎝ 정도이고 무게는 70g이다. 모양은 편편하고 길며 마치 혓바닥같이 생겼으며 빛깔은 핑크색이고 물렁물렁하다.

췌장은 두 종류의 분비선이 있는데 외분비선에서는 췌액을 만들어 소장으로 보내어 소화흡수를 돕고, 내분비선에서는 인슐린이라는 호르몬을 만들어 직접 피 속이나 임파 속으로 넣어주어 피 속의 당분 양을 조절하는 역할을 한다. 인슐린의 생산이 모자라면 피 속에 당분이 지나치게 남아돌아 당뇨병을 일으킨다.

【8】 소장계(작은창자)

소장은 위의 유문에서 이어져 배꼽 밑 하복부 중앙에 위치하고 오른쪽 하복부에서 대장의 맹장에 이어진다.

소장은 둥근 기둥 모양의 소화관으로 길이는 약 6m 정도이고 십이지장·공장·회장 세 부분으로 나누어진다.

소장 속 점막에는 둥글둥글한 차바퀴 모양의 주름이 있고 여기에 털 모양의 융모가 있는데 영양분을 흡수한다.

소장은 꿈틀꿈틀 움직이는 연동 운동을 하며 내용물을 항문 쪽으로 이동시킨다. 그리고 소장 속의 점막에는 소화흡수를 하는데 필요한 끈적끈적한 알칼리성 액을 만들어낸다. 소장에서는 영양분을 빨아들이는데 주로 췌액의 작용에 의한다. 물도 영양분의 일종으로 주로 소장에서 빨아들인다.

소장은 하복통 등 하복부의 병을 일으키며 자궁통증 등 자궁병과 신장과 폐에 영향을 미친다.

【9】 대장계(큰창자)

대장은 소화관의 맨 끝부분으로 하복부의 오른쪽 밑에서 소장에 이어져 있고 배 속을 한 바퀴 돌아 항문에서 그치는데 배꼽 밑을 가로질러 놓여 있다.

대장은 길이가 약 1.5m이며 직경이 약 8cm되는 굵은 소화관이다. 대장은 맹장·결장·직장으로 구분한다.

맹장은 소장과 이어지는 부분이며 맹장이 세균 등으로 감염되면 염증을 일으키는데 이것을 맹장염이라 한다. 결장은 대장의 가운데 부분인데 상행결장·횡행결장·하행결장·S상결장으로 구분한다. 직장은 S상결장에 이어져 항문까지 15㎝ 정도의 대장 끝부분이다.

대장 속에는 소장 속의 점막과 달리 영양분을 빨아들이는 융모가 없고 매끈하다. 항문이 오므라져 있는 것은 항문부의 근육을 닫고 여는 내괄약근과 외괄약근이 있기 때문이며 배변할 때 이 근육이 늘어나 항문이 열린다.

대장에는 교감신경과 부교감신경이 분포되어 있어 운동을 조절한다.

대장은 소장에서 영양분을 흡수한 음식물의 찌꺼기를 썩히는 역할을 담당한다. 대장 속에 많은 세균이 있어 이것이 가능하며 음식물이 썩을 때 가스가 생기며 부피가 줄어들게 된다.

대장에서는 약간의 수분과 염류만을 흡수하고 대변 덩어리를 형성하여 배변을 한다.

대장에 문제가 생기면 배가 나오고 요통도 오며 피로가 심하다. 변비가 생기고 얼굴에 여드름처럼 종기가 난다. 정력이 급격히 떨어지고 두통까지 동반한다.

4) 개체 4 - 혈관 정맥계

피는 대정맥→ 우심방→ 우심실→ 폐동맥→ 폐→ 폐정맥→ 좌심방→ 좌심실→ 대동맥 순으로 혈관을 타고 흐른다.

심장에서 나가는 혈관을 동맥이라고 하며 심장으로 들어오는 혈관을 정맥이라고 한다.

피는 폐를 지나가면서 산소를 얻는다.

심장에서 나오는 혈액에 의하여 강한 압력을 받는 대동맥과 달리 대정맥은 체내를 순환한 혈액들이 돌아오는 통로이므로 대동맥에 비하여 혈압이 낮고 혈관 벽이 얇다. 혈류 속도가 느리고 혈압이 낮아 혈액이 역류하는 것을 방지하기 위하여 곳곳에 판막이 위치한다.

대정맥 질환으로는 상대정맥이 막히는 상대정맥증후군의 경우 두통이나 흉부 압박감을 느끼며 심하면 실신, 호흡곤란 등의 증세가 나타난다. 하대정맥이 막히는 하대정맥폐색의 경우 양쪽 다리가 붓는다.

정맥계는 신체의 말초 모세혈관으로부터 시작하여 신체의 각 부분에서 혈액을 모아 심장으로 되돌아오는 혈관들을 말한다.

정맥은 온몸을 순환하여 이산화탄소와 노폐물을 포함한 혈액이 심장으로 가는 동안 통과하는 혈관으로 체내 깊숙한 곳에서는 동맥과 평행하게 흐르며 피하조직 속의 동맥과 관계없이 단독으로 뻗어 있다.

【10】 뇌 · 경부 대정맥계
【11】 흉부 · 소화 대정맥계
【12】 요부 · 장기 대정맥계

5) 개체 5 - 뇌 중추신경계

뇌는 인간의 몸에서 가장 신비하고 무한한 가능성을 가진 영역이다. 뇌의 신경세포는 약 140억 개이며 무게는 1.5kg으로 체중의 1/40 정도이다. 신경 전달 속도는 1초에 60m이다.

신경계는 신경을 구성하는 계통의 기관으로 중추신경계(뇌와 척수)와 말초신경계(뇌 및 척수에서 나와 전신에 분포)로 구분한다.

신경세포(뉴런)의 종류는 연합뉴런 · 감각뉴런 · 운동뉴런이 있다.

감각신경은 말 그대로 우리 몸의 피부에 감각자극을 받아들여 중추(뇌)로 전달하는 일을 한다. 연합신경은 자극을 받아들여 판단하고 명령을 내리며, 운동신경은 중추의 명령을 받아 전신으로 전달한다.

【13】 정신 · 중추신경계(中樞神經系)

중추신경계는 신경계의 형태상, 기능상의 중심부로 신체 각부의 기능을 통솔하고 자극의 전달로를 이룬다.

중추신경계는 뇌와 척수로 되어 있고 외부로부터 수용된 여러 자극을 받아들여 분석하고 판단하는 작용을 하며 신체를 조정하고 통합하는 일을 한다.

또 뇌는 대뇌, 소뇌, 뇌간으로 구분하며 뇌간은 생명의 자리로 생명을 유지하는 신경이 모두 있다. 식물인간이란 대뇌 기능이 멈추고 뇌간만 살아 있을 때를 말한다.

(1) 대뇌는 좌우반구로 나눠지며 사고 · 판단 · 추리 등의 고등정신을 담당한다.
(2) 소뇌는 의지대로 근육을 움직일 수 있는 수의 운동 조절을 한다. 또 몸의 평형을 잡는 역할을 한다.
(3) 뇌간은 체온 조절, 혈당량 조절 등 체내의 항상성(몸의 내부 환경이 항상 일정하게 유지되는 것을 말함)을 유지한다.

* **말초신경계**

말초신경계는 체성신경계와 자율신경계로 이루어져 있으며 중추신경계와 말단 기관을 잇는 신경의 모든 경로로써 중추에서 나와 온몸의 각 부분에 퍼져 있으면서 외부의 자극을 중추로 전하고 중추의 명령을 근육이나 각 기관에 전달하는 역할을 한다.

* **체성신경계**

의식할 수 있는 자극과 반응에 관계하는 뇌신경과 척수 신경을 말한다. 뇌신경은 머리와 얼굴의 지각과 움직임을 지배하며 말초신경으로 뇌에서 좌우로 나와 있는 12쌍을 말한다. 주로 머리 부분의 기관과 기능에 관여하고 자율신경 역할을 겸하는 것도 있다.

12쌍의 뇌신경은 감각신경이나 운동신경으로만 구성되기도 하고 두 가지 혼합된 것도 있다.

척수 신경은 31쌍으로 혼합신경으로 되었으며, 뇌의 명령을 몸의 각 부위로 전달하고 몸의 각 부위의 정보를 뇌에 전달한다.

 * **자율신경계**

자율신경계는 대뇌의 의지와 상관없이 조절되는 신경으로 내장과 혈관에 분포하여 호흡·순환·소화·내분비·배설 등의 작용에 관계한다.

자율신경계는 교감신경과 부교감신경으로 구분하며 교감신경은 심장박동 촉진, 혈관수축, 혈압상승, 호흡 촉진, 침 분비억제, 소화운동 억제, 땀을 억제시키는 작용을 한다. 부교감신경은 교감신경과 상대로 작용을 한다. 이러한 것을 길항작용이라 한다.

곧 교감신경은 신체가 외부 환경으로부터 스트레스를 받았을 때 작용하는 자율신경으로 이때 동공이 확대되고, 심장박동이 빨라지고, 호흡이 빨라지고, 얼굴이 창백해지고, 소화도 안 되고, 입이 마르게 되는 현상들이 나타난다. 부교감신경은 스트레스를 받아 교감이 작용한 결과 달라진 체내 조건을 원래대로 돌려주는 일을 하는 자율신경이다. 따라서 부교감신경이 작동하게 되면 동공이 작아지고 심장박동은 느려지고 호흡도 느려지는 현상들이 나타난다.

이렇게 두 자율신경은 상대적인 일을 함으로써 우리 몸의 상황을 항상 일정하게 유지시켜 준다. 따라서 교감신경이 흥분하면 동공이 커지고 심장의 맥박수가 많아지며 혈압이 오르지만 소화기능은 반대로 억제되어 신체활동에 알맞은 상태가 된다.

또 잠을 잘 때는 몸의 생리현상이 저하되어 호흡수와 맥박수가 감소하며 혈압도 떨어지고 소변 양도 줄어든다. 반면 성선호르몬과 갑상선호르몬 등의 분비는 왕성해진다.

【14】 운동 · 척수신경계

(1) 운동신경계(運動神經系)

말초신경은 그 흥분전도의 방향에 따라서 흥분을 말초에서 중추로 전하는 구심성 신경과 흥분을 중추에서 말초로 전하는 원심성 신경으로 이루어진다. 원심성 신경 가운데 골격근으로 가서 그 운동을 주재하는 신경을 운동신경이라고 한다.

뇌신경에서 운동신경계는 두경부 근의 운동을 주재하고 척수신경에서는 척수전각 세포에서 발한 신경섬유가 전근(前根)이 되고 체간과 체지의 운동을 지배하고 있다.

(2) 척수신경계

말초신경으로 척수에서 좌우로 뻗은 31쌍을 말한다. 가슴으로 뻗은 신경을 늑간신경이라 하며, 척수 말단에서 다리로 뻗은 신경을 좌골신경이라 한다.

【15】 뇌 · 소화 신경계

인간은 사춘기가 되면 이성에 대한 관심이 높아지면서 성행위를 하고 싶다는 욕구가 강해진다. 인간은 어떻게 그러한 생각이 들게 되는가?

이것은 정신작용이 있기 때문이다. 곧 이성 간의 성을 즐기고 싶어하는 뇌가 있기 때문이다. 사랑을 하고 싶은 것이나 이성에게 관심이 집중되는 욕구는 모두 뇌에서 일어나는 정신작용이다.

인간의 씨로써 정자와 난자가 수정된 지 8주가 되면 어른의 손가락만큼 자란다. 그중 머리 부분은 포도알 정도의 크기로 몸에 비하여 머리 부분이 훨씬 먼저 커져 있다. 이것은 인간의 씨가 머리부터 발육하기 때문이며 그 머리 부분은 뇌가 거의 차지한다. 수정된 지 4개월이 되면 뇌 전체의 구조가 나타나게 되고 9개월이 되면 태아의 뇌는 성인의 뇌와 다를 바 없을 만큼 발달한다.

뇌는 사람의 호기심이나 학습의욕에 의해 활성화된다. 또 깨달았다고 생각되는 그 순간에 쾌감을 느낀다. 이렇게 알게 되고 즐거움을 가질 수 있는 일이 활발하게 작용할 때 뇌는 크게 발달한다. 공부와 학습과 호기심을 만족시키는 쾌감은 뇌를 발달시키고 되살려내는 데 반드시 필요하다.

뇌가 쾌감을 느끼는 것은 뇌의 쾌감신경에 베타 엔도르핀이 분비되기 때문이다. 이 베타 엔도르핀은 아픔을 완화시키는 작용을 한다. 통증을 못 느끼는 진통효과를 가져온다. 모르핀이나 마약을 섭취하는 진통은 중독성을 일으키고 인체에 해롭게 작용하여 악영향을 미치지만 뇌에서 자연적으로 분비되는 베타 엔도르핀 같은 호르몬은 인체에 전혀 부작용이 없다. 자기가 하는 일이 재미있다고 하는 사람은 뇌에서 베타 엔도르핀이 계속 분비되고 있는 것이다. 하는 일에 만족감을 느끼는 사람도 마찬가지이다. 일을 더욱더 하고 싶은 것이나 더욱 즐겁다고 하는 것은 쾌감신경에 더욱 많은 양의 베타 엔도르핀이 분비되고 있다는 것이다. 뇌의 쾌감은 곧 마음의 즐거움이다.

성욕에 대한 정신작용은 뇌의 시상하부에 성욕을 일으키는 발정센터에서 일어난다. 여기에서 다시 척수로 전달되는 작용에 의하여 직접적인 행동으로 옮겨지게 된다. 곧 두뇌의 전두엽에서 이성에 관심을 가지라는 명령이 오면 신경계를 타고 가서 호르몬의 분비를 이루어 성행위로 나타나게 된다. 또 성적 자극을 포함한 모든 신체를 통해 이루어지는 모든 자극들은 오감을 통해서 다시 뇌로 보내진다.

이와 같이 사람은 모두 뇌에 의해서 호르몬이 조절되며 이성과 사랑하고 싶다는 정신작용(마음작용)은 뇌에서 지시하는 것이다. 성욕은 인간의 대뇌 신피질계라는 뇌세포에서 고등 정신작용이 발휘될 때 성에 대한 사랑이 증대된다. 이러한 일이 이루어질 수 있도록 인간에게만 대뇌 신피질계를 진화 발달시켜 놓았다. 다른 동물에 비해 사람의 행동이 다양하게 나타날 수 있는 것은 바로 고급 사랑을 이룰 수 있도록 만들어졌기 때문이다.

인간의 원시적 뇌라고 하는 대뇌변연계는 생명력과 풍부한 감성 등에 작용한다. 또 인간의 기본적인 마음이 만들어진다. 여기에서는 모든 것이 기분이 좋고 나쁜 것으로 처리된다. 이곳에서 만들어지는 마음은 매우 단순하고 소박한 것들이다.

한편 대뇌변연계보다 나중에 만들어진 새로운 뇌로 대뇌 신피질이라는 뇌는 인간에게만 있으며 대뇌변연계 뇌를 이성적으로 제어하는 역할을 담당한다. 또 대뇌변연계와 같이 공동으로 작용도 하고 때로는 합리적인 분업 작용을 하기도 한다. 이렇게 뇌에서 명령을 하는 활동이나 자극이 뇌로 전달되는 활동이 활발하면 할수록 뇌는 젊어지고 뇌 기능이 활발해지며 나아가 성적 쾌감도 더욱 높아진다.

두뇌 속의 전달물질에는 도파민, 노르아드레날린, 세로토닌, 베타엔도르핀, 아세틸콜린, 가바 등이 있다.

도파민은 행동을 하게 하는 동기 부여와 쾌락, 기쁨 그리고 사랑에 빠지게 하는 역할을 한다. 노르아드레날린은 불안과 공포를 느끼게 하며 기억하고 집중하고 각성하게 하고 또 화를 내게 하는 호르몬이다.

6) 개체 6 - 순환기계(혈관 동맥계)

【16】 관상동맥(冠狀動脈)·경동맥계

대동맥에서 갈라져 나온 2개의 혈관으로 산소가 풍부한 혈액을 심근(心筋)에 공급한다. 두 혈관 모두 좌우 심실 벽과 심실 사이 중격에 혈액을 공급하며 오른 관상동맥은 우심방에, 왼 관상동맥은 좌심방에 각각 혈액을 공급한다. 관상동맥 가지의 한 부분이 막히면 산소가 풍부한 혈액의 공급이 중단되어 심장 조직 일부가 죽게 된다.

【17】 심장계

우리 몸에서 가장 부지런히 움직이는 장기는 바로 심장이다. 혈액을 온몸에 돌려주는 원동력인 심장은 가슴속의 좌폐와 우폐 사이에 끼여 있으며 왼쪽으로 치우쳐 있다.

위쪽은 뭉툭하고 둥글며 끝이 뾰족하여 이것을 심첨이라 하는데 이 심첨은 왼쪽 젖꼭지 밑 앞가슴에 가깝게 닿아 있다. 왼쪽 젖가슴을 눌러보면 손에 툭툭 와 닿는 것이 심첨박동이다.

심장의 크기는 거의 자기 주먹만 하며 길이는 약 12~15㎝ 정도이고 무게는 250~350g 정도이다. 모양은 피망과 흡사하다.

모세혈관은 약 100억 개 정도가 있는데 최대 지름이 약 0.2㎜ 정도이고 전체 혈액의 6분의 1을 지니고 있다.

심장은 신체의 각 부위로 혈액을 수송하며 또한 혈액량을 조절하여 각 기관으로 보내는 작용을 한다. 심장으로부터 나온 혈액이 동맥을 지나 모세혈관을 거쳐 정맥을 통해 다시 심장으로 들어오면 한 번의 순환이 이루어진다.

이렇게 심장은 끊임없이 수축과 이완을 계속하여 혈액을 방출시킨다. 심장은 한 개의 펌프와 같은 기능을 갖고 있으며 건강한 성인에 있어서 심장은 1분 동안에 약 5ℓ의 혈액을 방출한다. 혈액이 온몸을 한 바퀴 도는 데 2분 정도 걸린다.

심장 속을 심내강이라 하는데 네 칸으로 나누어 있고 심장에는 8개의 혈관이 출입하고 있으며, 심장의 근육에 영양분과 산소를 공급하는 혈관을 관상동맥이라 한다.

심장은 온몸에서 모여든 정맥혈을 폐로 보내어 산소를 공급받은 동맥혈을 다시 받아들여 이것을 온몸에 나누어주는 펌프 역할을 하고 있다. 심장은 1분간 70~80회를 박동하는데 소아는 120회, 신생아는 120~140회, 노인은 50~60회이다. 박동이 빠르면 열이 오르고 늦으면 차가워진다.

심장이 약하면 손발이 차고 얼굴이 창백하고 힘이 없어 보인다.

【18】 복부 · 신장 · 생식 대동맥계
복부 대동맥
신장 대동맥
생식 대동맥

7) 개체성 7 – 호흡기계

【19】 폐문(肺門) · 늑막계
폐문은 기관지나 혈관 · 신경 등이 연결되어 있는 폐의 출입구 부위를 말한다.

* 늑막

흉강(胸腔)과 폐의 안쪽을 덮고 있는 막으로 흉강은 벽 측 늑막에 덮여 있고 폐는 장기 늑막에 덮여 있다. 벽 측 늑막은 폐의 기부에서 접혀져 장기늑막이 된다. 건강할 때는 2개의 늑막이 서로 접해 있지만 폐가 쭈그러들거나 또는 공기나 액체가 두 막 사이에 고이게 되면 늑막강이 된다. 늑막은 촉촉함과 미끄러움을 유지하기 위해 묽은 액을 분비한다.

【20】 기관지(氣管支)계

폐와 기관을 연결하는 공기통로로 기관의 뒷부분에서 두 갈래로 갈라져 시작되며 기관지가 다시 가늘게 나누어진 가느다란 기관지로 이어진다. 기관지는 느슨한 결합조직으로 쌓여 있고 이 결합조직은 폐의 결합조직과 연결된다.

기관지는 폐 속으로 들어가면서 계속 나뉘어 많은 가지들을 내면서 폐 전체에 넓게 퍼져 있으며 기관지가 위치한 부위에 따라 기관지의 이름이 달라진다. 주 기관지는 기관의 갈림에서 폐문까지를 말하며 지름이 1mm 이하인 기관지들은 세기관지라고 하며, 가장 작은 세기관지는 머리카락보다도 더 가늘다. 세기관지의 끝에는 폐포라고 하는 미세한 공기 주머니가 약 3~4억 개 정도 달려 있다.

기관지의 역할은 외부의 산소를 체내로 전달하고 체내에서 생성된 이산화탄소를 제거하기 위하여 공기가 드나드는 수송관의 역할을 한다. 또한 기관지에 들어오는 이물질을 제거하며 외부에서 침입하는 균에 대한 면역작용도 함께 이루어진다.

【21】 폐장계

폐장은 에너지를 생성하기 위해 산소를 흡수하고 이산화탄소를 방출한다. 폐는 심장의 좌우 양쪽에 있으며 둥글고 윗부분이 뾰족한 원추형이다. 폐의 크기는 높이가 약 25cm, 무게가 약 700g이며 우폐가 좌폐보다 약간 크고 무겁다.

폐는 기관지, 가는 기관지, 폐포, 폐동맥 및 폐정맥의 가지들로 뭉쳐 있다. 색깔은 검붉은 색이며 말랑말랑하고 탄력성이 있는 스폰지 모양의 장기이다.

코·인두·후두 기관·기관지는 숨을 쉴 때 공기가 들어오는 길 즉 기도이고, 폐는 공기 속에 있는 산소를 피 속으로 넣어주고 피 속에 있는 탄산가스를 뽑아내어 밖으로 내보내는 일을 한다.

숨을 내뱉는 것을 '호'라고 하고 숨을 들이쉬는 것을 '흡'이라고 하는데 이것이 연속적으로 일어나기 때문에 호흡이라 한다.

운동을 할 때 몸 안에 산소가 많이 필요하면 자연히 호흡횟수가 늘어난다. 몸에 열이 있거나 심장에 병이 있을 때 또는 호흡기계에 병이 있으면 호흡횟수가 많아진다. 폐에 이상이 생기면 냄새를 맡는 기능이 저하된다. 비강·인두·후두기관의 호흡기병을 가져올 수도 있다.

8) 개체성 8 – 비뇨 생식기계(泌尿 生殖器係)

비뇨 생식기 또는 생식 비뇨기계라고도 하며 생식과 배뇨에 관여하는 기관으로, 두 기능은 서로 관련이 없지만 배뇨와 생식에 관여하는 구조들은 형태학적으로 서로 관련이 있으며 흔히 공통된 관(管)을 이용한다.

【22】 신우(腎盂)·부신계

오줌이 모이는 신장에서 요관으로 연결되는 원뿔 모형으로 생긴 부위를 말한다.

부신은 신장 위에 각각 하나씩 있는 3각형의 작은 내분비선이다. 부신은 하나의 무게가 평균 4.5g, 너비 25mm, 길이 50mm, 두께 5mm 정도이다. 안쪽은 수질로 이루어져 있고 바깥쪽은 피질로 이루어져 있다.

부신수질에서 아드레날린이 분비되어 심근의 활동을 자극하고 혈관이 수축한다. 부신피질에서도 호르몬이 분비되어 염증을 억제하고 임파구 생산을 자극하며 미네랄과 성호르몬과 생장호르몬을 조절하는 역할을 한다.

　부신수질에서 호르몬이 지나치게 많이 분비되면 주기적으로 고혈압이 나타나고 가슴이 두근거리며 땀을 많이 흘리고 망치로 두드리는 듯한 심한 두통과 불안 등의 증상을 보인다. 속이 메스껍고 토하기도 한다.

　부신피질 호르몬이 과다분비되면 남자 아이는 성적으로 조숙해지고 여자아이는 남성화(수염이 나거나 근육이 발달하는 등)가 되고 살이 찌고 얼굴이 달처럼 둥그스름해지며 월경이 없어지고 고혈압, 당뇨병, 골다공증 등과 같은 질환이 생긴다. 또한 피부가 얇아지고 쉽게 멍이 들며 전신에 힘이 없어지고 때로는 정신적인 장애도 나타난다.

【23】 신장(腎臟)계

　신장이라고도 하는 콩팥은 그 모양이 강낭콩을 꼭 닮았고 색깔이 팥과 같다고 해서 '콩팥'이라고 부른다. 크기는 어른 주먹만 하고 무게는 200~250g 정도이다. 척추 12번과 요추 3번 사이에 위치하고 있으며 척추 양옆으로 후복벽에 붙어 있다.

　신장은 자율신경계의 교감신경 및 부교감신경의 지배를 받는다.

　심장은 1분에 무려 5ℓ나 되는 혈액을 펌프질해서 온몸으로 내보낸다. 이렇게 심장에서 열심히 펌프질 해내는 심박출량 중 약 20~25%나 되는 많은 양의 피가 체중의 0.5% 정도의 무게에 불과한 작은 장기로 공급되는데 이 장기가 바로 콩팥이다. 크기는 작은데 이렇게 많은 양의 피가 콩팥으로 공급되는 이유는 콩팥이 우리 몸에서 아주 중요한 기능을 하기 때문이다.

　콩팥은 혈액 속 각종 노폐물을 걸러내어 혈액을 깨끗하게 하는 중요한 역할을 담당한다. 음식물을 먹으면 소화가 되면서 노폐물이 혈액 속에 쌓이게 되는데 이 혈액이 콩팥을 지나면서 깨끗하게 걸러지고 노폐물은 소변으로 배출된다. 정수기와 같은 역할이다.

이러한 여과 작용은 콩팥 안의 작은 실핏줄 뭉치에서 이루어지는데 이 실핏줄은 털실 뭉치처럼 덩어리를 이루고 있어서 사구체(絲球體)라고 부른다. 사구체는 한쪽 콩팥에 약 100만 개 정도 들어 있다.

이러한 특이한 구조 때문에 콩팥은 사구체를 통해 대량의 혈액을 여과하는데 하루에 콩팥에서 여과되는 양은 무려 150~180ℓ이다.

신장이 왕성하면 머리가 검고 윤기가 있으며 허약하면 머리털이 빠지고 윤택함이 없어진다. 때로는 뼈마디의 통증을 유발하는 원인이 되기도 한다.

【24】수뇨계

수뇨관은 노폐물을 몸 밖으로 내보내는 기관이다.

수뇨관의 특징은 벽이 두껍고 가느다란 근육성 관으로 길이가 35~30cm이며, 소변을 신장에서 방광까지 운반하는 역할을 한다.

요도(尿道)는 소변을 방광으로부터 밖으로 내보내는 통로이다. 남성의 요도 길이는 약 20cm이며 소변, 정액, 전립선 분비액 등을 운반한다. 여성의 요도 길이는 남성에 비해 훨씬 짧은 4~5cm에 불과하지만 남성보다 확장성이 크다.

* 방광(膀胱)계

방광은 신장에서 걸러낸 소변을 일시적으로 저장하는 기관이다.

크기와 형태는 저장하고 있는 소변의 양에 따라 달라진다. 비어 있을 때는 4면체의 형태이며 골반 내에 위치하고, 팽창하게 되면 달걀형으로 바뀌어 하복부까지 이르게 된다. 성인의 방광은 대략 약 350㎖의 소변이 차면 불쾌감을 주면서 팽창하게 된다.

방광의 신경은 자율신경으로 교감신경은 방광의 팽만감을 중추신경에 전달해 방광근육의 이완과 조임근(괄약근)의 수축에 관여하므로 소변을 참는 역할을 하며 부교감신경은 방광근육을 수축시키고 조임근을 이완시킴으로써 소변이 배설되도록 한다.

9) 개체 9 – 생식 · 특수 신경계
【25】정소 · 난소 · 심장 자율신경계
【26】자궁 · 고환 · 호흡 자율신경계
【27】하지 · 좌골 · 신장 자율신경계

10) 개체성 10 – 연수 뇌간계(내분비계)
【28】피부 · 모발계
(1) 피부
피부는 체내의 근육들과 기관을 보호하는 다수의 상피 조직으로 표피, 진피, 피하 조직과 모낭, 땀샘 및 피지선이 있다.

성인의 피부 표면적은 1.5~2.0㎡이고 두께는 2~3㎜ 정도이다. 평균적으로 6.5㎠(1제곱인치)의 피부는 650개의 땀샘과 20개의 혈관과 6만 개의 멜라닌 세포와 1,000개가 넘는 신경을 가지고 있다.

* 피부의 역할
    ① 보호 : 피부는 외부 환경을 접할 때 병원균으로부터 신체를 보호하는 역할을 수행한다.
    ② 감각 : 많은 수의 신경을 지니고 있어서 더위와 추위, 접촉, 압력, 진동에 감각을 느끼고 반응한다.
    ③ 열 조절 : 피부는 필요한 것보다 훨씬 많은 혈액 공급이 가능해서 복사, 대류, 전도 등에 의한 에너지 손실을 정밀하게 조

정할 수 있다. 팽창된 혈관들은 열 손실을 증가시키는 반면 수축된 혈관들은 피부의 혈액 공급을 크게 줄이고 열을 보존시킨다.

⑤ 증발의 조절 : 피부는 수분 손실에서 불투과성 장벽을 제공한다.

⑥ 미적·사회적 기능 : 피부는 기분, 매력, 건강 상태 등을 건강하게 유지해 준다.

⑦ 저장과 합성 : 수분의 저장 기능을 하는 동시에 피부 특정 부분에서는 비타민 D의 합성도 수행한다.

⑧ 배설 : 땀의 배출로 불순물을 밖으로 내보낸다.

⑨ 흡수 : 산소, 질소와 이산화탄소는 표피에서 약간 흡수될 수 있다.

(2) 모발(毛髮)

모발이란 몸에 나는 털을 총칭하여 가리키는 말이다.

머리털, 턱수염, 눈썹, 속눈썹, 코털, 귀털, 겨드랑이 털, 음모 등이 있다. 이 중 턱수염과 겨드랑이 털과 음모는 생식선(生殖腺)의 영향을 받는다. 인체에 나는 털의 수는 약 500만 개 정도인데 그중 머리에 나는 털은 약 10만 개이다. 머리털은 1일에 약 0.3~0.4㎜ 정도 자란다.

* 손발톱

손발톱 성장은 모두 손발톱기저에서 이루어지는데 이곳에서 손발톱을 형성하는 특수한 세포가 만들어진다.

뒤쪽에서 새로운 세포가 만들어지면서 먼저 만들어진 세포는 앞으로 밀려나간다. 손발톱 밑에 붙어 있는 손발톱기저에는 혈관이 많이 분포되어 있어 필요로 하는 영양분을 공급한다.

손발톱은 주로 손가락과 발가락의 끝부분을 보호하는 기능을 담당한다. 손톱의 끝부분은 긁을 때와 작은 물건을 다룰 때도 도움이 된다.

【29】 근육 · 세포계
(1) 근육(筋肉)

근육(筋肉)은 힘줄과 살을 통틀어 이르며 사람의 운동을 맡은 기관이다. 기능으로 보아 수의근인 골격근과 불수의근인 내장근이 있으며 구조적으로는 가로무늬근과 민무늬근이 있다.

가로무늬근 섬유는 한 개마다 약간의 결합 조직 섬유에 둘러싸여 있으며 이것이 모여 작은 다발을 이룬다. 이것이 몇 개 모이면 중간 정도의 다발이 된다. 그 다발이 더 많이 모여 하나의 근육이 된다.

근섬유를 이와 같이 묶는 결합 조직은 근육 양쪽 끝에서 변형되어 힘줄 조직이 되며 힘줄이라는 구조를 형성한다.

긴 힘줄이 뼈에 접해 있는 곳은 마찰이 경감되기 때문에 속에 활액을 함유하는 건초라는 주머니에 쌓여 있다. 힘줄은 그 대부분이 골막으로 끝나는데 일부 섬유는 뼈 내부까지 침입한다.

· 가로무늬근 – 섬유를 현미경으로 관찰하면 밝게 보이는 명대와 어둡게 보이는 암대가 번갈아 배열되어 있어 '가로무늬근'이라고 한다. 이들은 뼈에 붙어 뼈를 움직이므로 '골격근'이라고도 하며 또 의지대로 수축시킬 수 있기 때문에 '맘대로근(수의근)'이라고도 한다.

근육은 근막이라고 하는 결합 조직의 막에 많은 근섬유가 싸여 있는 구조로 되어 있다. 그 근섬유는 그물 모양의 섬유가 격벽 모양으로 되어 많은 다발로 나뉜다. 근육의 양쪽 끝에는 콜라겐 섬유로 된 힘줄이 있는데 이것에 의해 근육이 벽에 붙어 있다. 근육 다발 중 한 가닥의 근섬유(근세포)는 굵기가 20~100㎛의 가느다란 세포이다. 골격근과 심장근은 세포 안에 가로무늬가 있다.

・민무늬근 – 가로무늬가 없는 근육을 통틀어 민무늬근이라고 하는데 위나 장 등은 내장 운동에 관계하기 때문에 '내장근'이라고도 한다. 또 의지와는 상관없이 운동이 진행되므로 '제대로근(불수의근)'이라고도 한다.

민무늬근은 식도에서 장에 이르기까지 소화관 벽이나 요관, 방광 등의 비뇨기관, 혈관기관 등에서 볼 수 있다.

심장근은 심장에서만 볼 수 있는 근세포로 이루어진 조직이다. 존재하는 것은 가로무늬근과 같지만 길이가 짧고 양끝은 인접 세포와 연결되어 있다. 신경의 자극이 없어도 자동적으로 수축·이완을 반복한다. 또 수축하고 있을 때 다른 수축을 일으키는 자극에 반응하지 않는다.

(2) 세포(細胞)

세포는 막으로 둘러싸인 생물체 구조의 기본 단위이다.

세포는 그 기능에 따라 크기가 모두 다르지만 대부분은 현미경으로 관찰해야 볼 수 있는 마이크로미터 단위이다.

【30】 골관절(骨關節)계

뼈마디라고도 한다. 두 개 또는 그 이상의 서로 인접한 뼈가 움직일 수 있도록 연결되어 있는 부분이다.

제5절 내분비 계통

1. 호르몬

내분비는 오묘한 작용이 있다. 사람의 내분비선은 뇌하수체·갑상선·부갑상선·이자·부신·생식선 등이 있다.

1) 뇌하수체 호르몬

시상하부 밑에 콩알만 한 크기로 전엽·중엽·후엽으로 나누어져 있다. 전엽은 혈관으로 연결되어 있으며 이 혈관을 통해 시상하부에서 생성된 호르몬이 뇌하수체 활동을 조절한다.

(1) 전엽 : 갑상선 자극 호르몬, 부신피질 자극 호르몬, 생식선 자극 호르몬, 성장호르몬, 프로락틴(젖 분비자극), 엔도르핀이 나온다.

(2) 후엽 : 시상하부의 일부가 뻗어 나온 곳으로 항이뇨 호르몬, 옥시토신이 나온다.

(3) 중엽 : 거의 퇴화되어 있고 양서류의 경우 멜라닌 세포 자극 호르몬이 분비되어 피부의 착색을 조절한다.

2) 갑상선과 부갑상선

(1) 갑상선 : 티록신(요오드 원소를 4개 함유하고 있음)이 세포 호흡 촉진과 체온 증가와 뇌의 생장을 촉진한다. 그러므로 부족할 경우 정신적 육체적 발육이 모두 부진하게 된다.

(2) 부갑상선 : 파라토르몬은 신장에서 칼슘의 배출을 억제하고 소

장에서 칼슘의 흡수를 촉진한다. 뼈에서 칼슘을 방출하여 혈장의 칼슘 농도를 증가시킨다. 칼시토닌은 신장에서 칼슘의 배출을 촉진하고 소장에서 칼슘의 흡수를 억제한다. 뼈에 칼슘을 저장하여 혈장 내 칼슘의 농도를 감소시킨다.

3) 부신
신장의 바로 위쪽에 위치한다.
(1) 피질 : 부신피질에서는 당질코르티코이드가 분비된다. 단백질을 포도당으로 전환하여 혈당량을 증가시킨다. 코르티솔은 지방대사에 관여하고 알도스테론은 체내 수분량을 일정하게 유지하며 신장에서 Na^+의 재흡수와 K^+의 분비를 촉진한다.
(2) 수질 : 아드레날린은 심장박동을 촉진하고 혈압을 높인다. 노르아드레날린은 혈관 수축작용이 아드레날린보다 강하나 다른 기능은 아드레날린보다 약하다.

4) 이자
소화효소와 호르몬을 분비하는 내분비샘이다.
(1) 글루카곤 : 랑게르한스섬의 α 세포에서 분비되며 글리코겐을 포도당으로 분해하여 혈당치를 높여준다.
(2) 인슐린 : 랑게르한스섬의 β 세포에서 분비되며 포도당을 글리코겐으로 합성시켜 혈당치를 감소시킨다.
(3) 혈당량은 혈당량의 변화를 감지하는 시상하부에서 자율적으로 조절한다.

5) 생식샘(난소와 정소)
사춘기가 되면 난소에서 에스트로겐, 프로게스테론이 정소에서는 테스토스테론의 분비량이 급격히 증가한다.
(1) 성호르몬은 콜레스테롤을 원료로 합성하는 스테로이드이다.
(2) 제2차 성징을 발현시키며 성장호르몬과 상호작용하여 뼈가 길게 자라게 하고 사춘기가 끝날 때쯤 긴 뼈의 성장 부위를 융합시켜 더 이상 자라지 않게 한다.
(3) 뇌하수체 전엽의 황체형성호르몬·여포자극호르몬에 의해 분비량이 조절된다.

6) 기타 호르몬

(1) 가슴샘 : 가슴뼈 바로 위에 위치하며 유년기에 기능이 활발하며 키모신을 분비하여 일부 림프구를 B 림프구로 성숙시켜 항체를 생성시킨다.
(2) 송과선 : 간뇌의 바로 위에 위치하며 사람에게 있어서 정확한 기능은 알려진 바 없으나 양서류의 피부 색깔을 연하게 하는 기능이 있다.
(3) 소화기관 : 가스트린은 위액을 분비시키고 세크레틴은 이자액을 분비시킨다. 콜레키스토키닌은 쓸개즙을 분비시킨다.
(4) 프로스타글란딘 : 인체의 거의 모든 조직에서 여러 종류의 프로스타글란딘 호르몬을 분비한다. 다른 호르몬의 영향이나 기계적 자극으로 분비된다.

제2부

삼일신고

삼일신고란
창조주 하느님께 아뢰고 맹세하는 것으로써
천리 이치를 깨닫고 보니

사람으로 사는 인생이란
3을 1(하나)로 만드는 것으로써
이것을 회삼귀일(會三歸一)이라고도 하니
"저는 하느님의 창조 이치대로
3을 1로 만들겠습니다."

이러한 깨달음이며 맹세인 것이다.
3은 무엇이고 1은 무엇인가?
본문 해설에서 말하여 보자.

三一神誥

天訓
帝曰元輔彭虞蒼蒼非天玄玄非天天無形質無端倪無上下四方虛虛空空無不在無不容

神訓
神在無上一位有大德大慧大力生天主無數世界造甡甡物纖塵無漏昭昭靈靈不敢名量聲氣願禱絕親見自性求子降在爾腦

天宮訓
天神國有天宮階萬善門萬德一神攸居群靈諸哲護侍大吉祥大光明處惟性通功完者朝永得快樂

世界訓
爾觀森列星辰數無盡大小明暗苦樂不同一神造群世界神勅日世界使者轄七百世界爾地自大一丸世界中火震盪海幻陸遷乃成見象神呵氣包底煦日色熱行翥化游栽物繁植

人間訓
人物同受三眞曰性命精人全之物偏之眞性無善惡上哲通眞命無淸濁中哲知眞精無厚薄下哲保返眞一神惟衆迷地三妄着根曰心氣身心依性有善惡善福惡禍氣依命有淸濁淸壽濁殀身依精有厚薄厚貴薄賤眞妄對作三途曰感息觸轉成十八境感喜懼哀怒貪厭息芬殗寒熱震濕觸聲色臭味淫抵衆善惡淸濁厚薄相雜從境途任走墮生長消病歿苦哲止感調息禁觸一意化行返妄卽眞發大神機性通功完是

삼일신고

단제님께서 제일 큰 일꾼 팽우에게 말씀하시길
하늘이란 저 푸른 것이 아니며 저 까마득한 것도 아니다.
하늘은 모양이나 바탕이 없고 처음과 끝도 없고
위아래나 네 방향도 없고 겉과 속은 다 텅 비어 있으며
어디에나 다 존재하고 무엇에든지 다 쓰이고 있다.

하느님은 그 위가 더 없는 으뜸자리에 계시니
큰 덕과 큰 슬기와 큰 힘을 가지시고 하늘을 만드시고
수많은 누리를 다스리시고
만물을 창조하시되 티끌만 한 것도 빠트리심이 없고
밝고도 신령하시어 감히 이름 지어 헤아릴 길이 없도다.
그 음성과 그 모습을 접하고자 원해도
친히 나타내 보이지 않으시지만(절대로 일신을 뵐 수 있는 길은)
저마다의 본성에서 한얼 자녀를 찾아보라
너희 머릿골에 내려와 계신다.

하늘에는 하느님의 나라가 있으며
하늘 궁궐은 온갖 선으로 계단을 쌓고 온갖 덕으로 문을 하였다.
하느님이 계신 곳은 뭇 신령들과 모든 철인들이 모시고 있으니
지극히 상서롭고 가장 빛나는 곳이다.
오직 참사랑의 실체를 이룬 사람이
하늘 궁궐에서 일신을 뵈오며 영원한 쾌락을 누리게 된다.

너희들은 총총히 널려 있는 저 별들을 바라보아라.

그 수가 끝없이 많다.
크고 작은 것, 밝고 어두운 것, 괴롭고 즐거운 것이 모두 똑같지
않다.
하느님께서 뭇 누리를 창조하시고
그중에서도 해 누리를 맡은 사자를 시켜 칠백 누리를 거느리게 하
시니
너희 땅이 스스로 크게 보이지만 작은 한 알의 세계이다.
속 불이 터지고 퍼져서 바다로 변하고 육지가 되어
마침내 모든 형상을 이루었다.
하느님이 기운을 불어 밑까지 싸시고 햇빛과 열을 쪼이시어
기고, 날고, 탈바꿈하고, 헤엄치고, 심어 가꾸는 온갖 식물들이
번식하게 되었다.

사람과 만물이 다 같이 세 가지 참됨을 받았으니 곧 성, 명, 정이라
사람은 세 가지 참됨을 옹골차게 받았고 만물은 치우치게 받았다.
참된 성은 선도 악도 없으며 이는 상철이 두루 통하고
참된 명은 맑음도 흐림도 없으며 이는 중철이 알고
참된 정은 두터움도 옅음도 없고 이는 하철이 보전하니
모두를 참함으로 돌이키면 신명이 된다.
사람들은 물질세계, 이 땅에 태어날 때
세 가지의 가달이 뿌리를
심었으니
곧 심, 기, 신이라
심(마음)은 성에 의지한 것으로 선악이 있으니
선하면 복을 받고 악하면 화를 받고
기(기운)는 명에 의지한 것으로 맑고 흐림이 있으니

맑으면 천수를 누리고 흐리면 일찍 죽으며
신(몸)은 정에 의지한 것으로 두텁고 엷음이 있으니
두터우면 귀하게 되고 엷으면 천하게 된다.

참과 가달이 서로 만나서 세 가지 길을 만드니 이는 감, 식, 촉이며
이것이 다시 열여덟 가지의 경지를 만드니
감(느낌)에는 기쁨, 두려움, 슬픔, 성냄, 탐냄, 싫어함이 있고
식(숨 쉼)에는 향기로움, 썩음, 차가움, 더움, 건조함, 젖음이 있고
촉(부딪힘)에는 소리, 빛깔, 냄새, 맛, 음란, 살 접촉이 있다.

보통 사람은 선과 악, 맑음과 흐림, 두터움과 엷음이 서로 뒤섞여 있으므로
가달 길에서 자기 됨됨이대로 살아가게 됨으로써
태어나고, 자라고, 늙고, 병들고, 죽는 것이
모두 다 고통이 되는 것이다.
철인은 삿된 느낌을 멈추고, 숨 쉼을 고르게 하며, 부딪침을 금하고
오직 인생관을 수립하고 이를 실천하며
헛됨에서 돌이켜 참됨으로 나아가면 큰 기운을 일으키고
결국에는 참사랑 실체가 되어 완성시킴이
바로 이것이로다.

제1장

삼일신고의 개요

제1절 삼일신고의 종류

삼일신고의 종류는 3가지로 ①고경각 신사기본 ②발해 석실본 ③태백일사본이 있다. 3가지 본은 그 전문이 모두 366자로 되어 있다. 글자 수는 똑같지만 본문 시작하는 서두에서 3가지 본은 제각기 다르게 시작하는 여섯 글자가 있다.

고경각 신사기본은 '주약왈 자이중(主若曰 咨爾衆)'으로 시작하고,

발해 석실본은 '제왈 원보팽우(帝曰 元輔彭虞)'로 시작하고,

태백일사본은 '제왈 이오가중(帝曰 爾吾加衆)'으로 시작한다.

고경각 신사기본의 내용은 다른 두 가지 본에 없는 것으로 조화기, 교화기, 치화기로 나누어져 있으며 그중 교화기 속에 삼일신고 전문 366자가 들어 있다.

신사기본은 366자가 분장으로 나누어 있지 않고 모두 이어져 있는데 발해 석실본과 태백일사본은 5장이나 5훈으로 나누어져 있다.

1. 고경각 신사기본

1) 고경각(古經閣)은 백두산에서 수행을 하던 도인들이 집무실로 사용하던 사무실 명칭이다. 이 고경각에서 소장하고 있던 신사기를 1905년 겨울에 두암(頭巖)이라는 백두산 도인이 서울에 와서 나인영에게 전해 줌으로써 신사기가 세상에 나오게 되었다. 이것을 고경각 신사기본이라 한다.

2) 신사기본은 첫 서두에서 '주약왈 자이중(主若曰 咨爾衆)'으로 시작한다.
3) 신사기에 대하여 단애 윤세복(檀崖 尹世復)은 이렇게 설명하였다.

"신사기는 본시 서문과 발문이 없으니 어느 시대에 누구의 저술인지 비록 알 수는 없으나 글이 매우 간결하며 예스럽고 하느님에 대한 심오한 뜻이 담겨 있다."

- 대종교 경전 512쪽

4) 신사기 내용은 조화기, 교화기, 치화기로 나누어 있다. 조화기에는 인간의 첫 조상이 되는 1남 1녀는 나반(那般)과 아만(阿曼)이라고 하였고 그 후손은 5종족을 이루었으니 황인족, 백인족, 흑인족, 홍인족, 람인족이라고 하였다.
교화기에는 환웅이 하늘 도를 세우고 백성에게 교화를 행하였으며, 그 교화의 말씀으로 장이나 훈으로 5구분이 되어 있지 않은 366자 삼일신고 전문이 기록되어 있다. 치화기에는 5직무가 있고 3선 4령을 두어 세상을 다스렸다는 내용이다.

敎化主 曰 桓雄 以神化人 立大道 設大敎 感化蠢蠢民 演神誥

大訓于衆

- 대종교 경전 493쪽

5) 고경각 신사기본은 발해 석실본이나 태백일사본보다 더 먼저부터 있었던 원형이다. 그 이유는
(1) 신사기본에는 삼일신고 전문이 366자뿐이다. 그러나 석실본이나 태백일사본에는 5개로 분장하였고 또 분장마다 분장 제목이 붙어 있으며 제목의 숫자 13자가 더 붙어 있어서 그 글자의 총 숫자

삼일신고 말씀   177

는 379자가 되는 셈이다. 그러므로 신사기본을 기본으로 하여 후대에 가서 이해하기 쉽도록 다른 2개 본은 분장화하였다는 점을 미루어보는 이유이다.

(2) 고구려 초기에 마의 극재사(麻衣克再思)는 삼일신고 읽는 방법에 대한 설명에서 "…366알의 박달나무 단주를 쥐고 일심으로 읽되 원문 366자로 된 진리를 처음부터 끝까지 단주에 맞춰 일관할지니라…"라고 하였으니 고구려 때는 삼일신고가 분장을 하지 않은 글자로 있었다는 것이고 그 숫자가 366자라고 말한 것이다.

持三百六十六顆大檀珠 一心讀之
正文 三百六十六言之眞理 徹上徹下 與珠 合作一貫

― 대종교 경전 75쪽

극재사는 고구려 건국자 고주몽의 건국을 도와준 현자 세 사람 중의 한 사람이다. 고주몽이 부여를 벗어나 모둔곡(毛屯谷)에서 마의(麻衣)를 입은 사람에게 그대는 누구인가? 하고 물으니 재사(再思)라고 하므로 주몽은 재사에게 극(克)이라는 성씨를 주었으므로 극재사가 되었다.

― 김부식의 삼국사기, 최호 역, 홍신문화사, 고구려본기 275쪽

(3) 이맥이 쓴 태백일사에 보면 "삼일신고의 옛 책은 분장이 되지 않았고 행촌 선생이 처음으로 분장을 하였다."

三一神誥 舊本 無分章 杏村先生 始分章

― 한단고기 247쪽

(4) 신사기에서 "교화주는 환웅이다. 환웅은 대도를 깨달아 바르게 정립하여 대도를 세워놓았고 이를 설명하고 가르치어 교화를 하

였으니 뭇 백성들이 감화되었고 삼일신고를 강연하여 널리 펼침으로써 뭇 사람에게 크게 가르침을 주고 교훈을 이루었다"라고 하였다.

敎化主 日 桓雄 以神化人 立大道 設大敎 感化蠢蠢民 演神誥
大訓于衆
— 대종교 경전 493쪽

(5) 발해의 임아상 신하는 '제왈…의 제는 단제시니'라고 하여 단제께서 팽우에게 친히 삼일신고를 설명하여 가르쳐준 것이라 하였고, 신사기에는 환웅이 신고를 강의하였다고 하였으니 삼일신고는 단제 왕검 이전에 있었던 것으로서 처음에는 '주약왈…'이라고 한 것이다. 그래서 신사기본이 다른 것보다 더 오래된 원형이라고 할 수 있다. 분장이 되어 있는 것은 후대에 와서 가필되어진 흔적으로 생각된다.

2. 발해 석실본 (渤海 石室本)

발해 석실본은 고구려가 망한 뒤 발해국 신하 대야발이 고구려 땅에서 삼일신고를 입수하여 발해국에서 다시 몇 가지를 더 첨부하여서 새로 편집한 삼일신고 소책자를 만들었다. 발해국과 대야발은 민족의 서적과 자료를 수집하여 과거의 영광을 재현하고자 각고의 노력을 하였던 것이다. 대야발은 단기고사 서문에서도 "신이 명을 받은 지 13년 동안 주야로 걱정을 하며 명을 어길까 두려워 여러 곳을 돌아다니며 석실에 있는 장서와 옛 비석과 흩어져 있는 사서를 참고하다가 돌궐국까지 두 번이나 고적을 답사하여 이 책을 저술하였나이다."

— 단기고사, 대야발 저 고동영 역, 1993, 한뿌리

발해 석실본은 고경각 신사기본과 함께 두 권을 1905년 겨울에 두암(頭巖)이라는 백두산 도인이 서울에 와서 나인영에게 전해 주므로 세상에 나오게 되었다. 이것을 발해 석실본이라 한다. 본 책은 발해 석실본을 중심으로 해설하였음을 밝혀둔다.

발해 석실본은 첫 서두에 '제왈 원보팽우(帝曰 元輔彭虞)'로 시작한다. 발해 석실본은 다른 두 개본과 달리 석실본의 앞뒤에 중요한 글들이 더 붙어 있다.

1) 맨 앞에 발해국 신하 반안군왕 대야발의 서문이 있고
2) 발해 고왕(대조영)이 지은 찬양 글이 2편 있고
3) 본문이 있는데, 본문은 천훈, 신훈, 천궁훈, 세계훈, 진리훈으로 5훈이 분장되어 있고
4) 본문 해설에는 발해 문적원감 임아상 신하의 주해가 첨부되어 있고
5) 고구려 개국공신 극재사의 삼일신고 독법이 있고
6) 발해국 제3세 문왕이 쓴 봉장기가 붙어 있는 책이다. 그러므로 발해 석실본은 발해국에서 편집한 책이다.

또 발해 석실본은 본문 서두에 '제왈 원보팽우'라고 했다. 팽우는 사람 이름으로 국조 단제 왕검 시대에는 3선관이 있었는데 그중의 한 사람이었다. 당시 3선관은 원보 선관으로 팽우는 산천과 토지를 다스리고 농관 선관으로 고시는 농사짓는 법을 가르치고 사관 선관으로 신지는 글을 만들고 도덕 윤리를 가르치는 것이다.

"팽우야, 너는 우관이 되어 토지를 맡으라. 태초의 거칠음이 개척되지 않아 풀과 나무가 얽히고 막히어 백성들이 짐승과 함께 굴속에서 같이 지내니, 산을 뚫고 길을 내어 백성들이 살 수 있는 터전을 마련해 줄지어다."

- 대종교 경전 502쪽

'제왈 원보팽우'라는 말은 팽우 신하에게 국조 단제 왕검께서 친히 말씀하시어 가르치신 말씀이라는 뜻이다. 국조 단제 왕검께서는 천리 이치를 깨닫고 민족 고유의 경전인 삼일신고를 통달하신 분으로 궁궐에서 신하에게 직접 삼일신고를 교육하였다는 말이다.

특히 발해 석실본 삼일신고는 발해국 제3세 문왕이 말하길 대야발(대조영 대왕의 아우)이 고구려가 망한 뒤 그 땅에 가서 찾아온 것이라 하였으니 석실본은 고구려에 있었던 삼일신고를 말하는 것으로써 단제 왕검께서 팽우 신하에게 친히 교육하였다고 말하고 있는 내용이다.

발해 석실본과 태백일사본은 모두 제왈(帝曰)로 시작한다. 제왈(帝曰)이라는 것은 곧 '단제 왕검께서 말씀하시기를…' 이와 같은 뜻이다.

3. 태백일사본(太白逸史本)

태백일사본은 『한단고기』 책의 소도경전본훈에 삼일신고 전문이 들어 있는데 이것을 태백일사본이라 한다.

고려 공민왕 때 석학이었던 행촌 이암(杏村 李嵒) 선생은 범장 그리고 이명과 함께 천보산에 놀러 갔다가 그곳 태소암에서 야숙을 하였는데 그곳의 거사가 말하기를 '이곳에는 신기한 옛 고서들이 많이 감추어져 있다' 하므로 신서를 얻어 보니 이 모두가 옛날 한단시대부터 내려온 귀중한 책들이었다.

桓檀傳修之 眞決也
환 단 전 수 지   진 결 야

- 태백일사 고려국본기에서

행촌 이암은 이 책들을 보고 『단군세기』, 『태백진훈』, 『농상집요』를 썼다.

휴애거사 범장은 『북부여기』 상하, 『가섭원 부여기』, 『동방연원록」을 썼다.

　청평 이명은 『진역유기 3권』을 썼다. 그 후 『진역유기』를 보고 숙종 때 북애노인은 『규원사화』를 썼다.

　행촌 이암은 신서를 보고 이제야 천도를 알았으니 나이가 들어 이미 몸은 늙어 어찌하랴, 한탄하며 벼슬을 다 버리고 강화도에 들어가 홍행촌에 머물면서 이 귀중한 서적을 집필하여 가보로 집안에 대대로 전수하여 내려올 수 있는 길을 만들었다. 이때 삼일신고를 5장으로 나누고 각 장마다 제목을 첨부하여 놓았다. 곧 일일 허공(一日虛空), 이일 일신(二日一神), 삼일 천궁(三日天宮), 사일 세계(四日世界), 오일 인물(五日人物)이라고 하였다.

　태백일사는 이맥이 자신의 선조가 되는 이암이 쓴 『태백진훈』을 보고 다시 쓴 것이다. 일십당 이맥은 연산군 시대 사람으로 1520년 찬수관이 됨으로써 궁중내각의 많은 비장서를 접할 수 있었다. 그리하여 태백일사는 세조, 예종, 성종실록에 들어 있는 서적들을 많은 부분에서 인용하였다. 즉 대변설, 고조선비기, 조대기, 표훈천사, 삼성밀기, 삼성기전 상·하편 등을 인용하였음은 이러한 고서들이 있었다는 증거이기도 하다.

　태백일사는 가계로 전승해 오다가 20세기 초에 해학 이기가 소장하였고 이것을 계연수에게 전해 주므로 『한단고기』가 만들어졌다. 삼일신고 태백일사본은 소도경전본훈란에 삼일신고 전문이 수록되어 있다. 그곳에는 삼일신고 본문이 5개 부분으로 분장되어 있는데 곧 제1장 허공, 제2장 일신, 제3장 천궁, 제4장 세계, 제5장 인물로 되어 있다.

　태백일사본은 '제왈 이오가중(帝曰 爾吾加衆)'으로 시작한다. 발해 석실본은 원보 팽우라는 사람 이름이 지칭되어 있는데, 태백일사본은 이오가중으로 되어 있으므로 '너희 뭇 사람들이 모두 깨달으라'고 말씀하신다는 뜻이다.

제2절 삼일신고의 유래

1. 환웅시대

『한단고기』책에 삼일신고에 대한 원문이 기록되어 있으며 경에 대하여 많은 이야기가 나온다.

1) 환웅천왕은 하늘의 법도를 깨우쳐 세우고 백성들에게 삼일신고를 가르쳤다는 기록이 있다.

(1) 한단고기에서
"환웅천왕께서 개천을 하고 하늘에 제사를 지내고 백성에게 교화를 하여 삼일신고를 강연하여 크게 백성에게 가르쳤다."

桓雄 開天 主祭天神 祖述神誥 恢拓山河 敎化人民
환웅 개천 주제천신 조술신고 회척산하 교화인민

― 한단고기 임승국 역 236쪽

(2) 신사기에 의하면
"환웅은 큰 도를 세워 일으키고[立大道] 큰 교화를 베풀어 펼쳤으며 [設大敎] 백성을 감화시키고 삼일신고를 널리 펼쳐 가르치고 백성들을 크게 교훈시키었다"라고 하였다.

敎化主 桓雄 以神化人 立大道 設大敎 感化蠢蠢民 演神誥 大訓 于衆
교화주 환웅 이신화인 입대도 설대교 감화준준민 연신고 대훈 우중

― 대종교 경전 493쪽

2) 한단고기에서 "삼일신고는 본래 신시개천시대에 나와서 책으로

이루어진 것이니 하나를 잡으면 셋을 포함하고 셋을 모아 하나로 돌아감을 근본으로 삼는다"고 하였다.

_{삼 일 신 고 본 출 어 신 시 개 천 지 세 이 기 위 서 야 개 이 집 일 함 삼}
三一神誥 本出 於神市開天之世 而其爲書也 蓋以執一含三
_{회 삼 귀 일 지 의}
會三歸一 之義

- 한단고기 임승국 역 236쪽

3) 옛 조선국 제11세 도해 단제 때 유의자는 말하길 "생각하옵건대 우리 신시는 환웅천왕께서 개천하시고 무리를 거두심에 온전하게 하는 것으로 가르침을 세워서 백성들을 교화하였다. 이에 천부경과 삼일신고를 강의하였다."

_{유 아 신 시 실 자 환 웅 개 천 납 중 이 전 설 계 이 화 지 천 경 신 고 조 술 어}
惟我 神市實自 桓雄 開天 納衆以佺設戒而化之 天經神誥詔述於
_상
上

- 한단고기 임승국 역 81쪽

2. 옛 조선시대

1) 단제 왕검시대

(1) 국조 단제 임금께서 '홍익인간 재세이화'라는 건국이념을 세우고 천부인 3개를 가지고 무진년 시월 사흘에 즉위를 하고 대궐에서 친히 천부경과 삼일신고를 원보 팽우 곧 국무를 담당하는 지도자부터 가르쳤다. 이때 고시는 동해 가에서 푸른 돌을 가져왔고 신지는 이 돌에 새겨놓았으니 석판으로 된 삼일신고가 있었다. 이것이 전승돼 내려오다가 부여국에서 보관하였는데 전란으로 소실되었다. 또 후 조선기에 기자가 부여국 왕수긍이 박달나무에 은나라 글자로 새겨놓은 목판으로 된 삼일신고가 있었다. 이 목

판을 위씨가 보관하였는데 전란 중에 소실되었다.
(2) 동국역대 고조선에는 "제1세 단군 경오 3년에 교육장소를 만들어 국민에게 천부경을 가르치고 삼일신고를 널리 펼쳐 가르치며 366가지의 다스리는 일을 하고 삼일신고를 각 고을에 다니며 가르치니 국민이 크게 감동하니 어찌 기뻐 칭송하지 않을 수 있겠는가."

치교관(置敎舘)하사 교천부경(敎天符經)하시며 포고신고(布誥神誥)하사 이 삼백육십육사(以三百六十六事)로 교회(敎誨) 국민(國民)하시고 이 삼일신고(三一神誥)로 포교제주(布敎諸州) 하시니 국민(國民)이 감화(感化)하야 막불(莫不) 경송(敬頌)이러라.

2) 옛 조선국 제11세 도해 단제의 내용에는
생각하건데 우리 신시는 환웅천왕께서 개천하고
사람들을 거두심에 온전한 것으로서
계율을 삼아 가르침을 베푸시니
이는 천경신고에 조술하신 바입니다.

惟我 神市實自 桓雄 開天 納衆以佺設戒而化之 天經神誥詔述於 上

― 한단고기 임승국 역 81쪽

또 을해 46년 3월에 삼신에게 제사를 지내고 누각에 오르시어 천부경에 대하여 논하시고 삼일신고를 강의하였다.

乙亥 四六年 ―― 三月 祭三神 登樓殿 論經演誥

― 한단고기 임승국 역 84쪽

3. 고구려시대

대야발이 고구려가 망한 뒤 그 땅에서 삼일신고를 수집하여 왔다고 하므로 고구려에서 삼일신고가 교육되고 보존되었다는 것을 미루어볼 수 있다.

또 고구려 건국자인 고주몽이 3진을 말한 것은 삼일신고를 알고 있다는 것이다. 어떻게든지 고구려에도 삼일신고가 있었고 가르치고 교화도 있었다고 볼 수 있다.

한단고기에서 "고주몽 성제는 조서를 내려 가로되 '천신께서 사람을 만드실 때 하나의 상으로 균등하게 삼진을 주시었으니 이에 사람은 저 하늘을 대신하여 능히 세상에 서게 되었다'라고 하셨다."

高朱蒙聖帝 詔曰 天神造萬人 一像均賦 三眞於是人 其代天而
能立於世也

- 한단고기 262쪽

4. 발해국시대

본 발해 석실본 삼일신고는 발해국 대조영 대왕이 명하여 동생 대야발이 고구려 땅에 가서 찾아온 것이다.

- 삼일신고 서문에서

대조영 대왕은 본 삼일신고를 보고 감동하여 예찬하였다. 그리고 신하 임아상에게 삼일신고를 주해하라고 명령하였다.

발해국은 해동성국(海東盛國)이라고 주변국에서 칭송하였는데 임금과 백성은 서로 화합하고 즐겁게 살았으며 역사를 강론하고 정의를 좋아하며 오곡은 풍성하고 사해는 안락하였다.

태조의 친동생 대야발은 왕명을 받고 단기고사를 편찬하느라고 13년이 걸렸다고 하였다. 단기고사 서문에서 "신이 왕명을 받들고 13년간 주야로 근심하고 걱정하며 혹 일을 찾아내지 못할까 염려하면서 각지를 돌고 돌면서 석실에 간직된 서적과 옛 비문과 흩어진 역사책들을 참고하다가 지난 해는 돌궐국까지 두 번이나 왕래하여 고적을 답사하면서 이 책을 저술하였으니 국민의 역사 지식에 만분의 일이라도 돕고자 함입니다. 천통 31년(서기 725) 3월 3일 반안군왕 신하 야발은 삼가 왕명을 받들어 머리말을 쓰나이다."

태조의 태자 흠무는 태학을 세우고 천부경과 삼일신고를 가르치고 한국에서 단조에 이르는 국사를 가르치고 학자를 통하여 국사 125권을 편찬하였다.

태조의 손자인 3세 문왕은 본 삼일신고와 귀중한 책들을 전란 등으로 인하여 다시는 소실되지 않도록 하기 위하여 서기 739년에 태백산 보본단 석실에 넣고 봉장하였다.

발해국에서 삼일신고는 대조영 발해국 건국 임금부터 직접 공부하고 예찬하였다. 이렇듯 삼일신고는 당시 발해국의 민족문화 부흥사업 중 하나였다.

5. 고려시대

고려에서는 삼일신고가 세상에 들어 나오지 않았고 오히려 원나라와 몽고의 외세로 민족의 전통적인 풍습이나 정신을 말살당하는 어려움이 있었다. 다행히 고려 말에 행촌 이암(杏村 李嵒) 선생이 태백진훈에 삼일신고를 기록하여 놓았고 삼일신고에 대한 여러 가지 설명을 부언하여 놓았다.

6. 조선시대

조선시대에는 배불숭유 정책으로 중국의 사대사상에 공자와 맹자, 주자학 공부를 함으로 민족 전통적 사상이 발붙일 곳이 없었다. 민족 고유의 사상과 서적은 세상에 들어 나올 수 없고 오히려 아무도 모르게 목숨을 걸고 비장한 결의로 가계에 숨겨두는 일이나 가능하였다. 다행히 이암의 후손 일십당 이맥이 태백일사에 삼일신고를 기록하여 놓았고 비밀리에 숨겨 집안에 유산으로 전해져 오게 되었다.

7. 근세시대

1) 백봉신사

백두산에서 10년을 기도하던 도인 백봉신사가 1904년 단제 왕검의 묵계를 받아 보본단 석실을 발견하였고 석실을 열어봄으로 그 속의 책들을 읽어볼 수가 있었다.

– 삼일신고 부현세에서

다음 해 1905년 음력 12월 30일 날에 백봉신사는 제자 백전을 시켜서 신사기본과 발해 석실본 삼일신고를 서울에 살고 있는 애국지사 나인영에게 전해 주도록 하였다.

2) 계연수

태백일사본은 고려 이암 선생이 쓴 태백진훈을 후손 이맥이 보고 태백일사를 썼고 그 후손으로 가전되어 오다가 대한제국 말에 해학 이기라는 후손이 제자 계연수에게 전해 주었다.

계연수는 단군굴에서 책 5권을 모아 합편하여 한단고기를 만들었는데, 이 한단고기 책 속의 '소도경전본훈'란에 삼일신고가 들어 있다. 계연수는 이 책을 30권 복사하였다.

계연수로부터 한단고기 한 권을 이유립이 받았다. 이유립이 써놓은 책이 일본으로 건너가 1983년 일본어로 한단고기가 발행되어 한국에 들어왔다.

일본판 한단고기를 강수원이 번역하여 1985년 한글 한단고기가 우리나라에서 처음으로 발행되었다.

8. 백두산 이야기
1) 백봉신사

백봉신사는 백두산에서 기도를 하던 도인이다. 높은 도덕과 넓은 학문으로 세상을 구제할 중대한 뜻을 품고 백두산에서 10년간 기도하던 중 1904년 3월에 특별한 일을 경험하게 된다. 우리나라를 건국한 단제왕검의 계시를 받고 그 가르침에 따라 가보니 이끼가 수북하게 덮여진 곳에서 돌집(石室庫)를 발견하였다. 그 안에는 책들이 들어 있었다.

삼일신고, 신사기, 단군시대 역사책, 선악영험편, 제철신심록, 역대고사기 등등의 책들이 있었다.

백봉은 하나도 빠짐없이 모두 일심으로 읽고 또 읽었다. 우리나라의 역사를 한 쾌에 꿰어내듯 맥락을 잡았고 민족의 정체성과 위대성을 알게 되었고 나아가 선조시대에 깨달았던 하늘의 이치를 알게 되었다.

백봉신사에 대한 이야기가 「포명본교대지서」에 기록되어 있다.

백봉신형대종사께서 정천(挺天)의 영자(靈姿)로 시대에 맞추어 출현하여서 고대한 도덕과 굉박한 학문으로 구세할 중임을 당하시고 천하에 철환하사 백고(百苦)를 경(經)하시고 태백산에서 십 년을 기도하사 대황조성신(大皇祖聖神)의 묵계를 받고 본교경전(本敎經典)과 단군조실사(檀君朝實史)를 석함중(石函中)에 얻었으므로 장이차제(將以次第)로 세상에 공포하시러니와…
- 포명본교대지서에서

　백봉은 1904년 봄부터 백두산의 도인들에게 이러한 내용을 전하기 시작하였고 그해 가을 제자들이 뭉치기 시작했다. 10월 3일 날에 제자 13명이 단합하여 중대한 결의를 하였으니 백봉 스승으로부터 배운 말씀을 실천하겠다는 첫 출발로써 백두산 대숭전 고경각에서 포명본교대지서(佈明本敎大旨書)를 만들어 선포하였다.

　…우형 등 13명은 백두산 대숭전에서 백봉 스승을 뵙고 본교의 깊은 뜻과 역사 대대로 흥망된 말씀을 공경히 듣고서 우리 동포 형제자매에게 알리노니…
- 포명본교대지서(포명본교대지서는 부록에 첨부)

　백봉의 본명은 모르고 다만 그의 아호만 있다. 도인들은 백봉의 제자가 되었고 이들은 당시 기울어져 가는 망국의 현실 앞에서 오직 구국의 일념을 가지고 뭉쳤다.

　1년 후 1905년 10월 3일 도인들이 다시 모였다. 33명이 회합을 하였다. 그리하여 오직 일심으로 이 일을 실행하기로 약속하고 '일심계'를 조직하였다. 우형 등 13명은 13도에 한 사람씩 책임을 맡고 길림성 2명, 봉천성 2명, 흑룡성 3명, 금주 1명, 한반도 12명으로 나누어 책임을 맡고 요동, 만주, 몽골, 숙신, 여진, 말갈, 거란, 선비, 청나라, 일본까지 책임자를 파견하였다.

　이들이 할 일은 먼저 각 지방에 있는 고대 사적을 구하고 현재 돌아가는 정세와 물정을 관찰하고 본교를 위하여 안과 밖 한마음으로 정성을 다하여 정진하는 것이었다. 또 이들은 입으로 전하며 실천하고 또 마음으로 가르치는 방법을 행하여서 참혹한 지경에 빠진 우리 형제자매를 인도하여 즐거운 세상으로 나아가자고 다짐하였다.

2) 포명본교대지서

포명본교대지서를 외치는 시대적 상황은 1904년으로 그야말로 우리나라의 운명이 백척간두에 서 있는 정황이었다. 그 당시의 정세에서 우리나라 대한제국은 한 치 앞도 가늠할 수 없는 대혼란으로 어수선하고 급변하는 시대였다.

국내 상황으로는 1894년 동학농민혁명이 일어났다. 천민세력이 도처에서 일어나 폭압적이었던 양반에 항거하므로 기존 반상제도 사회질서가 무너져버렸고, 반면 군주는 통치력이 무력하게 되었다.

무능력한 정부가 제정신을 못 차리자 결국 위정자는 청나라에 구원병을 요청하고 청군이 들어오자 여기에 일본도 음흉한 마음을 갖고서 군대를 몰고 이 땅에 들어와 결국 청일전쟁이 우리 땅에서 1년 동안 벌어졌다. 일본군이 청국군을 이기고 승리하였다. 또 정부군과 일본군이 합세하여 동학군민 30만 명을 공주 우금치에서 몰살시킨 뒤 잔재세력까지 추적하여 소탕하는 비극이 일어났다. 동학군의 참혹상은 이루 말할 수 없는 슬픔과 원한으로 이 강토에 묻혀버렸다. 결국 나라와 국민은 동학혁명과 청일전쟁을 치름으로써 극도로 피폐해졌다.

국외적으로는 세계 열강들이 약소국을 침략하고 점령하여 식민지화하고 심지어 강탈하는 열강시대였다. 대포와 군함 등 신무기를 앞장세운 제국주의는 세계 도처에서 어린 양을 습격하듯이 약소국을 짓밟으며 식민지로 만들어 약탈하였다. 당시 대한제국은 열강에 둘러싸여 백척간두에 놓인 한 마리 양처럼 되었다.

일본과 청국은 물론 미국, 영국, 프랑스, 러시아까지 드나들며 우리나라에 군침을 삼키고 있었다. 당시 힘이 약한 우리나라는 그야말로 천길 벼랑에 서 있는 처량하고 비참한 모습이었다.

국내 상황이나 국외 상황을 겪으면서 국가와 국민은 어떻게 해야 할

지 대안이 없고 설왕설래 갈팡질팡하여 이리 부딪히고 저리 부딪히는 혼란에서 상처와 이해를 달리하는 국민 간에 서로 원한만 커져가는 정황이었다.

이에 구국의 길은 과연 무엇일까?

막다른 길에 부딪히면 새 길이 열린다 하였는가?

이때 백두산에서 구국기도를 하던 백봉은 대황조성신의 도우심으로 이끼에 덮여 있는 석실을 찾았다. 이 석실에서 찾은 책들이 발해국의 귀중한 양서로 민족 정통성을 세워주는 역사책이었고 민족혼을 깨닫게 하는 서적이었다. 백봉은 백두산 도인들에게 역사, 교리, 학문, 정세 등을 가르치며 제자를 양성하였다. 깨우친 제자들은 자연적으로 뭉치기 시작하였다.

백두산 도인들은 민족정기를 바로 세우고 국민의 정신을 곧게 하는 교육이 절대 필요하다고 생각하여 전 국민 교화를 생각하였다. 이런 일을 감당할 수 있는 종교를 먼저 세우려고 계획하였으며 이것이 국민 운동이고 구국운동이라 생각하였다.

민족정기의 구심점은 건국의 이념으로 홍익인간 재세이화를 중심하고 또 건국자이신 단제 왕검을 중심으로 하는 일이다. 포명본교대지서는 단제를 숭봉하는 종교를 만들고 그 가르침을 펴고자 하였다.

포명본교대지서 서두에 이 목적을 밝혀놓았다.

…본교를 숭봉하여 착한 일을 행하고 악을 멀리하여 영원한 복록이 자연적으로 개인과 가정과 나라에 이루어지기를 바란다. 천 갈래 넓은 물도 근원을 막으면 물이 마르고 천 가지 큰 나무도 뿌리를 끊으면 메말라 버리나니 하물며 우리 겨레가 우리 시조를 잊어버리고 어찌 번성과 안전을 바랄 수 있겠는가?

-포명본교대지서 서두에서

2006년 10월에 유영인 씨가 고서점 호산방에서 오래된 삼일신고 필사본을 발견하였는데 이 자료에는 삼일신고가 발굴된 과정을 기록한 '삼일신고 부현세'라는 글이 들어 있었다. 삼일신고 부현세(復現世)에서 백봉신사는 이렇게 말했다.

"우리 종교의 경전과 고적이 기악온 씨의 화를 당해 묻혀버렸으니 이 어찌 통탄할 일이 아니겠는가? 불초 백봉은 올봄 3월에 다행히도 하늘의 감응을 받아 태백산 옛 제단터에서 문왕 때 설치해 놓은 석함 속에 보관하여 두었던 삼일신고를 발굴하였다. 아! 우리 신교가 비록 중간에 쇠락하여 떨쳐 일어나지 못하였으나 금일 옛 경전이 다시 세상에 출현하니 눈물이 나는도다. 하늘의 뜻은 우리 종교의 중흥이요 밝음이니 그 또한 어찌 뉘우치지 아니 하겠는가? 이에 몸을 정결히 하고서 우리 교우 형제자매들에게 널리 펴노라."

– 갑진(1904년) 10월 백봉 고함

3) 백두산에서 서울로

이 난세의 해결 실마리는 삼일신고를 국민에게 전파하는 것이었다. 이 일을 위해서 백봉 도인은 수제자 백전을 서울로 파송했다. 1905년 겨울날 백두산에서 달려온 백전 도인은 서울에 와서 이 삼일신고를 나인영에게 전달해 주었고, 이것이 삼일신고가 세상에 전하여지게 된 시작이 되었다.

1905년 음력 12월 30일 밤 11시 주위가 조용하고 캄캄하였다. 서대문에서 지금의 세종로를 향하여 길을 부지런히 걸어가는데 한 도인이 홀연히 나타나서

"그대가 나인영이 아닌가?" 하고 물었다.

"그렇소만 선생은 뉘시오?"

"나의 본명은 백전이고 호는 두암이오. 나이는 90세이오. 나는 백두산에 계신 백봉 신형의 명을 받고 나인영 그대에게 이것을 전해 주러 왔소" 하고는 보자기 하나를 건네주었다.

"이것이 무엇이오?"

"그대가 나라를 건져내려고 안간힘을 쓰고 있는 것을 나의 스승이 알고 있소. 나라를 구하는 길은 여기에 들어 있으니 우리 모두가 합심을 합시다."

나인영은 전율이 울리는 감동과 감격에 어찌할 바를 몰랐다. 나라를 위해 고군분투 노력하는 것을 백두산에서 아시는 분이 계시다는 것을 생각하고 아무리 어렵고 힘들어도 구국을 위하는 일에 자기의 모든 것을 다하리라고 순간적으로 다짐하였다.

"선생님이시여! 뜻은 높은데 미력한 존재라서 한없이 부족합니다. 천하의 일을 다 아실 터이니 저에게 부디 가르침을 주십시오."

"그럼 예를 갖추시오."

나인영은 그 밤에 길 위에서 3배를 하였다

"이제는 내 묻는 말에 대답을 하시오."

"천명을 받들어 본교에 가입하고 동지와 더불어 구국에 앞장서겠소?"

"예."

"이 책 속에 하늘의 뜻이 들어 있소. 신명을 다하여 주기 바라오." 하고는 보자기 하나를 건네주고 그 도인은 어둠 속으로 사라졌다.

나인영은 집으로 가서 등잔불 밑에서 보자기를 펼쳐보았다. 그 속에는 2권의 책이 들어 있었다. 한 권은 『삼일신고』였고 또 한 권은 『신사기』였다. 그러나 나인영은 바쁘다는 이유로 이 책을 한동안 잊고 있었다.

1905년 을사조약이 체결되어 대한제국의 외교권이 없어짐으로 대한

제국은 사실상 일본의 지배권 속으로 들어갔다.

나인영은 위정자가 못하는 것을 민간외교로 성사시켜 보겠다는 생각으로 일본에 들어가서 반드시 뜻을 관철시키겠다고 다짐하고 현해탄을 건너갔다.

4) 백두산에서 일본으로

1908년 음력 11월 12일 일본 동경에 있는 청광관이라는 여관방에 나인영이 있었는데 이곳에 한 도인이 찾아와서 격한 어조로 말하였다.

"나의 성명은 두일백이요, 호는 미도라 하오. 나이는 69세인데 백전도사 등과 33명이 함께 백봉신사에게 사사를 받고 갑진년 10월 초 3일에 백두산에서 회합하여 일심계를 조직하여 이 포명서를 발행한 것이니 귀공의 금후 사명은 이 포명서에 대한 일이오."

그러나 나인영은 지금 당장 자기가 해야 할 일은 대일 민간외교로 일본 정치가를 만나서 우리나라의 침략을 취소하게 하여 자주권을 찾아야 된다고 이리저리 외교정치에 골똘하고 있었다. 도인의 이야기가 귀에 들어오지 않았고 오히려 귀찮은 존재라고 생각하였다. 도인의 이야기를 거절하는 뜻에서 숙소를 다른 곳으로 옮겨야겠다고 생각하여 곧 바로 거처를 개평관으로 이동하였다.

그러나 10여 일 후 두일백 도인은 개평관에 다시 나타났다. 두일백 도인은 명아주 지팡이를 짚고 방문을 열고 들어왔다. 그날 밤 시간에는 나인영과 동행하였던 정훈모와 같이 있었으므로 3명이 함께하는 시간이 되었다.

그때 정훈모의 눈에 비친 도인의 풍모는 속세사람이 아닌 듯 검푸른 여윈 얼굴에 빛나리만큼 뚜렷한 눈동자를 하고 수려한 눈썹과 흰머리를 가진 사람으로 마치 신선을 보는 것 같았다.

"그대는 조선 사람으로 왜 이곳에 머물고 있는 것이오?"

도인은 이 밤에 격한 소리로 호통을 치면서 다급하게 말했다.

"……."

"이미 대한제국은 국운이 다 되었는데 이 바쁜 시기에 효과도 없는 외교에 매달리고 있소? 나라를 살리는 길은 지금 급히 귀국하여 단군 대황조의 교화를 펴는 일이오. 이것이 진정 당신들이 해야 할 구국의 일이오."

사실적으로 정훈모는 황당한 일을 접하였지만 지금 자기가 하는 민간외교로 국권을 찾는다는 것은 한계가 있고 이렇게 해서는 아무것도 이룰 게 없다는 판단하에 다른 대안을 찾고 있었다.

정훈모는 되레 물었다.

"노인장은 뉘시오?"

"나는 두일백이오. 나이는 69세이고 백두산에서 도를 닦고 있던 중 백봉을 스승으로 만나 공부를 하고 지금은 구국을 위해 파내원이라는 일본 책임자로 있는 사람이오."

이어 백두산에서 있었던 일들을 자세히 설명하여 주었다.

정훈모는 정신이 번쩍 들었다. 나라를 생각하는 넓은 시야와 미래의 일까지 내다보고 준비하는 또 다른 세계가 있다는 것을 알게 된 것이다. 생각에 변화와 더불어 마음에는 요동침이 일어났다.

도인은 단호하게 명령하듯 엄했다.

"그대들의 정성과 뜻을 잘 아는 까닭에 우리의 뜻을 전하고자 왔으니 이곳에 머물지 말고 즉시 본국으로 돌아가 대황조의 뜻을 받들어 본교를 다시 일으켜 동포를 구하시오."

정훈모가 질문하였다.

"교리가 있다는 것은 이미 들어 알고 있고 주신 말씀처럼 교문을 세우고자 하는 의욕도 생겼으나 저는 교적이 전무하여 능력이 미천하니 바라옵건대 가르침을 주십시오" 하니,

도인은 가지고 온 국조영정과 포명본교대지서와 역사책과 예식 그리고는 고본신가집(古本新歌集), 의규공과, 입교절차, 팔조대고 등 몇 가지 서류를 건네주었다. 도인은 그렇게 호통과 더불어 간곡한 부탁을 하였다.

"이것을 가지면 가히 교문을 일으킬 수 있으니 즉시 귀국하시오. 시간이 넉넉하지 않소. 어서 서두르기 바라오."

"선생이시여! 좀 자세히 말씀을 하여 주십시오. 일을 하려면 목적이 있어야 하고 절차와 근거가 있어야 하는데 이 일을 진행하려면 분명한 것들이 더 필요하오외다."

도인은 다시 백두산 이야기부터 시작하여 세계정세까지 소상하게 전해 주었다.

그리고 세 사람은 무릎을 꿇었다.

"거룩하옵신 대황조 성신님이시여, 이 밤을 영원히 기억하게 하소서. 태풍 앞에 놓여 있는 조국을 살리기 위하여 무릎을 꿇고 있나이다. 미력한 저희들은 신명을 다하여 전진하겠습니다. 굽어 살펴주옵소서…."

미도는 진심으로 하늘에 기원하고 두 사람은 미도의 말씀에 빨려 들었다. 오늘을 직시하며 미래를 살려내 보자는 큰 정치를 마음에 품었다.

특히 정훈모는 가슴 벅찬 감동을 받았다. 도인의 말이 옳았다. 현실을 정확히 내다본 것이다.

'교문을 일으키자, 교문을 일으키자, 이것이 구국의 대안이다. 동포를 일으켜야 한다. 그렇다. 이 일을 하는 것이 희망이다.' 이렇게 마음으로 반복하고 또 되뇌었다.

마치 난파선이 되어 표류하는 배가 망망한 바다를 떠돌아다니며 죽을 고생을 하다가 등댓불을 본 것과 같은 희망을 얻었다.

구국의 향로를 찾았기에 이제부터는 이 일을 하기로 결심하였다. 두 사람은 도인의 자세한 설명을 듣고 구국운동의 방법을 새롭게 펼치기로 생각을 바꿨다. 너무 큰 방향 전환이었다. 한편으로는 가슴이 벅차고 설레는 마음도 가지게 되었다. 정훈모의 적극적인 자세에 나인영도 더 이상 머뭇거릴 시간이 없었다.

두 사람은 조국이 기울어지는 것은 사대주의 사상에 있다고 단정하고 먼저 민족정신을 되살려내야 하며 이제는 몇 사람의 애국지사나 민간외교로는 어림없다는 것을 알았다. 이제부터는 거족적으로 대일투쟁을 해야 하며 이에 사상적 구심체로 자주독립사상을 무장하는데 민족의 첫 조상되신 단제 대황조를 숭봉하는 민족종교가 절대적으로 필요하다고 공동으로 생각하게 되었다.

두 사람은 그 밤을 뜬눈으로 지새우고 날이 밝아지는 여명에 여관방을 나왔다.

나인영은 '나는 지금부터 모든 민간외교를 단념하고 오직 민족종교를 일으킬 것을 생각하자'라고 결심하였다.

정훈모는 나인영보다 이 일에 더욱 적극적이었다. 두 사람은 구국운동이 민간외교로는 더 이상 일본을 어찌할 수가 없었으므로 백두산에서 가르쳐준 대로 따르겠다는 결심을 하게 되었다.

후에 나인영은 미도 두일백에 대해서 이런 글을 남겼다.

"미도옹은 선각자이며 진인이오.
동경에서 두 번이나 만나 나를 깨우쳐주셨도다.
백두산 아래 마을에 계신다고 하셨는데
깊은 산중 오가며 신선처럼 사시는지…"

^{미 옹 선 각 시 진 인}
彌翁先覺是眞人

^{강 호 중 봉 의 경 신}
江戶重逢意更新

^{문 설 백 두 산 하 리}
聞說白頭山下里

^{심 거 왕 왕 사 주 진}
深居往往似朱陳

5) 백두산 도인들의 편지

그 후 백두산에서 두일백 도인이 보낸 편지 한 통이 서울에 살고 있는 나인영에게 전달되었다.

    홍암(弘巖, 나인영의 호) 아우를 오랫동안 못 보던 사이에
    이렇게 귀중한 편지를 옮기어 전하니
    기쁨이 어찌 크지 않으랴
    때는 바야흐로 초여름인데
    신체 편안하고 왕성하기를 거듭 바랍니다.
    우형은 최근에 옛 기거하던 산으로 돌아와
    식생활이 정상이 되었으니 바라건대
    먼 길을 왕래하는 수고를 하지 말기를 청하니 어떠신지요?
    상사의 일을 나 또한 어찌 감히 소홀히 하겠습니까?
    다만 널리 연구하고 깊이 생각하여
    일시에 큰 이득을 바라지 않을 것이며
    오직 급선무로 해야 할 일은
    사방에서 사원들을 증가시킨 후에 개업을 한다면
    크게 판매를 일으킬 것입니다.
    최근에 문서가 도착하는데
    근본을 버리고 말단을 취하는 각 상점의 태도가
    이곳저곳에서 함께 발생한다고 말하는데
    이 역시 다행스러운 일입니다.
    옛날부터 하나의 큰 가르침으로

교가 발생하는 초기에는 으레 이러한 폐단이 있었던 까닭에
오히려 정교가 더욱 밝아지게 되었습니다.
비유하자면 만일 노자, 장자, 양자, 묵자가 없었더라면
그 도가 '주공'과 '공자'의 대도를 어떻게 알 것이며
각종의 바라문들이 없었더라면
그 누가 '석가'의 법을 높였으리요?
아우께서 근심하는 일은 오히려
이 형이 기뻐하는 실마리입니다.
안 씨와 최 씨 그리고 두 이 씨가 함께
어울릴 만한 좋은 사람이라면
상사의 흥왕은 날짜를 손꼽을 수 있도록 기대됩니다.
바라옵건대 아우께서는 일시에 흥왕을 바라며 조급하지 말고
오직 원대함을 요체로 삼아
백 번 꺾여도 흔들리지 않는 마음을 품고
한 손으로 하늘을 지탱하는 막중한 책임을 맡았으니
정치적인 일은 관여하지 말고
이득을 취하려는 생각조차 싹 틔우지 않으면
광대하고 풍성함이 있어 하늘의 묵묵한 도움이 있을 것입니다.
경전과 관계된 일에 있어서 두암 형이 정론을 고집하여
급하게 퍼뜨리려고 하지 않는 것은
대개 깊은 뜻을 보전하려는 것입니다.
경전이 한번 세상에 나온다면 문자를 계략적으로만 아는 자들이
공자의 학식으로 장과 구에 주석 달기를 일곱 번이나 하는 것과 같으리니
누구는 옳다 하고 누구는 그르다 하여 망론이 백출할 것이요
문자를 알지 못하는 사람들은 경전에 유래를 알지 못하고
오히려 문자만 아는 자들의 망론을 따라
믿지 못하는 마음이 쉽게 생길 것입니다.
이 경전이 나오더라도 곡식에 내리는 가뭄의 단비와 같고
사람에게 내리는 금덩어리같이 귀한 것이 되지 못한다면
세상 사람들이 빠르게 모여들고
다투어 달려올 수 없음을 알 수 있습니다.
이런 까닭에 예로부터

어떤 가르침이나 종교가 처음 세워질 시기에는 경전을 갖지 않았으니
중용과 대학은 공자가 살아 있던 때의 글이 아니며
도덕경은 노자가 함곡관을 지나간 후에 지어진 것이요
신구약 성경은 모두 예수의 제자들이 기록하고 편집한 것입니다.
도가 창성한 후에 경전이 나오면 자연스럽게
세상 사람들이 외우고 읽을 것이요
도가 창성하지 않았는데 경전이 먼저 나오면
경전은 경전대로 나는 나대로가 되어버리는 한탄이 있어
오히려 신성하고 성스러운 경문으로 하여금
세상 사람들이 모욕하고 업신여기는 바가 되게 할 것입니다.
바라옵건대 이러한 뜻을 깊이 헤아리셔서
오직 널리 퍼뜨리는 일에 온 힘을 기울이기를 요체로 삼으소서.
진실로 동생께서는 바삐 행하소서. 간략하게 줄여서 글을 올립니다.
— 1909년 6월 30일 두일백이 전함

나인영은 백두산의 미도 도인에게 경전이 필요하다는 요구를 하였기에 미도는 이에 대하여 지금은 경전이 나올 때가 아니라며 열심히 주어진 일을 행하라고 하는 편지였던 것이다.

여기에서 미도는 가르침을 포교하는 일을 뜻하는 용어로써 개업, 상사, 상점, 판매 등을 사용하여 전한 것은 단체라는 사실을 의도적으로 숨기기 위해 사용한 암호 글이었으며, 지금 경전을 내놓지 못하는 여러 가지 상세한 설명과 우선적으로 해야 할 일들을 당부하는 내용이다. 백두산 도인들의 노력하는 모습이 혁혁하게 나타나 보인다.

6) 정숭묵(鄭崇默)이라는 백두산 도인의 편지가 왔다.

고경각 정참무(正參務) 정숭묵은
삼가 가르침을 받드는 모든 형제자매들에게 고합니다.
본교에 가르침을 포명한 지 오늘에 이르러 6주년이 됩니다.
저는 세상에 안팎을 두루 돌아보고 그 기미를 조용히 관찰하여

그 가르침을 베풀고 조치함에 급급하지 않고
오직 근원되는 일에 힘쓸 따름입니다.
다행스럽게도 우리 동포 형제자매가
대황조를 우러러 사모하는 마음을 바라고 두려운 마음으로
낮고 습한 곳에서 구원을 생각하여 교단의 가르침이 이르는 곳이면
멀거나 가깝거나 한 목소리로 감읍하여 춤추고
성심으로 신봉하는 자가 수만 명이나 됩니다.
이는 실로 우리 대황조의 깨우침과 인도하심에 연유하는 것이니
또한 천도의 순환과 인심의 추구하는 것을 가히 볼 수 있습니다.
그러므로 금년 개천경절에는 각지의 시교사와 파유원들을 모이게 하여
과거를 살피고 현실을 참작하고 엄숙히 협의하여
앞으로 시교절차를 확정하고 거듭
신형 대종사의 명을 받들어 이어나갈 것입니다.
내년부터는 본교의 5대 종지를 천하에 선포하여
어두운 세상에 횃불을 밝히고 높은 누각에서 목탁을 울려서
우리 옛 구역의 칠천만 형제자매로 하여금
친척을 친애하는 도리를 널리 돈독히 하고
선한 이에게 선을 베푸는 행위를 더욱 닦아서
대황조의 망극한 은혜에 보답하고
우리 민족의 토탄에 빠진 고통을 함께 덜어주려 함입니다.
아! 우리 형제자매여!
오늘날 우리가 받은 신체발부는 모두 우리 대황조의 신성한 유맥이요
오늘날 우리가 사는 산하 토지는 우리 대황조의 신성한 유적입니다.
이러한 신체를 가지고 이러한 토지에 살면서
어찌 감히 하루라도 대황조의 지극한 은덕을 잊을 수 있으며
또 어찌 감히 한 사람이라도 대황조의
큰 뜻과 큰 가르침을 동행하지 않을 수 있겠습니까?
우리 형제자매는 한마음으로 엄숙하고 성실하게 더욱더 힘쓰도록 합시다.
　　　　　　　 - 1909년 6월 27일 백두산 고경각에서 정참무 정숭묵

백두산 도인 33명 중 이름이 밝혀진 사람은 정숭묵, 두일백, 백전이

다. 정숭묵은 직책이 백두산 고경각 사무실에서 정참무 직위로서 직무를 수행하는 사람이었다. 백두산에서 본교에 대한 포명본교대지서를 선포한 해가 1904년이었으므로 1909년은 6주년이 되었다고 말하였다. 그동안 포교된 신도는 수만 명이나 되었다. 이곳에서 하는 일은 대황조의 가르침을 7천만 동포에 전하는 일이었다. 여기에 삼일신고가 절대적으로 필요하기에 맨 먼저 삼일신고 두 종류를 보내준 것은 이에 특별한 깊은 뜻이 있었다.

제3절 삼일신고는 교화경

1. 교화경(敎化經)

현재 민족경전으로 대대로 내려온 것은 천부경, 삼일신고, 참전계경 이렇게 3권으로 압축된다.

천부경은 조화경으로 전문이 81자로 된 글이다. 삼일신고는 교화경으로 전문이 366자로 된 글이다. 참전계경은 치화경으로 전문이 366조의 문장으로 되어 있다.

특히 삼일신고는 천부경을 확대 전개한 내용이다. 그러므로 천부경과 삼일신고는 불가분의 밀접한 관계가 있다. 삼일신고는 중생들로 하여금 천리 이치를 깨우치고 실천하여 하늘 사람이 될 수 있도록 하기 위한 가르침을 주는 교화경이다.

삼일신고는 천리 이치에 부합된 천부경을 설명하는 것이며 또 하늘의 정도를 설명하고 가르쳐주는 하늘 도의 교과서이다. 교화는 저 멀리 환웅시대부터 시작되었다. 환웅은 온 백성에게 가르침을 주었던 대스승이었고 그 교재가 바로 삼일신고였다. 백성은 삼일신고에 감화되었고 깨우침을 받은 백성은 스스로 선한 사람으로 변화되었고 세상은 평화스럽고 화목하는 사회가 이루어졌다. 이에 하늘이 밝은 것처럼 땅의 세계도 밝고 선하여짐으로 밝은 땅이 되었다. 밝은 땅의 나라가 나중에 변음이 되어 배달나라가 되었다.

배달은 밝달에서 온 말인데, 밝달을 표기하는 이두법으로 박달나무 단(檀)자를 썼으니 단군(檀君)이라는 말은 바로 밝달의 임금님이라는 말이다(달은 땅을 이르는 옛 말이다). 배달민족의 배달이라는 발음을 단(檀)자로 표기하였던 것이다. 곧 한자의 뜻을 취하여 발음으로 사용한 예는 고대로 올라갈수록 흔하고 많았다. 이것의 영향으로 조선조 말기에는 단군을 배달임검이라고 쓰기도 하였다.

- 한단고기 364쪽

  세월이 흐른 뒤 옛 조선의 단제 왕검은 삼일신고를 지도자부터 가르치므로 지도자의 교과서가 되었다. 지도자에게 하늘의 이치를 먼저 교화시킴으로써 지도자가 하늘 이치에 부합하는 올바른 공인이 되도록 하였다. 이에 따라 백성은 자연적으로 순화되어 갔다.
  그러므로 덕화와 교화로 사람과 세상이 자연적으로 순화되어 갔다. 그 나라는 전쟁이 없고 약탈하는 일이 없고 화평한 세상이었다. 구차하게 금을 그어 경계를 만드는 일 없이 평화로웠다. 욕심을 내세워 네 것, 내 것 하는 것처럼 따지는 일이 없었다. 이웃 간에도 울타리 없이 서로 오가며 자유롭고 평화로웠다.
  또 사람 차별을 하는 일이 없었다. 인간 평등이었다. 임금과 백성 간에도 차별을 두지 않았다. 그 백성은 스스로 하늘 백성으로 천민이었고 천손이었다. 그래서 그 나라를 일러 '군자가 사는 나라'라고 하였다.
  이렇게 뭇 사람들을 철인으로 깨우쳐줄 수 있는 교과서가 삼일신고인 것이다. 역사적으로 보나 세계적으로 보나 인간의 교화경으로 단연 으뜸 교과서가 바로 삼일신고이다. 이 소중한 내용을 도중에 잃어버리지 않고 후세에 전해 주기 위해서 발해국 문왕이 백두산에 돌집을 만들고 그 속에 넣어둠으로써 온전하게 간직되도록 하였다. 그 돌집에서 1300여 년의 세월을 응축하였다가 천우신조로 백봉신사를 통하여 세상에 다시 나오게 되었다. 천손이 될 수 있도록 우리 민족에게 꼭 필요한 교화로서의 교과서가 바로 삼일신고이다. 돌집에서 나온 많은 책

중에서 오직 삼일신고와 신사기 2권만을 먼저 보낸 것은 우리 민족에게 먼저 이 교화경을 가지고 구국하는 데 있어서 민족 교과서로 생각하였기 때문이었다. 이 일을 위하여 백두산에서 서울로 전해 온 것이다. 백봉의 뜻이 바로 이것이었다.

　삼일신고 속에는 환웅의 얼이 깃들어 있고, 단제 왕검의 얼이 깃들어 있고, 백봉의 소원이 들어 있다.

　교화는 가르침이다. 스승은 한없이 가르쳐주는 사람이다.

　받는 사람 입장에서는 깨우침이다.

　교화는 반드시 인간의 변화와 성장을 만들어주어야 한다. 교화를 받은 인격은 반드시 인격 성장과 인격 성숙이 있어야 한다. 그리고 교화를 받은 자는 반드시 행복해지고 또 인생의 완성이 되어야 한다.

　이런 글이 생각난다.
　　생각이 변하면 행동이 바뀌고,
　　행동이 변하면 습관이 바뀌고,
　　습관이 변하면 인격이 바뀌고,
　　인격이 변하면 운명이 바뀌고,
　　운명이 변하면 인생이 바뀐다.

　이를 바꾸어 말하면
　　인생을 바꾸려면 자신의 운명을 먼저 바꿔야 하고,
　　운명을 바꾸려면 자신의 인격을 먼저 바꿔야 하고,
　　인격을 바꾸려면 자신의 습관을 먼저 바꿔야 하고,
　　습관을 바꾸려면 자신의 행동을 먼저 바꿔야 하고,
　　행동을 바꾸려면 먼저 생각을 바꾸면 된다.
　　결국 생각을 바꾸면 인생이 바뀐다.

　그렇다. 인생을 바꾸려면 생각을 바꾸면 된다. 기존의 생각을 새로운 생각으로 바꾸면 된다.

새로운 생각을 하려면 새로운 계기가 반드시 있어야 한다. 현재의 상태를 벗어나려면 현재의 것을 버리고 새로운 것이 들어와야 한다.

생각은 곧 의식이다. 정신작용이며 마음이다.

성공하는 의식을 가지면 반드시 성공하게 될 것이고 망하는 의식을 가진 사람은 당연히 망할 것이다. 선한 의식을 가진 사람은 선한 사람이 될 것이고 악한 의식을 가진 사람은 악인이 될 것이다.

결국 자기 자신이 어떤 의식을 가지고 있느냐에 따라서 선과 행복을 가질 수도 있고 못 가질 수도 있다는 것이다.

사람은 의식 곧 마음이 관건이다. 마음은 자기 자신이 주인이다.

쉬운 말로 제정신이다. 제정신을 가지고 살아야 한다. 하늘 이치에 부합하는 제정신을 가져야 한다.

속담에 '호랑이에게 물려가도 제정신만 차리면 산다'라고 하였다.

사람의 의식, 판단, 생각은 깨우침 곧 교화에서 이루어진다.

제2장

삼일신고 본문의 해설

제1절 천훈(天訓)

제1훈 천훈(天訓)

帝曰 元輔彭虞 蒼蒼非天 玄玄非天

天 無形質 無端倪 無上下四方 虛虛空空

無不在 無不容

1. 천훈의 해석

단제님께서 제일 큰 일꾼 팽우에게 말씀하시길
하늘이란 저 푸른 것이 아니며 저 까마득한 것도 아니다.
하늘은 모양이나 바탕이 없고 처음과 끝도 없고
위아래나 네 방향도 없고 겉과 속은 다 텅 비어 있으며
어디에나 다 존재하고 무엇에든지 다 쓰이고 있다.

2. 발해국 태조 대조영의 찬양 글

이치는 하나마저 없는 데서 일어남이여
본체는 만유를 싸안았도다
탱 하니 비고 아득할 따름
어디다 비겨 설명하리오

바른 눈으로 살펴보면

창문을 연 듯 환하련만

어허, 신비한 천지조화야

누가 능히 짝이 될 수 있겠는가

_{이 기 일 무} _{체 포 만 유}
理起一無 體包萬有

_{충 허 광 막} _{의 의 득 부}
衷虛曠漠 擬議得否

_{정 안 간 래} _{여 계 창 유}
正眼看來 如啓窓牖

_{수 연 군 기} _{주 능 오 우}
雖然群機 疇能伍耦

3. 발해국 문적원감 임아상(任雅相)의 주해

제(帝)는 단제이니 일신(一神)이 인간으로 변화하여 내려온 분이다.
원보는 관직의 이름이며,
팽우는 사람의 이름으로 단제의 칙명을 받아 산천을 다스리고 토지를 귀하게 관리하는 일을 담당한 사람이다.
창창(蒼蒼)은 진한 청색이고,
현현(玄玄)은 황색을 띤 검은색으로 땅의 밖에 있는 외부의 기운이다.
단예(端倪)는 시작이 만나는 것이다.
상하사방은 자기 자신이 볼 때는 존재하지만 하늘이 볼 때는 존재하지 않는 것이다.

인물(人物)에게 미세한 것들은 비록 눈으로 볼 수 없는 곳이라 해도 실제로는 모두가 다 존재하고 있는 것이다. 크게 보면 세계가 되고 작게 보면 미세한 티끌이 되고 허공은 이 모두를 다 담고 있는 것이다.

_제 _{단제} _{일 신 화 강 야} _{원 보 관 명} _{팽 우 인 명} _수 _{제 칙} _{전 산 천}
帝 檀帝 一神化降也 元補官名 彭虞人名 受 帝勅 奠山川

爲土地祇也 蒼蒼 深靑色 玄玄 黑而有黃色 地外氣也
端倪始際也 上下四方 以自身觀 有 以天 觀 無也 人物微孔
雖視力不到處 盡在也 大而世界 小而纖塵 盡容也

임아상의 주해는 단어 하나하나를 설명하였다. 임아상은 발해의 대학자로서 삼일신고 해설에 대하여 귀중한 첫발을 내디디는 결정적인 단서를 제공해 주었다. 또한 삼일신고의 시작인 제(帝)를 단제로 규정한 것은 대단히 귀중한 의미가 있다. 여기서 단제는 우리나라의 최초 건국자이신 국조 단제 왕검을 지칭하는 말이기 때문이다.

제2절 천훈에 대한 해설

> **【1】제왈 원보팽우**
>
> 帝曰 元輔彭虞
> (제 왈 원 보 팽 우)
>
> 단제 왕검께서 제일 큰 일꾼 팽우에게 말씀하시길

1. 제(帝)에 대하여

1) 임아상은 제(帝)를 단제라고 하였다. 발해국 문적원감을 지낸 임아상은 단어 하나하나를 설명하였는데 첫 부분에서 말하기를 '제(帝)는 단제(檀帝)이니 일신(一神)이 변화하여 내려오신 분이다'라고 하였다.

무엇보다도 단제라고 지칭한 것에 주목이 된다. 곧 서두에서 제(帝)를 단제로 단정 지어 말하고 있다. 곧 우리나라 건국자이며 옛 조선의 첫 임금을 통칭하는 말로써 단군왕검을 말하고 있다.

지금 우리 모두는 우리나라의 국조이자 건국자를 단군(檀君)이라고 부르는데 발해국의 임아상은 단제(檀帝)로 말하였다. '임금님'이라고 하면 최고의 통치자를 뜻하는 말로써 손색이 하나도 없다.

그러나 한자의 의미에서는 큰 나라의 통치자와 작은 나라의 통치자를 구분하는 말로 천자(天子) - 황제(黃帝) - 왕(王) - 군(君)으로 구분한다.

제는 여러 왕을 거느리는 황제를 뜻하고 군은 임금 반열에 있는 사람을 칭하는 말로 사용한다. 왕의 형제는 모두 군이었고 지방분권 통치자도 군으로 칭하였다. 심지어 요즈음에 와서는 젊은이를 부르는 호칭으로 군을 사용한다. 김 군, 이 군, 박 군 이렇게 부른다.

단군은 한 나라의 임금을 뜻하지만 단제는 여러 분봉 왕을 거느린 황제라는 것이다. 임아상은 말하기를 건국조 단제는 여러 주변국을 다스리는 큰 나라의 통치자로서 황제라는 것이다.

물론 삼일신고 원문은 환웅시대부터 내려온 것이다. 옛 조선을 건국하신 단제께서는 천리 이치를 크게 깨우치신 분으로 천부경과 삼일신고를 궁궐에서 친히 신하들에게 가르치셨다. '제왈'이라고 말한 것이 그렇다.

발해국 임아상이 삼일신고를 주해한 것은 임금님께 올리는 글로써 당시 전후 상황을 연구하고 정리하였을 것이다. 그 결과, 제는 단군이 아닌 단제라고 하였다.

더구나 삼일신고는 교화경으로 가르침의 교과서와 같은 것이다. 단제께서 천리 이치를 깨우친 분이시기에 홍익인간 재세이화를 건국의 이념으로 확고하게 정립하였고 목적이 있는 우리나라를 건국하였던 것이었다.

또 팽우는 사람 이름으로 옛 조선국 단제 왕검시대의 신하 이름이다. 3선 4령이 있었는데 3선 중에서 한 사람이었다. 신하 이름을 들추어 기록한 것은 그 시대를 단적으로 입증하는 것이다.

이것이야말로 우리 민족의 정체성이 확고해지는 한 면이다.

고구려가 망하고 난 후 고구려 유민들이 방황하였을 때 대조영이 홀연히 일어나서 몸부림치다가 결국은 발해국이라는 새 나라를 세웠다. 대조영은 발해 건국자로서 민족의 위대함을 다시 세우려 각고의 노력을 하였다.

대조영 대왕의 친동생이며 신하였던 반안군왕 대야발은 어명을 받고 13년 동안 돌궐, 만주 등을 여러 번 왕래하며 고적을 탐사하여 민족의 위대함을 찾고 수집하고 정리하였다.

이러한 노력으로 대야발이 "이 삼일신고는 고구려 땅에 가서 찾아온 것이다"라고 하였다.

차본(此本)은 내고구려지소역전(乃高句麗之所譯傳)이오.
- 발해 석실본의 봉장기에서

그렇다면 이 삼일신고는 고구려 국가에 있던 것이라 하였으니 고구려에서는 단군이 아닌 단제라고 통용되었다고 볼 수 있다.
또 발해국 태조 대조영 임금님의 찬양 글에서

단제께서 보배로운 삼일신고 말씀을 강의하여 주시나니
帝演寶誥
(제 연 보 고)

라고 하였으니 대조영 발해국 태조와 임아상은 모두 단제라고 하였다. 단제라고 표현한 기록을 보면,

삼성기 상편에서 천제의 화신으로 그를 황제로 모셨다.
推爲天帝化神而 帝之
(추 위 천 제 화 신 이   제 지)
- 한단고기 21쪽

단군세기에서는 천제의 아들로 모셨다.
推爲天帝子
(추 위 천 제 자)
- 한단고기 55쪽

나라 강역으로 볼 때에도 황제로 하였다.
구한(九桓)의 백성들이 기뻐 복종하여 제왕으로 모셨다.
- 한단고기 20쪽

천하의 땅을 삼한(진한·마한·변한)으로 나누어 다스렸고 삼한은 모두 5가로서 64족속을 포함하였다.
- 한단고기 61쪽

> 단군왕검은 구한의 삼한관경을 모두 통일하여 다스렸다.
>
> — 한단고기 157쪽

> 구역(九域)을 통일하고 관경을 삼한으로 나누었다.
>
> — 한단고기 182쪽

> 천하를 평정하여 삼한으로 관경을 나누었다.
>
> — 한단고기 204쪽

이와 같이 옛 조선 시대에는 대제국으로 넓은 땅을 통일하여 삼한으로 나누어 다스렸으니 진한은 직접 다스리고 마한과 변한은 왕을 세워서 다스렸다.

또 구한의 백성 곧 5인종으로 64족을 모두 다스렸으니 황제의 위치에서 치화하였던 것이다.

발해 문왕이 귀중한 책들을 백두산에 감추어둔 이후로 단제와 상고 역사적 내용들이 일반 세상에 통용되지 못하고 사대주의적이며 외래적인 것들이 이 강토에 들어와서 점차 물들어져 갔다. 신라도 고려도 조선도 모두 그렇게 하였다. 특히 고려 원종 때에 민족적인 것은 모두 폐기하는 수모를 당하였다. 그 세월이 천년을 넘게 흘러갔다.

그러다가 상제라는 말이 세상에 나왔다. 1860년 경상도 경주 용담정에서 수운 최제우가 49일 치성을 드리고 있는데, 뜻밖에도 4월 5일에 마음이 섬뜩해지고 몸이 떨리는데,

병이라 해도 무슨 병인지 짐작할 수도 없고, 말로 형용하기도 어려울 즈음에 어디선가 말씀이 귀에 문득 들리므로 놀라 캐어물은 즉, 대답하기를 "두려워하지 말고 겁내지 마라! 세상 사람들이 나를 상제(上帝)라 이르거늘 너는 상제를 모르느냐?" 하기에 그 까닭을 물었더니 대

답하시길

"나 또한 공이 없어 너를 세상에 내보내어 사람들에게 이 법을 가르치게 하니 의심하지 말고 의심하지 말라 하더라."

– 동경대전 포덕문에서

곧 상제라는 분이 수운 선생에게 도를 펼치라고 천명을 내려주신 것이다. 이것이 동학이 되었다. 동학은 결국 양반과 천민의 차별이 없어지고 모든 남녀 백성들이 한울님의 똑같은 자녀로서 인간 평등이 세워지는 시작이 되었고 국명을 조선에서 대한제국으로 바꾸는 발단이 되었다.

여기서 말하는 상제는 바로 단제 왕검 국조님의 신령이다. 인간 평등을 주장하는 분이 바로 단제 왕검이었다.

부도지에서는 중국의 요왕과 우왕이 '제왕의 도'라고 하는 것을 내세워 왕과 백성이 차별되는 것을 실천하고 있을 때 인간 차별은 천리에 맞지 않는다고 꾸중하는 내용이 있다.

"부도의 법은 천수의 이치를 명확하게 증명하여 사람에게 그 원래 임무를 수행하게 하고 그 복본을 받게 할 따름이다. 그러므로 말하는 자와 듣는 자가 비록 선후는 있으나 높고 낮음이 없으며, 주는 자와 받는 자는 비록 친숙하고 생소한 것은 있으나 끌어들이고 몰아내고 할 수는 없기 때문에 사해가 평등하여 종족들이 스스로 행하는 것이다."

– 부도지 79쪽

또 단제시대에는 통치자 선출에 있어서 왕조의 세습이 아닌 현자를 추대하는 선출을 하였다. 옛 조선국에는 단제 임금님이 47분이 있었다. 단제 중에서 맨 처음 제1세 단제는 우리나라를 건국하신 단제 왕검이며 이분이 곧 상제(上帝)가 된다. 상제라는 것은 맨 처음의 제(帝)를 뜻한다. 첫 임금님이 곧 상제인 것이다.

증산 강일순은 모악산 대원사에서 1900년 7월 7일 도통을 이루고 방문을 열고 나오면서 첫 마디가

"내 세상이로다. 나는 상제(上帝)로다"라고 하였다.

백두산의 백봉신사는 포명서에서

"대황조 성신(大皇祖聖神)을…"이라고 하였다.

홍암 나인영은 중광가 제2장에서

"교(敎) 세운 혁혁 상제(上帝) 나리사…"

또 마지막 장 54장에는

"상제(上帝)께 호소하여 천국을 새로 열고…"

이세가에서 "상제(上帝) 세운 도통으로…"라고 하였다.

2. 원보 팽우(元輔 彭虞)

원보는 으뜸 관직의 이름이고 팽우는 사람 이름이다. 원보라는 관직은 산천을 다스리고 토지를 귀하게 관리하는 관직이다. 원보 직무를 수행하는 팽우는 단제께서 통치할 때 그 신하였으니 그 당시 임금님은 바로 단제 왕검이었다.

> **팽우야 너는 우관이 되어 토지를 맡으라.**
> **땅이 황량하여 아직 개척되지 않아 물과 나무가 얽히고 막히어 백성들이 짐승과 함께 굴속에서 같이 지내니 산을 뚫고 물길을 만들고 길을 만들어 백성들이 살 수 있는 터전을 마련해 주라.**

彭虞 汝作虞 掌土地

大荒 未闢 薈蔚梗塞 民 與獸同穴 穿山濬川 通道 以奠民居

— 대종교 경전 502쪽

원보는 현 시대로 보면 국무총리 직명이다. 원보는 단제를 모시고 국정을 다스리는 공직자이다. 온 국민의 지도자이며 공인이다. 단제는 으뜸 지도자이던 원보 팽우라는 공인의 교육을 친히 가르쳤다. 공인의 교육은 맨 먼저 하늘(天)을 가르쳤다.

하늘을 중심으로 살아야 하고, 하늘을 기준으로 삼아야 하고, 하늘을 두려워할 줄 아는, 하늘에 대한 교육을 하였던 것이다.

하늘과 삼일신고를 펼쳐보면 곧 천리 이치가 된다. 그러므로 천리 이치에 해당하는 하늘교육을 시킴으로써 하늘에 합당하고 또 나라와 국민에게는 으뜸 공인이 되도록 만들었다는 것이다.

발해국에서는 태학을 세워서 천부경과 삼일신고와 국사를 가르치는 전문학교가 있었다.

발해국은 고구려를 넘어서 민족의 정통성과 위대성을 찾아 세우려고 노력하였다. 곧 우리나라의 건국조인 단제 왕검을 정통 역사의 시작으로 보고 옛 조선과 부여 그리고 고구려의 위대했던 역사와 문화를 다시 재건하려고 하였던 것이다.

발해국은 가히 해동성국이라 할 정도로 문화가 중흥하였다.

3. 주약왈(主若曰)

삼일신고의 발해 석실본에서는 '제왈 원보팽우'로 시작하였지만 신사기 본에서는 '주약왈 자이중(主若曰 咨爾衆)'이라 하였다.

여기에서 주(主)는 단제 왕검이 아니고 그 이전시대의 통치자 또는 깨달은 분을 지칭하는 것으로 환웅을 말한다. 환웅은 크게 깨달음을 이룬 신인으로서 천리 이치의 대도를 세우고 가르친 위대한 스승이었다.

신사기에서 말하길,

教化主 曰 桓雄 以神化人 立大道 設大敎
(교화주 왈 환웅 이신화인 입대도 설대교)

환웅이 교화주였다는 것은 환웅이 깨달음을 이루고 스승으로서 교육하고 지도하는 백성의 어른이었다는 것이다. '교화주'라는 말은 하느님처럼 절대자를 칭하는 말이 아니다. 하느님은 백성에게 친히 말씀을 하시거나 교육을 시킬 수 있는 분이 아니다.

'주약왈 자이중'이라고 하였으니 백성들에게 말씀하고 가르침을 주실 분은 인간이어야 한다. 곧 스승님이며 지도자이신 것이다.

단제 왕검은 그 이전 시대부터 내려왔던 천부경과 삼일신고 등의 가르침을 크게 깨우치고 깨우침에 따라 뜻을 세웠고, 그 실천으로 옛 조선을 건국하여 신하와 백성에게 그 이치를 직접 교육하고 가르치신 분이다.

우리 민족은 '단군의 자손'으로 긍지를 가지고 대대로 전승해 왔음은 주체되시는 단제 왕검이 우리 민족의 위대한 조상님이라는 뜻이다.

그래서 우리나라 역사 속에서 영성이 뛰어난 사람은 단제 왕검을 섬기고 모시는 신앙자가 있었고, 그 신봉자는 능력자로서 그 시대마다 혼미한 백성들의 상담과 지도를 담당하기도 하였다. 이를 당골네라고 하였다.

그러므로 단제 왕검이 민족을 향하여 가르치고 내려주신 민족 정체성이 삼일신고에 들어 있다. 우리 민족 모두 알아야 하고 또 우리 민족 모두에게 반드시 꼭 알려야 할 교화경으로 말이다.

근세시대에 백두산에서 이 삼일신고를 돌집 속에서 단제의 인도하심으로 백봉신사가 찾아내어 혼란에 빠져 있는 우리나라를 살려내는 길과 우리 국민을 크게 깨닫게 하여 하늘 민족이 될 수 있는 길이 여기에 있다고 한 것이다. 그래서 삼일신고를 백봉이 백두산에서 서울로 보내준 것도 바로 그 뜻일 것이다.

1) 제(帝)로 이어보면 민족의 맥락이 정립된다.

현재 우리나라 국명은 대한민국이다. 대한민국은 1910년 대한제국이 한일병탄으로 멸망한 후 망국에서 새로운 이름으로 민족의 맥락을 이어서 탄생한 이름이다. 거슬러 올라가면 1919년 4월 13일 대한민국임시정부라는 국명이 망명의 땅 중국 상해에서 탄생하였고, 그 뒤 29년 후 1948년 7월 17일 대한민국 헌법이 정해지고 이어서 헌법에 의한 대통령이 선출되고 동년 8월 15일에 대한민국 정부가 수립되었다.

그리고 대한민국은 2년 뒤에 6·25 전쟁이 발발하여 폐허가 되었지만, 그 뒤 비약적인 성장을 이루어 50여년에 경제와 민주주의를 동시에 성공시킨 전 세계에서 유일한 나라를 만들어냈다.

이 과정에서 민족정통역사의 도화선으로 불을 지펴 새 역사를 시작한 사람이 바로 수운 최제우 선생이다. 수운의 첫 하늘역사는 인간성 회복이었다. 당시 사회상은 양반과 비천한 백성이라는 반상의 격을 만들고 운명적인 계급을 지어 인간을 차별하고 인간성을 박탈하여 짓밟았다. 왕의 혈통이 따로 있고 양반의 혈통이 따로 있고 천민의 혈통이 숙명으로 단정된 제도를 만들어놓음으로써 인간 평등이 없어졌다.

이러한 상황에서 수운은 천명을 받들어,

"모든 사람은 한얼님 앞에서는 모두가 똑같다"는 인간성 평등 회복을 말하고 실천하였다. 자기의 여종을 며느리로 맞이하여 인간 평등을 실천하였다.

수운에게 "두려워 말고 겁내지 마라"고 천명을 명령하신 분이 바로 상제(上帝)님이었다.

또 시운에 맞추어 서양의 인권사상과 자유주의 사상이 우리나라에 들어오면서 인간 평등을 가속화시켰다.

그 후 상제님은 증산 강일순에게 오셔서 대한민국의 미래에 대한 천지공사를 해놓으셨다. 증산은 "환부역조(換父逆祖)하는 자와 환골(換骨)하는 자는 다 죽으리라 나도 단군의 자손이다(도전 26장)"라고 하였다.

그 후 상제님은 백두산 도인 백봉에게 오셔서 돌집을 가르쳐주시고 삼일신고를 찾아주시었다. 그 가르침을 받은 후예가 일제 식민지시대에 독립운동을 주도하였고 대한민국의 탄생을 만들었다.

그 대한민국이 기적적인 성장과 발전을 이루었고 또 세계를 선도해 나갈 도(道) 주도국을 향하여 급변해 가고 있는 것이다.

2) 제(帝)로 이어보면 대한민국의 탄생의 의미를 알 수 있다.

우리나라는 지금부터 약 4,300여 년 전에 건국되었다. 단제 왕검은 천부삼인을 이어받고 하늘 이치를 통달한 신인(神人)으로서 건국을 하는 목표가 분명하였으니 곧 홍익인간 재세이화를 실현하기 위한 것이었다. 부도지에 의하면, 그 당시 전 세계의 중심국가로서 천부의 나라를 건설하여 하늘의 이상을 펼치고 실현하였다. 민족의 정체성은 대대로 내려오면서 그 이상과 그 정통이 계속 이어져 내려왔다.

그리고 우리나라에 큰 변화가 일어날 때에는 신인, 단제 또는 상제께서 나타나시어 역사를 도우셨던 것도 같은 맥락이다.

1948년 8월 15일의 대한민국의 탄생 의미도 이러한 맥락의 흐름에서 이루어졌다. 지금도 우리에게는 홍익인간 재세이화라는 얼이 살아있으며 그 얼과 혼이 우리 민족을 이끌어왔고 또 앞으로도 우리 민족을 이끌어갈 것이다.

【2】창창비천 현현비천

창창비천 현현비천
蒼蒼非天 玄玄非天

하늘이란 저 푸른 것이 아니며 저 까마득한 것도 아니다.

1. 천(天)의 의미

천자문의 시작은 천지현황(天地玄黃)으로 시작한다.

기독교의 주기도문은 '하늘에서 이루어진 것같이 땅에서도 이루어지이다'라고 한다.

명심보감에서 순천자(順天者)는 흥(興)하고 역천자는 망한다.

사람이 태어남도 하늘이 주신 것이고 죽으면 하늘로 돌아감이다.

이렇게 곳곳에 쓰이고 있는 하늘은 무엇인가?

1) 천(天)은 옥편에서

(1) 하늘(천체 공간) (2) 조물주, 하느님 (3) 천사나 신들의 세계 (4) 운명 (5) 타고난 천성 (6) 임금 (7) 날씨 등을 뜻한다.

- 〈교학한한사전, 대한 한사전 편집실, 2008년 교학사 / 천(天)의 뜻: 1. 하늘 2. 조물주, 하느님 3. 운명 4. 임금 5. 천체 6. 진리 7. 소중히 여기는 것 8. 날씨 9. 천성 10. 이마〉

2) 하늘은 국어 대사전에서

(1) 지평선 위로 높고 멀리 보이는 시계의 공간 (2) 천지 만물의 주재자, 하느님 (3) 신이나 천사가 머무는 신의 세계 (4) 자연의 이치나 조화에 의하여 부여된 것으로 인간으로서 어찌할 수 없는 것 등을 말한다.

- 〈 국어 대사전 이희승 편저 2005년 수정판, 민중서관 〉

2. 하늘의 개념(天論)

1) 하늘(天)에 대한 일반 개념

"하늘이 무엇이냐?"

라고 물으면 대부분은 공중의 하늘 곧 창공의 하늘을 말한다.

"혹시 저 창공의 하늘 말고 또 다른 하늘을 알고 있는 것이 있는가?"

라고 다시 물어보면 무엇을 말할 수 있을까?

우리의 눈에 보이는 저 하늘은 낮에는 푸르게 보이고 밤에는 캄캄하게 보인다. 하늘에 대하여 삼일신고의 가르침은 첫 시작부터 흔한 일반적인 내용이 아니고 상식을 뒤엎는 새로움을 말하고 있다.

'창창비천 현현비천'이라는 말은 낮에 보는 저 창공의 푸른 하늘이 아니고, 밤에 보는 저 검은 하늘이 아니다. 삼일신고는 또 다른 하늘을 말하고 있는 것이다.

저 창공의 하늘은 사실상 지구(地)의 일부분이다. 천 지 인 3중 구조에서 천에 대한 설명을 하면서 지의 일부분을 가르치며 천이라고 한다면 이것은 논리의 오류가 되는 말이다.

삼일신고에서 말하는 하늘은 '무형질 무단예 무상하사방 허허공공 무부재 무불용'을 충족시키는 하늘을 설명하고 있는 것이다.

2) 하늘(天)에 대한 삼일신고에서의 개념

우리말과 우리의 지혜를 가지고서 삼일신고에서 말하는 하늘의 본질을 헤아려보았으면 좋겠다.

어느 날 다섯 살 된 삼돌이가 엄마에게 물어보았다.
"엄마, 내 동생 순이는 어디서 왔어?"
"응, 네 동생 순이는 다리 밑에서 주워왔지."
"아, 그렇구나."

삼돌이는 한강 다리를 연상하게 되고 동생 순이가 한강 다리 밑에서 울고 있을 때 엄마가 불쌍해서 데려왔구나 라고 생각하게 된다.

먼 훗날 삼돌이가 성장한 뒤 옛날을 생각해 보니 한강 다리가 아닌 엄마의 다리 밑에서 동생이 나왔음을 알게 된다.

다리라고 말하면 한강 다리도 다리이고 엄마 다리도 다리이다. 엄마의 말씀은 옳았다. 엄마는 거짓말을 한 것이 아니고 사실을 말한 것이다. 이 말은 아들의 수준에 맞추어 지혜롭게 말씀하신 것이다. 엄마의 말씀은 때가 되어야 이해할 수 있고 또 때가 된 후에 알아야 되는 지혜로운 말이다.

다만 수준이 낮은 어린 삼돌이는 자기 수준에서 자기 식으로 각색하여 이해하였던 것이다.

그러하듯이 삼일신고에서 하늘을 설명함도 그런 지혜로운 말씀이다. 성숙한 인간이 되어야 하늘의 본질을 깨달을 수 있는 말씀이다. 그래서 인간은 반드시 성숙해야 한다.

3) 탈무드의 지혜는 좀 다르다.

우리 민족의 지혜와 이스라엘 민족의 지혜는 차이가 있다. 이스라엘 민족의 지혜를 묶어놓은 책이 바로 『탈무드』이다.

탈무드에 이런 이야기가 있다. 한 농장 주인이 갑자기 임종을 맞이했다. 그때 주인의 외아들은 먼 타국에 나가 있었다. 주인은 농장에서 힘이 센 우두머리 노비를 불렀다. 그리고 유언을 남겼다. 농장의 모든 재산을 이 노비에게 상속한다는 문서를 주면서 그 밑에 단서를 한 개 붙여놓았다. 타국에 있는 아들이 돌아오면 그 아들의 소원 하나만 들어주어야 한다는 조항이었다. 노비는 너무너무 감사한 마음에 주인의 유언을 충심으로 받들어 지키겠다고 맹세하였다.

결국 주인은 죽었고 노비가 농장의 새 주인이 되었다. 새 주인은 열심히 일하였고 재산도 많이 증식하였다. 많은 세월이 흐른 뒤 아들이 돌아왔다. 아버지는 돌아가셨고 옛날의 노비가 농장의 새 주인이 되어 아들은 빈손이 되었다.

아들은 농장의 새 주인을 찾아갔다. 새 주인은 유언장을 내보이면서 소원을 하나 말하라고 하였다. 아들은 어이가 없고 하늘이 무너지는 절망을 느꼈다. 아들은 고민을 하다가 이 유언장을 가지고 랍비를 찾아갔다. 랍비는 아들에게 귓속말로 이야기를 전해 주었다. 아들은 의기양양한 모습으로 노비를 다시 찾아갔다. 아버지의 유언대로 이 농장을 노비에게 상속해 준 것을 인정하고 이제 소원 하나를 들어줄 것을 약속받았다. 그리고 아들은 랍비가 가르쳐준 대로 소원을 말했다.

그 소원 하나는 그 새 주인을 평생 자기의 노비로 삼는다는 것이다. 그러므로 농장의 새 주인은 아들의 노비가 되니 농장의 실권이 아들에게 돌아갔다는 것이다.

농장의 첫 주인은 생각이 단순하고 재물에 눈이 먼 노비를 이용하여 결국에는 자신의 아들이 재산을 온전히 돌려받도록 유도한 것이다. 재산과 실리를 갖기 위하여 사용하는 것도 물론 지혜이다. 탈무드의 지혜는 재산에 대한 지혜이며 오늘날 법조계에서 재산을 가지고 쟁투하는 모습을 보는 것과 같다. 또 그 지혜는 오늘날 전 세계의 경제권을 거머쥔 이스라엘과 무관하지 않다.

4) 우리 민족은 지혜를 여기에 두었다.

하늘에 대한 지혜를 풀어보자.

어린아이들이나 생각이 단순한 사람은 하늘이라고 하면 창공의 하늘을 생각한다.

또한 어린아이가 이해하기 어려운 하늘이 있다. 어른이 되었을 때 깨달을 수 있는 하늘이 있다. 삼일신고가 말하는 하늘은 창공의 하늘이 아닌 다른 하늘을 말하고 있다. 깨달음을 가진 어른은 생각의 폭을 넓혀서 실상을 찾을 수 있다.

그래서 우리의 지혜를 아이 수준과 어른 수준으로 나누고 싶다.

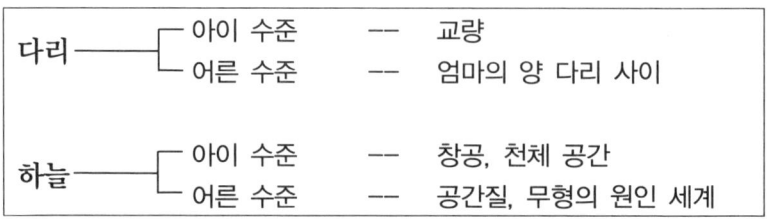

> **【3】천 무형질 무단예 무상하사방 허허공공
>   무부재 무불용**
>
> 天 無形質 無端倪 無上河四方 虛虛空空 無不在 無不容
>
> 하늘은 모양이나 바탕이 없고 처음과 끝도 없고
> 위아래나 네 방향도 없고 겉과 속은 다 텅 비어 있으며
> 어디에나 다 존재하고 무엇에든지 다 쓰이고 있다.

1. 삼일신고의 하늘은 무엇을 말함인가?

1) 하늘에 대한 힌트를 다음과 같이 말하였다.

(1) 푸른 하늘이 아니고 검은 하늘도 아니고(蒼蒼非天 玄玄非天)

(2) 시작도 없고 끝도 없는 하늘(無端倪)이며

(3) 형태나 바탕도 없는 하늘(無形質)이며

(4) 위아래도 없고 동서남북 방위도 없는 하늘(無上下四方)이며

(5) 텅 비고 텅 빈 하늘(虛虛空空)이며

(6) 어디든지 다 존재하는 무소부재하는 하늘(無不在)이며

(7) 무엇이든지 모두에 다 쓰이고 있는 하늘(無不用)이다.

2) 힌트로 또 하나가 있다.

위 조건에 맞는 하늘은 무엇인가?

(1) 더구나 삼일신고에서 말하는 하늘은 처음부터 존재한 것이 아니고 제2훈 신훈에서 생천(生天)하였다 하였으니 후천적으로 생겨났다는 것이다. 창조주께서 하늘을 낳으셨다는 것이다. 삼일신고의 하늘은 허허공공이라고 하였다. 비고 비었다 하였으니 텅 빈 것은 무엇일까? 그리고 후천적으로 만들어진 하늘은 어떤 것이 있을까?

옛날에는 어휘의 숫자가 적어서 제대로 표현하기가 참 어려웠을 것이다. 적절한 단어가 너무나 부족하였을 것이니 자기는 알아도 상대방이 이해할 수 있도록 설명하기가 참 어려웠을 것이다.

오늘의 시대는 얼마나 좋은가? 단어도 많고 인간 지능도 엄청 발달되어 있고 필요하면 새로운 단어도 얼마든지 만들어낼 수 있다.

삼일신고에서 말하고자 하는 하늘은 앞에서 말한 8가지를 충족시킬 수 있는 하늘이어야 한다. 창공의 하늘은 앞에서 말한 8가지를 충족시킬 수 없다.

삼일신고가 말하는 하늘을 어떤 단어로 표현할 수 있는가?

필자도 이에 합당하고 적절한 단어를 찾을 수 없다. 필자는 삼일신고에서 말하는 하늘을 우선적으로 물질의 상대말로 '공간질(天의 요소)'이라고 표현해 본다. 그러므로 하늘은 다음과 같은 뜻이 있다.

하늘은 ① 창공의 하늘도 하늘이다.
　　　　② 무형의 공간질 세계도 하늘이다.

2. 공간질에 대해서

사람의 눈에 보이는 물질들의 최소 단위는 분자이다. 물질은 분자의 덩어리로 형성되어 있다. 이 분자를 더욱 작게 쪼개 보면 원자로 구성되어 있다고 하며 원자를 또 쪼개 보면 소립자로 구성되어 있다. 소립자 또는 쿼크라는 에너지로 구성되어 있다.

원자 그리고 소립자는 극미세한 존재로 사람의 눈으로 볼 수 없지만 물질을 만들어주는 원인 요소이다.

그렇다면 모든 물질의 원인은 무엇인가?

분자의 원인은 원자이며 보다 근본은 에너지에서 왔다. 에너지는 무형의 존재이다. 결론적으로 모든 유형의 물질이 나온 원인은 무형에서

부터 생성되어 유형으로 나타나게 되었다는 결론이다.

눈으로 볼 수 없는 무형(無形)에서 시작되어 눈에 볼 수 있는 물질의 유(有)가 나타났다.

허수(虛數)에서 실수(實數)가 나왔다고 하였다.

태초에 처음이 되는 원인 곧 처음의 무형적 존재가 바로 허허공공이다. 이 존재를 우리는 공간질이라 하며 삼일신고에서 말하는 하늘(천)이다. 이것은 비 물질이다. 무형의 존재물이다. 그러므로 모든 보이는 물질의 원인 세계는 허허공공으로 무형적인 요소이다.

이러한 하늘을 생각하면 앞에서 힌트로 주었던 8가지 내용을 모두 포함하는 말이 된다. 삼일신고에서 말하는 하늘(天)에 대한 설명으로 딱 들어맞는 단어가 없었는데 무형의 공간질 하늘이라고 말하니 그나마 이해가 된다.

무형의 공간질 하늘은 형체도 없고 바탕도 없다. 또 시작도 없고 끝도 없다. 또 위아래도 없고 동서남북 사방도 없다. 또 텅 비어 있는 빈 공간이다. 또 어디에든지 다 존재하고 무엇이든지 다 쓰이고 있는 존재이다.

하늘이라는 단어를 수준 높게(철든 어른의 수준) 이해할 수 있어야 한다. 그래서 '창창비천 현현비천'으로 길게 말하고 있다.

앞에서 말한 다리는 뜻을 달리하는 말로써 여러 가지로 쓰고 있다. 다리는 교량의 다리가 있고, 사람의 다리와 동물들의 다리 등도 있다.

이와 같이 하늘도 창공의 하늘이 있고 무형의 공간질 하늘도 있다. 여기에서 말하는 하늘은 무형의 공간질 하늘을 두고 하는 말이다.

3. 무형의 공간질 하늘의 3중 구조

무형의 공간질 하늘은 단순한 무형만을 의미하는 것이 아니다. 무형의 공간질 하늘의 구성은 3중 구조로 되어 있다. 이를 줄여서 다른 말로 공간질이라고 말하고자 한다. 공간질은 공간과 다르다.

공간질은 3중 구조로 된 종합체이다. 삼일신고의 하늘은 곧 공간과 이력(밖으로 나가려는 힘) 요소와 팽창 요소가 한 덩어리 되어 있는 공간으로 이런 용어가 없으므로 여기서 공간질이라 표현하였다.

3중 구조로 합일된 공간질이 삼일신고가 지칭하는 하늘이다.

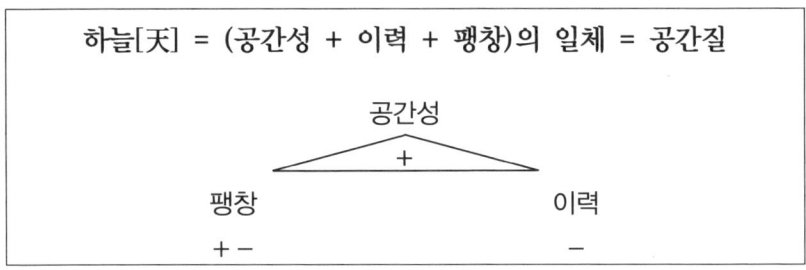

지(地)의 원인은 천(天)이다. 다시 말해서 천에서 지가 생겼다는 말이다. 지와 천의 관계에서 두 존재의 단어는 다르고 질적 세계도 다르지만 맥락은 같은 선상에 있다.

공간질에서 물질이 생겨 나왔다. 이것을 천부경에서는 일시무시(一始無始)라고 하였다.

그러므로 공간질(天)이 1(첫 번째)이고 물질성(地)이 2(두 번째)이다. 이것을 천부경에서는 천일일 지일이 인일삼(天一一 地一二 人一三)이라고 하였다.

4. 하늘을 우리가 일상생활에서 사용할 때

맑게 갠 푸른 하늘

당신을 하늘같이 믿는다.

하늘나라에 가셨습니다.

또 속담에는,

하늘이 무섭지 않느냐?

하늘은 스스로 돕는 자를 돕는다.

하늘이 무너져도 솟아날 구멍이 있다.

하늘에서 떨어졌나 땅에서 솟았나.

하늘 보고 침 뱉기

하늘을 지붕 삼고 살아간다.

하늘 보고 주먹질한다.

하늘을 보아야 별을 따지

하늘을 따르는 자는 살고 거스르는 자는 망한다.

하늘이 두 쪽이 나도 …

등으로 우리 민족은 하늘이라는 말을 곳곳에 사용하며 살아왔다.

맑게 갠 하늘이라는 것은 천체 공간의 창공을 말하고, 하늘같이 믿는다는 것은 절대자 하느님을 말하고, 하늘나라에 가셨다는 것은 신명들의 세계로 가셨다는 말이고, 하늘은 스스로 돕는 자를 돕는다는 것은 천리 이치의 인과가 분명하다는 것이다.

우리말에서 하늘이라는 말은 보편적으로 창공의 하늘을 말한다. 또한 철인의 입장에서 보면 공간질 하늘이 의미하는 것은 무형의 원인이 되는 세계를 말한다. 그리고 통달의 경지에서 보는 하늘은 삼일신고 말씀처럼 3가지 형태를 하나로 표현하는 하늘을 아는 것이다. 곧 하늘은 천(天), 일신(一神), 천궁(天宮)을 포함하는 말로 사용하고 있다. 그러므로 하늘은 여러 가지 뜻으로 사용되지만 사람의 수준에 따라 이해하는 폭이 넓어진다. 하늘에 대해서 특히 위 3가지 형태를 한 덩어리로 이해할 수 있어야 하늘에 대한 내용을 아는 것이며 우리말을 이해할 수 있는 것이다. 위에 열거한 우리말의 쓰임은 하늘에 대한 깊은 의미로 우리말 속에 사용되어 있음을 말해 주고 있는 것이다.

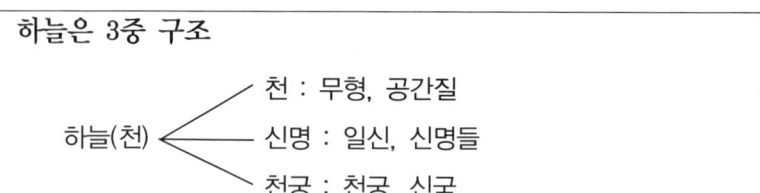

삼일신고에서 하늘이라는 말을 공부하면서 우리는 기존의 '단순한 의식에서 종합적인 의식으로 끌어올린다'라는 뜻이 들어 있음을 알 수 있다.

추측컨대, 하늘이라는 단어를 맨 처음 창작한 사람은 환웅천제라고 생각한다. 환웅천왕은 하늘이라는 말과 단어를 만들고 하늘에 대한 설명을 하였다. 하늘이 귀중하고 의미가 있으며, 모든 유형적 물질이 하늘에서 나온 것이며, 사람이 죽으면 하늘로 가는 것이며, 복을 받음이나 재앙이 오는 것도 그 이치가 하늘에서 원인이 되어 생기는 것이니 하늘이 무섭기도 한 것이다. 인간들에게 하늘을 최초로 알게 하여 주신 분이 바로 환웅천왕이므로 환웅이 개천하셨다고 하였다.

환웅천왕은 삼일신고 천훈에서 하늘에 대한 설명을 이렇게 자세하게 가르쳐주었고 나아가 모든 백성에게 교화를 베풀어주셨으니 대 스승으로 또는 교화주로 섬기게 되었다.

그러므로 교화주 왈 환웅 이신화인 입대도 설대교 감화준준민 연신고 대훈우중(敎化主 曰 桓雄 以神化人 立大道 說大敎 感化蠢蠢民 演神誥 大訓于衆)이라고 하였던 것이다.

5. 천훈에 대한 결론

우리 민족은 하늘을 매우 중요하게 생각하였다. 하늘을 매우 소중하게 여겼으며 하늘을 무서워하고 하늘을 두려워하는 성품을 간직하고 있었다. 영아 때부터 곤지곤지, 도리도리 하면서 하늘을 가르쳤고 하늘을 항상 머리에 담고 사는 민족이었다. 하늘에 대한 속담과 격언이 만들어져 사용되고 그래서 하늘을 받들고 신성시하는 경천사상의 정서가 이루어진 것이다.

6. 하늘을 다시 정리해 보면,

1) 맨 먼저 하늘은 저 창공을 의미한다. 우리 모두가 바라볼 수 있는 파란색의 저 높고 푸른 창공의 하늘을 말하는 것으로, 어린이를 포함하여 모든 사람이 당연히 알고 있는 하늘을 말한다.

2) 우리말에서 하늘은 공간질로서 물질의 원인이 되는 무형세계를 의미한다. 천리 이치를 깨우칠 수 있는 나이가 되면 하늘을 수준 높게 가르쳤다. 우리 눈에 보이는 하늘 말고 눈에 보이지 않는 하늘을 가르쳤다. 어디에도 다 존재하고(無不在) 어느 곳에든지 다 쓰이고 있는(無不容) 무형세계의 하늘을 의미한다.

우리는 무형의 하늘과 함께 존재하고 그 하늘을 결코 떠날 수도 없고 항상 함께 같이 살고 있는 것이다. 그러므로 우리 민족은 하늘을 숭상하고 있었기에 세계의 모든 종교를 다 수용할 수 있고 쉽게 받아들일 수 있는 역사를 이루어왔다.

3) 우리말에서 하늘을 가장 심층적으로 가르친 것이 삼일신고에서 말하는 3가지 의미가 담겨 있는 종합적인 하늘이다. 곧 무형세계로서의 공간질 하늘과 창조주 일신의 하느님을 의미하는 하늘과 하느님이 계신 천궁을 포함하여 모든 신명들이 머물고 있는 신명의 세계를 의미하는 하늘을 총합하여 3중 구조로 사용하는 총합적 하늘이 있다.

이런 종합적인 하늘을 특히 지도자부터(원보 팽우) 가르쳤다는 것은 시사하는 바가 매우 크다. 왜냐하면 하늘을 제대로 모르는 지도자는 오류를 범하기 쉽고 또 수많은 비리와 범죄를 만들어낼 수 있기 때문이다.

개명된 지금의 밝은 세상에서도 하늘의 이치를 아직 모르고 있다면 환웅천왕처럼 다시 개천을 해야 할 일이다.

7. 천훈의 글자 수 36자의 의미

1) 천훈의 글자 수는 총 36자이다. 천부경의 제2단에 있는 천일일 지일이 인일삼을 숫자로 쓰면 다음과 같다.

천 일 일	지 일 이	인 일 삼		
(天) 1 1	(地) 1 2	(人) 1 3		
11 +	12 +	13	=	36

2) 하늘(天)의 세계는 6요소로 되어 있다. 제1부의 제2장 3중 구조와 천부경에서 천 지 인 3중 구조를 기호로 분석하면 ①+ 천 ②- 지 ③+ -인간 그리고 ④- 지 ⑤+ 천 ⑥- +인간으로 횡적 6요소가 하늘을 이루고 있다. 천(하늘)은 한번 움직일 때마다 6수로 변화되고 펼쳐나간다. 물질세계의 논리는 10진법으로 진행되어 나가지만 천(하늘)의 세계는 기본이 6수이고 입체적으로 또는 자승으로 진행한다. 천이 한 번 움직이면 6^1이 되고 두 번 움직이면 6^2이 되고 세 번 움직이면 6^3이 된다.

천이 한 번 움직이면 6^1이 되고	6	×	1			=	6
두 번 움직이면 6^2이 되고	6	×	6			=	36
세 번 움직이면 6^3이 된다	6	×	6	×	6	=	216

천(天)의 변화

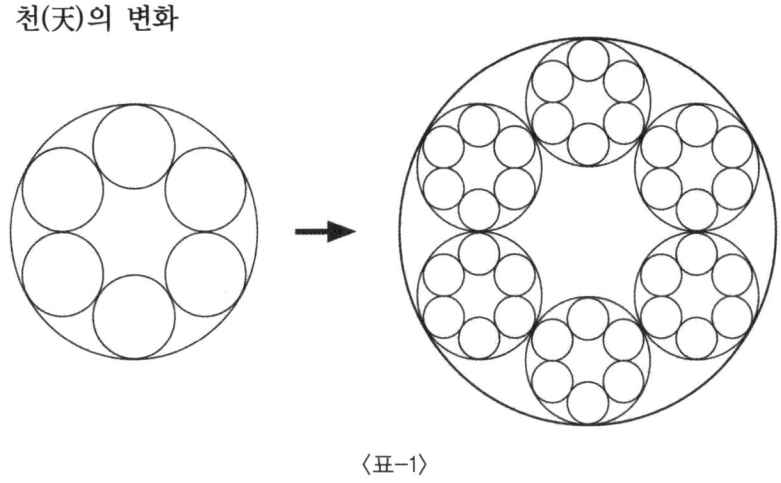

〈표-1〉

3) 한단고기에 이런 기록이 있다. 일적이음립(一積而陰立)과 십거이양작(十鉅而陽作)이라는 말이 나온다.

최동환 선생은 36수는 천궁으로 무궤화일이며 이것은 36개의 흑백점이 모인 중앙에 있는 것으로 삼일신고 천궁론에서 다음과 같이 풀이하고 있다.

일적(一積)은 1에서 9까지 쌓아 음(●)을 세우며 십거(十鉅)는 10을 1까지 펼쳐 양(○)을 만드니 일적십거는 사각형으로 땅을 표현하며 45개의 흑점과 55개의 백점으로 나뉘어 음과 양을 표현한다. 천궁은 대일(大一)이 존재하는 곳이며 대일이 나타나기까지는 무(無)이다.

따라서 무를 둘러싼 36은 중앙 부분으로 즉 6×6의 상자를 무궤화일이라고 한다. 여기서 궤란 궤짝과 같은 뜻이며 우리를 의미하는 것으로 무를 둘러싼 울타리를 의미하는 것이다.

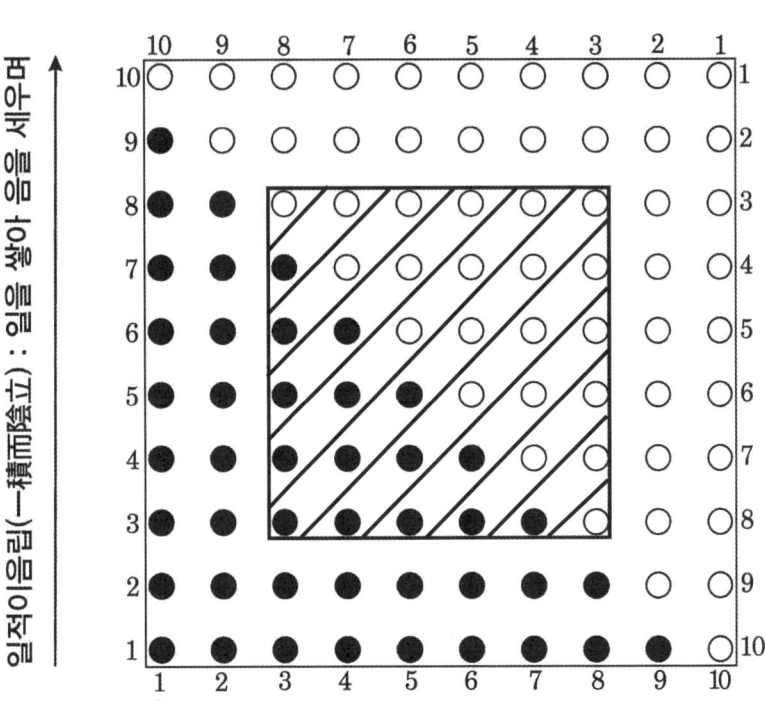

〈표-2〉 최동환의 일적십거도

제3절 천부경과 삼일신고의 연계성
- (천부경 1단과 삼일신고 제1훈)

1. 천부경과 삼일신고의 구성

삼일신고			천부경		
1훈	천(天)에 대해서	(36자)	1단	천(天)에 대해서	(11자)
2훈	신(神)에 대해서	(51자)	2단	천(天)에 대해서	(17자)
3훈	천궁(天宮)에 대해서	(40자)	3단	천(天)에 대해서	(17자)
4훈	세계(世界)에 대해서	(72자)	4단	지(地)에 대해서	(19자)
5훈	사람(人)에 대해서	(167자)	5단	(人)에 대해서	(17자)

1) 대우주는 천 지 인이라는 3중 구조로 되어 있다. 그 이치에 대한 것과 그 이치를 자세하게 설명하는 것이 천부경과 삼일신고이다. 천리 이치를 구조와 내용으로 나누어 체계적으로 나열하였다.

2) 삼일신고의 1훈과 2훈과 3훈은 모두 천(天)에 대한 설명이다. 1훈은 천에서도 천을, 2훈은 천에서도 일신을, 3훈은 천에서도 천궁을 설명하는 것이다.

3) 천부경에서 1단과 2단과 3단은 모두 천(天)에 대한 이치이다. 1단은 천에서도 천을, 2단은 천에서도 지를, 3훈은 천에서도 인의 이치를 말하는 것이다.

4) 삼일신고의 4훈은 지(地)에 대한 설명이다.
천부경에서 4단은 지(地)에 대한 이치이다.

5) 삼일신고의 5훈은 인(人)에 대한 설명이다.
천부경에서 5단은 인(人)에 대한 이치이다.

6) 이것을 도표로 그리면 다음과 같다.

천부경의 구성

종적구조 \ 횡적구조			천1 + +천1	지1 - -지2	인1 +- +-인3	지 - 지4	천 + 천5	인 -+ 인6
1중구조	천	천	一始, 無始, 一	析三極	無盡本			
		지	天一一, 地一二, 人一三,	一積十鉅	無匱化三			
		인	天二三, 地二三, 人二三,	大三合六	生七八九			
2중구조	지		運三四 成環五七 一 妙衍	萬往萬來 用變	不動本			
3중구조	인		本心 本太陽 昂明	人中天地一	一終無終一			

삼일신고의 구성

종적구조 \ 횡적구조			천1 + +천1	지1 − −지2	인1 +− +−인3	지 − 지4	천 + 천5	인 −+ 인6
1 중구조	천	천 천훈	제왈원보팽우 창창비천현현비천	천무형질무단예무 상하사방허허공공	무부재무불용			
		지 신훈	신재무상일위 유대덕대혜대력	생천주무수세계조 신신물섬진무루소 소령령불감명량	성기원도절친견 자성구자강재이 뇌			
		인 천궁훈	천신국유천궁 계만선문만덕	일신유거 군령제철호시 대길상대광명처	유성통공완자 조영득쾌락			
2 중구조	지 세계훈		이관삼렬성신수무 진대소명암고락부 동	일신조군세계 신칙일세계사자할 칠백세계이지자대 일환세계 중화진탕해환육 천내성현상	신가기포저후일 색열행저화유재 물번식			
3 중구조	인 인간훈		인물동수삼진왈성 명정인전지물편지 진성무선악상철통 진명무청탁중철지 진정무후박하철보 반진일신	유중미지삼망착근 왈심기신심의성유 선악선복악화기의 명유청탁청수탁요 신의정유후박후귀 박천진망대작삼도 왈감식촉전성십팔 경감희구애노탐염 식분란한열진습촉 성색취미음저	중선악청탁후박 상잡종경도임주 타생장소병몰고 철지감조식금촉 일의화행반망즉 진발대신기 성통공완시			

삼일신고 말씀

2. 천부경 1단과 삼일신고 제1훈

천부경의 1단
일 시 무 시 일 석 삼 극 무 진 본
一始無始一析三極無盡本

삼일신고의 제1훈
　　　　　제왈　원보팽우　창창비천　현현비천　무형질　무단예
(天訓) 帝曰 元輔彭虞 倉倉非天 玄賢非天 無形質 無端倪
　　　　　　무상하사방　허허공공　무부재　무불용
　　　　　無上下四方 虛虛空空 無不在 無不容

천부경에서는 천의 해설을 이렇게 하였다.

일(一)의 시작은 무형에서 시작하였고 또 근본에서 3극으로 나눔으로써 시작되었다. 일신(一神)의 처음 시작이 천 지 인 3부분으로 나눔과 동시에 횡적 천 지 인 3중 구조와 천 지 인 종적 3중 구조로 시작되었다. 그러면서도 근본은 근본으로써 여전하게 존재하고 있다.

삼일신고 제1훈 천훈은 천부경 1단에서 말하는 하늘에 대한 내용을 교육하는 교과서와 같은 것이다.

삼일신고에서는

1) 깨달음을 먼저 가져야 하는 이치를 설명한다. 깨달음이다. 교화는 먼저 깨달음이 되어야 변화를 이룰 수 있다. 변화를 위한 깨달음이 필요한 것이다. 변화가 되지 않는 것은 깨달음이 아니다.
'깨'
알을 깨고 부화하는 것처럼, 자기를 깨고 일어나는 것처럼, 현재의 자기가 새로운 자기로 변해야 되는 것이다. 그릇을 깨는 것처럼 현재가 부수어져야 된다.

'달음'

'달음'이라는 말처럼 어느 경지에 도달해야 변화가 된 것이라고 할 수 있다. 이것이 깨달음이다. 이런 깨달음을 얻게 하기 위하여 창창비천…이라고 시작한 것이다.

몰랐던 것을 알게 되는 것은 지식을 공부하여 이루어지는 단순한 앎이다. 학교에서 공부하는 것처럼 지식을 하나 더 아는 것을 가리켜 앎이라고 말한다면, 삼일신고에서 말하는 교화는 깨달음을 통한 변화를 말하는 것이다.

본 삼일신고를 읽은 후 깨달음을 얻고 반드시 인격의 변화와 인생의 변화 그리고 부부의 변화가 일어나야 삼일신고를 깨우친 것이라고 할 수 있다.

하늘에 대한 기존의 생각을 내려놓고 새로운 차원의 하늘을 알 수 있도록 깨달음을 얻으려고 하는 것이다.

2) 기존의 창공을 뜻하는 하늘이 있고 삼일신고에서 말하는 하늘은 창공 하늘이 아닌 새로운 하늘을 우선 이곳에서는 공간질 하늘이며 무형세계, 비 물질세계라고 표현했다. 하늘에서 왔다는 것은 무형세계에서 왔다는 말인데 보통 사람들은 창공의 하늘에서 내려왔다고 생각한다.

이는 마치 동생 순이를 엄마가 다리 밑에서 주워왔다는 말을 듣고 한강 다리 밑에서 주워왔다고 생각하는 것과 똑같다. 엄마는 다리 밑에서 주워온 것이 사실이며 지혜로운 말이고 철학적인 말이다. 다만 철없는 삼돌이가 다리를 한강 다리로 각색하였기 때문에 엉뚱한 결과로 변해 버린 것이다.

엄마는 생명의 원인이 자기가 아닌 하늘에 있기에 아기라는 생명은 하늘이 주신 선물이니 생명에 대한 겸손과 이치를 아우르는 말로 주워왔다고 하였다. 그런 이치에서 전래된 말은 삼신할머니가 점지하여 주셔서 출산을 하였다고 하였다. 감사와 겸손이 담긴 말이다.

남자와 여자의 이성 간 사랑은 성인이 된 후에 알아야 할 내용이다. 어린이에게 이성 간의 사랑은 아직 때가 아닌 것이다. 그래서 다리 밑에서 주워왔다고 한 것이다. 요즘 성교육을 한다고 5살 어린아이에게 '아빠 고추가 엄마 잠지…' 이런 식으로 가리키는 엄마가 있다면 지혜롭지 못하고 철학이 없는 것이다. 5살 어린아이가 이러한 설명을 어른처럼 알아들을 수 없으며 어른처럼 판단할 수도 없으며, 때가 아닌 때 너무 많이 알면 오히려 병이 되고 정신작용에 해가 되어 정상적인 성숙이 안 된다. 조숙하게 되거나 자율신경에 부조화 현상이 생겨서 건강에도 악영향을 미친다.

우리 조상님은 얼마나 지혜로웠는가?

'다리 밑에서 주워왔다'라는 말은 때가 되면 자연히 알게 되고, 아무 충격 없이 깨달음의 너그러움과 엄마의 지혜로움을 알고 더욱 경탄하게 만들어주는 말이다.

3) 삼일신고에서 하늘은 무형세계의 공간질을 일컫는 말이라고 하였다. 또한 지(땅)의 세계를 만드는 원인이 되는 천(하늘)의 세계를 말한다. 현대의 과학, 의학, 법은 물질세계의 현실만을 중심으로 전개하여 간다. 모든 것이 돈 곧 물질에 치중되어 있다. 그런데 우리 조상은 물질의 현재보다 원인을 더 치중하고 중시하라고 하였다. 삼일신고의 첫 말씀이 현재의 원인이 되는 무형세계의 하늘을 먼저 가르치는 말씀인 것이다. 현재의 모든 것에 대한 필연적인 원인이 있으니 그 이유를 알고 그 원인을 먼저 찾으라고 하

는 것이다. 또 현실보다 먼저 원인을 중시하고 원인을 이룰 수 있는 이치를 깨달으라고 하는 것이다.

4) 공간질은 무형의 존재이며 6요소로 구성되어 있는 원인의 세계이며 하늘의 세계이다.

우리말에 '하늘이 무섭지 않느냐?'라는 말이 있다. 여기서의 하늘은 파란 창공을 의미하는 말이 아니다. 지금의 현실을 필연적으로 만들어지도록 하는 이치로 원인이 되는 무형세계의 하늘을 말하는 것이다. 험한 일이 된 현실에 대한 원인의 세계가 더 무서운 것이다. 하늘이 무섭다는 것은 무형의 천리 이치 세계를 의미하는 말인데 철부지는 자꾸 파란 하늘 생각만 한다.

파란 창공의 하늘이 무슨 무서운 일을 할 수 있는가? 그런데도 파란 하늘만을 생각하면 철부지가 된다. 분명히 우리 조상님은 현실에 대한 원인이 되는 하늘을 곧 무형세계의 천리 이치 세계인 하늘을 중요시하였던 것이다.

5) 공간질은 내부적인 본질과 양의 흐름에 따라서 자동적으로 파생을 이루게 된다. 그래서 유형적인 물질세계를 만들어낸다. 무형에서 유형이 나왔다는 것이고 천에서 지가 나왔다는 말이 되는 것이다.

6) 천부경에서 일시무시일이라고 말하는 것은 천(하늘)의 요소로써 하늘에 대한 것이다. 삼일신고에서 하늘에 대한 자세한 설명을 하고 있는 것은 하늘을 항상 먼저 생각하고 또한 하늘을 무섭게 생각하여 역천하지 말고 하늘을 가벼이 여기지 말고 조신하라고 한 것이다.

제4절 신훈(神訓)

제2훈 신훈(神訓)

_신 _{재무상일위} _{유대덕대혜대력} _{생천} _{주무수세계}
神 在無上一位 有大德大慧大力 生天 主無數世界

_{조신신물} _{섬진무루} _{소소령령} _{불감명량}
造甡甡物 纖塵無漏 昭昭靈靈 不敢名量

_{성기원도} _{절친견} _{자성구자} _{강재이뇌}
聲氣願禱 絕親見 自性求子 降在爾腦

1. 신훈의 해석

하느님은 그 위가 없는 처음부터 으뜸자리에 계시며
큰 덕과 큰 지혜와 큰 힘을 한 덩어리로 동시에 가지고 계신 분으로
하늘을 낳으셨고 수많은 온 세상을 주인으로 주관하시고
모든 만물을 창조하셨다.
작은 티끌만 한 것도 빠뜨리심이 없고
밝고도 밝고 신령하고도 신령하여
감히 이름 지어 헤아리지 못하리로다.
그 음성과 그 모습을 접하고자 원해도
친히 나타내 보이지 않으시지만
저마다의 본성에서 하늘 자녀를 찾아보라.
너희 머릿골에 내려와 계신 것을 깨닫게 될 것이다.

2. 발해국 태조 대조영의 찬양 글

지극히 맑고 신령함이여
온갖 조화의 임자시로다.
굳세고도 튼튼함이여
슬기와 덕이 밝고 크도다.

온갖 조화 이루시기를
자로써 잰 듯 하시옵건만
음성 모습 없으시오니
하늘 집 보기 어렵도다.

至昭至靈 萬化之主
旣剛而健 慧炤德溥
財成神機 如持規矩
離聲絕氣 不見眞府

3. 발해국 문적원감 임아상(任雅相)의 주해

신은 하느님이니 그 위로는 아무도 없고 유일한 지위이며
비견되는 이 없는 존귀한 자리에 계신 분이다.
대덕은 모든 생명을 나게 하고 기르며,
대혜는 모든 형상을 가다듬고 이룸이고,
대력은 모든 작용이 제대로 움직이도록 힘씀이다.
생은 지음이며
주는 다스림이다.

무수세계는 수많은 별들이라

신신은 많은 사람들의 모습이며

누는 잃어버림이다.

소소령령은 조화다.

성기원도는 일신의 소리를 삼가 듣고자 하고 일신에게서 느껴지는 기운이나 움직임을 삼가 친견코자 하여 기도함이다.

자성은 자기의 진성을 말하며

구는 찾고자 함이다.

뇌는 머리의 골수로서 일명 일신이 계신 곳이니 이에 인간이 태아일 때 일신이 이미 뇌에 계시나 사람들은 일신을 헛되게 다른 곳에서 찾으려 한다.

神 一神 無上一位 無二奠所也

大德 生養諸命 大慧 裁成諸體 大力 斡旋諸機

生 造 主 宰也 無數世界 郡星辰也 牲牲 衆多貌

漏 遺失也 昭昭靈靈 造化也 聲氣願禱 欲聞 不之聲

見不之氣而禱也 自性 自己眞性 求 覓也

腦 頭髓 一名神府 此身 未出胎前

神已在腦 衆人 妄求於外也

제5절 신훈에 대한 해설

> **【4】 신 재무상일위 유 대덕 대혜 대력 생천 주무수세계**
> **조신신물 섬진무루 소소령령 불감명량**
>
> 神在無上一位 有大德 大慧 大力 生天 主無數世界
> 造甡甡物 纖塵無漏 昭昭靈靈 不敢名量
>
> 하느님은 그 위가 없는 처음부터 으뜸자리에 계신다.
> 큰 덕과 큰 지혜와 큰 힘을 한 덩어리로 계신 분으로
> 하늘을 낳으셨고 수많은 온 누리를 다스리시고
> 모든 만물을 창조하시되 작은 티끌만 한 것도 빠뜨리심이 없고
> 밝고도 밝고 신령하고도 신령하여 감히 이름 짓거나
> 헤아리지 못하리로다.

1. 일신론(一神論)

1) 일신의 존재성

삼일신고에서는 창조주를 일신이라고 표현하였다. 우리말로 표현할 때 일신은 하느님이다. 창조주는 하늘에 늘 계신 분이므로 '하늘 + 늘 + 님'이며 이를 줄여서 하느님이라고 부르는 것이다. 필자는 가급적 일신이라는 한자말보다 우리말로 하느님으로 표기하고자 한다. 삼일신고에서는 하느님 곧 일신에 대하여 짧고 간략하게 설명하였지만 그 어느 사상보다도 깊고 적절하게 심오한 내용을 보여주고 있다.

하느님은 그 위가 없는 으뜸자리에 계신다 하였다. 이는 시간이 창조되기 전부터 계시는 것이다. 처음이라는 단어조차도 해당되지 않는 모든 실마리의 원인이 되고 시작의 이유가 되는 근원의 최초이다. 하느님으로 말미암아 모든 것의 시작이 일어났으니 그 위가 없는 첫 시작에 계신 것이다. 이는 시원성의 유일신이며 절대성으로 계시는 것이다.

또 무형세계는 시간이 존재하지 않는 세계이다. 시간이 없으므로 존재의 시작은 곧 영원성을 가지게 된다. 하느님은 무형세계에서 무형으로 계신다. 그러므로 하느님은 시간이 없는 무형의 근본세계에 계시고 처음부터 계시며 또 영원성으로 존재하신다.

2) 일신의 소재지

하느님이 머물고 계신 장소는 다음에 나오는 제3훈 천궁훈에서 나오는데 곧 무형세계로서 하늘나라가 있고 그 하늘나라(신국)에서도 밝고 상서로운 천궁에 계신다고 하였다.

하느님이 머무시는 곳은 한 군데가 있으니 곧 천궁(天宮)이다.

천궁은 하늘나라에 있는 하느님이 머무시는 곳을 말함이다.

그래서 천궁은

(1) 무형의 근본세계로 시간 이전의 세계이다.
(2) 만 가지 선과 만 개의 덕이 쌓여진 곳이다.
(3) 대길상의 상서로운 신성한 곳이다.
(4) 대광명처로 수정보다 더 맑고 태양보다 더 밝은 빛의 세계이다.
(5) 수많은 선령(善靈)들과 수많은 철령(哲靈)들이 호위하고 보좌하는 곳이다.

혹자는 하늘에는 천궁이 있고 천궁에는 하느님이 계시듯이 사람에게는 인궁(人宮)이 있고 그 인궁은 사람의 머릿골이라 하여 머릿골에 하느님이 계시는 곳이라고 한다. 그러나 하느님은 인간의 머릿골 그 어디에도 계시는 곳이 없다. 천궁은 광명하고 상서로운 곳이지만 인간 머릿골은 그러하지 못하며 또 선령과 철령들이 호위할 수 없는 곳이므로 하느님이 계실 수가 없다. 그러므로 인궁이란 인간의 신체 중에서 가장 중요하고 특별하다는 표현일 것이다. 다만 하느님을 생각할 수 있으며 판단할 수 있으며 느낄 수 있는 곳이 인간의 머릿골이다.

또 혹자는 지궁(地宮)에도 하느님이 머무는 신령한 땅으로 곧 백두산이 지궁이라고 하며 하느님이 계시는 곳이라고 한다. 그러나 하느님은 천궁에만 계신다. 지궁은 천궁처럼 밝고 선과 덕으로 쌓여 있는 곳이 아니다. 다만 지궁이란 뜻은 신성스럽고 중심 되는 귀중한 땅이라는 의미일 것이다.

3) 일신이 하는 일

(1) 하느님이 하는 일은 먼저 생천(生天)으로 하늘을 낳으셨다. 또 생지(生地)로 땅을 낳으셨다. 그리고 생인(生人)으로 사람을 낳으셨다. 이를 함축하여 '생천하였다'라고 말한다. 천 지 인 3중 구조는 반드시 있어야 하는 존재들이기 때문에 생(生)이라고 하였다.

① 생(生)은 낳다, 살다, 만들다, 삶의 뜻이다.

낳았다와 만들었다는 어떤 차이가 있을까?

만드는 것은 의지의 작용에 따라서 만들 수도 있고 만들지 않을 수도 있다. 하지만 낳는 것은 낳을 수도 있고 안 낳을 수도 있는 것이 아니라 오직 낳을 수밖에 없는 당연한 이치로써 꼭 절대로 낳아야만 되는 일이다. 곧 하느님이 천 지 인을 필연적으로 낳아야만 되는 절대적인 이유가 있는 것이므로 생천 곧 '하늘을 낳았다'라고 하였다.

(2) 세계와 만물을 만들었다.

① 조(造)는 만들다, 짓다, 세우다, 꾸미다의 뜻이다.

조군세계(造群世界)란 광대한 우주에 수많은 세계를 만들었다. 조신신물(造娠娠物)이란 각각 모양이 다른 모든 만물을 만들었다. 하느님은 천지 인을 창조할 때는 생(生)이라고 하였고, 갖가지 만물과 여러 세계를 창조할 때는 조(造)하였다고 하였다.

(3) 유형과 무형세계를 주관한다.

주 무수세계(主 無數世界)와 주 세계사자(主 世界使者)로서 모든 세계를 주관하고 다스리시고 세계사자도 주관하고 다스린다.

4) 일신의 신상(神像)

(1) 일체삼용(一體三用)

하느님의 체는 무한의 일체로 계신다. 그러나 하느님의 나타남이나 작용에 있어서는 3가지로 이루어지니 곧 조화, 교화, 치화가 그것이다. 다시 말하면 작용에 있어서는 3가지로 나타나지만 존재함에는 조화와 교화와 치화가 한 덩어리로 존재하고 있는 것을 말하는 것이다. 시간성으로 볼 때는 유형세계에서는 시작과 과정과 결과로 이루어지지만 무형세계에 들어가면 시작과 과정과 결과가 한 덩어리 안에 있음이다. 이를 일체삼용(一體三用)이라 한다.

(2) 1 - 3원리

하느님은 하나로 계시면서 석삼극(析三極) 곧, 천 지 인으로 나누어졌다. 천부경에서 말하였듯이 1(하나)이 변하여 먼저 생천하였는데 천(하늘)은 6수로 나누어져 천 지 인(남)과 지 천 인(여)으로 나누어진 것이다. 물질세계에서도 생명체의 시작은 6각수의 물이 먼저 있어야 한다. 나누는 것은 낳음이며 조화이며 창조를 말함이다. 하느님이 생천하였다는 것은 하나에서 3 또는 6으로 나누어지고 다시 물질로 변하면서 5 또는 10으로 나누어 나타나게 되고 다시 인간으로 변하면서 30으로 나누어 만들어지는 팽창처럼 파생되어졌다. 제1부 제2장 3중 구조와 천부경에서 자세히 설명하였다.

하느님 입장에서는 1에서 3으로 나누는 이치가 하늘 창조의 이치이며 천리 이치로 1-3 원리이다. 이것을 석삼극으로 표현하였으니 옛 조상님의 위대함에 새삼 경탄한다.

그러나 생인(生人)된 사람의 입장에서는 3을 1로 만들어내는 삼일(3-1) 원리의 길이 이루어져야 되는 것이다. 사람은 하늘로부터 3진을 부여받아 대3합6으로 만들어져 있으니 대3합6을 일체화(한 덩어리)시키는 3-1로 재창조해야 하는 길이 인생길이다.

하나를 잡아서 셋을 포함하고 셋을 모아서 하나로 돌아간다.
執一而含三 會三而歸一
(집일이함삼 회삼이귀일)

— 한단고기 51쪽

대도의 크고 깊은 규칙은 하나를 잡아 셋을 이루고 셋이 모여 하나로 돌아가는 것이니 이 하늘의 법계를 크게 가르치니 영세토록 법으로 삼으리라
大道術淵宏 執一含三 會三歸一 大演天戒 永世爲法
(대도술연굉 집일함삼 회삼귀일 대연천계 영세위법)

— 한단고기 108쪽

하나를 잡아도 셋을 포함함이며 셋을 모으면 하나로 돌아감인 것이다.
執一含三 會三歸一
(집일함삼 회삼귀일)

— 한단고기 236쪽

이 이치가 통용되는 인간에 대한 자세한 것은 삼일신고 제5훈 인간훈에서 다시 자세히 설명한다.

5) 일신의 신성(神性)

(1) 대덕 대혜 대력(大德 大慧 大力)이 있다.

하느님의 속성으로 내재하는 신성은 대덕, 대혜, 대력이 있다. 인간의 속성으로 성, 명, 정이 있는 것과 같다. 신성을 인간의 입장에서 논하는 것은 어려운 일이다. 3차원에서 4차원을 실질적으로 설명할 수 없기 때문이다. 하느님의 신성은 인간이 생각하는 정도의 덕, 혜, 력 보다 더 크고 영험하지만 불감명량(不敢名量)이라 했듯이 헤아릴 길이 없지만 그래도 부언하면 본체로 되어져 있는 크나큰 덕과 크나큰 지혜와 크나큰 힘으로 되어 있다고 설명하고 있다. 이 모두는 무형적 요소들이다.

(2) 대 길상(大吉祥)이 있다.

하느님의 속성으로 내재하는 신성으로서 크나큰 상서로움이 있다. 하느님 계신 곳에는 선으로 많은 계단을 쌓고 덕으로 많은 문을 만들어 놓았으므로 항상 길상한 기운이 언제나 가득 들어차 있는 곳이다. 하느님 자신이 선과 덕을 소유한 상서로운 길상의 기운을 가득 지니고 있는 존재이기 때문이다.

(3) 대 광명(大光明)이 있다.

하느님의 속성으로 대 광명을 지니고 있다. 스스로 발광체를 이루고 있다. 크리스털보다 더 맑고 투명하며 태양보다 더 밝은 강력한 대광명의 존재이다.

(4) 영원 쾌락(永遠快樂)이 있다.

하느님의 속성으로 즐거운 쾌락이 있다. 천궁은 쾌락이 있는 곳이다. 쾌락은 지식으로 가질 수 있는 것이 아니고 감성으로 느끼는 것이다. 하느님과 같이 영원히 쾌락을 누릴 수 있는 존재는 피조세계에서는 오직 인간뿐이다.

(5) 밝고 영험하다.

하느님에 대한 고유명사가 없다. 너무나 밝고 영검하니 그분에 대해서 왈가왈부해서 될 일이 아니다. 불감명량(不敢名量)이라고 한 것처럼 감히 이름을 만들어 붙이거나 함부로 부르는 것조차 불경스러운 일이며, 자기 식으로 이리저리 판단하거나 계산할 수조차도 없는 너무 신성하고 존귀한 모습이다.

【5】 성기원도 절친견

聲氣願禱 絶親見

그 음성과 그 모습을 접하고자 원해도
친히 나타내 보이지 않지만(볼 수 있는 절대적인 길은)

---

1. 성기원도 절친견(聲氣願禱 絶親見)

이 글자를 해석하는 데 있어서 그동안 긍정적인 것과 부정적인 것으로 보는 견해로 나뉘어 분분하였다. 곧 '소리와 기운을 다해서 기도하면 반드시 하느님을 볼 수 있다'라고 해석하는 것과 '소리와 기운을 다하여 기도해서는 하느님을 절대로 볼 수 없다'라고 해석하기도 하였다. 문제의 해결은 그 뒤에 나오는 자성구자에 있으므로 두 가지 해석이 다르다 하여도 큰 문제로 비화될 이유가 없다.

1) 하느님은 인간의 눈에 보일 수 있는 어떤 형체가 없으며(無形形), 인간의 귀로 들을 수 있도록 사람과 같은 말을 할 수도 없고(無言

言), 또 인간의 손과 발처럼 움직여 할 수 있는 어떤 행위를 할 수도 없다(無爲爲). 하느님은 무형적 존재로 계시기 때문에 인간 육체의 감각으로 인식할 수 있는 존재가 아니다.

2) 그렇지만 인간은 특별한 피조물 존재로서 하느님을 뵐 수 있다. 그 길은 바로 자성구자를 하는 것이다. 그러므로 이 글귀의 해석은 긍정적이든 부정적이든 결국 같은 의미가 된다. 곧 소리와 기운과 기도는 최선을 다해서 열심히 노력하는 모습으로서 인생을 올바르게 사는 것을 말한다. 그런 사람은 하느님을 뵐 수 있으니 그 길은 자성구자(自性求子)를 하라는 것이다. 또는 소리와 기운과 기도는 하느님을 뵐 수 없고 인간이 하느님을 뵐 수 있는 길은 자성구자를 하라는 의미이다.

3) 그리고 하느님을 뵐 수 있는 사람은 다음 제3훈 천궁훈에서 나오는 말로써 오직 성통공완을 이룬 사람만이 천궁에서 하느님을 뵐 수 있다고 분명하게 말하였다(惟 性通功完者 朝).

4) 인간은 욕심을 갖고 있다. 하느님을 보고 싶은 욕심, 하느님을 만나고 싶은 욕심, 하느님의 소리라도 듣고 싶은 욕심, 또 자기 소유의 하느님이 되거나 자기를 도와주는 하느님으로 원하기도 한다. 때로는 자기편에 있어 주길 원하기도 하고 자기에게만 축복을 내려주는 하느님이 되어주기를 원한다. 하지만 그런 하느님이 아닌 것을 누구나 다 알고 있다. 또 그렇게 사적인 하느님이 될 수도 없는 것이다. 결국 이러한 욕심은 이루어질 수 없는 인간의 부질없는 이기적인 욕심일 뿐이다.

5) 그러나 인간은 진실한 정성을 들이면 하느님을 만날 수는 없어도 조상님이나 신명을 만나기도 하고 신령역사를 이루기도 한다.

【6】자성구자

自性求子
_{자 성 구 자}

저마다의 본성에서 하늘 자녀를 찾아보라.

1. 자성구자(自性求子)

하느님을 뵐 수 있으려면 어떻게 하여야 하는가에 대한 답은 자성구자를 하라는 것이다.

자(子)는 사전에서 아들, 씨앗, 열매, 첫째 지지(地支), 사람을 말한다. 여기에서 자(子)는 자녀를 뜻한다.

'자(子)에서 구하라'는 것은 자녀에서 찾으라는 것이다. 인간 본연의 성품에서 자녀를 찾아보면 놀라운 것을 발견할 수 있다.

하느님은 처음부터 무형형(無形形)으로 계시며 무언언(無言言)으로 계시며 영원성으로 계시며 유일신으로 계신다. 하느님은 물질이 아닌 무형적 존재로써 물질세계가 아닌 무형세계에 계시니 물질적인 육신을 가진 인간은 하느님을 볼 수가 없다. 하느님의 소리도 들을 수 없다. 다만 자녀를 통해서 하느님을 알 수 있다.

1) 자녀를 통해서 인간이 가질 수 있는 것은 첫 번째로 자녀의 탄생은 곧 인간 생명 창조는 신비로운 일이다. 생명 창조는 위대한 능력이며 절대권능의 재현이다. 남녀가 어른으로 성숙한 뒤 결혼을 하여 합궁을 하고 잉태가 되고 드디어 자녀 탄생을 이루니 이 생명의 신비로움을 깊게 성찰하면 하느님의 신비를 헤아릴 수 있을 것이다.

2) 인간의 남녀가 조화롭게 출생이 되는 성비율도 신비로운 일이다. 인간이 인위적으로 출생을 조장하면 성비율의 균형이 깨지는데, 자연 순리로 돌아가면 인간의 성비율이 균형을 유지하며 조화를

이루어가니 이 또한 하느님의 신성을 느낄 수 있는 일이다.
3) 자녀를 사람답게 양육하여 보면 하느님의 심정을 깨우칠 수 있다. 인간은 제멋대로 두면 사람다운 사람이 되지 않는다. 반드시 교육을 받아야 하고 또 자기 자신이 땀 흘리며 실천하고 꾸준한 노력을 하여야만 인격을 반듯하게 만들 수 있다. 또 올바르게 살아야 하는 것이니 참된 인간으로 양육하면 자연적으로 창조에 대한 하느님의 깊은 뜻을 깨우칠 수 있을 것이다.
4) 자녀는 신비의 존재이고 자녀를 통해서 하느님을 느끼고 나아가 하느님을 깨달아야 되는 것이니 여기에서 보이지 않는 하늘을 알 수 있고 뵐 수 있다.
5) 그러므로 자성구자의 뜻은 자기 스스로 본성적인 자리에서 인간의 탄생과 양육에서 오는 자녀를 통해서 찾아보라는 것이다. 생명의 신비와 성비율의 조화와 인간 양육과 성숙에서 오는 경험은 하느님의 존재와 신비함과 거룩함을 느끼고 깨달을 수 있다는 것이다.

【7】강재이뇌

降在爾腦

너희 머릿골에 내려와 계신다.

---

1. 강재이뇌(降在爾腦)

1) 강재이뇌(降在爾腦)를 직역하면 '너희 머릿골에 내려와 계신다'이다.
2) 삼일신고 제5훈에서는 모든 삼라만상 가운데에서 인간만이 하늘로부터 성, 명, 정이라는 3진을 온전하게 받았다고 하였다. 3진이 있는 인간으로서 마음 작용이 있는 중앙 본부가 인간의 뇌이

다. 뇌만이 하느님을 느낄 수 있는 곳이다.
3) 삼일신고 제3훈 천궁훈에는 하느님이 계신 곳을 신국 안에 있는 천궁에 계신다고 하였다. 무소부재가 아니다. 곧 어디에나 다 계신다고 하지 않았다.
4) 그러나 천 지 인 3중 구조에서 천(天: 하늘)은 무불용(無不容) 무부재(無不在)하여 어디든지 다 있고 무엇이든지 다 쓰이고 있는 것이라 하였으니 하느님(一神)이 무소부재하는 것이 아니라 천(天: 하늘)이 무소부재하는 것이다. 식물이나 동물이나 돌멩이 등에는 공간질이라는 하늘이 내재하는 것이지 하느님이 내재하는 것이 아니다.
5) 하느님은 무소부재하지 않다. 하느님은 천궁에 계신다. 그 하느님을 알 수 있는 존재는 온갖 만물 가운데에서 인간만이 느낄 수 있다 하였다. 뒤편에서 자세히 논하겠지만 성, 명, 정이라는 3진을 옹글게 부여받은 사람의 머릿골에 내려 임재할 수 있는 것이라고 하였다. 3진을 온전히 부여받지 못한 만물에게는 하느님이 임재할 수 없으니 만물은 하느님을 느낄 수 없게 만들어졌다.
6) 삼일신고에서 말하기를 하느님은 천궁에 계시는 분이다. 그리고 인간의 머릿골에서만 하느님을 느낄 수 있는 존재이다. 그러므로 하느님은 동물이나 식물이나 어느 생명체에도 존재할 수가 없다. 또 집이나 산이나 궁궐 등등 어느 장소에도 하느님은 계실 수 없다. 인간 외에 어느 무엇이 하느님을 느끼며 알 수 있을까?

2. 뇌

뇌는 약 140억 개의 신경세포로 구성되어 있다. 뇌가 하는 일중 대뇌는 생각, 판단, 추리, 창작 등의 정신작용을 하고 소뇌는 몸의 평형을 유지하는 등 운동을 조절하고 뇌간은 몸의 온도, 혈액순환, 호흡작용, 혈당조절 등을 스스로 조절한다.

이에 뇌 속에는 하느님이 계실 수 있는 장소가 없다. 하느님이 계셔야 할 이유도 없다. 그러므로 인간의 뇌 속에는 하느님이 내려와 계실 수 없다.

그러나 뇌는 하느님을 이해할 수 있고 생각할 수 있고 느낄 수 있는 정신작용을 할 수 있는 곳이다. 피조물 가운데에서 인간의 뇌에서만 하느님을 느낄 수 있으니 인간의 뇌는 참으로 귀중한 곳이다.

인간이 하늘을 올라갈 수 없는 과거 시대에 하느님은 저 하늘 높은 곳에 계시는 분으로 우리를 항상 내려 보고 계신다고 생각하였다. 그러나 비행기를 타고 창공의 하늘을 올라가 보니 공간뿐이었다. 하느님이 계실 곳은 어디에도 전혀 없었다. 우주선을 타고 달세계까지 가보아도 우주 공간만 있고 하느님의 궁궐 따위는 없었다.

3. 신훈에 대한 결론

천(하늘)은 무형의 공간질 세계를 말하며 천(하늘)의 무형세계 속에는 천궁이 있고 천궁에 창조주 하느님(일신)이 존재한다. 하늘과 하느님은 다른 존재이다. 창조주 하느님은 무형으로 천궁에 계시며 신성을 가지고 모든 존재의 제1원인자이다. 또 유일하고 절대적이며 전지전능하며 신령한 존재이다.

하느님의 창조이치는 천 지 인 3중 구조로 만들었고 물질이라는 유형존재로 나타나면서 천 지 인이 다시 각각 음과 양으로 나누어져 창조되었다. 하느님을 뵐 수 있는 길이 있다. 창조이치에 따른 본성으로 자녀를 낳아 양육해 보면 인간의 뇌에서 하느님을 느낄 수 있다. 인간만이 하느님을 알 수 있는 유일한 존재이다. 그리고 하느님을 직접 뵐 수 있는 길은 천궁훈에서 말하는 것으로 성통공완을 이루면 하느님을 뵐 수가 있다.

4. 신훈의 글자 수 51자의 의미

1) 신훈의 51자

하느님의 속성이 밖으로 표현되어져 나타난 것이 천 지 인으로 3중 구조로 나타났다. 천 지 인의 구조를 수로 나타낼 때에 숫자를 보면 천 지 인의 총 구조의 숫자는 천의 6수와 지의 10수와 인간의 구조적 숫자인 36수로써 이 모두를 합치면 52수가 된다. 여기 3중 구조 한 덩어리에서 하느님 수(근본 수) 숫자 1을 **빼면** 51수로 천 지 인 전체를 포함하는 것으로 대우주를 상징하는 것이라 할 수 있다.

천		지		인		근본 수		
6수	+	10수	+	36수	−	1	=	51

2) 천궁도의 51자

하느님이 머무는 곳을 천궁이라 하는데 그 천궁도는

(1×1) + [(3×4)÷2]×4 + (5×5) + 1(중앙 수) = 51(수)

최동환 선생의 천궁도

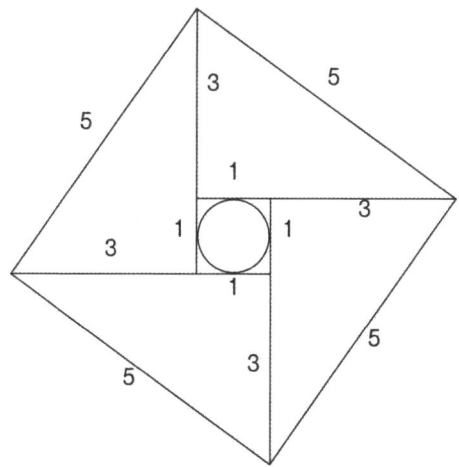

중앙의 작은 정사각형의 너비(1×1)와 삼각형 4개의 너비[(3×4)÷2]×4와 전체 큰 원의 너비(5×5)를 모두 합한 것이다. 여기에 전체가 된 하나를 더 합하여 천궁을 표현하였다.

1 × 1 = 1
[(3×4)÷2] × 4 = 24
5 × 5 = 25
1 + 24 + 25 + 1 = 51

제6절 천부경과 삼일신고의 연계성

1. 천부경 2단과 삼일신고 제2훈

> **천부경의 2단**
>
> 천일일 지일이 인일삼 일적십거 무궤화삼
> 天一一 地一二 人一三 一積十鉅 無匱化三
>
> **삼일신고의 제2훈**
>
> (神訓)
>
> 신 재무상일위 유대덕대혜대력 생천 주무수세계 조신신물
> 神 在無上一位 有大德大慧大力 生天 主無數世界 造甡甡物
>
> 섬진무루 소소령령 불감명량 성기원도 절친견 자성구자
> 纖塵無漏 昭昭靈靈 不敢名量 聲氣願禱 絕親見 自性求子
>
> 강재이뇌
> 降在爾腦

1) 천부경의 2단

(1) 천부경에서 창조의 순서는 천1은 첫 번째 생겼고 지1은 두 번째 생겼으며 인1은 세 번째 생겼다.

(2) 그리고 지의 세계는 10진법에 해당되며 물질세계의 모든 존재가 1에서 10까지 쌓아감의 그 중심과 목적은 인간을 위한 것이며 천과 지가 합쳐져서 인간을 만들었다.

(3) 무궤(無匱)는 무한한 상자 곧 모든 물질세계를 총 망라한 온 우주를 의미한다.

(4) 화삼(化三)은 3수가 인간을 의미하므로 화삼은 인간으로 변화되는

삼일신고 말씀   261

것이니 온 우주는 인간으로 변화되기 위한 것이며, 인간을 위해서 있는 것이며 인간을 중심으로 존재하는 것이다. 물질계의 중심은 인간이라는 것이다.

2) 삼일신고의 제2훈

(1) 천부경 2단에 해당하는 내용으로 삼일신고에서 일신을 설명하고 있다.

(2) 일신은 태초에 최상의 존재로 계시며 크나큰 덕과 지혜와 힘을 가지고 있으며, 모든 존재물을 만들고 주관하는 원인적인 존재로 계시지만 물질세계에서 느끼거나 알 수 있는 것은 오직 인간의 뇌에서 느낄 수 있는 것이다.

(3) 뇌는 인간의 신체 중 중앙본부로 대단히 중요한 부분이다. 더구나 하느님을 인식할 수 있는 거룩한 성소이다. 뇌가 왕성하기 위해서는 산소와 영양소가 필요하다. 뇌세포는 4분만 산소가 공급이 안 되면 죽어버린다. 뇌에 산소를 공급해 주는 것은 피 속에 있는 적혈구이다.

심장에서 폐동맥을 통해 피가 허파로 가서 적혈구는 허파에 있는 산소를 하나씩 싣고 심장으로 다시 왔다가 동맥을 통하여 온몸에 흘러가는데 이때 뇌에도 산소를 공급하여 주는 것이다. 허파에서 산소를 가져와야 되는데 신선한 산소가 있으면 적혈구가 얼마나 좋겠는가?

(4) 천부경에서 물질세계의 중심과 목표는 인간이라고 하였는데 삼일신고에서도 인간의 뇌에서만 일신을 느낄 수 있다고 하는 것은 인간이 최고의 존재라는 것이다. 결국 물질계의 소망이 인간에게 있고 인간을 위해 존재하는 것이니 인간이야말로 특별한 존재이며 위대한 존재라고 강조하고 있는 것이다.

제7절 천궁훈(天宮訓)

제3훈 천궁훈(天宮訓)

_{천 신국 유천궁 계만선 문만덕 일신유거 군령제철 호시}
天 神國 有天宮 階萬善 門萬德 一神攸居 群靈諸哲 護侍
_{대길상 대광명처 유 성통공완자 조 영득쾌락}
大吉祥 大光明處 惟 性通功完者 朝 永得快樂

1. 천궁훈의 해석

하늘에는 신들의 나라가 있으며 그곳에는 천궁이 있다.
천궁은 하느님이 머물고 계신 곳으로
만 개의 선으로 계단을 이루고
만 개의 덕으로 문을 이루고 있는 곳이다.
그곳에는 수많은 선한 신령들과
모든 철인의 신령들이 모시고 있도다.
그곳은 지극히 상서롭고
지극히 맑고 밝은 곳이다.
이 천궁에 들어갈 수 있는 자는
오직 참사랑의 실체를
만들어 이룬 사람이
하늘 궁궐에서 하나님을 뵈오며
영원한 쾌락을 누리게 된다.

2. 발해국 태조 대조영의 찬양 글

하느님이 계신 대궐은 크고 높아 우뚝하여
사방 둘레는 넓고 신성한 빛은 성대하고 성대하다.
오로지 착하고 어진 사람만이
뽑히어 오르고 뽑히어 들어가리라.

지극히 존귀하신 하느님의 좌우에는
모든 신령들이 하느님을 호위하여 모시고 계시니
즐기시고 편안하여 배달의 은혜가 두루 미치기를
큰 비가 쏟아지듯 하도다.

$$\begin{matrix}\text{옥 전 궁 륭} & \text{보 광 욱 욱}\\ \text{玉殿穹窿} & \text{寶光煜煜}\end{matrix}$$

$$\begin{matrix}\text{유 선 유 덕} & \text{방 승 방 입}\\ \text{惟善惟德} & \text{方陞方入}\end{matrix}$$

$$\begin{matrix}\text{지 존 좌 우} & \text{백 령 호 립}\\ \text{至尊左右} & \text{百靈扈立}\end{matrix}$$

$$\begin{matrix}\text{유 희 오 락} & \text{단 우 립 습}\\ \text{遊戲娛樂} & \text{檀雨霝霫}\end{matrix}$$

3. 발해국 문적원감 임아상(任雅相)의 주해

천궁은 하늘 위에만 홀로 존재하는 것이 아니다. 지상에도 역시 존재하는 것이니 태백산을 남북으로 하는 천하의 근본이 되는 땅이 하느님의 나라요, 태백산 꼭대기에 하느님께서 하강하신 장소가 곧 천궁이다. 또한 인간에게도 하늘나라의 궁전이 있으니 인간의 몸이 하늘나라요, 인간의 뇌는 천궁이니 이 세 개의 천궁은 따로따로가 아니라 하나이다.

계는 오르는 것이며

문은 들어가는 것이다.

군령은 신장이며

제철은 신관이다.

성통은 진성을 통하는 것이다.

공완은 366가지 착하고 정당한 일을 스스로의 것으로 지니고, 366가지 은밀하여 남이 모르는 덕을 쌓고, 366가지 아름답고 좋은 일을 만드는 것이다.

조는 하느님을 친히 뵙는 것이다.

영득쾌락은 그 위로 더할 수 없는 즐거움으로서 하느님을 모시고 함께 행복을 누림이다.

天宮 非獨在於天上 地亦有之 太白山 南北宗 爲神國

山上神降處 爲天宮 人亦有之 身爲神國 腦爲天宮

三天宮 一也 階 陞也 門 入也

群靈 神將 諸哲 神官也 性通 通眞性也

功完 持三百六十六善行 積三百六十六陰德

做 三百六十六好事也 朝 覲 一神也

永得快樂 無等樂 與天同享也

제8절 천궁훈에 대한 해설

> 【8】 천 신국 유 천궁 계만선 문만덕
> 　　　 일신유거 군령제철 호시 대길상 대광명처
>
> 天 神國 有 天宮 階萬善 門萬德
> 一神攸居 群靈諸哲 護侍 大吉祥 大光明處
>
> 하늘에는 신들의 나라가 있으며 그곳에는 천궁이 있다.
> 천궁은 하느님이 머물고 계신 곳으로
> 만 개의 선으로 층층을 이루고
> 만 개의 덕으로 문을 이루고 있는 곳이며
> 그곳에는 수많은 선한 신령들과
> 모든 철인의 신령들이 모시고 있도다.
> 그곳은 지극한 상서로운 기운이 가득하고
> 지극히 맑고 밝은 곳이다.

1. 천궁(天宮)

1) 천주(天宙)

무형의 세계와 유형의 세계를 통틀어 천주라고 한다. 무형의 세계는 천(天)의 세계이며 주체의 세계이고, 유형의 세계는 물질(地)의 세계이며 대상의 세계이다.

이에 우주는 유형 물질세계로서 지구의 온갖 동식물을 포함하여 모든 천체 공간과 대은하계의 모든 우주세계를 말한다.

천주의 주체가 되는 무형의 세계에는 신의 나라가 있고 신국 안에는 하느님이 계시는 천궁이 있다.

2) 천궁

(1) 천궁은 하느님이 머물고 계시는 곳으로 최상의 세계이다. 천궁은 인간이 추구하는 최종적으로 가야 할 곳으로 모든 인간의 최종 귀착지이며 최고의 소망 처소이다.

(2) 천궁은 수많은 모든 철인의 영들과 수많은 모든 신령들이 우러러 모시는 곳으로 하느님을 호위하여 지키며 받들고 있는 곳이다.

(3) 천궁은 수많은 선함이 층층 계단처럼 쌓여져 있고 또 수많은 덕이 문을 이루고 있어 그 문을 들어가려면 역시 덕과 선으로 쌓여진 실체화된 존재만이 들어갈 수 있다.

(4) 천궁은 선과 덕이 가득하므로 당연히 대길상의 기운이 꽉 들어차 있는 곳이다. 선과 덕으로 실체화된 사람은 평화와 평안을 당연히 누리며 존재하게 된다. 악함이나 불평, 불만이 있을 수 없고 부정과 비리가 있을 수 없다. 선한 곳에는 선한 존재만이 머물 수 있는 것이다.

(5) 천궁은 스스로 발광체 모습을 이루고 있으므로 대광명의 세계이다. 밝고 밝아서 밝은 태양이 수만 개가 있는 것처럼 환한 곳이고 수정처럼 맑고 크리스털보다 더 맑고 아름다운 곳이다. 그러기에 거짓이나 어둠이 존재할 수가 없는 것은 밝고 투명하여 모든 것이 다 드러나므로 숨길 수도, 숨어 있을 수도 없으니 부끄러워서 어찌 머물 수 있겠는가? 그러므로 정직과 깨끗한 존재는 자유가 가득하여 평화를 누릴 수 있다.

(6) 천궁은 기쁨과 즐거움과 쾌락이 언제나 넘치는 곳이다. 영원한

즐거움과 영원한 쾌락이 있는 곳으로 쾌락을 즐기며 누리면서 살 수 있으니 이곳이야말로 천국이며 이상세계이다.
(7) 천궁은 가장 아름답고 즐겁고 기쁘고 행복한 최상의 세계이다. 하느님께서 창조하신 것 중에서 가장 위대한 존재가 사람이며, 하느님께서 창조하신 것 중에서 가장 아름답고 즐거운 세계가 바로 천궁이다.
(8) 행복한 최상의 세계가 천궁인데 그곳에 들어갈 수 있는 존재는 오직 성통공완(性通功完)을 이룬 사람이라고 삼일신고 천궁훈은 말하고 있다.

【9】 유 성통공완 자
惟 性通功完 者
유 성통공완 자
오직 참사랑의 실체를 만들어 이룬 사람이

---

1. 유(惟)

1) 성통공완 글자 앞에 유(惟)자를 붙여놓았다.

유(惟)의 뜻은 사전에서 '오직, 홀로. 생각하다. 마땅하다'로 나와 있다. 여기에서 유(惟)는 '오직, 홀로'를 의미한다. 뒤에 있는 성통공완의 단어를 규정하고 강조한다.

2) 천궁에 들어갈 수 있는 존재

'惟 性通功完 者(유 성통공완 자)'라는 것은 오직 성통공완을 이룬 사람만 들어갈 수 있다고 하였다.

이 말은 하늘의 입장에서 보면 인간에게 꼭 성통공완을 이루라는 강력한 메시지가 되는 것이고, 인간의 입장에서 보면 육신을 가지고 한평생 살아가는 목적이 바로 성통공완을 이루기 위해서이다.

성통공완의 앞에 오직이라고 하였으니 매우 간절하고 매우 긴요한 것이라는 뜻이다.

〈팔조대고 서문〉에서 단제 왕검은 백성들에게 널리 깨우치는 말씀으로 이르는 서두에서 말하시기를,

"상서로우며 밝고 밝은 하늘나라에 하느님이 계시는데 너희들은 하늘의 규범으로 살고 선을 붙들고 살며 그리고 성통공완을 이루고 하늘에 오르라"고 하였다.

惟則天範 扶万善 滅万惡 性通功完 乃朝天
_{유칙천범 부만선 멸만악 성통공완 내조천}

― 대종교 경전 518쪽

사람이 한평생을 살면서 인생 목표로 삼아야 할 것이 성통공완이라면 과연 성통공완은 어떤 것인가?

2. 성통공완(性通功完)

사람이 살아가려면 천지(天地)가 있어야 한다. 하느님께서 천과 지를 만드신 것은 사람이 살아갈 수 있도록 환경을 이루는 일에 있어서 꼭 필요한 조건이었다. 천과 지 속에서 인간이 이룰 수 있는 것은 무엇일까?

인생의 목적은 인류 역사 이래 인간의 절대 숙명적인 숙제이기도 하지만 만민이 공감하는 절대적이고 완벽하게 결론을 내리지 못하고 있는 문제이기도 하다.

성통공완이라는 단어는 삼일신고의 366자에서 두 군데에 기록되어 있다.

하나는 천궁훈에서 '유 성통공완 자 조 영득쾌락'이라고 하는 곳과 또 삼일신고의 맨 마지막 부분에서 '성통공완 시' 하고 끝나는 곳이다.

또한 366자의 삼일신고를 한마디로 요약한다면 '성통공완' 네 글자라고 말할 수 있다. 그러므로 삼일신고를 총망라한 대 결론은 바로 성통공완에 있다.

아름다운 이 세상에서 사람은 왜 살아야 하며, 사람은 무엇을 위하여 살아야 하며, 사람의 목적이 무엇이며 삶의 목표가 무엇인가?

이것에 대한 답을 삼일신고에서는 바로 성통공완을 이루라는 것이다. 곧 인생의 목표는 성통공완을 이루기 위해서이다. 사람은 누구나 성통공완을 이루면 천궁에 갈 수 있다. 하느님은 사람에게 성통공완을 이루라고 말씀하신 것이다

성통공완은 무엇인가?

종래의 모든 책들을 보면 성통공완이란 '본성을 통달하여 공적을 완성하는 것'이라고 하였다. 본성을 통달한 실체의 모습은 어떤 사람일까? 이것이 궁금하였다.

필자는 삼일신고를 절대 경전으로 신봉하는 모 종교에 찾아가서 대표자에게 물어보았다. 이 종단의 신도 가운데에서 성통공완을 완성한 사람이 혹 계십니까? 어떤 분을 성통공완자라고 합니까? 그리고 그분을 뵐 수 있도록 안내해 줄 수 있느냐고 부탁하였다.

내심으로는 성통공완을 이루신 귀한 분을 한번 찾아뵙고 큰절 올리며 스승으로 모시고 인생 모델로 삼고자 하였다.

그러나 결과는 안내를 받을 수 없었다.

성통공완에 대한 설명은 이 뒤에 나오는 삼일신고 맨 끝에 있는 '제5장 인간훈'에 가면 자세히 알 수 있으므로 그곳에서 설명하기로 한다.

> **【10】 조 영득쾌락**
> 朝 永得快樂
> 조 영득쾌락
> 하늘 궁궐에서 일신을 뵈오며 영원한 쾌락을 누리게 된다.

1. 조(朝)

1) 조(朝)라는 한자의 뜻은 '아침, 뵙다, 알현하다' 등으로 여기에서는 '알현하다, 뵙다'의 뜻으로, '하느님을 뵙다' 또는 '하느님을 알현하다' 라는 의미를 가지고 있다.

2) '유 성통공완 자 조 영득쾌락'은 천궁은 영원한 쾌락이 있는 곳이고 오직 성통공완을 이룬 사람은
 (1) 천궁에 들어갈 수가 있고
 (2) 하느님을 뵐 수가 있으며
 (3) 영원한 쾌락을 누리며 천궁에서 영원히 살 수 있다는 것이다.
 (4) 천궁은 쾌락이 있는 곳이다. 또 천궁은 맑고 밝은 상서로운 곳이다. 신명의 세계에 쾌락이 있다는 것은 다른 어디에서도 들어보지 못한 말이다. 더구나 쾌락은 잠시가 아닌 영원한 쾌락이니 이것이야말로 최상의 세계이다.

성통공완을 빨리 이루고 영원한 쾌락을 누릴 수 있는 그곳에 어서 가고 싶은 것이다. 단지 선행적으로 지상에 살면서 성통공완을 먼저 이루어야 된다는 것이다.

2. 개천(開天)의 의미

개천(開天)을 직역하면 '하늘이 열리다'라는 말이다. 개천절(開天節)은 하늘이 열린 날을 기념하는 날이다.

하늘이 열리고 닫히는 대문도 아닌데 과연 이 말을 어떻게 이해하여야 하나?

태초시대에는 하늘이라는 단어조차 없었는데 인간의 지능이 성숙되면서 드디어 하늘이라는 단어가 생기고 땅이라는 단어가 만들어졌다. 하늘에 대한 설명을 최초로 가르쳐준 사람이 바로 환웅천왕이었다.

그 설명이 바로 삼일신고로 정립되었다.

하늘은 허허공공이며 무형질 무단예 무상하사방 무부재 무불용이라고 환웅천왕이 처음으로 설명하였다.

<ruby>桓雄天王<rt>환웅천왕</rt></ruby> <ruby>肇自<rt>조자</rt></ruby> <ruby>開天<rt>개천</rt></ruby> <ruby>生民施化<rt>생민시화</rt></ruby> <ruby>演天經<rt>연천경</rt></ruby> <ruby>講神誥<rt>강신고</rt></ruby> <ruby>大訓于衆<rt>대훈우중</rt></ruby>

- 한단고기 35쪽

곧 하늘을 알려주고 깨닫게 해주고 하늘을 중심하여 살아갈 수 있는 문화를 만들어주었다. 하늘을 두렵게 생각하고 나아가 인간의 삶의 목적과 건국의 이념을 세울 수 있는 기초를 만들게 하였다.

그 옛날 무지한 시절, 인간에게 하늘의 가르침을 최초로 가르쳐준 스승님 환웅은 곧 하늘을 열어주신 분이었다. 이것이 개천이다.

그 후 후손은 환웅을 대 스승으로 곧 대 교화주로 생각하게 되었다.

"많은 박달나무를 둘러 심은 후 가장 큰 나무를 골라 환웅의 상으로 모시고 여기에 제사 지내며 웅상이라고 명칭하였다. 이때 국자랑의 스승으로 있던 유위자(有爲子)가 말하길,

"생각하옵건대 우리의 신시는 실로 환웅천왕께서 개천하시고 무리를 거두심에 온전하게 하는 것으로 가르침을 세워서 백성들을 교화하셨습니다. 이에 천경신고는 위에서 조술하신 바요…"

<ruby>多環植檀樹擇最大樹封爲桓雄像而<rt>다환식단수택최대수봉위환웅상이</rt></ruby> <ruby>祭之名<rt>제지명</rt></ruby> <ruby>雄常<rt>웅상</rt></ruby> <ruby>國子師傳有爲<rt>국자사전유위</rt></ruby>

子獻策 日惟我神市實自桓雄開天納衆以佺設戒而化之天經神誥詔
述

- 한단고기 85쪽

그러므로 개천(開天)이란 하늘의 뜻을 설명하며 하늘을 깨우쳐주고 하늘을 중심하여 살도록 가르쳐줌으로써 소중하고 당연한 원형이정의 하늘을 최초로 알게 하여 주었다는 것이다.

하늘은 모든 물질세계를 이루게 하는 원인의 세계이다. 나아가 차원을 높여서 말하면 그 하늘이 바로 3중 구조의 하늘로서 ① 무형세계의 공간질 세계와 ② 창조주 일신과 ③ 신명의 세계를 함께 아우르는 말이며 곧 삼일신고에서 말하는 하늘이다. 이러한 말씀을 환웅천왕이 인류 역사에서 처음으로 밝혀주신 것이다.

개천절(開天節)이란 이렇게 소중한 하늘을 알려준 날을 기념하고 두고두고 잊지 않고 천리 이치대로 올바르게 열심히 살겠다는 뜻이다. 개천민족이며 천손민족이며 하늘백성은 바로 이 사상을 가진 사람이다. 이런 민족이 지구상에 또 어디 있는가?

단제 왕검은 원보팽우라는 지도자부터 이 하늘을 가르쳐주는 치화를 하였던 것이다.

하늘을 구조적으로 보면 천리 이치에 따라서

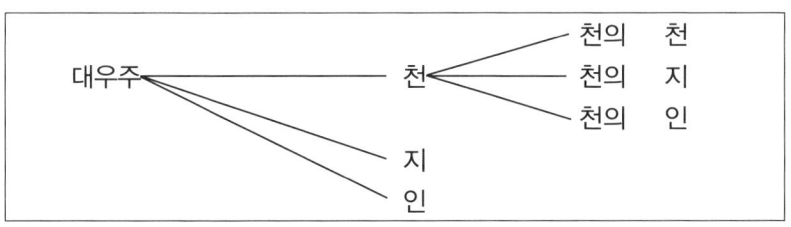

삼일신고 말씀　273

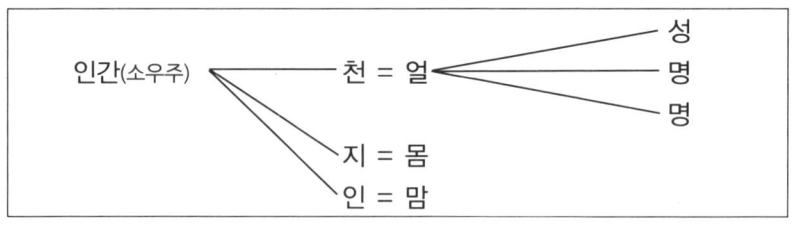

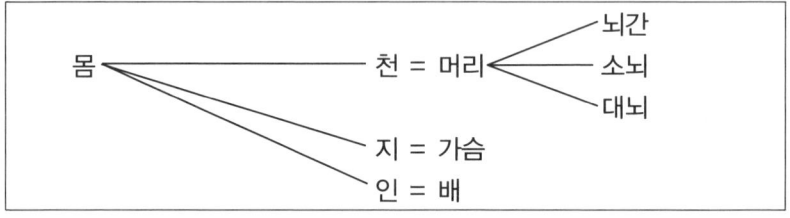

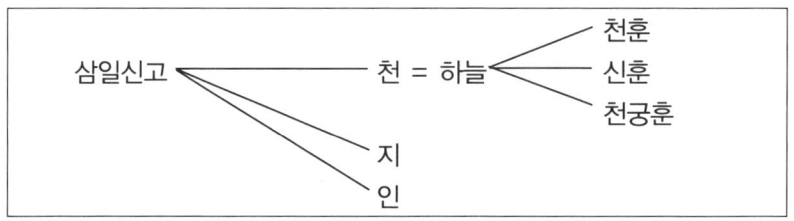

3. 하늘에 대한 인간의 자세

3중 구조의 하늘은 천리 이치로 선복악화를 이루며 현상사건에 대한 원인이 되는 세계로서 성스럽고 분명하며 또한 두려운 세계가 된다. 이러한 3중 구조의 하늘을 깨우친 인간은 과연 하늘을 어떻게 대하여야 하는가? 또 천리 이치를 깨우치지 못한 인간은 어떻게 하여야 하는가?

물론 천리 이치를 깨우치고 천리 이치대로 살아가면 된다.

마침 참전계경에 이에 대한 좋은 글이 있다.

**하늘이 환란을 주면
감사하게 받아들이고 정성들임에 어긋나지 않게 하고,
하늘이 상서로움을 내리면**

두렵게 생각하여 정성들임에 게으르지 말라.
환란은 정성 없음에 있고,
상서로움이 없음은 정성스럽지 못함에 있다.

응천(應天)

天授患難하면 甘受而誠不違하고
天遺吉祥하면 反懼而誠不怠하라
歸患難於無誠 屬吉祥於非誠이라.
- 참전계경 39조

곧 정성이 생활의 기본이다. 환란은 정성이 없는 곳에 생긴다. 정성 들이는 삶은 보다 바르게 살아가게 되며 혹 깨우침이 없을 때는 선몽으로 또는 우연하게 지혜로운 것을 얻게 된다.

정성 속에서는 환란에 대한 지혜를 얻기도 하고 하늘로부터 상서로운 은혜를 받기도 한다.

"지성이면 감천"이라고 하여 감동할 만큼의 정성이 있으면 좋은 일을 이루게 된다. 특히 할머니께서 정성을 제일로 여기며 살았다. 할머니는 가정과 식구에게 재앙이 없는 무사함과 편안을 소망하며 빌고 빌었다.

하늘에서 환란이나 길상이 찾아오는 것이니 오직 정성을 들임으로 환란을 벗어나고자 하였다. 정성이 없는 데서 환란이 온다고 하였기 때문이다. 그래서 장독대 위에 냉수 한 그릇 떠놓고 빌었다. 또 하늘을 우러러보며 동서남북에 절하면서 두 손 모아 빌었다.

하늘이시여!

천지신명이시여!

굽어살펴주시사 무사태평하게 하여 주십시오.

이것이 우리 조상님의 생활풍습이었다. 하늘을 우러러보는 경천사상과 하늘을 두려워하며 정성으로 일관하였던 풍습이 만들어지고 우리 민족성이 만들어졌다.

오늘날 세계 모든 종교를 수용하고 정성으로 동화되는 이 땅에 종교 백화점을 만들어놓은 것과 연관이 있다.

4. 천궁훈에 대한 결론

전지전능하신 하느님이 계신 곳은 하늘(天) 세계 속에 있는 천궁이다. 그 천궁의 세계는 선과 덕으로 가득 차 있고 상서로운 곳이며 밝고 빛나는 곳으로 신명들이 모시고 있는 곳이다. 또 가장 아름다운 곳이고 신성하며 영원한 쾌락이 가득한 곳이다. 천궁이야말로 인간이 찾는 최고의 이상향이다. 무릉도원이며 천국이다.

그곳에 가려면 반드시 성통공완을 이루어야 한다. 그래서 인간이 태어나 한평생을 살아가는데 인생 최대 목표가 바로 성통공완이다.

성통공완은 인간만이 이룰 수 있다. 성통공완을 완성하는 인간을 위해서 천지가 존재하는 것이고 전 우주의 소망이 여기에 있다.

하느님의 창조역사의 목표가 성통공완을 이룬 인간이며, 하느님이 인간창조를 할 수밖에 없는 이유가 이것이며, 성통공완하는 인간을 하느님은 간절히 원하고 있으며 지금도 학수고대하면서 기다리고 계신 것이다.

5. 천궁훈의 글자 수 40자의 의미

1) 천궁훈의 글자는 40자

(1) 지(地)의 세계는 10진법으로 진행한다. 제1부 천부경에서 천의 세계는 6진법이고, 지의 세계는 10진법이고, 인의 세계는 30진법이라고 하였다. 물질세계에서 10진법을 상하좌우 4방향으로 펼

쳐가면 가득 가득이라는 뜻이다.

							10	상
10진법	×	4방향	=	40	10 좌			10 우
							10	하

(2) 천궁은 인간이 완성하여 머무는 최종 안식처이고 하느님과 동고 동락할 수 있는 곳이다. 그곳에 갈 수 있는 길은 인간이 천리 이치대로 살아서 인생의 완성을 이루는 것이다. 그 완성은 육신을 가지고 사는 물질세계에서 지와 인이 합쳐져서 이루어지는 것이다. 지와 인이 뭉쳐진 모습을 숫자로 표시하면 40수가 된다. 곧 지의 10진법과 인의 30진법을 합하면 40(수)가 된다.

지	+	인	=	완성
10진법		30진법		40수

③ 최동환 선생은 천부도라고 하여 중앙 36수 천궁도에서 가로와 세로의 외곽 둘레를 20수로 표시하였다. 그리고 천궁에 이르는 두 개의 길을 표시하였다. 한 가지 길은 계만선으로 쌓아 오르는 것이고 또 하나의 길은 문만덕으로 쌓아 오르는 것이다. 천궁에 도달해서 영원히 사는 방법은 만 가지 선행과 만 가지 덕행을 베푸는 것이라고 하였다. 이 두 가지 길을 삼일신고의 천궁 40자에 배치하였다.

文	萬	德	一	神	攸
天					居
神					群
國					靈
有					諸
天	宮	階	萬	善	哲

惟	性	通	功	完	者
護					朝
侍					永
大					得
吉					快
祥	大	光	明	處	樂

〈도표 4〉 천궁 40자의 배치

제9절 천부경과 삼일신고의 연계성

1. 천부경 3단과 삼일신고 제3훈

> **천부경의 3단**
>
> 天二三 地二三 人二三 大三合六 生七八九
> 천이삼 지이삼 인이삼 대삼합육 생칠팔구
>
> **삼일신고의 제3훈**
>
> (天宮訓)
>
> 天 神國 有天宮 階萬善 門萬德 一神攸居 群靈諸哲 護侍
> 천 신국 유천궁 계만선 문만덕 일신유거 군령제철 호시
>
> 大吉祥 大光明處 惟 性通功完者 朝 永得快樂
> 대길상 대광명처 유 성통공완자 조 영득쾌락

1) 천부경

(1) 천부경에서 1차 분석 천(天)이, 물질계로 나타나면서 2차 분석에서는 양성과 음성의 2로 나누어지고, 3차 분석의 인간계로 나타나면서 천 지 인의 3으로 나누어지고,

(2) 천부경에서 1차 분석 지(地)가, 2차 분석의 물질계로 나타나면서 양성과 음성의 2로 나누어지고, 3차 분석의 인간계로 나타나면서 천 지 인의 3으로 나누어지고,

(3) 천부경에서 1차 분석 인(人)이 2차 분석에서는 물질계로 나타나면서 양성과 음성의 2로 나누어지고, 3차 분석의 인간계로 나타나

면서 천 지 인의 3으로 나누어지고,

(4) 그리고 대3과 대3이 합쳐져서 새로운 7과 8과 9를 파생하여 만들어낸다. 여기서 대3합6이 유독 눈에 띤다. 천부경을 정사각형으로 펼쳐놓으면 정중앙에 6자가 있다고 하였다. 6수에 핵심이 들어 있다.

2) 삼일신고

(1) 이것을 설명하는 삼일신고에서는 천궁을 설명하고 이곳에 들어갈 수 있는 사람을 결정하여 놓았다. 천궁은 좋고 아름다운 곳이고 또 밝으며 나아가 영원한 쾌락이 있다고 하였다. 쾌락이 없다면 별로 가고 싶은 마음이 없겠지만 천궁에는 쾌락이 있다고 하니 꼭 가보고 싶고 꼭 가야만 한다.

(2) 성통공완 자는 하느님을 배알할 수 있는 사람이다(조 영득쾌락). 또 성통공완과 쾌락은 매우 밀접한 관계가 있다. 영원한 쾌락을 가질 수 있는 자는 성통공완에서 이루어지는 것이라고 단정한다.

(3) 삼일신고 제3훈에서의 성통공완은 천부경의 3단에 있는 대3합6과도 유사한 것이다. 인간이 이것을 이루는 것이야말로 최고, 최상의 모습이 되는 것이다. 이것은 생 7, 8, 9를 만들어낼 수도 있다.

(4) 삼일신고의 핵심이 성통공완이라면 그 모습은 바로 대3합6이다. 이 대3합6에 온갖 비밀이 들어 있다. 성통공완에 대해서는 삼일신고 5훈에서 충분히 설명한다. 대3합6이 되어야 성통공완이 이루어지고 성통공완이 되어야 인중천지일이 이루어지고 또 재세이화가 이루어진다.

제10절 세계훈(世界訓)

제4훈 세계훈(世界訓)

_{이관 삼렬성신 수무진 대소 명암 고락 부동}
爾觀 森列星辰 數無盡 大小 明暗 苦樂 不同

_{일신 조군세계 신 칙일세계사자 할 칠백세계}
一神 造群世界 神 勅日世界使者 轄 七百世界

_{이지자대 일환세계 중화진탕 해환육천 내성현상}
爾地自大 一丸世界 中火震盪 海幻陸遷 乃成見象

_{신 가기포저 후일색열 행저화유재 물 번식}
神 呵氣包底 煦日色熱 行翥化游栽 物 繁植

1. 세계훈의 해석

너희들은 총총히 널려 있는 저 별들을 바라보아라.
그 수가 끝없이 많다.
크고 작은 것, 밝고 어두운 것, 괴롭고 즐거운 것이 모두 똑같지 않다.
하느님께서 뭇 누리를 창조하시고
그중에서도 해 누리를 맡은 사자를 시켜
칠백 누리를 거느리게 하시니
너희 땅이 스스로 크게 보이지만 작은 한 알의 세계이다.
속 불이 터지고 퍼져서 바다가 되고 육지가 되어
마침내 모든 형상을 이루었다.
하느님이 기운을 불어 밑까지 싸시고 햇빛과 열을 쪼이시어
기고, 날고, 탈바꿈하고, 헤엄치고, 심어 가꾸는
온갖 동식물들이 번식하게 되었다.

2. 발해국 태조 대조영의 찬양 글

만들어 돌리는 누리의 온갖 것
별 짜이듯 가로 세로 이어졌나니
참 이치 하나에서 일어남이여
바다의 물거품 뿜음 같도다

해가 돌아가는 힘을 따라
칠백 별들이 따라 도나니
온갖 생명들 번성함이여
물과 불이 부딪치는 힘이시로다

陶輪世界 星絡轇轕
(도륜세계 성락교갈)

依眞而起 如海憤沫
(의진이기 여해분말)

太陽線躔 七百回斡
(태양선전 칠백회알)

群生芸芸 水激火擦
(군생운운 수격화찰)

3. 발해국 문적원감 임아상(任雅相)의 주해

삼은 나무가 많은 모양이요,
열은 넓게 깐 것이다.
수는 셈을 세는 것이다.
무진은 계산이 불가능한 것이다. 모든 별들이 일절 하느님께서 세계를 창조하신 바로써 대소 명암 고락이 땅과 비교된다.
해 세계 사자는 하느님의 명을 받으사 태양의 신들을 거느리고 다스린다. **할**은 차축이다.

칠백세계는 모든 별들 가운데 칠백의 별들이 태양에 속하여 차축에 모이는 바와 같다.

자대는 모든 사람들이 땅은 큰 것으로 짝을 이루는 것이라 하나 역시 태양계 내에 있는 하나의 세계이다.

환은 원형으로 굴러가는 물질이니 모든 태양의 법칙과 같은 작은 구슬에 비교함이다.

중화진탕은 땅속의 불이 파도처럼 부딪치는 것 같음이며, 바다가 변하여 육지가 되고 육지가 꺼져들어 바다가 됨이며 바뀌고 옮겨져 하나같지 않음이다.

현상은 지금 보이는 형상인 것이다.

가는 숨을 내뿜음이요,

포는 전체를 감싸는 것이고

후는 찌는 것이니 땅은 인물과 같고 기와 색과 열이 없어 처음에 나서 움직일 수 없었으니 하느님께서 안을 불어 해 세계 사자에게 명하여 뜨겁게 찌게 한 것이다.

행은 다리와 몸통으로 걷는 무리,

저는 날개로 나는 무리,

화는 쇠, 돌, 물, 불, 흙에서 모양을 바꾸는 무리,

유는 물에서 헤엄치는 물고기 무리,

재는 풀과 나무와 같이 심는 무리,

번식은 많이 낳는 것이다.

參 木多貌 列 布也 數 算也 無盡 不能計也

群星辰 皆爲 一神之所造世界 而與地比準

有大者 小者 明者 暗者 苦者 樂者也

日世界使者 受一神勅 主治太陽之不官也 牽 車軸也

七百世界 君星辰中 七百屬於日 如車軸所湊也

自大 衆人 以地大 莫與爲俱 亦日屬內之一世界也

丸 圓轉物 轎諸日則如小丸也 中火震盪 地中火

與與面水 相搏 海凸爲陸 陸陷爲海 幻遷不一也

見象 今所示形也 呵 嘘也 包 裏也 煦 蒸也

地與人物 無氣色熱 初不生活

一神 呵以包之 命曰世界使者 煦之也

行 足腹動類 翥 羽族類 化 金石水火土類

游 魚族類 栽 草木類也 繁殖 多生也

제11절 세계훈에 대한 해설

> **【11】이관 삼렬성신 수무진 대소 명암 고락 부동**
> 爾觀 森列星辰 數無盡 大小 明暗 苦樂 不同
> 너희들은 총총히 널려 있는 저 별들을 바라보아라.
> 그 수가 끝없이 많다.
> 크고 작은 것, 밝고 어두운 것, 괴롭고 즐거운 것이
> 모두 똑같지 않은 것이다.

1 지훈(地訓)

신사기의 원문 삼일신고에서는 '세계훈'이라는 소제목이 없었다. 그러나 후세에 전해지면서 세계훈이라는 소제목을 붙였고 그 뒤로 계속 첨부하여 내려왔다. 세계훈이라고 한 것은 격에 맞지 않는 단어이다.

3중 구조의 전개 부분

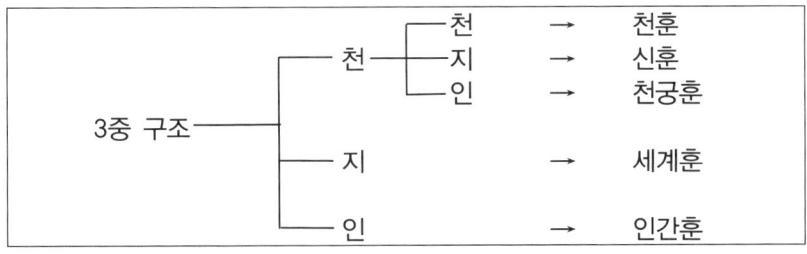

천부경에 의하면 창조세계는 천 지 인 3중 구조로 되어 있다. 이와

같은 이치에서 천부경의 1단과 2단과 3단은 천(天)에 해당하였고, 삼일신고 제1훈과 제2훈과 제3훈 모두가 천에 해당하는 내용이다. 천은 무형세계이며 공간질의 6진법의 세계이며 허허공공 세계이다.

이 천(天)이라는 무형의 세계에서 보이는 물질세계(地)가 나왔다.

삼일신고 제4훈 세계훈은 바로 지(地)에 해당하는 것으로 땅론 또는 지론(地論)이며 물질훈으로 물질세계를 말하고 있는 것으로써 물질로 되어 있는 전 우주를 말하는 것이다.

그래서 본 소제목을 붙여야 한다면 지훈(地訓) 또는 물질훈(物質訓)이라고 해야 할 것이다.

2. 물질세계론(地論 유형세계론)

우리 눈에 보이는 것은 밤하늘의 별이 참 잘 보인다.

```
보이는 것 ┬ 밤 - 별
         └ 낮 - 온갖 동식물과 모든 형체
```

본 내용은 물질세계, 곧 형체가 있는 전 우주세계를 말하는 것이다. 그 이유는 고락이라는 단어가 있기 때문이다. 별들에게 고락이 있다는 말이 아니고 고락은 감정이 있는 존재물에 쓸 수 있는 단어이다. 감정을 가지고 표현하는 존재는 생물체이다. 모든 동식물들은 감정을 부분적으로 느끼고 몸짓을 한다. 그중에서도 인간은 온전하게 모든 감정을 느끼고 전부를 표현할 수 있으며 때로는 누리면서 살 수 있는 유일한 존재이다.

　(1) 대소 : 광물, 생물, 인간
　(2) 명암 : 광물, 생물, 인간
　(3) 고락 : 동식물, 인간

3. 고락(苦樂)

'고락이 부동하다'라는 것은 별세계와 같은 광물세계를 말함이 아니다. 고락은 감정이 있는 존재를 말함이다. 감정을 소리나 행동으로 나타낼 수 있고 감정을 느낄 수 있는 것은 동물과 인간이다.

4. 부동(不同)

부동이란 이 세상의 모든 것은 똑같은 것이 하나도 없으며 광대한 우주도 똑같은 것이 하나도 없다. 숲 속의 나무들처럼 무수히 많은 별들이 있지만 그 모든 존재가 똑같은 것이 하나도 없다. 크고 작음이, 밝고 어둠이, 고통과 즐거움이 동일한 것이 하나도 없는 것은 파생원리에 따르기 때문이다(大小明暗苦樂不同). 환경과 여건이 각기 다른 대3합6의 파생 결과이기 때문에 하나라도 같은 것이 나올 수가 없다.

파생원리에 대한 것은 제5훈 인간훈과 제3장 천부경에서 자세히 설명하였다.

【12】 일신 조군세계

日神 造群世界
일신 조군세계

이러한 뭇 누리를 하느님께서 만들었다.

유형의 세계는 일신(하느님)께서 만들었다(造). 전 우주를 하느님께서 만들었다. 본 삼일신고는 창조론을 말한다.

우리 민족은 처음부터 창조주 하느님이 계심을 알고 섬기며 살아왔다. 그래서 경천사상이 체질화된 민족이다. 종교가 발생하기 전 옛날부터 하늘에 계신 하느님을 숭상하고 우러러 본 민족으로, 선을 좋아하고 평화를 사랑하고 인간 차별이 없는 스스로 사는 군자의 나라라고 표현되었던 민족이었다. 이것이 오늘날 세계 각 종교가 우리나라에 들어와서 공존할 수 있는 저력이 되었다.

【13】신 칙일세계사자 할 칠백세계 이지자대 일환세계
神 勅日世界使者 轄 七百世界 爾地自大 一丸世界

해 누리를 맡은 사자를 시켜 칠백 누리를 거느리게 하시니 너희 땅이 스스로 크게 보이지만 작은 한 알의 세계이다.

---

1. 태양계

일세계사자(日世界使者)는 태양계를 말한다. 태양계는 우주에서 얼굴과 같은 곳이다.

사람에게 있어서 얼굴은 눈, 코, 입, 귀가 있으며 7개의 구멍이 있고 상호 작용을 하며 조화와 총화로써 유기적 관계를 이루고 있다. 얼굴은 사람을 대표하는 간판이며 온갖 희로애락을 나타내며 사람의 됨됨이를 대표하는 형상이다. 얼굴이 사람의 간판이듯이 전 우주를 대표하는 얼굴이 바로 태양계이다. 7백 세계는 곧 우주의 얼굴 세계이다.

먼 후일에 가서 태양계와 우주를 연결하는 통로나 연결 시스템이 7개가 있다고 과학이 밝혀내는 일이 나올지도 모른다.

하느님께서 태양계를 맡은 신관사자에게 명하여 7백 세계를 다스리라고 명하셨다. 태양계만 해도 참으로 넓다. 9개의 행성이 태양을 중심하여 공전하고 있다. 혹성의 맨 끝에 있는 명왕성까지 거리가 44억 2천만km에서 74억 11백만km로 타원형으로 돌고 있으며 평균거리는 59

억 1천만km이다. 빛의 속도로 가도 태양에서 명왕성까지 5시간 38분이 걸린다. 태양계만 해도 엄청나게 넓은 지역이며 엄청나게 먼 거리이다. 그런데 하느님이 만든 전 우주와 비교하면 작은 구슬 하나에 불과하다고 하였다.

2. 태양계의 의미

온 우주에서 태양계는 특별한 곳이다. 태양계 그 속에는 지구가 있고 지구에는 생명체가 우글거리고 있는데 그중에서도 인간이 생존하고 있기 때문이다.

태양계가 특별한 것은 인간이 살고 있기 때문이다. 인간이 없는 태양계는 아무 의미가 없다. 한편 지구의 존재는 태양이 존재함으로써 가능한 일이다. 낮과 밤 또는 지구의 공전을 통한 1년의 변화도 태양이 존재하기 때문에 가능한 일이다. 인간의 생존도 태양이 있기 때문에 가능한 일이다.

3. 일환세계(一丸世界)

태양계가 차지하고 있는 공간도 엄청나게 넓은 곳인데 우주 전체의 공간에 비하면 하나의 작은 구슬에 불과하다 하였으니 천주와 3중 구조 세계를 다 포함한다면 그 공간은 더 엄청날 것이다. 하느님의 세계는 상상조차 못할 정도로 광대한 공간이라는 것이다.

【14】 중화진탕 해환육천 내성현상

中火震盪 海幻陸遷 乃成見象
_{중 화 진 탕 해 환 육 천 내 성 현 상}

속 불이 터지고 퍼져서 바다가 되고 육지가 되어
마침내 모든 형상을 이루었도다.

1. 가운데 불(中火)

유형세계의 중심부에는 불이 있다(中火震蕩).

태양계 중심부에 태양이 있고 태양은 우글부글 뜨거운 불덩어리다. 지구 중심부에도 핵이라는 우글부글 불덩어리의 뜨거움이 있다. 사람도 배 속은 항상 따뜻해야 한다.

건강한 몸이 되려면 배 속이 따뜻해야 한다. 속은 뜨겁고 겉은 시원해야 정상적인 사람이다. 비싼 보약을 먹는 것은 속을 뜨겁게 만들기 위해서다.

만약 배 속이 차갑게 되면 비정상적인 일이 일어난다. 배 속이 차가우면 배탈이 생기고 소화불량과 장기질환이 생긴다. 나중엔 암세포까지 생기고 암세포는 급번식을 한다. 배 속이 차가우면 반드시 건강에 해롭고 온갖 병마가 생긴다.

여름에 날씨가 덥다고 얼음과자를 많이 먹으면 배탈이 일어난다. 아침에 일어나자마자 차가운 물을 벌컥벌컥 마시는 것은 배 속을 차갑게 만드는 것으로 창조법칙에 어긋나는 행위이다.

천리 이치가 살아 있는 존재물은 몸속에 불이 있어야 되는 것처럼 사람도 배 속이 따뜻해야 한다. 중앙의 한가운데에 뜨거운 열 기운을 가지고 있으면 생명이 약동한다.

2. 해환육천(海幻陸遷)

바다가 되고 육지가 되었다. 물이 모아져서 바다가 만들어지니까 물에 잠기지 않은 곳은 자연히 육지가 되었다.

불의 기운이 강해지면 뜨거워진다. 뜨거운 불이 있으면 그 주위에 물기를 증발시켜 버린다. 메마른 공기는 다시 그 주위의 물기를 빨아들이는 역할을 하고 불기운에 접한 물은 수증기로 증발하여 상층부에 물 기운을 축적한다. 상층부에 물이 많아 무거워지면 비가 되어 땅으로 내려오게 된다. 이 비로 인하여 땅 위의 온갖 식물들이 무성하게 자라난다.

3. 내성현상(乃成見象)

바닷속에서 원시생물체가 생겨났다. 세월이 흐르면서 생명체는 점차 진화되고 발전되어 갔다.

비가 내리면 식물이 자라나고 또 초식 동물들이 생존한다. 바다의 생명체나 육지의 생명체는 수많은 세월이 흐르면서 진화되어 자연세계를 만들었다. 이런 현상이 자연의 순리이며 순환이며 변화이다.

【15】신 가기포저 후일색열

신 가기포저 후일색열
神 呵氣包底 煦日色熱
하느님이 기운을 불어 밑까지 싸시고 햇빛과 열을 쪼이시어

---

1. 기화수토설

하느님은 창조방식에 허실 기화수토(虛實 氣火水土)의 과정을 이루었다. 모든 유형의 존재는 그 원인이 무형에서부터 출발한 허실 기화수토

설이다. 맨 처음의 발단은 목적이 있는 무형의 계획이 먼저 있고 그곳에 기가 가세를 하여 물질로 나타난다. 하느님이 기로써 감싸 안고 빛과 열을 쪼여주어 생명이 시작을 이루었다.

기가 맨 먼저 만들어지고 다음은 이곳에 열이 생겨나야 한다. 그 다음은 습기가 들어와야 생명과 성장이 이루어진다.

허실 기화수토로 말미암아 단세포 생명체로부터 다세포 동식물이 생존하고 번식되는 생명의 역사가 이루어지는 것이다.

2. 가기포저 후일색열(阿氣包底 煦日色熱)처럼 생명의 약동에는 반드시 열과 습이 있어야 한다.

생명체는 햇빛과 열을 받아서 생명을 이어간다. 열이라는 불기운이 생겨야 생명력이 살아난다. 봄은 열기와 습이 생명발아를 이루기 위한 여건이 갖추어진 딱 맞는 계절이다. 인간에게도 약해진 면역력이나 생명력을 되살리는 데에도 반드시 열이 필요하다.

3. 중국에서 사도(邪道)가 나오다

1) 제왕의 도

요나라에서 요왕이 전설의 시대에 있었던 복희씨의 하도〈표-5〉를 이용하여 제왕의 도를 만들었다. 5수라는 중심자리에 제왕이 있어서 주변의 천하를 다스려야 한다고 말하였다.

2) 우왕은 '황제의 정치'

(1) 요왕이 죽은 뒤 '제왕의 도'를 우왕이 황제의 정치로 발전시켰다. 마침 낙수(洛水)라는 곳에서 거북이가 나왔는데 등에 〈표-6〉과 같은 그림이 있었다고 한다.

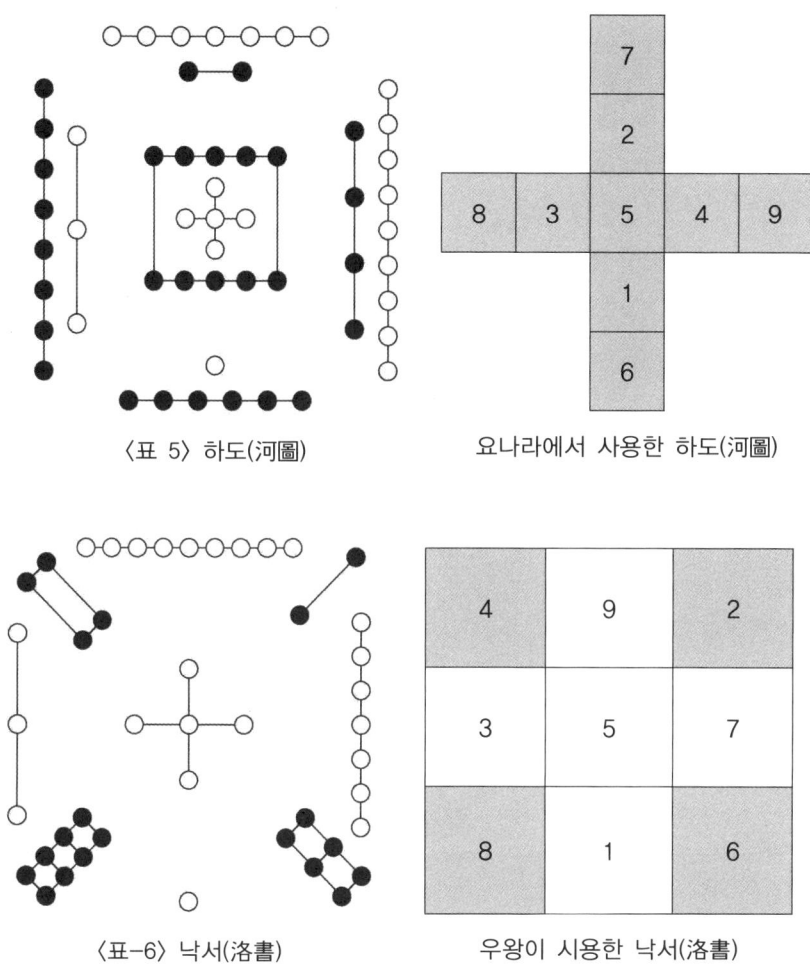

〈표 5〉 하도(河圖)　　　　요나라에서 사용한 하도(河圖)

〈표-6〉 낙서(洛書)　　　　우왕이 시용한 낙서(洛書)

(2) 자연의 순리가 이러한 것이니 토의 자리는 황제를 뜻하는 것이고 동서남북에는 여러 왕이 있어야 한다. 곧 중앙에는 반드시 황제나 천자가 있고 그 동서남북 주변에는 여러 왕과 제후가 있어서 황제의 주관을 받아야 하고 조공을 바쳐야 된다는 것이다. 황제는 왕들을 제압하고 다스리고 승인을 해주어야 하며 이것이 신의 뜻이며 천리 이치라는 것이다.

(3) 우왕은 9주 곧 기주(冀州)·연주(兗州)·청주(淸州)·서주(徐州)·양주(揚州)·예주(豫州)·형주(荊州)·옹주(雍州)·양주(梁州)의 땅을 정복하여 우나라로 만들고, 자기는 스스로 숫자 5의 자리에 있는 황제라 칭하고 '황제의 정치'를 펼친다고 하였다.

(4) 이때 물에서 나온 거북이의 등에 그림이 있었는데 그것이 바로 낙서(洛書)이다. 중앙에 5 숫자가 있는데 이 자리는 황제가 있어야 된다는 신의 뜻이며 하늘의 계시라고 한 것이다.

(5) '제왕의 도'라는 사상이 발전하여 '황제의 정치'가 되었고 이것은 다시 오행론으로 발전하여 후일에 가서는 중화사상으로 변해 갔다.

(6) 중화사상은 중앙에는 황제가 있고 그 주변에는 동이·서이·남이·북이가 있어야 하고, 4곳의 오랑캐들은 중앙 황제의 주관을 받고 임명도 받아야 되고, 오랑캐는 황제에게 반드시 조공을 바쳐야 한다. 중국의 역사는 이렇게 변해 갔다.

(7) 또한 세계적으로 볼 때에도 중앙의 5라는 자리에 중국이 있고, 그 주변에 세계 각 나라가 있고 각 나라는 중국의 주변국이 되어야 한다는 것이 바로 현재의 중화사상이 되었다.

4. 오행설

오행설은 무엇인가?

오행이란 우주를 운행하는 원기로써 만물의 주성분이 된다는 5가지 원소 즉 목(木), 화(火), 토(土), 금(金), 수(水)를 말한다.

상생의 이치로서 목은 화를 만들고(木生火), 화는 토를 만들고(火生土), 토는 금을 만들고(土生金), 금은 수를 만들고(金生水), 수는 목을 만들어(水生木) 생을 하는 자연의 이치이다.

상극의 이치로는 목극토(木克土), 토극수(土克水), 수극화(水克火), 화극금

(火克金), 금극목(金克木)이다.

 방위로 목은 동쪽이며 봄에 해당하고, 화는 남쪽이며 여름에 해당하고, 금은 서쪽이며 가을에 해당하고, 수는 북쪽이며 겨울에 해당하고, 토는 중앙이며 변절기에 해당하므로 토는 4계절의 중심이다.

5. 오행설은 황당한 이론

 『부도지』에서 말하길 오행설은 황당한 이론이며 천리에 위배되는 이치라고 하였고 천리에 맞는 이치는 기화수토설이라고 하였다.

 요왕이 처음 오행이라는 이론을 주장할 때 유호씨(有戶氏)는 "오행설은 혹세무민하는 황당한 이론이다. 오행론은 인간을 미혹하기 위하여 인간 세상을 증명하고 밝힌다면서 무지한 인간을 속이는 이론이다"라고 요왕을 혼내고 질책하였다.

 『부도지』 제17장에는 인간 세상의 두 번째 큰 변란이 있었는데 곧 요왕이 문제를 일으켰다는 것이다. 이른바 요왕은 오행설을 만들고 이 이론으로 된 제왕의 도를 주장하였다.

 이 제왕의 도를 먼저 허유(許由)가 꾸짖었다.
― 부도지 제17장

 허유는 훌륭한 사람이었다.
 요가 당시 가장 뛰어난 현자로 소문이 난 허유를 만나서 그에게 천하를 넘겨주고 싶다고 하였을 때, 허유는 청렴한 사람이라서 왕위를 물려받는 것을 원치 않아 밤중에 뛰어나와 기산(箕山)으로 들어갔다. 요는 다시 사람을 보내어 9주의 장이 되어달라고 부탁하였는데 역시 거절하고 물가에 와서 귀를 씻고 있었다.
 그때 허유의 친구인 소부가 송아지를 끌고 와서 물을 먹이려고 하다가 허유가 귀를 씻고 있는 것을 보고 이상히 여겨 까닭을 물었다.

허유는 "요가 나더러 9주의 장이 되어달라고 하네. 이런 가당치 않은 소리가 싫어서 지금 더럽혀진 귀를 씻고 있다네."

소부는 그 말을 듣고 "자네가 쓸데없이 여기저기 돌아다니면서 명성을 만들어놓고 이제 와서는 이런 곳에서 귀를 씻고 있는데 이 물을 먹으면 우리 송아지의 입도 더러워지겠네."

하면서 상류로 가서 물을 먹였다는 것이다.

- 중국고대신화, 이훈종, 범문사, 1982, 112쪽

그 뒤 단제 왕검이 유호씨와 아들 순(舜)과 군사 100여 명을 보내어 요왕에게 거짓된 '제왕의 도'를 꾸짖고 또 전쟁을 하면서 백성을 억압하는 잘못된 행동을 깨우치도록 하였다.

그 이유를 『부도지』 제21장에서 제26장까지 구체적으로 설명하고 있다.

첫째로, 하늘의 수리 이치에는 오행이라는 법이 없다. 또 5라는 숫자가 항상 중앙에 있는 것이 아니고 9가 윤회하여 율과 려가 서로 조화를 이룬 후에 만물이 생겨나는 것이다. 그러므로 5가 항상 중앙에 있다는 것은 억지 논리이다.

또 다섯 가지 자연에서 토와 금을 왜 따로 구별하였는가? 또 자연의 기(氣), 풍(風), 초(草), 석(石) 등은 왜 사용하지 않았는가? 만약 짝을 지으려면 토목수화를 하든지 금목수화로 짝을 지어야 할 것이다. 토와 금 사이에서 약간의 차이를 두어 말한다면 자연의 요소인 기(氣), 풍(風), 초(草), 석(石) 따위는 어찌 말하지 않는가?

둘째로, 역(曆)을 만들려면 천수의 근본을 살피고 천리를 찾아 만들어야 하거늘 거북이 같은 미물에서 그 근본을 찾았다 하는 것은 인간세상에 부합되지 않는 것이 진실로 당연한 것이다. 요왕의 역은 거북

의 역이지 인간의 역이 아니다. 오직 인간을 현혹시키기 위한 술수에 해당되는 일이다.

요왕의 하도는 1에서 10까지의 숫자를 가지고 구차하게 맞추고자 하는 헛된 짓이다. 역의 옳지 못함은 인간 세상의 화를 부르는 발단이니 어찌 두렵지 않겠는가?

셋째로, 달력을 말하면 천도가 돌고 돌아 종시가 있고 종시가 또 돌아 4단씩 겹쳐 나가 다시 종시가 있다. 1종시의 사이를 소력이라 하고 종시와 종시를 중력이라 하고 4번 겹친 종시를 대력이라 한다. 소력의 1회를 사(祀)라 하고 사에는 13기가 있고 1기는 28일이며 또 4요로 나뉜다. 1요는 7일이 있고, 요가 끝나는 것을 복이라 한다. 그러므로 1사에 52요복이 있으니 곧 364일이다. 이는 1, 4, 7의 성수이다.

이와 같이 끝나고 또 시작하여 차차 중력과 대력이 되는 수와 역이 이루어지는 것이다. 이것이 천리에 맞는 역이 되는 것인데 음양오행으로 천리의 역을 이룰 수는 없는 것이다.

조선 영조시대에 홍대용도 오행설은 부당하다고 비판하였다.

"대저 땅의 경계는 태허에 비하면 미세한 티끌에 지나지 않으며 중국은 지계의 10수분의 1일 따름인데 지구 전체를 28숙에 배당하였다면 오히려 혹 그럴 수도 있음직하지만 9주의 좁은 땅을 중계에다 억지로 짝지어 무리하게 쪼개 붙여서 재앙과 상서의 징후를 점치려 하는 것은 더욱 허망한 것이라 말할 나위도 없소….

옛사람이 때를 따라 의견을 세워 만물의 이름을 지었다고 하여 거기에는 하나라도 가감할 수가 없거나 천지 만물은 꼭 이 수만으로 되어 있다고 하는 것은 아니요, 그 때문에 오행의 5수는 원래 정해져 있는 설이 아닌데 술가들이 이를 조술하고 하도·낙서의 이치를 억지로 끌어다가 붙이고 주역의 그림 이치로써 이를 이용하여 상생이니 상극이니 비잠주복이니 하여 지리멸렬되고 장황한 이런 기교는 결국 아무런 이치도 없는 것이오.

대저 화(火)는 태양이고 수토는 지구이니 목금과 같은 것은 해와 지구가 생성하는 것이요, 마땅히 화수토 3자와 더불어 병립하여 오행이라 함은 부당하오."

- 홍대용, 〈잠헌서〉 40~46쪽, 천관우 역, 대양서적, 1975

그러므로 요왕의 오행이라는 것은 허위의 욕망에서 나온 것으로 인간을 현혹하는 일이 되는 것이니 마침내 멸망에 이르나니 오행의 법을 폐지하고 부도로 돌아올 것을 권하였다.

결국 알지 못하고 범하는 자는 혹 용서하여 가르칠 수도 있으나 알고 범하는 자는 용서할 수 없다 하여 권사들을 보내서 요가 만든 권자를 혁파하였다. 요는 곧 죽었고 순은 도망하였다가 우(禹)에게 죽음을 당하였다.

6. '황제의 정치'는 역천

우(禹)가 다시 서남의 여러 종족을 정벌하고 자기가 황제라 하며 도산에 모이게 하고 조공을 받고 '황제의 정치'를 실천하였다.

이때 유호씨가 권사를 보내어 우를 타일렀다.

"요(堯)는 천리의 법수를 몰랐다. 땅을 쪼개어 천지를 제멋대로 하였다. 기회를 틈타 홀로 단을 만들고 사사로이 개나 양을 기르기 위하여 사람들을 몰아낸 후 자칭 제왕이 되어 혼자서 처리하였다. 세상은 토석이나 초목처럼 말이 없고 천리는 거꾸로 흘러 허망에 빠져버렸다. 이것은 거짓으로 천권을 훔쳐 사욕의 횡포를 스스로 행하는 것이다. 만약 제왕이 천권을 대행하는 것이라면 일신(一神)처럼 해와 달을 만들어낼 수 있는가?

또는 만물을 조작할 수 있는가?

제왕은 천리 법수를 살펴야지 사람이 거짓으로 칭하는 것이 아니다. 거짓으로 칭하면 사기와 허망의 나쁜 장난이 되는 일이다. 사람의 일이란 증명하는 이치이며 세상의 일이란 그 증명한 이치를 밝히는 것이니 이 외에 무엇이 있을 수 있겠는가?"라고 요왕의 잘못된 점을 말해주었다.

오행설을 바탕으로 제왕의 도를 주장하였고 그 결과, 인간 차별이 생기고 백성을 억압하고 침략과 전쟁과 약탈을 하는 비극이 되었다는 것을 부도지 제25장에서 다음과 같이 말했다.

"소위 왕이란 사람은 눈이 멀고 백성은 장님이 되어 암흑이 거듭거듭 겹쳐져 암흑천지가 되었으니 강자는 위에 있고 약자는 아래에 있게 되었고 왕과 후를 나라에서 임명하는 풍습이 생기고 백성을 억압하는 제도를 만들어 폐단이 만연되어 고질화 되고 마침내 서로 침략하고 빼앗는 일이 되어 헛되게 생명들을 죽이니 한 가지도 세상에 이로운 것이 없었다. 그러한 까닭으로 하나라와 은나라가 모두 그 법으로 망하고서도 끝내 그 까닭을 알지 못하니 이는 스스로 부도에서 떨어져 나가 천리에 따른 진리의 도를 들을 수 없게 된 까닭이었다."

이 '제왕의 도'라는 사상은 변란이며 역천이며 궤변이라는 것이다. 백성을 억압하고 허망에 빠지게 하는 악행이라고 하였다. 당장에 거두고 천리 이치에 맞는 밝은 세상으로 돌아오라고 하였다.

황제정치라는 것은 인간을 차별하고 종족을 차별하고 무력으로 제압하고 권위를 세워 복종케 하는 것으로 인간이 만들어낸 비극이다. 천리에 어긋나고 인간을 슬프게 하고 불행하게 만드는 것이다.

천리 이치는 만민이 모두 똑같이 존엄하고 똑같은 인권을 누리는 것이 하늘 아래 모두가 평등한 것이다. 사람 위에 사람 없고 사람 아래 사람 없을 때 모든 인간이 평등해지고 행복할 것이다.

내(內)가 외(外)를 제압하는 불평등을 이루는 자연현상은 그 어디에서도 찾아볼 수가 없다. 자연에도 없고 천리에도 없는 이론을 '황제의 정치'라고 주장하는 이치는 궤변이고 역천이며 황당한 이론이 되는 것이다.

7. 천리 이치로 본 오행론

오행론에 대한 하늘의 이치를 이렇게 설명하였다.

"하늘의 법은 천리 법수를 명확하게 증명하여 사람에게는 그 원래 임무를 수행하게 하고 하늘이 내려준 복을 받게 할 일이다. 그러므로 말하는 자와 듣는 자는 선후는 있으나 높고 낮음이 없는 것이다. 주는 자와 받는 자는 친숙하고 소통하는 것은 있지만 이것을 이용하여 끌어 들이고 몰아내는 일을 할 수 없는 것이기에 사해가 모두 평등하고 모든 종족들이 스스로 천리대로 행하는 것이다."

– 부도지 제20장

또 "하늘의 이치는 기화수토가 서로 섞여 빛이 낮과 밤을 만들고 사계절을 구분하고 그리고 풀과 짐승을 길러내고 살찌게 하여 온갖 땅의 만사가 이루어진 것이다. 그러므로 하늘의 이치는 허실 기화수토설(虛實 氣火水土說)이다."

또 오행설은 기만하는 이치를 주장하고 있다. 오행의 상극을 살펴보자.

목극토(木剋土)라고 하여 나무가 흙을 극한다고 하는데 나무가 흙을 정말 극하고 있는가?

　나무는 흙이 없으면 서 있지도 못하며 흙으로 뿌리가 덮여 있지 않으면 나무는 곧장 죽어버린다. 나무가 흙을 극하는 것이 아니다. 나무는 흙을 절대로 필요로 하고 있다.

　토극수(土克水)라고 하여 흙은 물을 극한다고 하는데 흙이 물을 정말 극하고 있는가?

　흙은 물이 없으면 메마른 사막의 땅이 되어 쓸모없는 거친 흙이 된다. 흙은 물기를 조금 품고 있어야 미생물도 살고 비옥한 옥토가 된다. 흙이 물을 극하는 것이 아니다. 흙과 물은 대립하거나 싸우려고 하지 않는다. 흙이 살아 있는 흙이 되려면 물을 절대적으로 필요로 한다.

　자연은 투쟁하는 일이 없다. 더 많이 싸우기 위해서 무기를 만들지 않는다. 더 큰 전쟁을 하기 위해 준비하는 일이 없다.

　또 상생으로서 목생화(木生火)라고 하여 나무는 불을 만든다고 하는데 나무를 건조시키면 화목이 되어 불을 지피는 데 도움이 되지만, 만일 나무가 썩으면 양질의 흙을 만들게 되므로 목생토(木生土)라고도 말할 수 있어야 할 것이다. 왜 목생토라고는 말하지 않는가?

　그래서 이런 이론은 편협적 이론이고 사람들을 미혹하는 이론이라 한다.

　토생금(土生金)이란 말은 흙이 돌이나 쇠를 만들어낸다는 것이다. 사실 흙은 돌이나 쇠를 만들어내지 못한다. 흙 속에 돌이나 쇠 성분이 섞여 있을 뿐이다. 섞여 있는 것이지 만들어내는 것은 아니다. 흙이 무엇을 만들어낼 수 있는가? 흙이 혼자서 만들 수 있는 것은 아무것도 없다. 사람이 흙을 사용하여 다른 것을 만들 수 있는 것이다. 흙은 물기를 조금 머금으면 수많은 미생물을 존재하게 하고 초목을 돋아나게 한다. 자연의 변화하는 이치로 보면 토생금보다 오히려 토생목이라 해야 맞을 것이다.

삼일신고 말씀　301

또 자연은 대립하려고 존재하는 것이 아니다. 대립하기 위해 있는 자연은 그 어느 것 하나도 존재하지 않는다. 자연은 한없이 순환하고 번식을 위해 끊임없이 노력하고 있는 것이다. 그러므로 상극이란 말은 황당한 이론이다. 어리석은 자를 미혹하는 이야기일 뿐이다.

오행이 모두 그렇다. 자연은 어느 것도 대립하는 것이 없고 싸우는 것도 없다. 무엇이 싸우며 또 이기고 지고 하는가? 생각이 부족한 사람을 미혹하는 이야기이다.

오행을 악용하여 인간을 기만하는 것도 나쁘지만 더 큰 문제는 인간과 인간을 차별하게 만들었고 또 권력을 가지고 백성을 억압하였고, 또 국익을 위한다는 이기적 욕심으로 전쟁을 일삼았고, 선량한 사람을 살인하고 약탈하는 것을 당연하게 만들었다. 그 결과 대립, 불신, 전쟁, 불행, 죄악이라는 고통의 지옥 같은 세상을 만들어놓았다. 그리고 어쩔 수 없다거나 아전인수 격으로 합리화하였다. 이런 것들이 천리 이치에 어긋나는 것이기에 역천으로써 큰 잘못이라는 것이다.

8. 통치자를 선출하는데 인간 평등을 실천

인간 역사 속에서 권력을 한 손에 쥔 절대 권력 통치자는 인간들을 어떻게 바라보았는가?

권력을 쟁취함에 있어서 인간 평등의 역사가 어디에 있었는가?

특히 권력을 가진 자와 일반 백성 간에 평등이 어디에 있었는가?

또 무력이 있는 자와 없는 자가 평등하게 살았던 적이 있었는가?

그러나 우리나라 고대 역사에서 옛 조선국과 신라국은 통치자 세움에 있어서 세습이 아닌 추대로 만들어졌다.

옛 조선의 권력자를 임금님이라 하였다. 이를 한자말로 번역하면서 단제(檀帝)라고 하였는데 단제들의 승계방식을 분석해 보면 태자 승계가 28명, 우가에서 7명, 양가에서 2명, 우현왕이 1명, 욕살이 1명, 상장이 1명, 막연하게 아들로 되어 있는 것이 1명, 동생이 1명, 미상이 4명으로 건국 초기 승계방식은 합의제가 우세하였으며 후대로 갈수록 태자 상속이 많았다.

그리고 신라는 옛 조선을 생각하여 소 부도를 세웠다. 신라의 통치자는 건국자였던 박(朴) 씨만의 세습이 아니고 석(昔) 씨와 김(金) 씨에서도 추대로 만들어졌다. 신라 왕은 박(朴) 씨에서 10명, 석(石) 씨에서 8명, 김(金) 씨에서 38명으로 왕족 혈통만을 고집하지 않고 능력에 따라 통치자를 세운 것도 평등사상을 실천한 모습이다.

또 살펴보면 신라 말기 제52대 효공왕 때 박문현 선생은 왕위 계승에 대하여 분쟁이 있을 때 국중에서 말하기를,

"신라 입국의 근본은 부도를 복건하는 데 있다. 위에 있는 사람은 반드시 이 일에 힘쓸 것이요, 감히 사사로이 영화를 도모하여서는 아니 될 것이다. 이는 입국 당시의 약속이기 때문에 천년이 지났다고 하더라도 어제처럼 살아 있는 것이다. 어찌 그 본의를 잊는 것을 참을 수 있겠는가. 옛날의 조선은 사해의 공도(公都)요 한 지역의 봉국이 아니며 단씨 후예는 모든 종족들의 심부름꾼으로 한 임금의 사사로운 백성이 아니다…"

- 생육신의 한 사람이었던 김시습이 쓴 『징심록』 추기 제7장 8절에서

중국은 요왕이 시작한 '제왕의 도'라고 하였던 이론을 우왕이 다시 '황제의 정치'로 주장하여 세습 왕조를 세웠다. 그 뒤 수많은 왕조가 세워지고 다시 새로운 왕조로 바뀌면서 전쟁과 세습이 반복되었다. 그 결과 중국의 왕조 역사는 200여 년이 못 돼 통치자가 바뀌고 권력을 중심한 쟁탈 역사가 불안 속에서 반복되는 역사가 되었다.

9. 기화수토설의 이치

허실 기화수토 이치로 천지가 창조되었음을 말해 주는 것으로 부도지 2장과 3장에서 이렇게 말했다.

"오직 8녀의 음만이 하늘에서 들려오니 허달성과 실달성이 생기고 다음 마고성이 생겨났으니 선천시대에 마고대성은 실달성 위에 허달성이 나란히 있었다. 처음에는 햇볕만이 따뜻하게 내려 쪼일 뿐 눈에 보이는 물체라고는 아무것도 없었다"라고 하였고,

"실달대성의 기운이 상승하여 수운의 위를 덮고 실달의 몸체가 평평하게 열려 물 가운데에 땅이 생겼다. 땅과 바다가 나란히 늘어서고 산천이 넓게 뻗었다. 이에 천수의 지역이 변하여 육지가 되고 다시 여러 차례 변하여 물과 땅이 상하를 바꾸며 돌아 비로소 역수가 생겼다. 그러므로 기화수토(氣火水土)가 서로 섞여 빛이 낮과 밤 그리고 4계절을 구분하고 풀과 짐승을 살찌게 하고 땅 위에 많은 일이 생겨났다."

곧 허달성에서 실달성이 나왔고 실달성은 기가 돌고 화와 수가 조화를 이루어 토가 생겼다는 것이다.

삼일신고에서도 하느님께서 만물을 만드실 때 기운을 불어 감싸 안았다. 곧 '가기포저 후일색열(阿氣包底 煦日色熱)'이니 하느님이 기운을 불어서 감싸고 열과 빛으로 따뜻하게 하였다.

이렇듯 창조는 기화수토의 이치와 순서로 되어 있다. 이것이 창조 이치이며 천리 이치라고 말하는 것이다.

10. 기화수토의 실용

그렇다면 허실 기화수토 이치가 옳다고 하면 이를 증명해야 하고 나아가 우리의 생활에서 실용하여야 하며 생활을 더욱 윤택하게 하는데 기여해야 할 일이다.

1) 자연의 이치를 보자.

봄철에 땅을 파서 상추씨를 심으면 해와 지구와 바람과 시절의 기운이 봄기운으로 가득 차게 되고, 봄철 햇빛이 도달하여 땅을 따뜻하게 해주면 대기 온도가 일정 온도로 올라가고, 상추씨에 주변의 물 기운이 스며들어오니 상추씨의 씨눈에서는 싹이 트고 이내 솟구쳐오르도록 변화가 생긴다. 봄기운(氣)이 돌고 햇빛의 불기운(火)이 오고 다음 땅속에 물기(水)가 오니 생명력이 살아나고 씨앗의 껍질이 얇아지고 벌어지면서 세포(土)가 변화를 일으켜 싹이 솟아난다. 이렇게 자연은 기화수토로 변화되어 가며 그렇게 흐르고 있는 것이다.

2) 경북 영주에서 변 선생과 30여 명의 일행이 생화풍류 수련을 하고 있었다. 좁은 방에 가득히 모여 앉아 가부좌를 하고 눈을 감고 자기 배꼽을 생각으로 바라보면서 아랫배에 힘을 주고 태을주를 암송하였다. 30분에서 1시간가량 반복하여 계속 암송하였고 식사시간을 빼고는 하루 종일 하였다. 그렇게 일주일 하면 여러 가지 현상이 나타난다.

마음속으로 생각하였던 배꼽이 변하여 콩 모양으로 나타나더니 아랫배가 따뜻해지고 따뜻한 기운은 아래 회음부로 흐르더니 이내 척추를 타고 독맥으로 흘러 머리로 올라가는 수승화강(水昇火降)을 이룬다. 기운은 앞가슴의 임맥을 통하고 기혈을 타고서 온몸과 팔 다리까지 돌아다니며 내 몸 세포를 되살려낸다. 기운이 머리에 꽉 차오를 때는 머리에서 전신에 물 기운이 쫘—악 퍼져 나가기도 하고 때로는 손바닥이나 발에서 바람을 일으키며 쏴—악 빠져나가는 것을 체험하게 된다. 그렇게 되면 몸의 여러 군데에서 맥박이 펄떡펄떡 뛰게 되는데 이 맥박의 뜀을 육안으로도 볼 수 있다.

이를 반복하면 신체의 변화가 생기는데 흰머리가 검어지는 사람도 있고 끝난 생리가 다시 터지는 사람도 있다. 치아가 다시 나기도 하고 아프던 곳이 치유되기도 하고, 눈썹이 새로 나기도 하고 눈이 밝아져 안경을 벗어버리는 일도 일어나고, 소변이 수월해지고 빈뇨가 없어지기도 한다. 백발이 흑발로 변하고 몸이 냉기로 차가웠던 사람이 따뜻한 체온으로 변하기도 하며, 전신에 스멀스멀 거리면서 전류가 흐르고 기혈이 흐름을 느끼는 등 수많은 호전적인 변화가 일어났다.

분명 기운(氣)을 돌리고 아랫배를 불덩이(火)처럼 따뜻하게 일으켜서 신체를 돌아 물 기운(水)으로 전신에 흐르거나 바람을 나가도록 하면 신체(土)가 좋아지고 건강해지는 것을 보았다.

이렇듯 기화수토와 같은 흐름을 느껴볼 수 있었다.

3) 또 여성에게 이런 일도 있었다.

여성에게 가장 소중한 부위는 자궁이다. 요즘 시대는 여러 가지 악조건이 도처에 많이 있어서 인생의 순리 이치를 거스르는 삶으로 인하여 여성에게 자궁병이 많이 발생한다.

한 여성이 처녀시절에 자궁이 건강하지 않아 냉이 흐르고 통증이 빈번하였다. 여성이 결혼을 하고 지극히 정상적인 부부생활을 열심히 하였더니 처녀 때보다 더 건강하고 튼튼한 자궁으로 변해 있었다. 부부는 지극히 평범하고 정상적인 1:1의 사랑(氣)을 나누는 부부였고 서로가 이해하고 사랑하는 사이였다. 부부행위로 인하여 자궁이 뜨거워지니 혈액순환이 잘되고 부위가 후끈후끈(火)하게 된다. 뜨거워지면 건조해지는 것이 상식인데 그곳은 뜨거워질수록 수액(水)이 더 잘 나오고 축축해진다. 정상적인 부인은 폐경 이후 수액이 더 잘 나오고 50~60대에 더 좋아진다. 신혼 때는 자궁 세포가 건강하지 못하고 무덤덤하여 무엇을 잘 모르는 세포였는데 부부생활 이후 새로운 세포(土)로 변하여 즐겁고 황홀한 새로운 인생을 영위할 수 있었다. 세포라는 조직은 물질세계의 한 부분이며 토(土)의 한 부분이다.

이것도 사랑의 기운으로 시작한 기화수토의 이치로 세포의 변화가 생긴 결과이며 기화수토의 이치를 실용하는 인생살이라고 생각한다.

기화수토를 실용하여 자궁 세포가 건강하고 즐거운 세포로 변하도록 하여 건강과 기쁨을 만들어낼 수 있다면 적극 실천할 일이다.

4) 기화수토를 쑥찜기에서 볼 수 있다.

불을 이용하여 실용하는 것으로 '쑥찜'이라는 것이 있다. 쑥찜기란 쑥의 성분과 불기운을 인체 속으로 들어가게 하는 방법이다. 그러면 세포가 건강한 세포로 되살아나서 결국 생명력이 살아난다.

사람의 몸을 이루고 있는 가장 작은 단위는 세포이다. 한 사람이 가지고 있는 세포는 약 60조 개가 된다. 세포는 현미경이 있어야 볼 수 있을 만큼 작지만 생명을 가지고 활동하고 있다. 건강한 세포가 되려면 산소와 영양소를 잘 먹고 이산화탄소와 노폐물을 배출해야 건강해진다. 몸이 피로하거나 병이 들었다는 것은 세포 활동이 둔해졌거나 병든 세포가 많아졌음을 의미한다.

쑥찜을 하면 병이 치유되는 것은 바로 세포의 움직임을 활발하게 도와주기 때문이다. 쑥찜은 움직임이 둔한 세포에게 힘을 주어 세포의 움직임을 활성화시켜서 세포를 건강하게 만들어주고 병들었거나 죽은 세포는 체내에서 신속하게 배출시킨다.

또 쑥찜은 혈액순환을 활발하게 해준다. 혈액은 온몸을 돌면서 폐를 통해서 들어온 산소와 장에서 흡수한 영양소를 싣고 세포의 각 방마다 전달해 준다. 그리고 또 세포에서 배출한 노폐물과 이산화탄소를 폐와 배설기관으로 운반한다. 따라서 혈액순환이 원활하지 못하면 공급과 배출이 원활하지 못하여 병이 들게 되는 것이다.

쑥찜으로 열 기운이 몸속으로 들어가면 그 주위로 혈액이 모여든다. 그 과정에서 고여 있던 혈액은 자연스럽게 빠져나가고 깨끗한 혈액이 공급되면서 혈액순환이 원활해진다. 혈액순환이 잘되면 몸이 따뜻해지고 건강해지는 것은 당연한 일이다.

쑥찜으로 열 기운이 몸속으로 들어가면 혈액성분도 변화시킨다. 혈액 속에는 적혈구, 백혈구, 혈소판과 혈장 등이 들어 있다. 쑥찜을 하면 이들 혈액성분이 좋은 방향으로 현저하게 개선된다.

산소를 운반하는 적혈구의 경우 혈액 $1mm^3$속에 남자는 500만 개 여자는 450만 개 정도가 들어 있는데 쑥찜을 하면 적혈구의 수가 늘어난다. 혈액 속에 산소의 양이 늘어나 혈액이 신선해지는 것이다. 적혈구가 산소를 실어와서 세포에게 산소를 공급해 주기 때문이다. 그래서 세포가 살아나는 것이다. 또 식균작용을 하는 백혈구 숫자도 증가한다. 백혈구는 세균과 병균을 잡아 죽이는 일을 하기 때문에 병 치료가 되며 백혈구의 증가는 면역력의 증가로 이어진다.

또 혈액은 공기와 접촉하면 굳는 성질이 있다. 이와 같은 지혈작용은 혈소판의 몫인데 혈관이 터지거나 출혈이 되었을 때 출혈되는 혈액의 양을 최소화하기 위한 인체의 생존작용이다. 쑥찜을 하면 이 지혈작용이 현저하게 개선된다. 그 이유는 혈소판이 많아지기 때문이다.

쑥찜으로 열 기운이 몸속으로 들어가면 호르몬 분비를 좋게 해준다. 호르몬은 내분비기관에서 만들어지는 소량의 물질로 인체의 기능을 조절하는 역할을 한다. 호르몬의 역할은 성장, 생식, 소화, 혈액조절 등이다. 호르몬은 미량이지만 부족하거나 넘칠 경우 인체에 질병을 유발할 수 있다.

쑥찜의 장점은 호르몬의 분비를 변화시킬 수 있다는 점이다. 호르몬을 분비하는 기관 또는 그 기관과 관련된 부위에 쑥찜을 하면 점차적으로 호르몬 분비가 정상화되어 간다.

쑥찜으로 열 기운이 몸속으로 들어가면 자율신경을 조절하여 균형을 이루도록 도와준다. 자율신경은 의식적인 것과 관계없이 반사작용을 일으켜 운동을 조절하거나 내장기관의 기능을 조절한다. 반면, 중추신경은 근육을 움직여 신체가 움직일 수 있게 해주며 외부 자극을 수용할 수 있게 해준다. 피부에는 내장기관의 움직임을 관할하는 신경이 분포되어 있는데 쑥찜은 이 지점에 자극을 가하여 신경기능과 내장기능을 조절한다.

쑥 성분과 열 기운이 인체 속으로 들어가면 혈액이 변화되고 세포가 변화되어 간다. 이것도 기화수토의 흐름이다. 쑥이라는 자연성분을 활용하여 기화수토를 인간생활에 실용함으로써 건강한 삶을 살아갈 수 있도록 하는 일면이다. 쑥찜은 불을 사용하되 살을 태우지 않으며 화상도 생기지 않는다.

쑥은 우리 민족과 특별한 인연으로, 우리나라 건국 당시에 쑥과 마늘을 이용하여 사람이 되는 수행이 있었다. 우연이 아닌 특별한 뜻이 있다.

5) 감기를 이기는 것도 기화수토이다.

4계절이 있는 우리나라에서 감기는 계절마다 찾아오는 단골손님이기도 하다. 현대의학이 뛰어난 기술력으로 죽을 사람을 살려내기도 하지만 감기 특효약은 없다고 한다. 지혜롭게 대처하는 방법으로 노약자는 감기예방 주사를 맞아야 한다.

감기는 면역체계가 잠시 떨어져서 생기는 병이다. 면역체계를 어떻게 올릴 수 있는가?

이것도 기화수토를 이용해 보자.

가족 중에 감기환자가 생기면 먼저 목뒤와 등을 마사지를 하여 기혈을 풀어준다. 감기가 심해지면 기혈이 다 막히게 되어 전신이 매를 맞은 것처럼 아프다. 그래서 기혈을 풀어주어야 한다.

다음은 밥을 굶는다. 보통 저녁 한 끼를 먹지 않고 잠을 잔다. 만약 평소에 식사하던 습관으로 배 속이 허전하면 요구르트 2~3개를 미지근할 정도로 데워먹는다. 저녁식사를 굶으면 밤 시간 동안 혈액순환이 잘 되고 적혈구가 매우 왕성하게 활동하여 감기 바이러스를 잡아먹는다.

감기에 걸리면 고열이 생기는데 이는 감기 바이러스를 잡는 방법으로 열이 높아져야 할 수 있는 신체공식이라서 발열은 스스로 전개되는 생명력에 의해서 이루어지는 면역체계인 것이다. 감기환자는 물을 많이 먹을수록 체온이 떨어지고 감기 바이러스를 못 잡게 된다. 탈수 현상을 막으려면 입술을 적실 정도로 약간만 먹으면 된다.

감기 시초에 이렇게 하루 저녁만 굶고 목뒤를 마사지하면 치유된다. 감기가 심하면 3~4일 정도 하면 모두 치유된다. 감기 바이러스를 잡은 뒤 갈증이 있으면 마음껏 물을 마셔도 된다.

필자도 기화수토 원리로써 이런 방법을 가족에게 항상 사용하여 감기로부터 가족 건강을 유지할 수 있었다. 어린아이는 잠자기 시작할 때 등허리를 보면 땀이 흐른다. 이때 반드시 수건으로 닦아주어야 한다.

【16】행저화유재 물 번식

行翥化游栽 物 繁植

기고, 날고, 탈바꿈하고, 헤엄치고, 심어 가꾸는
온갖 동식물들은 번식한다.

---

1. 물 번식(物 繁殖)이라고 하였다.

동물세계와 식물세계의 최대 관심은 번식에 있다. 동물과 식물이 생존하는 최대 이유는 종족번식이다. 식물은 싹이 나오고 성장해서 꽃이 피고 열매를 맺는다. 이것은 번식을 위해서 성장 변화하는 과정이다.

심심산중 깊은 산골짜기에 아무도 보아주는 사람 없이 외롭게 홀로 피어 있는 꽃도 번식을 위해서 책임을 다하고 있는 것이다. 이렇게 식물은 모두 번식을 위해서 존재하고 번식을 위해서 살아간다.

동물이 왕성한 약육강식을 하는 것도 결국은 자기 종족의 번식을 위해서 활동으로 전개하는 것이다. 동물이 생존을 위하여 먹이를 찾고 교미하고 새끼를 만들어내는 것은 모두 번식을 위한 이치로 창조되었기 때문이다.

그러나 인간은 번식하지만 번식만을 위해서 존재하지 않는다. 인간이 존재하는 목적은 바로 성통공완에 있다. 삼일신고 제3훈과 제5훈에서 말하는 것처럼 인간은 성통공완을 위해서 존재한다.

2. 동물과 인간의 차이

인간을 만물의 영장이라고 표현했다. 인간은 머리로 생각하고 손을 사용하여 작업할 수 있는 존재이다. 여러 가지 특별한 내용이 있지만 무엇보다도 존재 목적이 다르다는 것이다. 동식물은 번식에 있고 인간은 사랑의 완성에 있다. 인간은 삼일신고가 말하는 성통공완을 위한 특별한 존재이므로 동식물과는 다르게 또 특별하게 살아가야 한다.

본디 하느님께서는 인간을 특별하게 낳아주셨다. 곧 천 지 인 구조로 3중 구조에서 인간을 특별하게 창조하신 것이다. 동물과 달리 손을 사용하고 머리를 사용하는 것만이 특별한 것이 아니다.

동식물은 할 수 없고 인간만이 할 수 있는 특별한 것으로 자기 스스로 만들어야 하는 것이 두 가지 있다. 그것은 인격이며 또 하나는 사랑이다.

이것을 잘 설명하고 있는 것이 곧 제5훈 인간훈이다.

| 동물
식물 | → 번식 | 인간 → 성통공완 |

3. 세계훈의 글자 72자의 의미

1) 천(天)의 무형세계가 원인이 되어 지(地)의 유형세계로 나타났다. 물질계 속에는 천의 요소가 내재하고 있다. 천의 구성 요소는 총 6가지가 있다. 지의 물질세계는 10진법의 세계이다. 6요소가 각각 물질계로 나타나면 총 60가지가 된다. 우주 전체는 물질계에 내재하고 있는 천의 요소를 포함한 물질계 전부와 그 근본이 되는 천의 요소를 합치면 6 + 66으로 72가 된다.

```
대우주 = 천의 세계 + 지의 세계
        천의 6요소 + (천의 6요소 + 6요소 X 10진법)
        6    +    6   +   6 X 10  =72
```

2) 제1훈 천훈의 총 글자 수는 36자였다. 유형세계는 무형에서 나온 것처럼 하늘(天)에서 땅(地)이 나왔다. 무형 요소가 물질세계로 나타나면서 양성과 음성으로 나뉘었다. 곧 천의 6진 형식에서 지는 10진 형식으로 변화되어 나타난 것이다. 천훈은 총 36자가 양음으로 나타난 지의 숫자는 천의 두 배가 된다.

```
천      ⇒  양성   +   음성   =   지
36자        36자       36자        72자
```

3) 놀이판의 면적

바둑판은 가로 19개와 세로 19개로 둘레가 72칸이다. 바둑판을 우주로 보았을 때 그 전체의 너비는 360칸이고 둘레가 72칸이라는 것이다. 이는 삼일신고에서 물질세계를 설명하는 세계훈의 개념과 일치한다. 또 장기놀이판은 그 너비가 총 72칸이다.

바둑판의 너비는

가로 19줄×세로 19줄=360(칸)

바둑판의 둘레는 가로(19줄×2)+세로(17줄×2)=72(칸)

장기판의 너비는

가로 8줄×세로 9줄=72(칸)

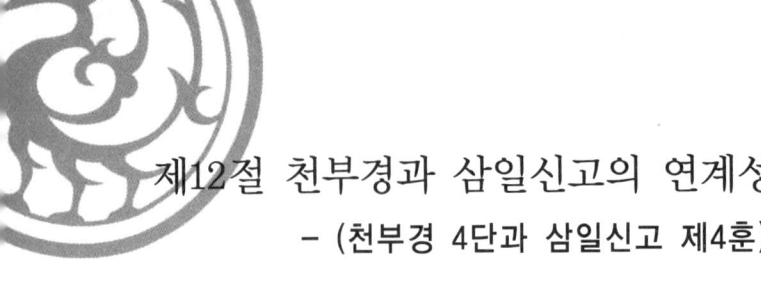

제12절 천부경과 삼일신고의 연계성
- (천부경 4단과 삼일신고 제4훈)

1. 천부경

```
천부경의 4단

  운 삼 사   성 환 오 칠 일 묘 연   만 왕 만 래   용 변   부 동 본
  運三四 成環五七一妙衍 萬往萬來 用變 不動本


삼일신고의 제4훈
(世界訓)

  이 관   삼 렬 성 신   수 무 진   대 소 명 암 고 락   부 동   일 신   조 군 세 계   신
  爾觀 森列星辰 數無盡 大小明暗苦樂 不同 一神 造群世界 神
  칙 일 세 계 사 자   할   칠 백 세 계   이 지 자 대   일 환 세 계   중 화 진 탕   해 환
  勅日世界使者 轄 七百世界 爾地自大 一丸世界 中火震盪 海幻
  육 천   내 성 견 상   신   가 기 포 저   후 일 색 열   행 저 화 유 재   물   번 식
  陸遷 乃成見象 神 呵氣包底 煦日色熱 行翥化游栽 物 繁植
```

1) 천부경에서 4단은 지(地)에 대한 천리 이치를 설명하는 부분이다. 3과 4의 이치로 운행하고 5, 7, 1의 오묘한 것이 있는 곳이 물질세계의 모습이다. '만왕만래 용변'은 물질계의 생성, 소멸, 작용, 변화가 수없이 이루어지고 있다.

2) 그러나 '부동본'은 이것이 전부가 아니고 물질계의 원인이 되는 무형세계의 근본은 변함도 없고 미동도 하지 않는 그대로 있다. 우주의 목적인 큰 시야를 언제나 지니고 있어야 한다. 영원한 것

이 아닌 물질계에 너무 집착하지 말고 근본을 생각하여 천리 이치에 의하여 의연하게 살아야 한다.

2. 삼일신고

이것을 설명하는 삼일신고에서는 세계훈으로 대우주와 태양계와 지구 그리고 생물계를 나열하였다. 물질계의 모든 존재물들의 가장 큰 주제는 번식이다(物 繁殖). 동식물의 대 주제는 번식을 향한 대서사시와 같이 생동하고 있다.

그리고 그러한 모든 일들이 이루어지는 물질계의 중심은 인간이다. 우주의 관심이 지구에 있는 인간이다. 우주의 얼굴이 태양계이다(日世界 使者 轄 七百世界). 태양계 전체의 존재 목적은 인간을 향하여 있다. 모든 생물체의 소망이 바로 인간으로 향하고 있다.

그리고 천부경에서 말하는 것처럼 오묘한 5, 7, 1을 찾아가는 것이 인간계의 흐름인 것이다. 인간의 기쁨이나 행복이나 쾌락은 호르몬과의 관계이다. 성통공완은 호르몬과 관계하는 것이다.

제13절 인간훈(人間訓)

제5훈 인간훈(人間訓)

_{인물동수삼진왈성명정인전지물편지진성무선악상철통진명무}
人物同受三眞日性命精人全之物偏之眞性無善惡上哲通眞命無

_{청탁중철지진정무후박하철보반진일신}
淸濁中哲知眞精無厚薄下哲保返眞一神

_{유중미지삼망착근왈심기신심의성유선악선복악화}
惟衆迷地三妄着根日心氣身心依性有善惡善福惡禍

_{기의명유청탁청수탁요신의정유후박후귀박천}
氣依命有淸濁淸壽濁殀身依精有厚薄厚貴薄賤

_{진망대작삼도왈감식촉전성십팔경감희구애노탐염}
眞妄對作三途日感息觸轉成十八境感喜懼哀怒貪厭

_{식분란한열진습촉성색취미음저}
息芬𤌴寒熱震濕觸聲色臭味淫抵

_{중선악청탁후박상잡종경도임주타생장소병몰고}
衆善惡淸濁厚薄相雜從境途任走墮生長消病歿苦

_{철지감조식금촉일의화행반망즉진발대신기}
哲止感調息禁觸一意化行返妄卽眞發大神機

_{성통공완시}
性通功完是

1. 인간훈의 해석

사람과 만물이 다 같이 세 가지 참됨을 받았으니 곧 성 명 정이라
사람은 세 가지 참됨을 옹골차게 받았고 만물은 치우치게 받았다.
참된 성은 선도 악도 없으며 이는 상철이 두루 통하고,
참된 명은 맑음도 흐림도 없으며 이는 중철이 알고,
참된 정은 두터움도 엷음도 없고 이는 하철이 보전하고,

모두를 참함으로 돌이키면 신명이 된다.

사람들은 물질세계, 이 땅에 태어날 때 세 가지의 가달이 뿌리를 심었으니 곧 심 기 신이라.

심(마음)은 성에 의지한 것으로 선과 악이 있으니

선하면 복 받고 악하면 화를 받고

기(기운)는 명에 의지한 것으로 맑고 흐림이 있으니

맑으면 천수를 누리고 흐리면 일찍 죽으며

신(몸)은 정에 의지한 것으로 두텁고 엷음이 있으니

두터우면 귀하게 되고 엷으면 천하게 된다.

참과 가달이 서로 만나서 세 가지 길을 만드니 이는 감 식 촉이며

이것이 다시 열여덟 가지의 경지를 만드니

감(느낌)에는 기쁨, 두려움, 슬픔, 성냄, 탐냄, 싫어함이 있고

식(숨 쉼)에는 향기로움, 썩음, 차가움, 더움, 건조함, 젖음이 있고

촉(부딪침)에는 소리, 색깔, 냄새, 맛, 음탕, 살 접촉이 있다.

보통 사람은 선과 악, 맑음과 흐림, 두터움과 엷음이 서로 뒤섞여 있으므로 가달 길에서 자기 됨됨이대로 살아가게 됨으로써

태어나고, 자라고, 늙고, 병들고, 죽는 것이 모두 다 고통이 되는 것이며

철인은 삿된 느낌을 멈추고, 숨 쉼을 고르게 하며, 부딪침을 금하고

오직 인생관을 수립하고 이를 실천하여

헛됨에서 돌이켜 참됨으로 나아가면 큰 기운을 일으키고

결국에는 참사랑 실체를 완성시킴이

바로 이것이로다.

2. 발해국 태조 대조영의 찬양하는 글

하나로부터 셋이 됨이여
참됨과 가달됨이 구별이 되도다.
셋이 모여 하나가 되니
헤맴과 깨침 길이 갈리네.

맘대로 달리면 재앙이 되고
한 곬으로 달리면 복이 되나니
얽히고설킨 참된 이치는
오직 하느님의 믿음 표시로다.

自一而三 眞妄分圖
會三之一 迷悟判途
任化之間 殃慶自呼
錯綜至理 惟神之符

3. 발해국 문적원감 임아상(任雅相)의 주해

수는 얼음이다.
진은 오로지 하나로써 둘이 없는 것이다.
성은 원이며 **명**은 방이며 **정**은 각으로 굳게 서로 도우니 신묘한 것이다.
전은 모두를 갖춘 것이다. **편**은 모두를 구제받지 못함이다.
철은 하느님의 아래요 성인의 위이다.
상철은 하느님과 덕이 짝을 지을만하니 통하여 영원히 막힘이 없고,

중철은 하나님의 지혜와 짝을 지을만하니 분별할 수 있어 영원히 어리석지 않고,

하철은 하느님의 힘과 짝을 지을만하니 보호하여 안전하게 할 수 있어 영원히 멸망함이 없다.

반진은 셋이 하나로 돌아감이며 하나는 하느님에게 돌아감이다.

중은 평범한 세상 사람이다.

미지는 수태가 된 초기와 같다.

망은 자라는 모양이 하나같지 않음이다.

착근은 뿌리를 내림이다.

마음은 흉하고 길함의 집이며, **기**는 삶과 죽음의 문이고,

신은 애정과 욕망이 담긴 그릇이다. **의**는 기대는 것이다.

복은 모든 것이 거스르지 않아 순리를 따르는 것이며

화는 모든 것이 인간을 해치는 것이다.

수는 오래도록 변치 않음이며 **요**는 오래가지 못하는 것이다.

귀는 소중히 여겨짐이며 **천**은 업신여겨지는 것이다.

대는 사이와 같고 **작**은 만드는 것이며 **도**는 길이다.

감은 분별과 판단의 주인이고

식은 나가고 거두어들이는 손님이며

촉은 전하여 보내어주는 것이다.

경은 경계이다. **희**는 기뻐하여 즐거워함이며

구는 두려워하여 당황함이다. **애**는 슬프고 불쌍함이요

노는 화를 내어 흥분함이다. **탐**은 즐기어 좋아함이고

염은 괴로워하여 회피함이다. **분**은 풀과 나무의 기운이요

란은 불타고 남은 찌꺼기와 시체에서 나는 기운이다.

한은 얼음같이 차가운 기운이고 **열**은 불의 기운이다.

진은 전기 같은 기운이고 **습**은 비와 같은 기운이다.

성은 귀에 들리는 것이며 **색**은 눈에 보이는 것이다.
취는 코로 냄새를 맡는 것이며 **미**는 입으로 맛을 보는 것이다.
음은 사사로이 교접하는 것이며 **저**는 신체로 접촉하는 것이다.
잡은 섞임 없이 완전하지 않은 것이다. **종**은 따르는 것이다.
임주는 사람들이 제일 장기로 생각하는 것이다. **타**는 떨어짐이다.
생은 태어나 나타남이며 **장**은 건장하여 큼이고
소는 약해져서 보잘 것 없어짐이며 **병**은 질병으로 괴로워함이며
몰은 흩어져 종말을 맞음이니 이 땅 위에 다섯 가지 고통으로 이루어진 세계이다.

지감은 마음의 평정을 이룸이고

조식은 기의 운행을 제대로 바꿈이며

금촉은 몸을 편안하게 하는 것으로 지감 조식 금촉의 삼법은 망령된 도적과 고통의 악귀의 장난을 막아내는 날카로운 무기이다.

일의는 모든 사악한 생각을 끊어 그 뜻을 온통 올바르게 하므로 모든 좌절에도 조금도 물러섬이 없고 모든 흔들림에도 전혀 움직임이 없이 하나의 원을 이루어 만듦이다.

화행은 철인의 둘도 없는 신령스러운 법이다. 참된 근본은 줄어듦이 없고 둥글고 가득참으로 저절로 존재하니 그릇됨을 돌려 참됨으로 돌아가는 것이다.

대신기로써 가로되

견신기라 함은 가까이는 나와 남의 오장육부와 털뿌리까지 보고 멀리는 하늘과 땅의 모든 세계와 땅속이나 물속의 모든 정형을 일목요연하게 보는 것이다.

문신기라 함은 하늘과 땅 모든 세계의 사람과 만물과 귀신의 말까지 모두 듣는다는 것이다.

지신기라 함은 하늘과 땅에서 전생과 후생과 과거와 미래의 일과

사람의 마음속에 숨어 있는 모든 일과 신령들이 비밀스럽게 감추어둔 것까지도 통하여 모두를 다 아는 것이다.

행신기이라 함은 이목구비의 공을 나타내는 능력을 함께 사용하여 셀 수 없이 수많은 세계를 전광석화와 같이 빠르게 왕래하며 공중과 땅속과 돌과 쇠와 물과 불 사이를 거침없이 뚫고 다니며 몸 하나를 수없이 많은 몸으로 나누어 변화를 거듭하여 뜻한 바대로 움직이고 행하는 것이다.

이와 같이 하므로 영원히 다섯 가지 고통의 세계를 벗어나 하늘나라의 궁궐에 나아가 하늘나라의 즐거움을 누리는 것이다.

受 得也 眞 惟一無二也 性〇也 命□也 精△也 强相其妙也 全具備也 偏 不齊也 哲 神之下 聖之上也 上哲 與 神合德 通永不塞也 中哲 與 神合慧 知永不愚也 下哲 與 神合力 保永不滅也 反眞
三歸一 一歸神也

衆 凡人也 迷地 胚胎初也 妄 歧而不一也 着根 置本也 心 吉凶宅 氣 生死門身 情慾器也 依 附也 福 百順也 禍 百殃也 壽 久殀短也 貴 尊 賤 卑也

對 猶間也 作 造也 途 路也 感 識辯主 息 出納客 觸 傳送奴也 境 界也 喜 懽忭 懼 恐惶也 哀 悲憐 怒 惠憤也 貪 嗜好 厭 苦避也 芬 草木氣 殢 炭尸氣也 寒 冰氣 熱 火氣也 震 電氣 濕 雨氣也 聲

耳受 色 目接冶 臭 鼻嗅 味 口嘗也 淫 厶交 抵 肌襯也

雜 不純全也 從 就也 任走 爲衆第一長技也 墮 落也 生 始出也

長 壯大也 消 衰微也 病 疾痛也 歿 散終也 此地 爲五苦世界也 止

感 心平 調息 氣火 禁觸 身康 止調禁三法 防妄賊苦魔之利仗也

一意 絶万起邪想 一正其意 万挫不退 万搖不動 做成一團也 化

行 爲哲無二寶訣也 眞本無減 圓滿自在 回妄 卽眞也

大神機 曰 見神機 近而自他之臟腑毛根

遠而天上及群世界 地中水中諸情形 瞭然見之也

曰 聞神機 天上地上及群世界之人物 語音 皆聞也

曰 知神機 天上天下 身前身後 過去未來之事

人物心中潛伏之事 神秘鬼藏 無遺洞知也

曰 行神機 耳目口鼻之功能 互用 無盡數之世界 如電往返

空中地中及金石水火 無碍通行 分身万億 變變化化 隨意行之也

是 永離五苦世界 朝天宮而享天享樂也

제14절 인간훈에 대한 해설

> 【17】 인물 동수 삼진 왈 성명정 인 전지 물 편지
>
> _{인물 동수 삼진 왈 성명정 인 전지 물 편지}
> 人物 同受 三眞 曰 性命精 人 全之 物 偏之
>
> 사람과 만물이 다 같이 세 가지 참됨을 받았으니
> 곧 성, 명, 정이라.
> 사람은 세 가지 참됨을 옹골차게 받았고
> 만물은 치우치게 받았다.

1. 3진(三眞)

1) 삼일신고 제2훈 신훈에서 하느님은 신성적 요소로 대덕, 대혜, 대력을 가지고 있다고 하였다.

하느님이 피조물을 만드실 때 인간과 만물이 모두 다 3진을 하늘로부터 부여받았는데 3진은 성, 명, 정이라고 하였다. 하느님의 덕, 혜, 력이라는 신성적 요소가 인간과 만물에 나타날 때는 성, 명, 정으로 나타난 것이다. 하느님의 신성과 인간의 인성이 다르게 되어 있다는 표현이다. 만약 신성과 인성이 똑같다면 하느님과 인간의 구분이 없어질 것이니 구태여 인간을 창조할 일이 없어질 것이다. 또 하느님을 인간이 인식하지 못하는 일도 없을 것이다. 또 하느님과 인간이 같은 요소로 되어 있으면 늘 함께 공존하므로 인간만이 할 수 있는 인간의 특별한 정체성도 없을 것이다.

2) 3진이라는 것은 성(性), 명(命), 정(精)이다. 3진을 온전하게 받은 인간은 하느님의 창조 목적을 최상으로 이룰 수 있는 유일한 존재이다. 온갖 피조물 가운데에서 온전한 것은 역시 인간뿐이라는 것이다.

3) 인간과 만물이 한가지로 3진을 받았다 하였으니 인간에게 있는 성, 명, 정은 만물에게도 성, 명, 정이 있다. 이에 인간과 만물은 서로 간에 무언의 대화나 느낌에서 공감성을 이룰 수 있다. 다만 완전하게 이루어질 수는 없지만 무언의 대화가 이루어질 수도 있고 느낌으로써 소통될 수도 있고 어느 한 특별한 부분에서는 서로 말을 하며 이해할 수도 있다는 것이다.

그 이유는 인간도 성, 명, 정이라는 요소가 있고 만물도 성, 명, 정이라는 요소가 있기 때문이다. 다만 인간은 성, 명, 정을 100% 완전하게 받았고 만물들은 치우치게 받아 편협하다는 것이다. 만물 중에는 어느 한 분야에서는 인간보다도 우수한 능력을 가진 것들이 많이 있다. 개가 냄새를 맡는 것이나 코끼리와 박쥐의 청력은 인간보다 우수하지만 그 한 분야만 편협적으로 우수한 것이다.

2. 성, 명, 정

1) 성(性)이란 본 성품을 뜻하기도 하고 사랑의 본질 요소를 뜻하기도 한다.
(1) 성(性)이라는 한자의 뜻은
　① 성품(性品) ② 바탕 ③ 성별(性別) 남녀(男女) ④ 성욕 등을 말한다. 사람의 타고난 천성과 같은 성품을 말하기도 하지만 남녀 성별을 의미하는 곳에 쓰이기도 한다. 여기에서의 성은 사랑의 본질 요소를 뜻하고 있다.
(2) 성(性)이란 인간의 존재가 형성되는 가장 중심이 되는 속성으로

가장 근본적인 것이며 모든 것이 성(性)으로부터 시작되는 것이라고 할 수 있다. 또 말하기를 심의성(心依性)이라고 하여 인간의 마음은 성에 의지하는 것이라고 하였으니 성(性)은 인간의 마음을 이루는 근원이라고 할 수 있다.

또한 성(性)은 선악도 없는 것이라고 하였으니 도덕관념이나 마음이 있기 이전 상태의 본질적인 것을 말함이다.

(3) 〔단군세기〕 서문에는 '그 성(性)을 영적으로 깨닫는다는 것은 삼신과 그 근원을 같이함이고, 그 명(命)이 현세에 나타난다는 것은 산천과 그 기를 같이함이며, 그 정(精)이 끝없이 이어진다는 것은 모든 생명들과 그 업을 같이함이다'라는 기록이 있다. 이것으로 보아 성은 영적인 현상과 신적인 것과 관련된 것이라 할 수 있다.

(4) 인간 존재의 가장 근본이 되고 근원적인 것은 사랑 요소이다. 사랑은 인간의 근본 바탕을 이루고 있으며 선악이 없는 무형적인 것이다. 성(性)은 바로 사랑의 본질 요소를 말함이다.

(5) 인간과 만물의 근본 요소에는 사랑이라는 성질이 있어서 사랑을 찾아가는 끊임없는 절대 작용이 일어나고 있다. 인간이 수정될 때에도 남자의 정자는 미세한 크기이지만 사랑의 힘이 있기에 꼬리를 흔들며 헤엄을 치면서 질 속을 통과하여 난자를 향해 간다. 정자는 질 속에서 백혈구의 공격과 산성 영향 등 여러 악조건을 극복하면서 그 머나먼 길을 줄기차게 달려간다. 이것은 절대적인 사랑 요소가 있기에 가능한 것이다.

(6) 이성(異性) 판단이 없는 어린아이도 이성(異性)과 대면을 하게 되면 마치 성별을 아는 것처럼 방글방글 웃으며 좋아한다.

(7) 사춘기가 되면 사랑의 힘이 절정이 되어 청춘의 꽃이 활짝 피어난다. 창조원리에 인간에 있어서 천부적이고 절대적인 사랑의 힘이 아니라면 무엇으로 설명할 수 있겠는가?

천부적인 사랑 요소는 상대적인 이성을 향하여 무단히 피어나고 또 피어오르는 속성이 있기에 눈도 코도 없지만 용케도 배우자를 잘 찾아가며 그 사랑을 위하여 끝없이 작동하고 있다.

어떤 존재도 이 천리 이치를 막을 수가 없다. 오로지 천부적인 것이다. 인간도 사랑의 본질 요소가 있으며 동물도 사랑의 본질 요소가 있으며 식물도 사랑의 본질 요소가 있다. 모든 인간과 만물이 사랑을 가지고 사랑을 알고 사랑을 느끼고 사랑을 찾아 이루려고 존재하고 있으며 살아가고 있다. 이것이 성(性)이다.

성이라는 사랑의 본질적 요소는 사랑을 향하여 부단히 피어나려고 오직 앞만 바라보며 추구해 가는 속성이 가득 들어 있다. 선악도 없고 인종 차별도 없고 부귀공명도 구분하지 않는다. 무한의 세월이 흘러가도 변함없이 피어난다. 환경이 어려우면 어려운 대로 사랑을 향해 부단히 피어나고, 좋으면 좋은 대로 오로지 사랑을 향하여 부단히 피어나고 있다.

2) 명(命)은 생명의 본질 요소를 뜻한다.
(1) 명(命)의 뜻은 ① 생명, 목숨 ② 하늘의 뜻, 가르치다 ③ 알리다. 명령(命令) 등을 말한다. 여기에서는 생명의 본질을 말함이다.
(2) 명(命)은 인간에게 선천적으로 존재하게 하는 생명의 근본이며 바탕이다.
(3) 다음 글에서 말하기를 기의명(氣依命)으로 인간의 기운(氣)은 여기에서 말하는 명(命)에 의지하는 것이라고 하였으니 이것은 인간의 기운을 이루는 근원이라고 할 수도 있다.
(4) 명(命)은 맑은 것이나 흐린 것도 없는 것이라고 하였으니 기운이 있기 이전 상태의 본질적인 것이다.
(5) [단군세기]에서 '명(命)이 현세에 나타난다는 것은 산천과 그 기를

같이한다' 하였으니 명은 기운의 바탕이나 원인이 되는 본질적인 것이 된다. 인간에 있어서 기의 흐름이 끊어져서 인간이 기가 다 사그라지면 인간의 생명활동도 그치게 되어 죽게 되는 것이다.
(6) 명(命)은 인간 존재의 근본이 되고 근원적인 것이다. 생명의 본질적 요소는 인간의 근본 바탕이며 또한 맑고 흐린 것이 없다.
(7) 인간과 만물의 근본 요소에는 생명이라는 성질이 있어서 생명을 유지하기 위한 끊임없는 절대 작용이 일어나고 있다.

봄이 되면 햇빛의 양기를 받아 온갖 식물들은 새싹을 돋아낸다. 두터운 흙덩이를 밀고 가르면서 육중한 무게도 아랑곳없다는 듯이 솟구쳐 올라온다. 그 싹은 조금만 건드려도 뭉개져버리는 여리고 가냘픈 새싹인데 어떻게 그리도 강하게 솟구쳐 오르는지 새삼 경탄하게 된다. 이 또한 창조원리가 천부적이고 절대적인 생명의 힘이 아니라면 무엇으로 설명할 수 있겠는가?

(8) 식물도 그러한 생명력이 있는데 동물은 더욱 그렇다. 인간은 더더욱 그렇다. 모든 인간과 만물이 생명력이 있기에 생존의 본능을 발휘하여 살아가고 있다.
(9) 명(命)이라는 생명의 본질적 요소는 생명을 향하여 부단히 전진하고 앞만 바라보며 가는 속성이 가득 들어 있다. 환경조건이 어려우면 어려운 대로 좋으면 좋은 대로 오직 생명 존재를 위하여 부단히 전진하여 나가고 있는 것이다.

3) 정(精)은 힘(에너지)의 본질 요소를 뜻한다.
(1) 정(精)의 뜻은 ① 정력, 정기(精氣) ② 깨끗하다 ③ 찧다 ④ 순수함 등을 말한다. 여기에서는 정기를 뜻한다.
(2) 정(精)은 인간에게 선천적으로 존재하는 근본이며 바탕이다.
(3) 신의정(身依精)이라고 하여 인간의 몸은 정에 의지하는 것이라고

하였으니 이것은 인간의 몸을 이루는 근원이라고 할 수 있다.
(4) 정(精)은 두터운 것도 엷은 것도 없는 것이라고 하였으니 몸이 있기 이전 상태의 본질적인 것이다.
(5) 〔태백일사〕에서는 '성은 명을 떠나지 않고, 명은 성을 떠나지 않으며, 정은 그 가운데 있다'라고 하였다. 정(精)은 성, 명과 한 몸을 이루면서 성과 명의 활동을 실질적으로 가능케 하고 구체화시키는 것이라 할 수 있다.
(6) 모든 존재물은 그 자체에 원초적으로 근본이 되는 정(에너지)을 가지고 있다. 에너지는 인간의 몸을 구성하고 유지하게 하며 두터움이나 엷음도 없는 인간의 바탕적인 것이다. 그러나 지극히 적은 힘이지만 그 에너지가 뭉치고 뭉쳐지면 나중에는 큰 위력으로 나타나게 된다.
(7) 정기의 본질적 요소는 힘(에너지)을 향하여 부단히 존재하며 또 존속하려는 속성이 가득 들어 있다. 힘은 어디에 머물고 있는지, 누가 가지고 가는지, 어떻게 쓰이고 있는지를 따지거나 분석하지 않는다. 오로지 에너지는 존재하고 존속하기 위하여 있는 것이다.

```
인간  --  3진  ┌ 성  -  사랑
              ├ 명  -  생명      --  전지(全之)
              └ 정  -  힘(에너지)


만물  --  3진  ┌ 성  -  사랑
              ├ 명  -  생명      --  편지(偏之)
              └ 정  -  힘(에너지)
```

4) 3진과 인간
(1) 인간의 성, 명, 정이라는 3진은 하느님으로부터 부여받은 온전한 것이다. 그래서 인간만이 하느님과 상통할 수 있는 참다운 존재

자가 되는 것이다.

앞의 제2장 신훈에서 '자성구자 강재이뇌(自性求子 降在爾腦)'라 하여 인간의 뇌에 하느님이 임재할 수 있다고 하였다. 인간의 뇌가 하느님을 느끼며 알 수 있고 또 생각할 수 있다는 것이다.

인간의 가치성과 위대성이 여기에 있으니 우리는 사람으로 태어난 것을 감사하고 고마워해야 할 일이다.

(2) 3진은 각 개체로 말하면 성, 명, 정이지만 3진은 일체화된 한 덩어리의 존재이며 이것을 '얼'이라고 표현한다. 사람은 모두가 얼이 있다. 얼은 정신이 아니고 사람의 본질이며, 무형 요소이며 영원성이 있는 것이다.

우리말에 얼굴이라는 말이 있다. 얼이 드나드는 굴이 있다는 것이다. 머리의 앞면에 있는 얼굴은 구멍이 7개가 있는데 눈이 2개, 콧구멍이 2개, 귀가 2개, 입이 1개로 이것들은 모두 머릿골의 뇌신경과 연결되어 있다.

7개의 굴이 있는 사람의 얼굴은 머리 부분에서도 앞부분으로서 자신의 간판과 같은 것이다. 인간만이 머릿속에 있는 감정이 밖으로 표현되어져 얼굴에는 희로애락에 따라 표정이 다양하게 나타난다. 7개의 굴이 있는 얼굴은 7수의 세계이고 그 사람의 표상이다.

얼이라는 단어는 고유명사로 외국에 번역될 때에도 그대로 '얼'로 사용되었으면 좋겠다.

3. 인간의 위대성

삼일신고는 인간을 위대한 최고의 존재라고 설명하고 있고, 또 그 이치와 이유를 분명하게 제시하고 있다.

모든 존재물의 근본이 되고 있는 성, 명, 정 3가지가 피조물 중에서 오직 인간만이 완전하고 완벽하다고 인간에 대한 설명을 인간훈의 서두에서 밝히고 있다.

인간이 잘나고 못나고를 따지지 않고, 배우고 못 배움, 성공과 부귀영화, 또는 환경여건이 좋고 나쁨을 따지지 않고, 성 명 정 본질을 가지고 있는 인간으로 현재 존재하고 있다는 것만으로도 인간은 모두 위대하고 존귀한 것이다.

이러한 인간이 출현하기까지 얼마나 많은 세월과 노력이 있었는가를 생각해도 머리가 숙연해진다. 인간을 만들기 위하여 수백억 년의 세월을 지나면서 먼저 하늘을 만들고(生天), 다음은 또 수많은 세월과 노력을 하여 땅을 만들고, 그리고 다시 수많은 세월과 노력을 더하여서 비로소 인간이 나오게 된 것이다.

우주 공간에 있는 모든 것은 인간을 만들어내기 위해서 먼저 만들어졌다. 이 내용을 천부경에서 '천일일 지일이 인일삼 일적십거 무궤화삼'이라고 하여 천지는 인간을 위해서 있는 것이다.

모든 존재물의 근본은 에너지와 생명과 사랑[성 명 정]이며 에너지와 생명과 사랑은 한 덩어리로 되어 있다. 유형이 나타나도록 되기 위해서는 먼저 무형의 에너지와 생명력과 사랑 요소가 발동이 되어 온갖 조화가 나타나게 된다. 인간은 에너지, 생명, 사랑이 100% 완전하게 이루어진 존재이지만 그 외 모든 만물은 위 3가지가 편협되어 있으므로 인간이 최고의 존재라는 것이다.

동경대전 논학문에서는 "음과 양이 서로 조화를 이루어 비록 백 천 만물이 그 속에서 화육되고 낳지마는 유독 사람만이 가장 신령한 자니라"하였다.

음양상균 수백천만물 화출어기중 독유인 최령자야
陰陽相均 雖百千萬物 化出於其中 獨惟人 最靈者也

천지 만물에서도 인간만이 정말 특별한 존재이다. 곧 천 지 인의 3중 구조로써 천과 지가 인간을 위해서 존재하고 인간을 탄생시키기 위해서 필요한 존재물이라는 것이다. 인간만이 영물이고 하느님을 닮은 성명 정 3진을 온전하게 받은 존재라는 것이다. 그리고 나중에 나오는 성통공완을 완성할 수 있는 존재는 오직 인간뿐이라는 사실이니 그러므로 인간은 특별하고 위대한 것이다.

　인간의 교화경인 삼일신고는 지금 "내가 인간이다는 이 사실 하나만으로도 나는 진정으로 하늘과 땅에서 제일 존귀한 존재이다"라고 말하고 있다.

【18】진성 무선악 상철 통 진명 무청탁 중철 지 진정 무후박 하철 보 반진일신

眞性 無善惡 上哲 通 眞命 無淸濁 中哲 知
眞精 無厚薄 下哲 保 返眞一神

참된 사랑은 선악이 없는 것이며
밝은이가 통달한 경지로서 막힘이 없이 두루 통하고
참된 생명은 맑음도 흐림도 없는 것으로써
밝은이가 깨달아 미혹됨이 없고
참된 정기는 두터움도 얇음도 없으니
밝은이가 잘 보전하여 이지러짐이 없다.
이 3가지가 있는 삼진으로 되돌아가게 되면 신명이 된다.

---

1. 진성 무선악(眞性 無善惡)

1) 사랑의 본질은 사랑을 향하여 부단히 피어나려고 앞만 바라보며 가는 것이다. 그래서 사랑은 선과 악이 존재하지 않으며 좋은 것과 나

쁜 것을 가늠하지 않는 것이다. 선과 악을 구분하거나 탓하지도 않는다. 오직 사랑을 향하여 앞으로 전진할 뿐이다.

심, 기, 신(心氣身)이 오기 전 3진만 있을 때는 선악이 없는 것이다. 3진으로 존재하는 사랑의 본질세계는 선악이 없다.

그러나 사람에게 마음이 들어와 정신작용을 일으키게 되면 마음에는 선악이 있어서 사랑도 선한 사랑과 악한 사랑이 생기게 된다.

2. 진명 무청탁(眞命 無淸濁)

1) 생명의 본질은 생명을 향하여 부단히 전진하려고 앞만 바라보며 가는 것이다. 그래서 생명은 잘나고 못난 것이 없으며, 맑은 것이나 탁한 것이 없고, 강하고 약한 것도 없다. 오직 생명은 생명을 향하여 앞으로 전진할 뿐이다.

심, 기, 신(心氣身)이 들어오기 전 3진만 있을 때는 생명에 맑고 탁함이 없다. 그러나 이 생명에 심, 기, 신이 들어오면 생명에는 맑은 기운과 탁한 기운이 생기게 된다.

3. 진정 무후박(眞精 無厚薄)

1) 에너지의 본질적 요소는 에너지를 향하여 부단히 존재하며 존속하려는 것이기에 어떻게 쓰이고 있는지 탓하지 않는다. 에너지는 강하거나 약한 것도 없고, 두터운 것이나 얇은 것이 없고, 좋은 것이나 나쁜 것이 없다. 에너지는 오직 에너지로써 존속을 위하여 존재할 뿐이다.

심, 기, 신이 들어오기 전 3진만 있는 에너지는 두터움이나 얇은 것이 없지만 이 에너지에 심, 기, 신이 들어오게 되면 두터운 층의 에너지도 생기고 얇은 층의 에너지도 생기며 강한 에너지도 생기고 약한 에너지도 만들어지게 된다.

4. 하철 보(下哲 保)

1) 하철이 보(保)했다는 것은 현재 그 상태를 보존하는 데 충실을 다하는 것이다. 이치를 알든 모르든 상관없이 그것이 귀중하다고 하니까 고난과 고통을 감수하더라도 맡은 바를 지키고 보전하기 위하여 충직하게 행하는 모습을 말함이다.

인생의 깊이를 잘 몰라도 또 천도가 무엇인지 잘 몰라도 이웃과 사회에 피해가 되지 않고 선한 입장에서 자기의 할 일을 묵묵히 실천하는 사람을 일컬어 지키고 보전하는 하철이라고 하였다.

마치 삼일신고가 어떤 내용인지도 모르고 이것이 귀중하다고 하니까 온갖 어려움을 극복하면서 잘 보관하고 전하였다면 이런 사람을 일컬어 하철이라고 할 것이다.

우리 한민족의 정체성을 말하는 역사서적에는 대표적으로 『한단고기』와 『부도지』 2권이 있다. 부도지는 건국의 목적과 민족의 시원까지 고스란히 담겨 있는 매우 귀중한 책이다. 이 귀중한 책을 지키는 것만으로도 분명 하철이며 의인이라고 할 일이다.

부도지를 오늘에 다시 볼 수 있도록 하기 위해서 고통과 역경을 넘고 넘어 오는 노정을 생각하면 어쩌면 죽기보다 더 어려운 길이었다. 그 이치를 지키는 사람에 대해서 박금의 『요정 징심록 연의』에서 이렇게 말하였다.

"그러나 지금은 아는 사람이 적을 뿐만 아니라 받아서 지키는 사람 역시 적으니 이는 비록 시대가 시킨 것이라고 하더라도 또한 내가 선대에 죄를 지은 것이다."

— 부도지 192쪽, 박제상 저, 김은수 역

5. 중철 지(中哲 知)

1) 중철은 지(知)했다는 것은 '이치를 알았다 또는 깨달았다'는 것이

다. 이치를 몰랐을 때와 알았을 때의 차이는 엄청나다. 이치를 깨달은 사람은 하는 일이 쉽고 당연할 것이다. 아는 일은 타인에게 배움으로써 알 수도 있고 스스로 깨우쳐서 알 수도 있다.

그러나 보통 사람들은 본인의 입장에서 본인은 잘한다고 하였던 일들이 나중에 뒤돌아보았을 때 '바보짓을 하였구나'라는 판단이 되기도 하므로 이치를 아는 입장에서 볼 때는 보통 사람들의 행동이나 모습이 답답하고 어리석게 보일 것이다.

여기에서 성 명 정의 얼을 인간의 본질로 깨우치고 사는 사람이 얼마나 있을까? 사람으로 사는 목적을 천리 이치에 맞도록 정말 알고 사는 사람이 얼마나 될까?

지(知)했다는 것은 인생의 이치를 알고 천리 이치를 아는 사람이 바로 중철에 해당된다는 것이다.

6. 상철 통(上哲 通)

1) 상철이 통(通)하였다는 것은 '통달하였다 또는 실체화되었다'라는 것이다. 통달되었다는 것은 경지에 도달하였다는 것으로 실천을 습관화하여 몸에 체질화된 상태를 말하는 것으로써 상철은 성 명 정의 본질이 체질화되어 실체화된 사람을 말함이다.

더 나아가 천리 이치를 깨닫고 천리 이치대로 실천하여 참된 인격을 만들어 살아가고 있는 사람은 상철이라는 것이다.

상철은 통달하여 실체가 되어 있으므로 무엇이든지 막힘이 없고 두루두루 통하는 것은 성 명 정의 얼이 천리 이치에 맞고 체질화된 모습으로 곧 실체가 되었다는 것이다.

통달의 모습을 설명해 주는 좋은 글이 참전계경에 있다.

7. 통달하는 것

통달에 대한 내용이 참전계경 137조에 있다.

달면하는 사람이란
상대방을 습관화시키는 교육을 하며
통달시키는 교육을 하는 사람이다.
실천하는 교육은 알도록 하는 교육보다 어렵고,
습관화시키는 교육은 실천하는 교육보다 어렵고,
통달(실체화)시키는 교육은 습관화시키는 교육보다 어렵다.
그러므로 통달(실체화)시키는 교육을 하였다는 것은
곧 모든 존재를 사랑하는 이치를 능히 아는 것이다.

달면(達勉)

達勉者 勉敎而達敎也
行敎難於知敎
勉敎難於行敎
達敎難於勉敎
達敎卽 能知愛物之理

- 참전계경 137조

정신작용을 어떤 식으로 행할 것인가? 마치 컴퓨터에 어떤 소프트웨어를 설치하였느냐에 따라 화면이 다르게 나타나는 것과 같다.

인격의 실체를 만드는 것은 참전계경에서 지 - 행 - 면 - 달(知行勉達)이라고 하였다.

예를 들어서 감사하는 인격으로 된 실체를 만들어보자.

어느 시골교회에서 새해를 맞이한 목사가 금년은 감사하는 한 해로 계획을 세우고 감사하는 인격을 목표로 삼았다. 첫 주일예배를 드리면서 목사는 감사하는 마음으로 살아가자고 설교하였다. 그 뒤 1년 동안 계속 감사설교를 하였다. 신도들은 비슷한 내용의 설교를 계속 듣는 것에 싫증이 났고 결국 설교를 잘하는 새로운 목사를 모시기로 하였다. 떠나는 날에 목사는 마지막 설교도 역시 감사하는 생활에 대해서 말하였다. 예배가 끝나고 교인들과 헤어지는 마지막 인사를 나누었다.

"목사님을 더 모시지 못하여 대단히 죄송합니다."

이에 목사는

"그동안 시무한 것도 저에게는 감사한 일이고 이제 떠나게 되어서 이것도 감사합니다."

이때 머릿골을 때리는 깨우침이 있었다.

목사님이야말로 감사생활을 하는 인격이구나. 쫓겨가는 마당에 쫓아낸 교인들을 원망하지 않고 오로지 감사하는 마음으로 초지일관하는 모습을 보았던 것이다. 불평할 수밖에 없는 현실인데도 불구하고 처음처럼 감사하다고 말하는 목사님이야말로 모든 일을 감사로 실체화하는 감사인격으로 통달된 분이시구나.

감사하다는 말과 행동이 몸에 익어져서 자동으로 이루어지는 체질화된 모습이 바로 통달의 경지인 것이다. 통달은 반복을 거듭하여 체질화된 것을 말한다. 상대방을 지-행-면-달의 방법으로 만들어내는 사람이 교육자이며 곧 달면자(達勉者)이다.

선생이 지식을 가르치고 전달하는 사람이라면 달면하는 스승은 상대방을 습관화시키고 나아가 체질화시켜 내는 교육자를 말한다.

알게 하는 교육보다 더 어려운 것은 아는 것을 실천하게 하는 교육이고, 실천 교육보다 더 어려운 것은 반복하도록 하는 교육이며, 반복을 시키는 교육보다 더 어려운 것은 실체화시키는 교육이다.

곧 상대방을 이해하도록 알게 깨우치는 교육을 하고, 그 위에 힘과 용기를 주어서 반드시 실천하도록 교육하고, 또 반복하여 습관화시키도록 하는 교육을 하며, 더 나아가서 습관이 체질화되도록 하는 것이야말로 통달시키는 가르침인 것이다.

통달된 사람은 가장 높은 수준에 오른 것이다. 이것을 상철이라고 하였다.

8. 반진일신(返眞一神)

1) 성 명 정 3진은 인간 본질의 요소로써 누구나 다 가지고 있는 무형적인 것이다. 신명의 세계는 인간의 본질인 성 명 정의 3진만이 한 덩어리로 되어 있는 세계이다.

삼일신고 제2장 신훈에서 하느님의 대덕(大德)을 중심한 모든 요소가 작용하여 피조세계에는 사랑으로 나타나고 사람에게는 마음으로 피어난다. 하느님의 대혜(大慧)를 중심한 모든 요소가 작용하여 피조세계에는 생명으로 나타나고 사람에게는 기운으로 피어난다. 하느님의 대력(大力)을 중심한 모든 요소가 작용하여 피조세계에는 정기(에너지)로 나타나고 사람에게는 몸으로 피어나는 것이다.

3진의 성 명 정은 사람의 본질적 요소인데 3진에 마음(心)과 기운(氣)과 몸(身)의 3망이 붙어서 사람이 된 후 성장하고 변화되어 한 세상 살다가 죽으면 몸은 죽어 없어진다. 몸이 죽으면 기(氣)도 사라지고 마음도 사라진다.

3망은 인간이 육신을 쓰고 사는 동안만 한시적으로 인간과 함께 있으므로 인간이 죽으면 3망은 없어지거나 분해되어 흩어져버린다. 그러나 3진의 얼은 3망이 사라지고 없어져도 육신생활에서 경험하고 성숙한 3진의 요소는 본질로써 영원히 존재한다. 사람이 죽어서 성 명 정 3진만 존재하는 모습으로 돌아가면(영인체) 그 세계가 바로 신명의 세계가 되는 것이다. 반진일신이라는 말 속에는 육신을 가지고 살아가는 한평생 인생노정이 있고 또 일생을 살다가 한시적인 것들을 버리고 본질세계로 돌아가야 하는 신명세계라는 무형의 내세가 있다는 것이다. 간혹 육신을 가지고 천년만년 영생한다는 말이 있는데 삼일신고는 반진일신으로 일축하였다.

【19】유중미지 삼망착근 왈 심기신
　　심 의성 유선악 선복악화
　　기 의명 유청탁 청수탁요
　　신 의정 유후박 후귀박천

惟衆迷地 三妄着根 曰 心氣身
心 依性 有善惡 善福惡禍
氣 依命 有淸濁 淸壽濁殀
身 依精 有厚薄 厚貴薄賤

모든 사람들은 이 세상에 태어나면서 3가지의 가달이 붙어
뿌리를 심었으니 곧 마음(心)과 기운(氣)과 몸(身)이다.
마음은 사랑에 의지하고 있으며 선과 악이 있으므로
선하면 복을 받고 악하면 화를 받게 되고
기운은 생명에 의지한 것으로서 맑고 흐림이 있으므로
맑은 기운이면 천수를 누리고 탁한 기운이면 일찍 죽고
몸은 정기에 의지한 것으로서 두텁고 엷음이 있으므로
두터우면 귀함을 얻고 엷으면 천하게 된다.

1. 유중미지 삼망착근(惟衆迷地 三妄着根)

1) 모든 인간은 성 명 정 3진이 먼저 존재하고 3진이 현 세계에 나올 때 마음, 기운, 몸(心氣身)이라는 3망이 더 붙어야 인간이 될 수 있다. 태아는 엄마의 복중에서 인간 세상으로 탄생하면서 기(氣)가 들어오고 공기 속에 있는 산소가 아기의 세포와 뇌에 전달되면서 마음이 시작하는 것이다.

물질세계는 변화무쌍하게 수시로 바뀌고, 고정되어 있는 것보다는 끊임없이 활동하고 성장하며 변화되어 간다. 또 미숙 상태나 미정 상태로써 올바른 것으로 꾸준히 만들어가야 하며, 정도를 세우고 정립을 하면서 살아가는 세계이다.

세우는 일이 제대로 잘될 수도 있고 때로는 잘못될 수도 있다. 여러 정황에 따라서 천태만상으로 변해 가는 세계이다. 사람도 마찬가지이다. 사람이 하면 되어지고 안 하면 안 되어지는 것이니 사람이야말로 할 수도 있고 안 할 수도 있는 것인데 그 주체가 인간 자신이니 인간 여하에 따라 달라지는 인간 세상이다. 그래서 미지의 세계라고 말하는 것이다.

2) 삼망착근이란 몸과 기운과 마음이라는 3망이 한 덩어리가 되어 인간에게 뿌리를 내림으로써 드디어 한 사람으로 탄생된다.

2. 왈 심기신(曰 心氣身)

1) 심 기 신

3망은 가로되 마음(心), 기운(氣), 몸(身)이다.

2) 마음(心)의 소재지

마음은 뇌 속에 있다. 마음은 뇌 속에서 생기고 일어나며 작용을 한다. 뇌(머릿골)는 약 140억 개의 신경세포로 구성되어 있고 다시 분류하면 대뇌, 소뇌, 뇌간으로 구분한다.

뇌간은 자신의 엄지손가락만 한 크기로 뇌의 가장 깊숙한 중심 부분에 있으며 '생명의 뇌'라고 한다.

복중에서 태아의 몸이 생성될 때 뇌부터 먼저 만들어진다. 인간의 뇌는 수정된 후 3주가 지나면서 생성되는데 이때 가장 먼저 만들어지는 것이 뇌간이다. 이것을 바탕으로 대뇌피질이 발달한다.

뇌간은 주로 생명과 관계되는 호흡, 혈액순환, 체온, 소화, 생식 등으로 인간 생존에 필수적인 기능들을 수행한다. 뇌간은 인간이 의식적으로 조절할 수 없고 조절해서도 안 되는 기능들이다.

뇌간이 외부의 방해를 받지 않고 정상적으로 작동될 때, 뇌 전체의 생명현상도 아주 활발해지므로 생명력의 제반 조건들이 원래적으로 유지되고, 또 면역력과 자연치유력 등이 활발하게 이루어진다.

소뇌는 머리 뒤쪽에 위치하며 크기는 머리 전체의 10% 정도를 차지한다. 소뇌는 주로 신체의 균형에서 감각, 운동, 인지 등과 관련된 정보를 수집하여 운동계 전반에 정보를 보내는 역할을 한다. 또 소뇌는 몸의 움직임을 시작할 수 있게 하고 행동을 미리 계획하는 역할도 하며 우리 몸의 운동 기능을 자동적으로 조정하고 근육의 긴장도를 조절하며 평형을 유지하는 역할을 한다. 만약 사람이 의식적으로 평형을 유지하는 것이라면 걸어가면서 이야기를 하고 음악을 듣고 노래를 부른다는 것은 불가능할 것이다.

소뇌는 모든 형태의 감각 정보를 받아들이지만 의식적인 감각 기능에 관여하지는 않는다.

대뇌에서는 언어를 토대로 기억하고 분석하고 종합하고 판단하고 창조하는 등의 인간만이 할 수 있는 두뇌 활동이 이루어지는 곳이다. 뇌의 바깥쪽을 둘러싸고 있는 대뇌피질은 다른 동물보다 인간이 가장 발달된 부위이다.

피부에서는 오감이라는 매개체를 통하여 외부의 사물이나 현상과 접촉하고 이때 입수한 정보를 시시각각 대뇌에 전달한다. 뇌간은 무의식적으로 작용하지만 대뇌는 인간의 의식이 개입하여 작동된다는 특징이 있다. 대뇌는 인간 의식에 따라 가변하는 곳이다. 따라서 의식 곧 정신작용은 이곳에서 이루어지는 것이다.

삼일신고 제2훈에서 '자성구자 강재이뇌'라고 하였다. '자신의 진실한 마음과 얼에서 하느님을 찾으면 뇌 속에 이미 내려와 계신다'라고 하였으니 우리의 선조들은 수천 년 전에 이미 뇌의 기능과 뇌에 대한 창조 이치를 깨달았다는 것이다.

3) 마음의 작용

몸이라는 그릇을 만들어놓고, 몸 중에서도 뇌라는 곳에 마음이 들어 있다. 그리고 그 마음을 더욱 성장시켜서 성숙한 마음으로 몸을 주관하는 것이 마음의 작용이다. 잘 성숙된 마음은 몸을 관리, 지시, 다스리는 것을 올바르게 주관하여 좋은 일이 되도록 만든다. 곧 선념선작(善念善作)을 만든다.

만약 잘 성숙되지 못한 마음이 되면 그 미숙한 마음은 자신의 몸을 엉망으로 만들어 정상적인 모습에서 이탈하여 질병과 고통을 만들게 된다.

이렇게 인간의 마음은 언제든지 가변될 수 있다. 가변 능력을 발휘할 주인은 인간이며 바로 자기 자신이다.

필자는 청년시절에 역류성 식도염과 소화불량으로 고생을 많이 하였다. 밥 한 그릇을 먹을 때 국도 한 그릇 먹고, 물도 한 그릇을 마셨다. 항상 위가 편안하지 않았다. 속이 비어 있을 때는 쓰리고 아파서 무엇이라도 먹어야 쓰림이 없어지고 먹다 보면 트림이 나오고 입안까지 쓰디쓴 액체가 올라왔다. 때로는 밥상 앞에 있으면 배가 부른 것처럼 느껴져 밥

먹기가 싫어지고, 밥상에서 돌아앉으면 왠지 배가 고픈 것 같았다. 변덕처럼 종잡을 수가 없었다. 병원을 다니고 약을 먹으면 금방 낫는가 싶더니 조금 지나면 도로 마찬가지였다. 그 이상 어떻게 할 수가 없었다.

그런데 우연히 '밥 따로 물 따로' 식사법을 알게 되어 밥과 물을 따로 먹었다. 밥 먹을 때는 국과 물을 같이 먹지 않고 식후에 입가심도 하지 않았다. 물은 오후 시간에 갈증이 날 때만 먹었다. 3일을 실천하였더니 그렇게 고생하던 위병이 없어졌다. 음식을 먹을 때 물을 같이 먹지 않고 물은 갈증이 있을 때만 먹으면 위병을 나을 수 있다는 새로운 지식을 알게 됨으로써 곧 마음이 변하니까 행동으로 실천할 수 있었다. 그 결과 병이 나았다. 이렇게 마음작용이 일어날 때 실천도 가능해지는 것이다.

4) 마음의 시한성

마음작용이나 정신작용은 뇌가 살아 있을 때만 일어나고 존재하는 것이다. 뇌세포는 산소와 영양분을 먹고사는데 산소를 뇌에 갖다 주는 것은 피 속에 있는 적혈구들이 한다. 뇌에 혈액순환이 안 되어 산소 공급이 안 되면 뇌세포는 죽어가는 것이다. 그러면 치매가 되기도 하고, 뇌졸중을 일으키기도 하고 심하면 의식불명이나 때로는 식물인간도 된다.

뇌세포가 살아서 작용할 때만 마음작용이 일어나지만 뇌세포가 죽으면 마음작용을 할 수가 없다. 결국 마음작용은 뇌세포가 살아 있을 때 한시적으로 이루어지는 것이다.

그러므로 마음은 영원한 것이 아니라 한시적인 것으로써 육신이 살아 숨 쉬고 있는 기간만 한시적으로 존재하는 것이다.

또 마음과 몸이 합쳐 있으면 인간이 될 수 있지만 마음과 몸이 분리되면 인간이 아니고 죽은 자가 된다. 마음과 몸이 합쳐지려면 반드시 기[氣]가 필요하다. 기가 왕성할수록 마음도 활발하고 몸도 활발한 건강한 사람이 된다. 청년은 기가 제일 왕성하게 피어나는 시기이다.

또 기가 허약하면 허약자가 되고 때로는 병자가 되기도 한다. 나이가 들면 사람은 기가 점점 약해지다가 숨도 쉴 수 없도록 기가 약해지면 결국 죽음을 맞이한다.

5) 인간의 구성

인간은 마음과 몸으로 구성되어 있다고 한다. 이분법 논리에 의해서 인간도 당연하게 이분법으로 생각하여 정신과 육체로 구성되어 있다는 것이 일반 상식이고 또 기정사실처럼 말한다.

정말 인간은 마음과 몸의 2중 구조로 되어 있는가?

마음과 몸은 모두 한시적으로 존재하는 것이기에 인간이 죽으면 모두 없어지는 것이다.

인간의 영혼은 어떻게 설명할 수 있을까?

인간을 2중 구조로 보는 논리에서는 설명을 할 수가 없다. 인간의 영혼이 없다면 인간이 죽은 뒤에는 아무것도 없는 끝이 되고 만다. 그러나 현실적으로 영혼은 존재하고 있다. 인간의 영혼은 마음도 아니고 몸도 아니고 또 다른 존재이다.

우리 조상님이 인간에 대하여 수많은 연구와 노력을 거듭한 결과, 우주의 기본이 3중 구조로 되어 있음을 깨달았고 그것은 천 지 인이라고 하였다. 천리 이치가 맨 처음에 3극으로 출발하여 하늘이 가장 먼저 생성되고 그 다음에 땅이 생성되고 그리고 하늘과 땅이 합하여 인간이 생성되었다는 것을 깨달았다.

3극이 다시 물질세계로 나타나면서 양성과 음성으로 생성되어 온갖 조화가 벌어지고 있으니 곧 천리 이치가 천 지 인으로서 횡적으로도 3중 구조로 되어 있고 종적으로도 3중 구조로 되어 있다는 것이다. 그래서 우리 민족은 3수를 좋아하게 되었고 3중 구조의 우리말과 우리글을 만들어 쓰게 되었던 것이다.

　삼일신고와 천부경은 우리 민족의 전래 경전으로 3분법의 이치를 설명하고 있다. 천부경은 우주의 첫 시작이 '일석삼극'으로부터 이루어졌기 때문에 우주의 존재가 천, 지, 인 3중 구조로 현존하고 있다는 천리를 말하였고, 삼일신고는 천, 지, 인 구조 속에서 인간은 얼, 몸, 맘이라는 3중 구조로 되어 있다고 말하고 있다. 천부경과 삼일신고는 우주와 인간에 대한 가르침이며 나아가 하느님과 천리 이치에 대한 깨달음을 말하고 있다. 특히 삼일신고는 3중 구조를 자세하게 표현하여 성, 명, 정이라는 3진과 심, 기, 신 3망이 한 덩어리가 되어 인간을 이루었다고 말하고 있다.

　심, 기, 신은 인간이 죽으면 없어지는 3망의 존재인데 성, 명, 정은 인간이 죽어도 없어지지 않는 3진으로 영원히 존재한다는 것이다.

　인간은 처음부터 2중 구조가 아닌 3중 구조로 되어 있다. 곧 얼, 몸, 맘으로 존재하고 있는 것이다.

　또 이분법의 논리세계에서는 정신작용이 어떻게 이루어지는가 하면 양자택일을 원하거나 직선을 만들어 끝없는 욕망을 가지도록 만들어 간다. 이런 논리는 마음이 항상 피곤하게 되고 스트레스를 받으며 살 수밖에 없는 고통의 인생살이가 되는 것이다.

　삼분법의 논리세계에서는 정신작용을 원형이나 세모를 그릴 수 있도록 만들어주니 돌고 도는 상생의 여유를 이루어준다. 편안한 마음과 기쁨의 마음을 더 많이 가질 수가 있다.

　그래서 인간이 3중 구조의 존재라는 사실을 깨닫게 되는 순간, 인생살이가 여유와 기쁨과 희망으로 변하게 된다.

인간을 2중 구조로 볼 때

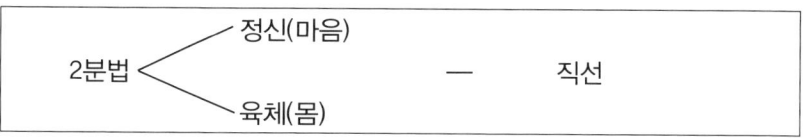

인간을 3중 구조로 볼 때

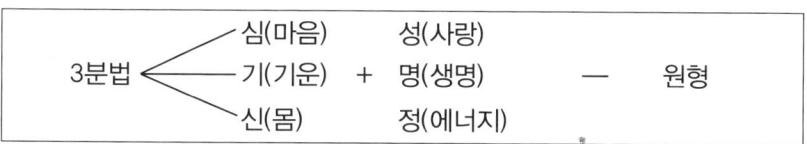

천주를 2중 구조로 볼 때

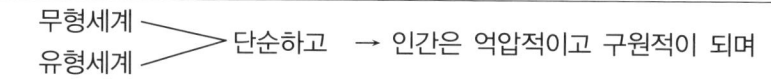

천주를 3중 구조로 볼 때

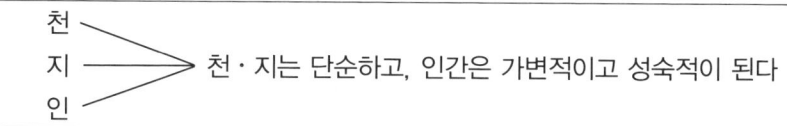

6) 인간은 3중 구조의 존재이다

(1) 천부경으로 보면 인간은 3중 구조의 존재이며 일석삼극(一析三極)이라 하여 세 가지 형태로 나누어졌다.

이것이 천일, 지일, 인일로 되어 있다. 곧 무형의 세계에서 공간 질이라는 요소로 모든 물질세계를 만들어내는 원인의 세계로써 존재하는 천(天)의 구조와 하늘 이치에 의해서 물질로 나타나는 유형적 물질 존재로 된 지(地)의 구조와 천과 지를 모두 함축하고 가변과 성숙을 세우고 일으킬 수 있는 인(人)의 구조로 되어 있다.

이를 3중 구조라 하며 피조세계를 총망라하여 천 지 인으로 된 3중 구조를 이루고 있다. 이 천 지 인 구조는 다시 각각 양적 존재와 음적 존재로 나누어지는 음양의 존재를 이룬다.

우주 전체가 천 지 인 3중 구조로 되어 있듯이 인간은 소우주로서 얼 몸 마음이라는 3중 구조로 되어 있다. 얼은 천의 구조로써 솟구치고 일어나고 팽창이라는 속성을 가지고 있다. 마음은 인의 구조로써 가변과 성숙을 일으키는 부분이다.

마음은 얼이 활짝 피어나도록 하는 마음이 되어야 하고 몸의 변화를 일으키게 하는 결정적인 존재이다.

인간의 몸에서도 천의 구조를 닮은 머리 부분과 지의 구조를 닮은 가슴과 인의 구조를 닮은 배가 있다. 머리에서는 생각과 정신작용을 함으로써 창작과 동기를 일으키는 팽창이 이루어진다. 가슴은 땅과 같은 물질적 요소로써 끌어당기는 존재이며 담아두는 속성이 있다. 가슴속에는 양쪽에 허파가 있어서 공기를 끌어당기는 힘이 있으며 담아두기도 한다. 심장도 피를 끌어당기는 힘이 있다. 세상살이에서 느끼는 온갖 기쁨과 슬픔과 특히 원한 맺힌 것들을 가슴에 담아둔다고 말한다. 우리말에 '가슴이 아리다'라는 말이 있다. 담아두었다는 뜻이다.

배는 가변시키고 일으켜 세우는 속성을 가진 인의 구조를 닮았다. 배에서는 음식물을 분해하여 각종 영양소로 변화시켜 피 속으로 보낸다. 또한 신장에서는 피를 걸러내어 정화작용을 함으로써 가변을 일으키고 성욕을 실천할 수 있도록 성기를 세우며 일으켜 낸다. 천부경은 이렇게 천주와 인간이 모두 천 지 인이라는 3중 구조의 존재로 되어 있다는 천리 이치를 설명하고 있다.

(2) 삼일신고로 보면 인간은 3중 구조의 존재이다. 삼일신고 제5훈 인간훈에서 인간은 3진과 3망으로 되어 있다고 하였다. 3진과 3

망이 한 덩어리로 뭉쳐지는 대3합6으로 만들어지면 곧 인간은 얼 몸 맘이 된다. 인간은 얼의 구조와 몸의 구조와 마음의 구조가 공존하는 3중 구조의 존재인 것이다.

(3) 인격체와 사랑체로 보면 인간은 3중 구조의 존재이다. 부모로부터 받은 성품이 인격으로 만들어지려면 약 30년의 세월을 지나야 한다. 인간의 인격은 성품 위에 마음을 세우고 실천하여 습관으로 굳어지면 결과체로 인격체가 만들어져서 자신의 정체성이 생기게 된다. 이때 마음을 세우는 일에 있어서 얼이 피어나는 내용과 선을 중심으로 뜻을 정립하는 마음이 되어야 올바른 것이다. 흔히 말하는 언행일치로만 인격을 만들 수는 없다. 말과 행동의 2중 구조에서는 인격체를 만들기 어렵다. 인격체에 대한 기준도 없고 완전하지도 못하다. 얼 몸 맘이라는 3중 구조를 가지고 자기가 원하는 인격체를 만드는 일은 참으로 명료한 일이다.

사랑체도 마찬가지이다. 얼 몸 맘이라는 3중 구조로 사랑을 하면 쉽게 참 사랑체를 만들어 행복을 누리고 살 수 있다. 후미에 나오는 성통공완에서 자세히 설명한다.

(4) 천리 이치로 보면 인간은 3중 구조의 존재이다.

석삼극의 분류

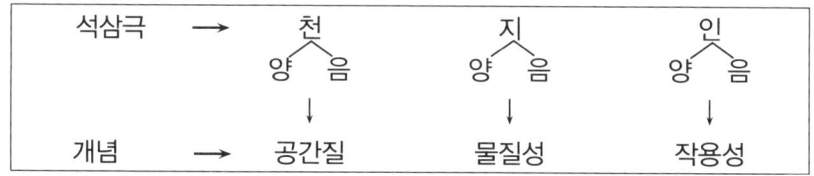

7) 2중 구조의 관찰

현재의 세상은 인간을 2중 구조로 봄으로 몸과 마음 곧 정신과 육체로 되어 있다고 생각한다.

　몸은 일단 먹는 음식이 중요하다. 그래서 '잘 먹고 잘 살자'라고 한다. 먹어야 하고 잘 먹기 위하여 맛있는 요리를 하고 자기 입맛에 맞게 요구한다. 한때는 웰빙(well-being)이라고 하여 잘 먹고 잘 사는 것이 제일이라고 하였다. 우리나라에서는 2003년 후반부터 웰빙 붐이 시작되었다.

　그래서 맛집 식당을 찾아다니는 것이 유행이었고 식도락가가 늘어나고 가는 곳마다 음식 이야기로 풍성하였다. 또 영양가가 많은 음식을 먹어야 잘 먹는 것이라 해서 고열량 식품을 즐겨 먹었다. 그러다 보니 사람들마다 이마에 기름기가 흐르고 배가 임산부같이 불룩하게 나온 사람들이 많아졌다.

　그랬더니 어떻게 되었는가? 대부분 비만이 되었고 그 결과 성인병을 가진 환자를 양성하게 되었다. 비만증, 당뇨병, 고혈압, 동맥경화, 허리통, 관절통 등등의 성인병이 만연해졌다.

　경험을 하고 보니 음식생활이 잘못되었음을 깨달았다. 이에 새롭게 발전된 것이 '웰빙(Well-being)보다 힐링(Healing)이 좋다'는 것이었다.

　힐링은 마음과 몸을 치유하는 것을 말한다. 몸을 치유하려면 먼저 바꿔야 할 것이 바로 마음이다. 마음이 안 바뀌면 몸의 치유가 잘 되지 않는다. 그래서 몸과 마음을 동시에 치유해야 한다.

　마음은 곧 정신작용을 말한다. 마음은 두뇌에서 일어난다.

　컴퓨터에서 하드웨어(hardware)가 뇌신경이라면 마음작용은 소프트웨어(software)이다. 프로그램을 어떤 것으로 설치해 놓았는가에 따라서 윈도우 창이 다르게 나타난다.

　두뇌에 긍정 프로그램을 깔아놓으면 정신작용이 긍정적으로 변하게 되어 인생살이가 좋아진다. 보통 사람의 의식은 대부분이 짜증이 나고 생활에 지쳐서 불평, 불만을 하기 쉽고 또 부정적인 말을 하게 된다.

다행히 각 종교에는 긍정 프로그램이 많다. 어려운 일을 당하였을 때 기독교 신앙자는 자기의 죄 값이라고 생각하고 회개하며 더 열심히 살아가려고 하기 때문에 불평하기보다는 회개하며 산다. 이것이 기독교의 긍정 프로그램이다.

불교 신앙자는 자기의 업보라면서 긍정적으로 받아들인다. 그래서 종교인은 신앙생활을 하며 긍정적으로 살도록 노력하니 비종교인보다 고통을 덜 느끼기도 한다.

정신작용이란 프로그램에 의해서 작용하고 나타난다. 좋은 프로그램을 가지면 정신작용은 더욱 좋아진다. 담배를 피워야 마음이 편해지고 소화도 잘 된다는 프로그램을 가진 사람은 담배를 피우게 되지만, 담배를 피우는 것은 백해무익하다는 프로그램을 가진 사람은 담배를 피울 수 없게 된다.

두뇌가 어떤 프로그램을 가지고 있느냐에 따라 행동이 다르게 나타난다. 습관도 결국 두뇌에 깔아놓은 프로그램이다.

2분법에서 마음은 끝없는 소유 욕망에 사로잡혀 있다. 또 죽으면 아무것도 없는 절망이니 죽지 않으려고 발버둥 치게 된다. 그래서 인간을 고해의 바다에서 고통을 느끼며 살아가도록 만든다.

2분법에서의 마음은 얼빠진 마음이며 얼 빈 사람으로 된다. 또 마음이 완전할 수가 없고 평온함이 없다.

8) 3중 구조로 관찰

사람을 보는 관점부터 다르게 시작한다. 3분법으로 사람을 보면 사람은 얼, 몸, 맘으로 구분한다. 몸은 물질로 구성되었으니 물질적인 음식을 먹는 것이 주된 일이다. 몸의 에너지는 음식에서 섭취한다. 그렇지만 몸을 통제하고 지시하고 다스리는 본부는 두뇌에서 하는 정신작용이다.

두뇌의 정신작용에 따라서 정신의 수준과 능력에 따라 완급이 좌우 되며 몸의 행복과 불행이 마음에 의해 결정된다. 마음작용이 더 귀중하고 영향력이 더 크다.

정신작용은 좋은 프로그램이 설정되어 있어야 좋은 작용을 이룰 수 있다고 하였다.

얼은 사랑성과 생명력과 에너지의 근본이 통합된 한 덩어리의 존재로 무한히 피어나려는 존재의 근본이다. 얼의 작용이 있기에 우주와 인간이 각양각색의 모습으로 존재하고 있는 것이다.

3분법에서는 마음작용이 대단히 귀중하다. 마음이 제일 큰 변수로써 마음에 따라 가변의 크기가 엄청난 차이로 만들어진다. 마음은 얼의 본질을 일으켜 세워야 하고, 또 얼을 활짝 피어나게 하는 마음작용이 되어야 한다. 여기에서 마음은 반드시 얼이 꽉 차 있는 제정신 프로그램이 되어야 한다.

곧 3중 구조 세계에서 마음은 천리 이치에 부합하는 것으로 얼이 왕성하게 피어나는 정신작용을 하게 된다는 것이다. 인격이 천리 이치에 부합하는 모습이 되고 그 결과 인생살이가 쾌락을 즐기며 누리는 본연의 인생이 됨으로 창조의 이치가 그대로 실현되는 행복한 이화세상을 이룰 수 있는 것이다.

그러므로 천주를 3중 구조로 인식하는 사람은 천리 이치에 맞는 인생의 목표도 세울 수 있고, 목표를 향해서 열심히 정진할 수 있으며, 목표를 이룰 수 있는 구체적인 실천사항도 만들어 세울 수 있으며, 인생목표를 달성하여 인생완성을 이룰 수 있는 것이다.

인생관이 있는 사람은 생활에서 부딪혀오는 모든 일에 가치를 부여할 수 있고 긍정적이며 최선을 다하는 삶을 살 수 있다. 이렇게 3중 구조적인 기준에서 정신작용이 일어나며 얼이 살아 있는 마음작용이 되고 마음이 주체가 된 실천은 곧 건전하고 바른 삶이 되는 것이다.

속담과 격언에서 볼 때 우리말은 3중 구조를 지니고 있다.

'머리는 시원하게 하고 배는 따뜻하게 하라.'

머리는 천(天)의 구조이니 하늘이 차가운 것처럼 머리는 시원해야 생각과 창작이 잘된다. 그러나 배는 인(人)의 구조이니 변화시키고 일으켜 세우려면 따뜻해야 된다. 사람은 생명의 존재로 기와 열이 생겨야 물을 끌어오면서 새로운 세포가 생긴다. 기와 열이 있어야 생명이 왕성해지며 변화를 일으킬 수가 있다.

'가슴이 벌렁벌렁한다.'

'가슴에 멍이 들었다.'

가슴은 담아두고 끌어당기는 땅의 속성을 지니고 있다. 가슴에서 마음이 일어나는 것은 아니지만 마음을 담아두는 것과 같은 땅의 요소를 대변하기 때문이다. 곧 천 지 인의 구조를 지니고 있는 표현이다.

'남자는 하늘이고 여자는 땅이다.'

남자는 여자에 비해서 하늘의 요소가 많고 여자는 남자보다 땅의 요소가 많다. 하늘이 팽창력이 있듯이 남자는 팽창력이 강해서 밖으로 나가는 일에 강하고 활동적이고 적극적인 경향이 많다. 정착하기보다 흐르고 이동을 잘한다.

이에 여성은 땅이 끌어당기는 응축력이 있듯이 집안에 머물기를 잘하고 내성적이며 수동적인 경향이 많다. 음식물을 끌어당겨 살찌는 체질이 많다. 이기적이고 자기중심적인 생각을 잘한다.

'홀아비는 이가 서 말이고 과부는 보릿자루가 서 말이다'라고 했다.

그러므로 모든 사람은 얼, 몸, 맘 3중 구조로 되어 있으니 3중 구조 의식을 가져야 되고 얼, 몸, 맘에 맞는 삶을 사는 것이 곧 얼이 꽉 들어차 있는 올곧은 인생의 삶이 되는 것이다.

3. 심 의성 유 선악 선복악화(心 依性 有 善惡 善福惡禍)
1) 마음에는 선악이 있다.

성(性)은 선악이 없지만 마음(心)은 선악이 반드시 있다. 그러므로 마음을 선하게 갖고 선하게 살면 당연히 복을 받는다. 마음을 악하게 갖고 또 악하게 살면 당연히 화를 받게 된다.

마음에 중심으로 삼아야 할 기준은 바로 선이다. 동서양의 남녀노소 모든 사람의 양심은 똑같이 선을 지향하고 있다.

2) 마음의 기준은 선이다.

마음의 작용 곧 정신의 작용을 올바르게 가지려면 선의 기준이 항상 분명하고 선에 대한 정확한 의지가 있어야 한다. 선에 대한 정의가 있고 선에 대한 의지가 살아 있어야 분명하고 올바른 선이 된다.

선이란 올바르고 착하여 인간의 도덕적 기준에 맞는 것을 말하며 천리에 의한 자연 그대로가 선이다. 또 많은 인간에게 이로움을 주는 것이 보다 큰 선이다. 선념선작(善念善作)이 되어야 한다.

반면에 악이란 천리법도로 운행하려는 자연을 역행하는 것이며 많은 인간에게 해로움을 주는 것이 보다 큰 악이다.

참전계경에서는 선한 덕목을 복(福)장에서 인·선·순·화·관·엄(仁善順和寬嚴)이라 하였고, 악한 덕목을 화(禍)장에서 기·탈·음·상·음·역(欺奪淫傷陰逆)이라 하였다.

4. 기 의명 유 청탁 청수탁요(氣 依命 有 淸濁 淸壽濁妖)
1) 기에는 청탁이 있다.

명(命)은 청(맑고)탁(흐림)이 없지만 기운(氣)은 청탁이 반드시 있다. 그러므로 기운을 맑게 하고 또 맑게 살면 당연히 천수를 누리며 또 사는 동안 건강하게 살 수 있다. 그러나 기운이 탁하게 되면 당연히 일찍 죽음을 당하게 된다.

유형의 기는 음식에서 만들어지고 무형의 기는 정신에서 만들어진다. 음식을 만드는 먹거리가 이기주의와 자본주의에 의해서 자연의 순리를 벗어나기도 하고 농약 등 중금속으로 오염이 되기도 하고, 유전자 변형과 환경 호르몬까지 파괴되어 탁한 기운으로 많이 변해 있다.

또 정신까지 심하게 탁한 기운으로 변했으므로 탁해진 기운을 맑은 기운으로 변화시키려면 얼이 차 있는 마음으로 변해야 할 것이다.

2) 기운의 기준은 맑음이다.

기운의 기준이 되는 맑음은 무엇인가? 맑음이란 선한 생각을 할 때와 선한 일을 할 때 흐르는 기운이다. 또 천리 이치에 합당한 일을 할 때 맑은 기운이 흐른다. 또 맑음은 조화에 좌우된다. 자신에게 가장 적당하고 적절하게 감당할 수 있는 정도가 가장 좋은 맑음이다. 기운은 자기가 감당할 만큼 자기 수준에 맞추어 조화롭게 유지되어야 한다. 자신이 감당할 수 없도록 기운이 너무 많아 넘치면 오히려 화를 입는다. 과유불급이란 말처럼 말이다.

속담에 '아는 것이 힘이다' 그런가 하면 '아는 것이 병이다'라는 말이 있다. 아는 것이 힘이 될 수도 있고 또 병이 될 수도 있다는 말인데 두 가지 말이 모두 맞는 말이다. 아는 것이 힘이 되는 것은 자기 자신이 감당할 수 있는 정도가 되면 아는 것은 힘이 되고 약이 된다. 하지만 자기 자신이 감당할 수 없는 정도를 알게 되면 그때부터는 고민과 갈등으로 스트레스와 근심이 쌓여 점점 병으로 변한다.

탁한 기운은 어디에서 생기는가? 악한 일에는 탁한 기운이 있다. 또 아무리 선한 기운이라도 자신이 감당할 수 없다면 오히려 해가 되어 본인에게는 탁한 기운이 되는 것이다. 또 거짓과 가식에도 탁한 기운이 생기며, 또 자연 순리에 역행을 해도 탁한 기운이 생긴다. 하물며 역천을 하면 그 탁함이 얼마나 많겠는가?

5. 신 의정 유 후박 후귀박천(身 依精 有 厚薄 厚貴薄賤)
1) 신에는 후박이 있다.
정(精)은 후(두터움)박(엷음)이 없지만 몸(身)은 후박이 반드시 있다. 그러므로 몸을 두텁게 하고 또 두텁게 살면 당연히 귀한 대접을 받으며, 몸을 엷게 살고 예민하게 살면 당연히 천덕꾸러기가 되어 천한 대접을 받게 된다.

2) 몸의 기준은 후덕함이다.
후덕함이란 무엇인가? 후덕함이란 몸의 적응력과 실천력이 넉넉한 모습이다. 새로운 환경에 접해도 곧 바로 적응을 잘하여 평소처럼 평온하게 지내는 것은 후덕한 것이다. 또 힘들고 어려운 일에 부딪혀도 바로 적응하여 실행할 수 있으며 평소처럼 평온해지면 후덕한 것이다.

그러나 알레르기 반응처럼 예민한 사람은 몸이 매우 엷은 상태이다. 새로운 환경에 적응하지 못하고 결국 못 견디어 문제가 발생한다면 몸이 엷은 것이다. 또 당연히 해야 할 일을 앞에 놓고 실천하지 못하는 몸도 엷은 것이다. 그러면 자연히 천덕꾸러기가 되어 천박한 인생으로 변한다.

【20】 진망대작 삼도 왈 감식촉 전성십팔경
　　감 희구애노탐염
　　식 분란한열진습
　　촉 성색취미음저

眞妄對作 三途 曰 感息觸 轉成十八境
感 喜懼哀怒貪厭
息 芬殞寒熱震濕
觸 聲色臭味淫抵

참과 가달이 서로 만나서 세 가지 길을 만드니 이는 감 식 촉이며 이것이 다시 열여덟 가지의 경지를 만드니
감(느낌)에는 기쁨, 두려움, 슬픔, 성냄, 탐냄, 싫어함이 있고
식(숨 쉼)에는 향기로움, 썩음, 차가움, 더움, 건조함, 젖음이 있고
촉(부딪침)에는 소리, 색깔, 냄새, 맛, 음탕, 살 접촉이 있다.

1. 진망대작(眞妄對作)

1) 3진과 3망

(1) 3진은 성, 명, 정이고 3망은 심, 기, 신이다.
(2) 망(妄)의 뜻은 ① 망령되다(妄靈…) ② 허망하다(虛妄…), 헛되다 ③ 제멋대로, 함부로 등을 말한다. 망을 해설하면서 적절한 단어를 찾지 못했다. 어떤 이는 가달이라고 하였으나 가달은 건달이나 가짜와 비슷한 말로 쓰이고 있으므로 충족한 설명에 해당하는 말이 아니므로 마음이 자유롭지 못하다.

여기서 말하는 망(妄)은 한시적 시간 동안에 있다가 그림자처럼 없어지는 것을 말하는 것으로 허망한 존재를 말한다. 망을 허망

삼일신고 말씀

이라고 해설하고 싶다. 그러나 정서적으로 아직 그렇게 할 수 없다. 마음을 허망한 것으로 인식할 수가 없다. 마음이 대단히 중요한 것인데 한시적으로 있다가 허망하게 없어져버리는 것이라고 할 수 없다는 뜻인데 귀함과 허망을 아우르는 말이 없다. 그래서 종래에 표현해 왔던 말로 우선 가달이라는 말을 사용하여 해설하였지만 '한시적으로 귀하고 허망한 것'으로 인식하였으면 좋겠다.

(3) 3진과 3망이 한 덩어리로 뭉쳐지면 여러 가지 현상으로 나타나는데 크게 3가지 길을 만들어낸다. 3가지 길이란 감각작용과 숨쉬는 것과 부딪히는 것을 말하는 것으로 감, 식, 촉을 이룬다.

(4) 천부경에서 '대3합6'은 대3 + 대3 = 합6을 말한다. 이처럼 인간에 있어서 대3진과 대3망이 합쳐지면 6요소가 뭉쳐지는 것이 된다.

(5) 6요소가 뭉쳐지면 여러 가지를 만들어내는 생(生)이 일어난다. 여기에서는 3길을 만든다고 하였고, 이 내용을 천부경에서는 '생 7,8,9'라고 하였다. 생(生)은 그때마다 천양각색으로 만들어진다.

(6) 천부경 제1단에서 '일석삼극'이라 하였고 삼극이 결과적으로 나타난 것은 천, 지, 인이라고 하였다.

천 지 인을 자세하게 풀이하면 다음과 같다. 제1부 3중 구조에서 밝힌 것처럼 천, 지, 인(남자)과 지, 천, 인(여자)으로 되어 있다.

(7) 하늘(천)은 대3합6으로 되어 있는데 대3은 ㉠ 하늘 ㉡ 땅 ㉢사람(남자)과 또 대상적인 대3은 ㉣ 땅 ㉤ 하늘 ㉥ 사람(여자)이므로 6가지는 하늘(천)의 기본수이고 최소 단위이다. 그러므로 하늘이라고 하면 6수가 떠올라야 하고 6요소를 생각해야 한다.

6요소를 기호와 숫자로 보면 주체적인 하늘은 +이며 1이고, 땅은 −이며 2이고, 사람(남자)은 ±중성이며 3이고, 대상적인 땅은 −이며 4이고, 대상적인 하늘은 +이며 5이고, 사람(여자)은 ∓이며 6

이다.

(8) 하늘의 이치대로 인간은 먼저 3진으로 성·명·정을 받았고, 이 3진에 심·기·신이라는 3망이 착근되어 인간도 대3합6으로 만들어졌다는 것이다.

(9) 천주는 하늘(天), 땅(地), 사람(人) 3가지 요소이지만 이것을 펼치면 공간, 이력, 분해라는 대3과 물질, 인력, 합성이라는 대3이 합하여 대3합6으로 천주가 만들어져 있다.

2) 6수의 의미

생명체를 구성하는 중요한 성분인 유기 물질들은 6각형의 구조를 가지고 있다. 생명체에서 원소로 중요한 것은 탄소이고 분자로서 중요한 것은 물이다. 탄소가 탄소끼리 결합할 때 6개의 탄소가 그룹을 이루어서 결합하고 있는 형태가 6각형의 구조이다. 6각은 기가 발생하고 솟구치는 신기한 것이다.

생명체가 되려면 반드시 물이 있어야 한다. 우주에서는 생명체가 있는가를 알기 위해서 먼저 물이 있었는가에 대한 흔적을 찾아본다. 생명체의 시작점에 있는 것이 물이다. 물도 가장 좋은 건강한 물이 6각수이다. 6각수는 보약이 되는 물이며 대3합6으로 된 물이다.

자연계에서는 눈의 결정체, 거북이 등, 벌집 등이 6각형이다. 거북이는 장수 동물이고 벌집에서는 신기하게 벌이 100% 부화한다. 이것은 기가 가득 넘치고 있다는 뜻이다.

기(氣)를 다루는 사람들은 대3합6 '✿' 모양을 원적외선이 나오는 세라믹으로 만들어 기가 발생하는 상품을 만들어 사용한다. 이것을 화분 밑에 두면 식물이 잘 자란다. 이것을 TV나 컴퓨터 옆에 두면 전자파도 막아준다. 묘를 쓸 때 이것을 관의 네 귀퉁이에 넣어두면 기가 솟는 묏자리가 되어 명당 터가 된다.

또 세계에서 대3합6을 알고 사용하는 나라는 이스라엘이다. 이스라엘은 ✡을 다윗의 별이라고 하여 국기에 쓰고 있다. 별은 보통 이상, 소망, 꿈 등을 뜻할 때 사용한다. 미국·터키·러시아·중국·북한 등은 국기에 5각형 별(☆)을 사용하고 있는데, 이스라엘만 국기에 6각형 별(✡)을 사용하고 있다.

한반도는 세계에서 유일한 분단국가이다. 이 땅에서 천리 이치의 완벽한 기운을 만들기 위하여 전 세계의 기를 모으기 위해 6자 회담을 개최하고 있다. 한국·미국·일본과 북한·중국·러시아가 6각형을 이루어서 민주의 대3과 공산의 대3이 모여서 대3합6의 미래세계 기운을 만들고 있다.

또 한민족은 대3합6을 문화로 실용하는 전 세계에서 유일한 민족이다. 이 문화가 바로 우리말이며 한글이다.

3) 대3합6을 이루면 파생이 벌어진다.

천부경에서 '대3합6 생 7 8 9'라고 하였다. 하늘의 6요소가 한 덩어리로 되면 합일체의 결과에 따라 한없는 파생이 이루어진다.

이때 6요소의 상태와 여건에 따라 여러 가지 각기 다른 파생적 결과가 나타나는 것이다. 6요소가 어떤 상태인가에 따라서 또 6요소가 갖는 비중 정도가 어떻게 관계를 맺느냐에 따라서 6요소가 원인이 되어 각기 다른 결과로 나타나는 것은 곧 파생 결과의 실체인 것이다.

70억 인류가 똑같은 사람이 없는 것은 대3합6의 6요소가 각기 다른 요소에서 파생된 결과이기 때문이다. 자연도 마찬가지다. 대3합6의 정도와 상태가 조금씩 차이가 있고 그에 따른 파생 결과로 새로운 결과체로 만들어지기 때문이다.

천부경의 '생 7 8 9'는 곧 파생 결과로 만들어지는 것을 말함이다.

대3과 대3이 합쳐져야 파생 결과를 만들어낸다. 이것이 천리 이치이다. 물질세계에서 번식, 창조 등 새로운 것의 탄생은 대3합6이 되어야 이루어질 수 있다.

삼일신고에서는 '진망대작 삼도'라고 하였다. 3진과 3망이 마주 대하여 관계를 맺으면 결과로 새로운 3가지의 길이 만들어진다고 하였다. '대3합6'이나 '3진3망'은 같은 뜻이다.

새로운 탄생의 원인이 되는 대3합6 곧 3진과 3망이 어느 수준, 어느 입장이냐에 따라 이것이 원인이 되어 결과가 만들어지는 것이니 인간에 있어서 인격이나 자녀 출생도 이와 같다.

사람은 모두 하늘로부터 부여받은 성·명·정(性命精)이라는 3진이 있고 여기에 심·기·신(心氣身)이라는 3망이 합쳐져서 인간이 되는데, 마음(心)은 선악이 있는 것으로 선하게 살면 복이 되고 악하게 살면 재앙이 찾아온다고 하였으니 마음이 선악을 어떻게 가지고 사느냐에 따라서 복을 받는 인생이 되기도 하고 재앙을 받는 인생이 되기도 한다는 것이다.

또한 대3 + 대3으로 합6을 이루는데 서로 동질 요소로 되어 있으면 온전한 한 덩어리로 되는데 일부분이라도 상반된 요소가 합해져 있으면 삐걱거리는 문제가 생기게 된다.

마음은 선한데 악한 행동을 하면 마음과 인격이 한 덩어리가 안 되어 삐걱거리게 되니 그 결과, 비인격자나 비정상적인 사람이 된다.

6요소가 같은 요소로 되어 제대로 된 한 덩어리가 되어야 참된 인격적 사람이 되는 것이다.

개인에 있어서 6요소가 한 덩어리로 일체화 되는 것이 인격체를 만드는 것이다. 인격은 대3합6으로 만드는 것이며 그 인격은 본인이 만들 수 있다.

인간의 대3합6

```
(삼일신고) 진  →  대작  ←  망   ⇒   3도   →  감식촉
         대 3    +       대 3   =    합6
         3진             3망   ⇒   파생  →  3도  - 18경지
          ⇓              ⇓                   ↓
         성명정          심기신              감식촉      무한대
                  한 덩어리(一體)
(천부경)  대3  +   대3   =   합6   ⇒      생 7 8 9 10 ── ⇒
```

4) 대3합6은 천리 이치

천리 이치 제1대 법칙은 3중 구조의 이치이다.
천리 이치 제2대 법칙은 대3합6의 이치이다.

대3합6 이것은 천리 이치이며 창조공식이다. 대3과 대3은 천부적으로 합쳐지려고 하니 곧 대3합6을 이루려고 부단히 작용하며 노력하고 있다. 대3이 바라는 목적과 진행하는 방향이 합6이 되는 곳을 향하여 가는 것은 천부적으로 된 창조 이치이기 때문이다.

자연을 보면 눈송이의 결정체가 6각형을 띠고 있으며 물의 결정체도 6각형을 띠고 있다.

인간을 보면 개개인마다 성, 명, 정 3진과 심, 기, 신 3망이 합해져 있는 것이 창조 이치로 되어 있는 것이다. 남자가 여자를 만나야 하는 이치도 남자의 얼, 몸, 맘과 여자의 얼, 몸, 맘이 합쳐지려고 하는 창조 이치에서 발로된 것이다.

5) 완성품은 대3합6이다.

정신과 육체가 한 덩어리로 일체화된 것이 인격이다. 정신과 육체가 따로 분리되면 그 사람은 비인격자가 된다. 철인은 정신과 기운과 육

체를 한 덩어리로 만들면 완벽할 것이다. 그곳에 성, 명, 정의 얼까지 한 덩어리로 만들면 최상의 인격자가 될 것이다.

    필자는 비빔밥을 좋아한다. 색깔별로 정성들여 준비해 놓은 나물들을 가지런히 놓아 예쁘게 담아놓고 그 위에 밥을 올려놓은 뒤 빨간 고추장을 듬뿍 집어넣고 참기름 한 숟가락을 넣은 뒤 힘껏 섞어 비빔밥을 만든다. 단정하고 예쁘던 나물들의 모습은 무참하게 변하여 본래의 모습은 없어지고 올려놓은 달걀도 산산조각 나 버린다. 고추장과 참기름은 새로운 맛을 위한 촉매 역할을 하고 마구 뒤섞여진 밥이지만 오묘한 맛을 이룬다. 여러 나물들이 뒤엉켜서 종합적인 특별한 맛을 이루는 것이 비빔밥의 묘미라고 할 수 있다. 그 맛을 즐기고 그 맛에 행복을 느낀다. 여러 가지가 모여 다시 한 덩어리로 만들어지는 것을 비빔밥에서 느껴본다. 한 덩어리가 되어야 하는 이치를 말이다.

  3진과 3망이 만나면 그때의 상태와 여건에 따라서 천태만상으로 결과가 나타나는데 똑같은 형태와 모양이 하나도 없는 것은 바로 파생법칙 때문이다. 얼굴은 물론 지문까지 다른 것은 대3합6의 파생결과 때문이다.

  한 덩어리가 되는 인격이 되려면 구성하는 부속들이 같은 요소, 같은 바탕이 되어야 한다. 마음과 기운과 행동이 모두 똑같이 선한 것이 되면 한 덩어리가 되어 선한 인격이 만들어지고, 마음과 기운과 행동이 모두 악한 것이 되면 악한 인격이 만들어지며, 선한 마음과 악한 행동이 결합되면 비인격이 되어 모순과 충돌이 생기며 병마가 생길 것이다.

  대3합6의 이치는 하느님이 만들었고, 인간은 자기 자신을 동질, 동요소로 만들어 한 덩어리가 되는 인격을 만들어야 한다. 자신의 3진과 3망을 한 덩어리로 만드는 것은 자신의 노력으로 이루어진다. 이것은 인간만이 할 수 있는 인간의 작품이고 자신의 완성품이다. 이것을 홍익인간이라고 한다.

　대3합6의 이치를 하늘의 이치라고 천부경은 설명하였고, 삼일신고는 3진3망 이치를 인간에게 실천하라고 가르쳐주고 있는 것이다.

6) '대3합6'이 되면 회전운동이 생긴다.

　천부경에서는 '운 3, 4 성 환 5, 7, 1 묘 연…'이라 하였고, 삼일신고에서는 '성통공완자 조 영득쾌락…'이라 하였다.

　대3과 대3이 합해져서 완전 합일체가 되면 무한 회전운동이 일어나게 된다. 영원성을 이루게 된다. 영원성이란 끝없는 회전운동으로 이루어진다. 하늘은 공간과 이력과 분해라는 3요소가 한 덩어리로 합체된 존재이다.

　땅에는 물질과 인력과 합성의 3요소가 한 덩어리로 합체된 존재이다.

　하늘과 땅의 6요소가 합체되면 작용이 일어나는데 그중 하나가 바로 회전운동이다. 하늘의 공간, 이력, 분해와 땅의 물질, 인력, 합성이 합쳐지면 원심력과 구심력이 만들어진다. 자장과 자전율(또는 공전율)과 시간이 작동하여 끊임없는 회전이 일어나게 된다.

　인간 생명체의 수정은 정자가 수억 대 1의 경쟁을 하여 그중 한 마리가 제일 먼저 난자를 만나서 수정이 이루어진다. 난자는 200㎛ 정도 크기인데 정자가 난자 속으로 들어가서 한 덩어리(일체)가 되면 그 순간부터 수정체는 빙글빙글 돌면서 회전운동을 한다. 왜 회전운동을 하게 되는지에 대해서는 현대과학이 그 이유를 밝히지 못하고 있다. 대자연과 창조의 신비일 뿐이다.

　수정체는 빙글빙글 회전하다가 대략 6일 후에 자궁 안벽에 착상되면서 임신이 시작된다. 그 작은 수정체의 회전운동이 왜 일어날까?

　〈표-7〉은 천부경에서 대3합6으로 한 덩어리가 되면 회전운동이 일어난다는 천리에 따른 이치이다.

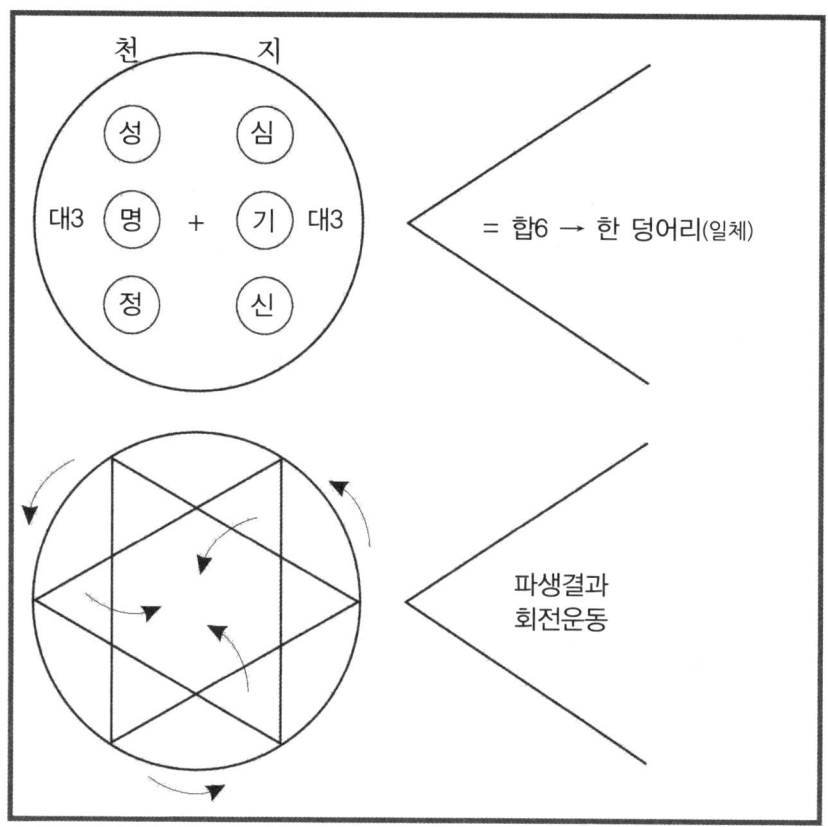

〈표-7〉 대3합6 파생도

거대한 우주의 회전운동은 어떻게 이루어질 수 있는가?

이것이 무한 동력이다. 우주는 3중 구조로 되어 있는 대3합6의 결정체라는 것 외에는 달리 설명할 방법이 없다.

오직 대3합6이라는 천리 이치에 따른 창조의 신비일 뿐이다.

2. 전성십팔경(轉成十八境)

1) 18경

3진과 3망이 교차하면서 3가지 파생 길을 만드는데 곧 감식촉(感息觸)이며, 이것이 다시 각기 6가지로 파생되어 총 18가지 경지를 이루게 된다. 파생 결과는 18까지만 있는 것이 아니라 끝없이 파생이 이루어지는데 기본적인 표현만을 표시한 것이다.

3진과 3망이 교차되는 종류는 3길에서 18가지로 벌어지고, 다음 파생은 108가지로 벌어지고, 다시 648가지로, 다시 3888, 23328, 139968 …… 가지로 벌어진다. 모양과 내용이 조금씩 다르게 계속된 파생으로 수많은 모습을 이루게 된다.

3. 감 희구애노탐염(感 喜懼哀怒貪厭)
1) 감(感)

느낄 감(感)에는 기쁨, 두려움, 슬픔, 성냄, 탐냄, 싫어함이 있다. 물론 6가지만 있는 것은 아니다. 10가지 또는 20가지 등 다양한 감정을 느낄 수 있지만 그중 대표적인 6가지만 취했을 뿐이다.

마음의 감정을 얼굴로 표현할 수 있는 것은 인간만이 가능하다. 이것 역시 하느님이 인간에게만 주신 선물이다. 감정은 건강에도 밀접한 관계를 이루고 인간의 행복과 불행에도 관계한다. 감정이 너무 크게 자극되면 자율신경에 영향을 주고 호르몬의 분비에도 영향을 주어서 근육과 장기에 문제를 일으키며 병을 유발한다.

특히 암환자가 대체요법으로 수년간 열심히 노력하여 거의 회복단계에 들어섰는데, 갑자기 일어난 사건으로 인하여 단 몇 분간 화를 내고 역정을 내면 암세포가 급속도로 확산되어 결국 끝을 보게 된다.

또한 인간이 행복을 느끼고 누리면서 살아가는 인생이 되기 위해서는 반드시 감정이 있어야만 된다. 만약 인간이 감정을 느낄 수 없다면 인생의 삶은 즐거움이나 괴로움이 없는 기계와 같을 것이며 거칠고 황량한 사막의 모래바람과 같을 것이다. 희로애락을 느낄 수 있는 감정을 소유한 인간이야말로 진정한 행복을 누릴 수 있는 특별한 존재인 것이 틀림없는 사실이다. 그러나 그 감정을 다스릴 수 없으면 불행이 되므로 모든 인간은 반드시 수양을 쌓고 마음공부를 하여 천리 이치에 따라서 순리적으로 살아야만 하는 것이다.

　마음의 기준점은 선을 중심으로 하고 살아야 하듯이 감정 또한 선을 추구하고 선한 방향이 유지되어야 한다.

4. 식 분란한열진습(息 芬殞寒熱震濕)
1) 식(息)

　숨 쉴 식(息)에는 향기로운 냄새, 썩은 냄새, 차가운 것, 더운 것, 건조한 것, 습한 것이 있다. 숨 쉬는 일은 생명력에 의해서 호흡으로 이루어지고 있으며 기운과 밀접한 관계가 있다.

　입으로 들어오는 음식은 맛이 좋고 맵고 짠 것을 가늠하며 화젯거리가 되면서 살아가는데, 코로 들어오는 공기는 좋은 것인지 해로운 것인지 별로 느끼지 못하고 살아가고 있다. 생활에서 좋은 기운을 또 좋은 환경을 만들어가면서 살아야 한다. 갑자기 너무 차가운 공기를 접하면 감기에 걸릴 수 있다. 이때 감기에 걸리지 않도록 하기 위해서는 숨 쉼을 잘 조절하면 된다.

　백해무익하다는 담배를 피우는 사람은 자신의 기운을 망치는 사람이다. 담배 연기는 좋은 기운이 아니다. 담배를 피우는 사람이 옆에 오면 고약한 냄새가 풍겨온다. 본인은 좋지 않은 기운에 젖어 있으니 못 느끼지만 맑은 기운을 가진 사람은 즉시 알고 느낄 수 있다.

　흡연은 신체의 폐암과 기관지염을 유발하고 세포를 죽이는 기운이다. 흡연이야말로 생명의 기운을 의식하지 못하는 행위이며 세포의 기운을 무시하고 세포를 죽이는 그릇된 행위를 하는 것이다. 심지어 가족이나 주위에 머무는 옆 사람의 건강까지 피해를 주는 일이다. 백해무익한 일을 아무렇지 않게 떳떳하게 흡연하는 행위는 그릇된 일이라 해야 할 것이다.

또 외부에서 오는 기운과 자기 내부에 있는 기운의 상대관계에 있어서 자기가 감당할 만큼 조절하여 조화롭게 가져야 한다. 향기로움이 있다고 들이마시기만 하면 숨이 막혀 죽을 것이다. 썩는 냄새가 있다고 숨을 안 쉰다면 역시 숨이 막혀 죽을 것이다. 설령 차가운 공기나 더운 기운이 들어온다 하여도 다양한 방법을 동원하여서 자기 자신이 감당할 수 있는 정도로 유지하면 평상시처럼 건강을 유지할 수 있다.

5. 촉 성색취미음저(觸 聲色臭味淫抵)

1) 촉(觸)

부딪칠 촉(觸)에는 소리, 색깔, 냄새, 먹는 것, 음란, 살 부딪침으로 인한 것이 있다. 인간관계에 있어서 원만하게 처세를 하는 사람이 있는가 하면 만나면 부딪치고 심지어 싸움을 일으키며 살아가는 사람도 있다. 인간관계에서 부딪치는 것은 말소리를 듣고서 마음이 섭섭하여 부딪치고, 큰소리를 한다 하며 부딪치고, 거짓말을 한다며 속상하다고 싸우는 등 이렇게 소리를 듣고 또 소리로 인하여 상대방과 부딪친다.

색깔이나 빛 때문에 부딪치는 일도 있고, 냄새로 인한 일로 부딪치기도 한다. 부부간에 음식 맛을 가지고 부딪치기도 한다. 부부가 불륜으로 인하여 싸우고 부딪치고 심지어 이혼도 한다. 피부접촉이나 스킨십으로 부딪치는 일도 있다. 이 모든 것이 그 사람의 인격에 좌우되는 일이다.

대작 3도는 파생이다.

3진	+	3망	→	3도		
↓		↓		↓		
성		심		감	생각 →	마음 편안
명		기		식 →	순환 →	기운 조화
정		신		촉	관계 →	몸 편안

> **【21】 중 선악 청탁 후박 상잡 종 경도임주 타 생장소병몰 고**
> 衆 善惡 淸濁 厚薄 相雜 從 境途任走 墮 生長消病歿 苦
> 보통 사람들은 선과 악, 맑은 것과 탁한 것,
> 두터운 것과 엷은 것이 서로 뒤섞여 있는 생활을 하고
> 자기 자신의 입장에서는 최선을 다하여 살아가는 것이고
> 또 자기가 하고 싶은 대로 열심히 사는 것이지만
> 태어나고 자라고 늙고 병들고 죽는 것이
> 모두 다 고통과 괴로운 것이다.

1. 중생(보통 사람)의 인생

모든 사람의 마음에는 선악이 있고, 기운에는 청탁이 있고, 육신은 후박이 있는데 중생이라고 하는 보통 사람의 마음은 선악이 정립되어 있지 않고 복잡하게 얽히고설키어 서로 뒤섞여 있다. 보통 사람의 마음에는 인생의 목적이 뚜렷하게 정해져 있지 않고 생활에 쫓겨 살아가고 있다. 인생관도 없고 삶의 기준도 없고 철학도 없다. 인생철학이 없는 마음은 환경과 여건에 따라 수시로 변하게 된다. 실리와 체면에 따라 수시로 바뀌므로 뒤섞여 살아간다.

보통 사람의 기운은 맑은 기운과 탁한 기운을 선별하지 못하고 기준도 없이 닥치는 대로 살고 습관으로 살아간다. 또 육체의 건강이나 행동하는 일에 있어서도 기준이나 중심이 세워져 있지 않고 부딪혀오는 현실에 따라 급급하게 맞추어가며 살아가고 있다.

'종 경도임주' 한다는 것은 자기에게 임한 상황에 따라 자기의 최선을 다해서 노력하는데 그것은 자기 수준에서 자기 방식대로 노력하며 살아간다는 것을 말한다. 이렇게 살아가는 사람이 중생이다. 만약 태만하거나 게으른 사람은 이 중생의 수준에도 미치지 못하는 사람이다.

그리고 중생은 그 결과가 모두 고통이다. 중생은 태어나고 성장하고 늙고 병들고 죽는 인생길을 자기 자신이 몸부림치면서 최선을 다하여 달려가지만, 결국은 인생살이 모두가 다 쓰디쓴 고통의 연속이고 고난의 인생살이라는 것이다. 인생살이 모두가 다 그러하므로 중생의 삶은 '고해의 바다'라고 한다.

【22】 철 지감 조식 금촉 일의화행 반망즉진 발대신기

철 지감 조식 금촉 일의화행 반망즉진 발대신기
哲 止感 調息 禁觸 一意化行 返妄卽眞 發大神機

철인은 악한 감정을 멈추고, 숨 쉼을 고르게 하며, 부딪침을 금하고, 한 개의 뜻을 세우고 실천하며, 헛됨에서 돌이켜 참된 이치로 나아가 많은 세월이 흐르면 반드시 큰 기운을 만들어낸다.

---

1. 철인(밝은 이)의 인생

1) 철인은 지감, 조식, 금촉으로 살아간다.

(1) 지감(止感)

감(感)은 희, 구, 애, 노, 탐, 염이라고 하였다. 감(感)은 마음과 관계하며 마음의 기준은 선에 있고 악은 멈추어야 한다. 마음을 선하게 다스리는 것도 인간이 하는 일이다.

지감(止感)이란 악한 감정을 억제하거나 또는 갖지 않는 것이다. 자기가 자기를 선으로 주관하는 자아주관을 해야 한다. 기쁜 감정, 두려운 감정, 슬픈 감정, 화난 감정, 탐내는 감정, 싫어하는 감정들은 사람이라면 누구나 가질 수 있고 일어날 수도 있다. 자신의 내부적인 요인에서 올 수도 있고, 환경이나 타인으로 말미암아 올 수도 있다. 감정이 일어나는 것은 당연한 순리이지만 교양이 있는 인간은 감정에 대한 다스림이 있다. 인격을 갖춘 사람과 수양이 된 사람은 감정을 잘 관리하고 지혜롭게 한다. 악한 결과를 초래할 감정은 빨리 멈추도록 주관해야 한다. 해로운 결과가 올 수 있는 감정은 당장 그쳐야 한다. 감정을 이성으로 다스리라고 하였다. 그러나 중생은 감정을 억제하지 못하고 꼭 실수를 한다.

철인이 지감하는 것은 감정을 억제하는 능력을 배양해서 마음과 감정을 평온하게 유지하는 것이다. 매사에 고마움과 감사함을 갖고 스스로 선을 중심으로 하여 철학을 굳게 세워놓고, 선을 추구하고, 선을 생각하고, 선한 일을 만들고, 선한 결과를 만들어내는 삶을 사는 것이다. 대3합6의 결과가 선의 덩어리가 되도록 하는 이것이 철인의 인격이다.

(2) 조식(調息)

식은 분, 란, 한, 열, 진, 습이라고 하였다.

조식(調息)은 조화를 이루는 것이며 기운과 관계한다. 기운의 기준은 맑음에 있으니 감당할 만큼만 조화롭게 유지하면 된다. 기운과 숨 쉬는 일에 항상 화평하고 안정을 유지하자. 자신이 감당할 수 있는 것을 기준으로 삼고 편안과 안정을 유지하자. 썩은 냄새라고 짜증 내지 말고 환경을 바꾸고, 넉넉한 여유를 유발하고, 긍정과 감사로 수용하고, 지혜를 발휘하여 슬기롭게 감당하자.

또 날씨가 덥다고 짜증 내지 말자. 춥다고 원망하지 말자. 날씨가 더우면 더울 만한 이유가 있어서 그렇고, 추우면 추울 만한 이유가 있어서 그런 것인데 자연의 이치를 왜 인간의 이기적인 마음으로 각색하려 하는가! 자연을 악용하면 모두에게 재앙으로 다가온다는 것은 모두가 다 아는 사실이다.

환경이 건조하거나 습도가 있는 것을 적정하게 유지하도록 자기의 면역력과 적응력이 있어야 한다. 면역력이나 적응력이 없으면 병에 걸리기 쉽다.

(3) 금촉(禁觸)

촉은 성, 색, 취, 미, 음, 저라고 하였다.

금촉(禁觸)은 인간관계에서 충돌되는 일을 금하는 것으로 부딪치지 않는 것이다. 사람과 화목하는 것이다. 육신의 기준은 두터움(厚)에 있으니 인간관계에서 부딪치지 말고 두텁고 묵직하게 살아가는 것이다.

금성(禁聲)이란 말을 듣거나 말을 전하는 일로 인하여 인간관계가 충돌되는 일을 금하는 것이다.

금색(禁色)이란 색이나 빛으로 인하여 부딪치는 일을 금하는 것이다.

금미(禁味)란 음식을 먹는 일로 인하여 싸우고 부딪치는 일을 금하는 것이다.

금음(禁淫)이란 음란행위는 반드시 부딪치는 것이니 음란과 불륜을 금하는 것이다.

금저(禁抵)란 육신끼리 밀치고 싸우고 상해를 입히는 일을 금하는 것이다.

그러므로 심신을 편안하게 유지하여 인간관계를 두텁게 하여 무게 있고 여유가 있도록 사는 것으로 부딪치고 싸우는 것은 하지 않고 바르게 처신하는 것을 말한다. '무척 잘 산다는 것'은 척을 만들지 않고 척 지은 사람 없이 사는 것을 말함이다.

2) 철인은 하나의 뜻(一意)을 가지고 살아간다.

일의(一意)란 하나의 뜻을 가진 것으로 곧 인생관을 세우는 것이다.

사람은 모두가 살아가는 목적이 반드시 있다. 그러나 왜 사느냐고 물어보면 막상 대답하기가 어렵다.

혹자는 희망사항을 이야기하면서 그것이 인생 목적이라고 한다. 의

사가 되고 사장이 되고 대통령이 되는 것이 인생의 목적이 아니다.

중생들이 인생관을 세우지 못하는 것은 천리 이치를 모르기 때문이다. 천부경과 삼일신고는 창조의 이유와 천주에 대한 이치를 설명하고 있으니 이것을 알고 나면 누구든지 쉽게 인생관을 세울 수 있다.

인생관을 세우는 것은 먼저 자기의 인생 목표를 정립하는 것이다. 그리고 인생 목표를 이루기 위해서는 무엇을 실천해야 하는지 실천사항을 정립하고 매일매일 해야 할 일들을 구체적으로 정리한다. 이것이 인생에 대한 뜻을 세우는 일이다.

3) 철인은 화행(化行)으로 살아간다.

화행은 실천행동을 하는 것이다. 인생관을 세웠으면 계획한 대로 실천하면 된다. 매일매일 점검해야 한다. 실천일지를 쓰는 것도 좋다. 습관이 되도록 꾸준히 실천해야 한다. 지-행-면-달이라고 앞에서 말하였다. 이것이 화행(化行)이다.

4) 철인은 반망즉진(返妄卽眞)으로 살아간다.

허망하고 옳지 못한 것에서 벗어나서 오직 참되고 올바르게 그리고 하늘이치에 맞게 살아야 한다. 이렇게 '지감, 조식, 금촉을 하며 일의 화행 반망즉진'으로 살아가면 누구든지 참된 인격체를 만들 수 있다. 철인을 현대 말로 표현하면 참된 인격자이다. 인간을 성숙시키는 데 크게 돕는 일이다. 이것이 건국이념에서 말하는 홍익인간이다. 홍익인간이 되어야 재세이화를 만들 수 있다.

5) 철인은 발대신기(發大神機)를 이룬다.

발대신기는 큰 능력을 일어나게 하는 것이다. 참된 인격을 가지고 바르게 살아가면 반드시 성공을 이루고 큰 기운을 발하게 되는 것이다.

참된 인생의 달인이 된다. 참된 인생의 분야에서 전문가가 된다. 일반인은 감히 이룰 수 없는 철인의 능력을 발휘하는 것이다. 30년을 바르게 살아가면 반드시 좋은 결과를 이루게 되는 것은 당연한 이치이다.

【23】성통공완 시

性通功完 是
성 통 공 완 시

참사랑 실체를 완성시킴이 바로 이것이다.

---

1. 성통공완(性通功完)

1) 성통(性通)이란 남편(남성)과 아내(여성)가 사랑을 하되 지-행-면-달을 이루어 사랑을 통달한 경지를 말한다.

성통공완이란 부부 사랑을 천리 이치대로 지-행-면-달을 이루어 사랑의 실체로써 부부 사랑의 완성을 이루었다는 것이다.

2. 시(是)

1) 시(是)의 뜻은 (1) 이것, 이것이다 (2) 옳다 (3) 해처럼 아주 바르다 등으로 쓰인다. 여기에서는 '이것이다', '바로 이것이다'를 의미한다.

또 시(是)란 '옳음을 나타낼 때나 긍정을 나타낼 때 쓰는 동사이다. 따라서 '바로 이것이다, 옳다, 또는 좋다' 등으로 해석한다.

또 '성통공완 바로 이것이다'에서는 보어나 목적어가 생략되고 주어와 동사만 있는 것이다. 성통공완을 설명하는 목적어에 대해서는 후손의 몫으로 남겨두어 생략된 것이다.

3. 성통공완 시(性通功完 是)

'성통공완 시'라는 것은 '성통공완이야말로 옳은 것이다', '성통공완 바로 이것이다'의 뜻으로 이것이 맨 마지막 결론이다.

그렇다. 삼일신고는 성통공완을 가르치고 성통공완을 이루기 위한 교화경이다. 성통공완 이것이 결론이며 천리 이치이고 인간에 대한 하느님의 창조 목적이 되는 것이다

1) 성통공완과 쾌락

삼일신고 제3장 천궁훈에서는 '유 성통공완자 조 영득쾌락(惟 性通功完者 朝 永得快樂)'이라고 오직 성통공완자만이 하느님을 뵙고 영원한 쾌락을 이룬다고 하였다. 인간의 최고 경지가 바로 성통공완의 경지이다. 하느님을 뵐 수 있고, 하느님과 함께 머물 수 있고, 그곳에는 영원한 쾌락이 있다고 하였다. 곧 성통공완이 인생의 최고 목표라는 것이다.

인생길은 남녀가 태어난 후 성장하여 성인이 되면 배우자를 찾아서 결혼을 한다. 결혼은 신랑 신부가 되어 사랑을 시작하는 사랑 출발식이다. 남편과 아내가 되어 자녀를 낳아 기르며 평생을 사랑하면서 사는 것이 인간이다.

하느님이 머물고 계시는 곳은 대길상 대광명처로서 천궁이라고 하였다. 그 천궁에 갈 수 있는 자는 성통공완 자뿐이다. 천궁 들어갈 자격이 바로 성통공완이며 이 수준에 이르면 영원한 쾌락을 누리는 것이다. 중생은 인생살이 모든 것이 고통과 고생인데 반하여 성통공완 자는 사는 것이 즐거움이고 또 하느님을 뵐 수 있고 영원한 쾌락을 누린다고 하였다.

성통공완은 사랑을 통달하여 사랑의 실체로써 사랑의 완성을 말한다.

2) 성통공완하는 인생

'성통공완'은 삼일신고의 대단원이며 결론이다. 또 삼일신고에서 제일 귀중한 단어이다. 성통공완을 이루기 위한 지침서가 삼일신고이기 때문이다. 인간의 입장에서 보면 인생의 최고 목표점이 되고, 하느님 입장에서 보면 인간에 대한 하느님의 창조의 뜻을 완성하는 것으로 간절한 하느님의 요망사항이다. 성통공완은 창조의 뜻을 완성하는 매우 중요한 일이다. 그래서 성통공완에 대하여 여러 가지 자세하게 말하고자 한다.

3) 인생노정의 3단계

(1) 인생노정 3단계

사람이 출생하여 죽을 때까지 사는 한평생의 삶을 통틀어 인생이라 하는데, 사람은 인생을 통하여 해야 할 일이 있고 반드시 이루어야 할 일이 있다. 곧 인생의 목적이 있고 인간은 그 목적을 이루어야 한다.

삼일신고는 그 완성의 노정을 크게 3단계로 나누고 있다. 곧 중생의 단계, 철인의 단계, 성통공완의 단계이다.

(2) 천리 이치 인생길 1단계로 중생의 단계가 있다.

중생의 인생이 따로 있는 것이 아니고 모든 사람은 중생의 인생길을 지나간다. 중생의 과정을 거쳐야 되는 것으로 이것이 순리이다. 중생의 인생길은 다음과 같다.

중생은 인생관이 없다.
중생은 마음에 선악이 뒤섞여서 산다.
중생은 기운에 맑고 흐림이 뒤섞여서 산다.
중생은 몸에 두텁고 엷음이 뒤섞여서 산다.
중생은 인생의 목적을 모른다.

중생은 이기적이고 자기중심적으로 산다.

중생은 본인의 실리를 좇아 살아간다.

중생은 자연과 순화하지 못한다.

중생은 천리 이치를 모르며 하늘과 무관하게 산다.

중생은 최선을 다해 몸부림치며 살았다고 한다.

중생은 고생으로 살아온 것을 책으로 몇 권 엮는다고 한다.

중생은 자기방식으로 고집하며 산다.

중생은 세월 속에서 그냥 흘러가는 삶을 산다.

중생은 사는 것이 모두 고생이고 고통이라고 말한다.

인생의 종류

구분	단계	과정	내용	결과
3단계	성통공완의 단계	사랑체	천궁훈	영득쾌락
		대3합6		
		성인 결혼		락(樂)
2단계	철인의 단계	발대신기		감사(感謝)
		반망즉진		
		일의화행		
		지감 조식 금촉		
1단계	중생의 단계	타 생장소병몰	인간훈	고(苦)
		종 경도임주		
		선악청탁후박 상잡		
인간 이하	악인	사(邪) 기운 거짓, 사기, 탈취, 음란, 상해, 음모, 역천	참전계경 제39조	천수환란

(3) 중생의 단계보다 못한 인생도 있다.

중생의 인생길이 아니고 인간 이하의 비인간적인 길이 있다. 바로 악인의 인생길을 말하는 것이다. 악한 인생이고 악한 사람이다. 악인의 삶이란 화를 불러오게 되고 역천의 길이 되어 결국 비극적인 인생이 된다.

  - 참전계경에서는 이런 악한 삶에 대하여 다음과 같이 말하였다. 곧 거짓과 사기 치는 행위, 남의 재산과 산업을 빼앗는 것, 음란한 행위, 남을 상해하거나 살인하는 행위, 음모와 음해하는 행위, 하늘을 거역하는 행위 등이라 하였다.

- 참전계경 제183조~231조

  악인의 길로 살아가면 안 된다. 인간의 정상적인 길이 아니다. 그래서 삼일신고에서는 악인의 인생길에 대한 것은 거론조차도 안 했다.
  오직 악인은 스스로 화를 부르는 것이며 하늘은 재앙으로 응보한다고 하였다.

  (4) 천리 이치 인생길 2단계는 철인의 단계이다.
  철인의 인생은 인격자로서 살아가는 길이다. 자기 자신을 억제하기도 하고 유발도 하면서 잘 관리하고 잘 다스리는 사람이다. 이치에 맞는 처세를 하며 범죄를 저지르지 않고 역천하지 않는 사람이다.
  악한 감정은 억제하여 나타내지 않으며 자기에게 임하는 기운은 자기가 감당할 만큼만 조화롭게 유지하며 살아가고, 인간관계에서는 부딪치지 않고 두텁고 묵직하게 살아가는 사람이다.
  그리고 철인은 반드시 인생의 목표와 계획이 있는 사람으로 인생관이 정립되어 있고 계획한 대로 실천하는 사람이다. 항상 천리 이치를 생각하고 경우와 상식에서 이탈되는 일을 하지 않고 올바르게 살아가면 반드시 통달하는 인생이 된다.

(5) 천리 이치 인생길 3단계는 **성통공완**이다.

　삼일신고는 성통공완 시(是)라고 끝을 맺고 성통공완에 대해서는 설명하지 않았다. 성통공완은 인생 목적을 완성하는 최종 단계이다.

　혹자는 성통공완의 모습을 철인의 단계로 합쳐서 설명하기도 한다. 그래서 화중성철(化衆成哲)이라 하여 중생을 철인으로 만드는 것이 인생 목표라고 말하기도 한다.

　또 성통공완이란 본성을 통달하고 공적을 마침이라고도 한다. 본성을 통달하고 공적을 마친 사람은 어떤 모습인가? 천궁에 올라가서 정말로 영득쾌락을 누릴 수 있는 모습인가?

　이제 성통공완을 자세하게 설명한다.

4) 성통공완은 인생의 최종 목표

(1) 성통공완의 착안점

성통공완은 일신이 계신 천궁에 들어갈 수 있는 자격증이다.

성통공완은 하느님을 뵐 수 있는 수준이다.

성통공완은 영득쾌락(永得快樂)이 있다.

성통공완은 길상(吉祥)과 광명(光明)이 있다

성통공완은 철인 인생보다 더 차원이 높은 인생이다.

성통공완은 인생의 목표를 완성시킴이다.

성통공완은 창조의 뜻을 완성시키는 것이다.

성통공완은 동서고금의 모든 남녀노소가 이룰 수 있어야 한다.

천부경에서 인중천지일(人中天地一)되는 자리이다.

성통공완은 삼일신고의 핵심으로 교화의 최종 목표이다.

삼일신고 전체를 압축하면 성통공완 네 글자이며 인생의 완성점이다.

　성통공완은 위 11가지를 충족시킬 수 있어야 한다. 무엇보다도 성통공완을 이루는 데 특정한 사람만이 갈 수 있는 길이 되어서도 안 된다. 옛날처럼 산 속에 들어가 평생을 고생하면서 겨우 완성할 수 있는 것이라면 만인의 길이 될 수 없다. 국경과 인종을 넘어서 온 인류가 이룰 수 있는 것이 되어야 한다.

또 인간으로서 평범한 생활을 영위하면서 완성시킬 수 있는 것이 되어야 한다. 성통공완이 인간의 목표이며 결론이고 하느님의 창조 목적의 최종 목표이며, 창조의 완성이 바로 성통공완이라면 숙고에 숙고를 거듭해야 할 일이다. 성통공완이야말로 하늘의 뜻이며 천명에 해당한다.

(2) 성통공완은 참전계경 259조와 맥락을 같이 한다.
참전계경 259조에 이런 글이 있다.

**닦음이란 자기 자신을 수양하는 것이고 남을 닦아주는 것도 닦음이다.
하늘 도를 닦는 일이나 하늘 도의 길을 가는 사람이란
미혹한 사람을 가르쳐서 천리의 정도를 깨우쳐서 실천하도록 하며
악한 자를 가르쳐서 천리에 맞는 착함으로 살아가게 함이고
선한 사람을 가르쳐서 즉시 인도(人道)의 길로 옮기게 함이니
그 공적이야말로 소나기로 내리는 단비보다 더 낫도다.**

수덕(修德)

修者 自修修也 修人亦修也
修天道之 道者는
教昏人 見明道하고
教惡人 歸善道하며
教善人 遷人道卽하라

공과어감패
功過於甘霈로다

여기서 혼인(昏人)은 중생과 같은 사람이다. 선악에 대한 정립이 되어 있지 않고 뒤섞여 있으니 혼미한 사람으로 살고 있는 것이 모두 다 고난과 고통의 삶이 되는 인생이다. 이런 사람에게 하늘의 이치와 길을 가르쳐주어서 사람으로서 올바른 인생길을 가도록 깨우쳐주는 일은 하늘 사람이나 천도를 가는 사람이 하는 일이다. 곧 인생관을 정립해 주는 일을 뜻한다.

두 번째로 악한 사람을 선한 사람으로 돌아오도록 가르치는 것은 너무도 당연한 일이다. 악한 것은 누구라도 좋아할 수 없으며 하늘도 싫어한다. 사람은 반드시 선한 사람이 되어야 한다.

이런 일을 하는 사람이 바로 하늘 일을 하는 밝은 사람이다.

세 번째는 선한 사람을 가르쳐서 즉시 인도(人道)의 길을 가도록 하는 일이다. 이 세상에서 선한 사람이 되라는 것은 모든 종교가 바라는 최고의 덕목이다. 그런데 선한 사람이 끝이 아니고 선한 사람을 다시 가르쳐서 인도(人道)의 길을 가도록 하라고 한다. 그것도 즉시 옮겨가도록 하라는 것이다. 인도(人道)의 길을 가도록 하는 것은 선한 사람이 되는 것보다 더 높은 상위의 개념이다.

인도(人道) 즉 사람의 길이란 무엇을 의미하는가? 더구나 이런 사람은 그 공적이야말로 단비를 소나기로 퍼부어 내리는 것과 같이 참으로 귀중한 일이라고 하였다.

인도(人道)의 길이란 무엇인가?

증산 선생이 말했다.

"부부란 인도(人道)의 시작이요, 만복의 근원이라. 그러므로 한 남편과 한 아내가 한 가정을 이룸이 천하에 미치는 영향이 막대하도다."

"선천시대는 독음독양(獨陰獨陽)이었으나 이제는 정음정양(正陰正陽) 시대로다."

인도(人道)는 부부의 길이라고 하였다. 인도의 시작은 부부로부터 시작한다. 곧 참다운 부부의 길을 올바르게 살아가도록 하는 것이다.

사람으로 살아가는 길은 부부로부터 시작하여서 한 가정을 이루고, 자녀가 출생하면 부모와 자식의 도리가 만들어지고, 자녀가 많아지면 형제자매의 도리가 생기게 되고, 가족이 많아지면 씨족의 관계가 이루어지므로 인간의 관계성이 확대되고 다양한 인간들의 삶이 이루어진다.

부부가 하는 일은 자녀를 낳아서 기르는 일과 부부 사랑을 하는 일이다.

개인이 천리 이치로 살아가면 참된 인격체를 만들게 된다. 부부가 천리 이치대로 살아가면 참된 사랑체를 만들게 된다. 또 선한 인격을 갖춘 사람이 다음으로 해야 할 일은 사랑을 만들어 이루는 것이다.

사랑을 이루려면 부부로부터 시작하여야 한다.

과거 시대는 독음독양으로 곧 독신으로 혼자 살면서 선한 일을 하였지만 새 시대는 정음정양으로 곧 올바른 남편과 올바른 아내로 살면서 사랑체를 이루어야 하기 때문이다. 성통공완은 바로 사랑을 완성한 참사랑의 실체를 말함이다.

정음정양으로 할 수 있는 일은 참된 사랑을 만들어 이루는 것뿐이다.

참 사랑체라는 것은 종래적 사랑이 아니고 현재 사람들이 가지고 있는 부부 사랑도 아닌 그보다 더 큰 천리 이치에 부합하는 새로운 사랑이다.

천부경에서는 '대3합6'이라고 하여 남편의 얼, 몸, 맘과 아내의 얼, 몸, 맘이 하나가 되어야 한다는 뜻을 밝혀두었다. 또 '인중천지일'이라고 하여 천지가 하나로 되는 것은 사람 가운데 있다는 것이다. 사람은 남자와 여자로 되어 있으니 곧 남편과 아내가 하나 되는 것이 천지가 하나 되는 자리가 된다.

삼일신고에서는 성통공완으로 결론지었다. 이는 남성과 여성 곧 남편과 아내가 사랑을 통달하여 참사랑을 이루어 참사랑의 실체로 완성하는 것이다. 또 인간에게 영원한 쾌락과 즐거움이 있는 것은 오직 사랑뿐이라는 사실을 모르는 사람은 아무도 없다.

그리고 참사랑은 성통공완의 착안점 11가지 요건을 모두 충족시켜 주는 유일한 것이다.

그래서 "성통공완 바로 이것이 옳도다"라고 삼일신고는 말하고 있다.

(3) 행복 호르몬

사람이 가장 행복하다고 느끼는 것을 인체 구조에서 찾아본다.

사람의 두뇌 무게는 1,400g으로 대뇌와 소뇌와 뇌간이 있다. 뇌간은 뇌의 중앙 부분으로 가장 깊은 부분에 있다. 뇌간 밑의 시상하부에서 뇌하수체가 흐른다. 이곳에서 나오는 호르몬이 사람의 내분비계와 자율신경계의 기능을 조절한다. 곧 체온 유지, 호흡작용과 혈액순환, 삼투압 기능 유지, 음식 섭취와 생식기능 등을 조절한다.

뇌하수체의 전엽에서는 성장 호르몬도 나오고 갑상선 자극과 부신피질 자극을 이루는 호르몬도 분비하며 황체호르몬도 분비한다. 후엽에서는 바소프레신과 옥시토신을 분비한다.

곧 머릿골에서 가장 깊은 속에 뇌간이 있고 뇌간의 시상하부 아래에 뇌하수체가 있는데 이곳에서 옥시토신 호르몬이 분비될 때 비로소 인간은 행복을 느끼게 된다.

황홀한 행복을 느껴보았는가?

행복하다는 감정은 뇌간에서 옥시토신 호르몬이 분비될 때 느끼는 감정이다. 이 옥시토신 호르몬을 흘러나오게 만드는 것은 바로 부부의 참사랑을 통해서 뇌간을 자극시켜 주었을 때 가능한 일이다.

인생살이를 통하여 이런 사랑을 느껴보고 가져보고 누리고 사는 것이 진정한 정음정양의 부부이다. 모든 사람들은 옥시토신 호르몬이 분비되는 황홀한 행복을 만드는 부부 사랑을 하여야 한다. 뇌하수체에서 분비되는 사랑의 호르몬은 토파민, 세라토닌, 엔돌핀, 옥시토신 등이 있다.

(4) 성통공완과 사랑체

참 사랑체를 만드는 것은 육신을 가진 인간만이 만들어 이룰 수 있는 것이다. 부부의 사랑은 육신이 없으면 사랑을 할 수도 없고 느낄 수도 없다. 물질적인 세포와 정신작용과 호르몬 분비가 있어야 사랑도 느끼고 사랑을 누릴 수가 있다. 하느님도 만들 수 없고 오직 육신이 있는 부부를 통해서만 가능하다. 그래서 인간을 만들었고 이 일을 위해 인간창조를 할 수밖에 없는 필연성과 절대성이 있었다.

사랑체를 만드는 길은 부부만이 가능하다. 사랑을 한두 번하여서 사랑체를 만들 수는 없다. 하루 이틀에 만들어지지 않는 것이다. 사랑체는 약 30년이라는 세월 속에서 부부가 만들어 이룰 수 있는 것이며 그것도 정음정양만이 가능하다. 부부가 아닌 남녀관계는 모두 다 불륜이다. 사랑체는 불장난으로 만들 수가 없다.

또 사랑체는 인격이 성숙한 부부가 만드는 것이다. 사랑은 인격을 바탕으로 만드는 것이니 참사랑은 인격에 비례하므로 반드시 참된 인격을 먼저 만들어놓아야 된다. 이것은 지극히 정상적인 부부만이 가능한 일이다. 정상적인 것이 가장 아름다운 것이다. 천리 이치에 가장 부합되는 삶을 사는 사람이 하늘 사람이 되는 것이다.

참 사랑체는 올바른 사랑으로 한평생 살아서 세포 세포가 사랑으로 변한, 곧 사랑이 체질화된 사랑 덩어리를 말함이다. 이것이 성통공완이다. 인격체와 사랑체는 사람만이 만들어 이룰 수 있는 것이다.

인격체는 자신의 노력으로써 성・명・정과 심・기・신의 대3합6으로 만드는 것이고, 사랑체는 부부 둘이서 얼·몸·맘을 대3합6으로 만드는 것이다.

한때 베스트셀러로 인기가 있었던 레오 버스카글리아(Leo Buscarglio)는 자신의 저서 『살며 사랑하며 배우며』에서 인생에 대한 아름다운 이야기를 하였다.

"삶이란 생생하고 제 역할을 다하는 상태로써 우리의 삶이란 결코 혼자서 살아가는 것이 아니라 다른 사람과 함께 어울리며 서로 배우며 살아가는 것이다. 배우지 않고 무엇을 얻을 수 있겠는가!"

그래서 "사랑이야말로 진실로 사람답게 살기 위한 원동력이자 자기 달성을 위해 가장 필요한 자양분이다"라고 하였다.

사랑은 모두가 다 아는 것이고, 사랑이 깜짝 놀랄 만한 특별한 것은 아니지만 이 세상 어느 무엇보다 제일 소중한 것이고, 인간에게 사랑이 없으면 사막과 같을 것이니 그중에서 제일은 사랑이라고 하였다.

그러나 분명한 것은 이 모든 사랑의 시발점은 바로 부부 사랑이며 부부의 사랑에서부터 영원으로 이어진다는 것이다.

(5) 인생과 성통공완

이 세상에 태어나면 인간이 곧 바로 완성되는 것이 아니고, 성인이 되려면 성장 기간이 있어야 하며 육신은 특히 사춘기를 지나면서 성호르몬이 나와야 드디어 성인의 몸으로 성숙하는 것이다.

여성호르몬은 소녀를 유방도 나오게 하고 몸도 동그랗게 만들고 피부에 탄력이 생기게 한다. 또 골반이 커지고 아기를 가질 수 있는 성인의 몸이 된다.

남성호르몬은 소년을 수염도 나오게 하며 이마를 M자로 만들고 어깨도 벌어져 상체가 커지고 정자 생성이 왕성해지는 성인으로 만들어 간다. 그러므로 인간은 자연적으로 이성을 찾아가게 되는 것이며 두 사람은 결혼하여 사랑할 수 있도록 신체와 정신작용이 변하여 간다. 인생의 전체는 결국 사랑을 위해서 성숙되어 가는 것이다. 이것이 사랑을 찾아가고 사랑을 완성해 가는 대3합6으로 된 성통공완을 위한 천, 지, 인 창조의 이치이다.

(6) 건국이념과 성통공완

홍익인간 재세이화는 우리나라의 건국이념이며 우리 민족의 정체성이 되기도 하고 거룩한 이상이기도 하다. 홍익인간 재세이화는 한 묶음이고 한 덩어리이다. 두 문장이 서로 비슷한 내용이라면 같이 붙여서 말하거나 같이 붙어 다닐 이유가 전혀 없다. 두 문장이 필요하기에 같이 있는 것이며 언제나 붙어 다니고 있다. 두 문장이 떨어져서는 안 되는 내용이 있기 때문에 홍익인간 네 글자만 떼어서 사용하는 것은 후편을 생략하고 전편만 사용하는 것으로 이치에 맞지 않는다.

삼일신고에서 중생은 철인이 되고 철인은 성통공완을 이루라고 말하고 있다. 철인이 되는 것은 천리에 맞는 참다운 인격자가 되라는 것이고, 성통공완은 참사랑의 실체가 되어 참사랑 세상을 만드는 것이다.

건국이념에서 홍익인간은 천리에 맞는 참다운 인격자가 되는 것이고 재세이화는 천리에 맞는 참다운 참사랑 세상을 이루는 것이다.

그동안 우리는 홍익인간만을 따로 떼어서 '인간을 널리 이롭게 하는 것'이라고 하였다. 자아성찰 개념보다 타인에게 선행을 하는 행위의 개념에 강한 의미를 부여하였다. 그렇다면 홍익인간에 이어져 있는 재세이화는 어떻게 설명할 것인가?

이에 포천중학교 교장을 지낸 유탁영 선생이 1991년 홍익인간에 대한 해석이 왜곡된 것을 지적하고 홍익인간에 대한 올바른 해석을 논문으로 제시하였다. 여기에서 홍익인간이란 인간이 크게 성숙할 수 있도록 돕는 것이라고 하였다.

- 〈유탁영 '외래종교와 우리 국가의 흥망'- [홍익인간의 본질과 교육의 방향] 단군대종학회 노총 제2집 도서출판 삼양, 1999년, 155~183쪽〉

옥편에는

弘(홍) : 크게 할 홍, 넓을 홍, 클 홍
益(익) : 이로울 익, 더할 익, 많을 익, 나아갈 익, 도울 익, 넘칠 익, 넉넉할 익

여기에서 홍익인간을 '널리 인간을 이롭게 하는 것'이라고도 할 수 있고, 또 '인간을 성숙하도록 돕는 것'이라고도 할 수 있다. 인격을 도야해서 인간다운 큰 그릇을 소유할 수 있도록 교육과 실천을 도와주라는 뜻이다.

홍익인간을 삼일신고처럼 중생을 철인으로 변화시키려면 인간을 성숙시키는 일에 크게 도와주어서 큰 그릇으로 인격을 변화시키는 후자의 해석이 더욱 타당하다 할 것이다.

나아가 철인은 다시 성통공완해야 한다. 철인을 더욱 성숙시켜서 사랑체가 되도록 하여야 한다.

모든 인간은 인격이 만들어지면 다음은 사랑을 만드는 것이 순리이며 천리 이치이다. 참 인격을 만들고 참사랑을 이루는 성통공완은 곧 홍익인간을 하고 재세이화를 이루라는 건국이념과 같은 뜻이 된다.

(7) 성통공완은 대3합6이다.

성		심	⇒	파생		
명	+	기		감식촉	−	18경지
정		신				

① 철인은 사람이 대3합6으로 된 참된 인격체를 말한다. 이것을 홍익인간이라고 한다.

② 성통공완은 부부가 대3합6으로 된 참사랑 실체를 이룬 것을 말한다. 이것을 재세이화라고 한다.

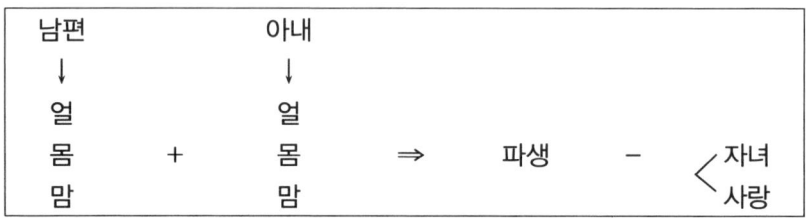

③ 이제 우리는 사랑을 3중 구조로 이해하여야 한다.

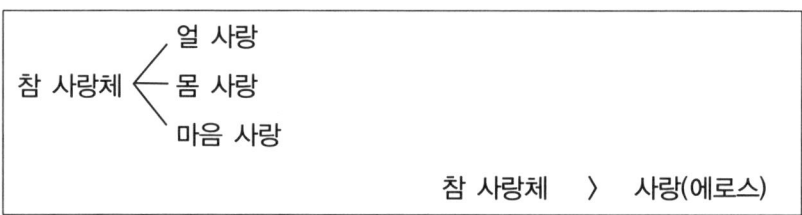

④ 하늘도 3중 구조로 이해하자.

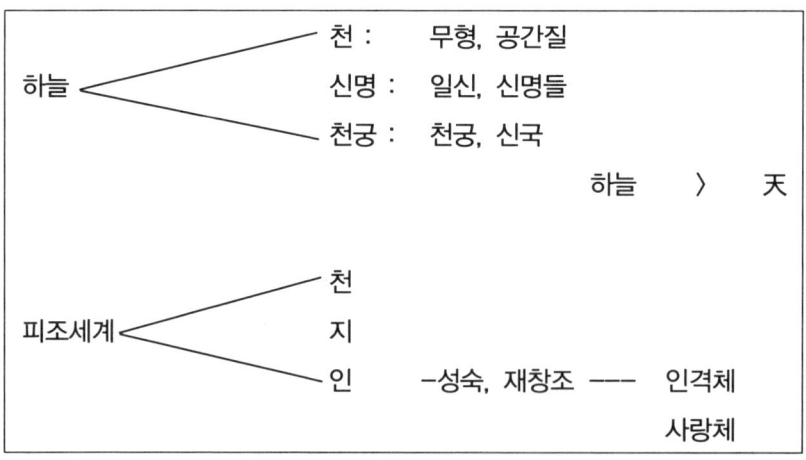

⑤ 부부도 3중 구조로 생각한다.

남자와 여자는 동일한 것도 있고 다른 것도 있다. 동일한 것은 존엄성이다. 사람이라는 것, 사랑하고 싶은 것, 의식주를 가지려는 것 등은 천부적인 것이다.

그러나 구조와 성격에서 서로 다른 것이 있다. 성기가 다르고 체형도 다르고 이에 따라 생각하는 성격이나 판단과 실천 방법이 서로 다른 부분이 있다.

2중 구조에서 생각은 이렇다.

남녀가 서로 다르고 개인은 천부적으로 부여받은 인권과 생명체로써 남자는 남자대로 살고 여자는 여자로서 살아야 되고 법적으로도 개성 존중, 인권 존중을 보장하고 있다. 이것은 천부의 권한이니 누구든지 설령 배우자라 할지라도 간섭하지 말고 건드리지 마라, 나는 나고 너는 너다. 내 인생은 내 것이니 무엇 때문에 참아가며 살아갈 필요가 있는가? 나는 나 혼자로도 내 멋대로 잘 살아갈 수 있다고 생각한다.

그러나 3중 구조에서는 생각부터 다르다.

첫째, 천 지 인에서 천과 지는 순환의 반복이지만 사람은 자기의 의지에 따라 얼마든지 가변적이 될 수도 있고 성숙할 수도 있어서 행복과 쾌락을 창조하여 누리며 살 수도 있는 특별한 존재라는 것이다.

둘째, 인간은 사랑체를 완성해야 하는 존재로 부부일체된 사람이야말로 완전한 사람이지 남녀 따로 존재하는 사람은 가달적인 불완전한 존재라는 것이다. 그러니 사랑 앞에서 개인의 자기중심적인 것이나 이기적인 것은 무의미하다는 것이다.

셋째, 사람은 특별한 존재이니 만물과 다르게 특별하게 살아야 한다는 것이다. 갓난아기는 부모의 보살핌으로 살 수 있고, 소년은 교육을 통하여 성숙해 갈 수 있고, 성인은 사랑을 완성해 갈 수 있고, 사람만이 영원 쾌락을 누리며 살 수 있는 존재라는 것이다.

5) 숫자로 본 후천수
(1) 선천수와 후천수

선천수는 1 2 3 4 5 6 7 8 9이고, 후천수는 2 3 4 5 6 7 8 9 10이다. 선천수에서 중앙수는 5이고 후천수에서 중앙수는 6이다. 후천시대는 6을 중심으로 펼쳐지는 시대이니 모든 분야에서 6을 중심으로 새로운 창조를 할 때이다.

이것을 도표로 보면,

	1	2	3	선천수	4	5	6			2	3	4	후천수	5	6	7	8	9	10	
15 ←	4	9	2		5	10	3	→ 18
15 ←	3	5	7		4	6	8	→ 18
15 ←	8	1	6		9	2	7	→ 18

선천수 도표에서 가로로 합을 하거나 세로로 합을 하거나 대각선으로 합을 하여도 그 총합은 15이다.

후천수 도표에서 가로로 합을 하거나 세로로 합을 하거나 대각선으로 합을 하여도 그 총합은 18이다. 18은 6 숫자가 3번 합해진 것으로 곧 대3합6을 3번 반복한 것과 같은 것이다. 삼일신고에 18수가 들어있다.

중국에서 시작한 제왕의 도라는 것이 5를 중심으로 하는 황당한 이론이 선천에서 존재하였다면 이제부터 시작하는 후천의 도는 6을 중심으로 하는 새로운 세상이 된다.

(2) 한단고기에서 찾아본다.

하느님이 하나에서 천·지·인 셋으로 쪼개놓았다면 사람이 해야 할 일은 셋으로 구성된 얼·몸·맘을 하나로 만드는 것이 참된 인격을 만드는 일이고, 다음으로 해야 할 일은 남편의 얼 몸 맘과 아내의 얼 몸 맘이 한 덩어리가 되는 것이 참 사랑체를 이루는 것이다. 이것이 대3합 6으로 인생의 최대 목적이며 영원한 법칙이다.

한단고기 곳곳에 집1함3 회3귀1로써 이 법칙을 재론하고 있다.

하나를 잡아서 셋을 포함하고 셋을 모아서 하나로 돌아간다.
執一而含三 會三而歸一

― 한단고기 51쪽

대도의 크고 깊은 규칙은 하나를 잡아 셋을 이루고 셋이 모여 하나로 돌아가는 것이니 이 하늘의 법계를 크게 가르치니 영세토록 법으로 삼으리라.
大道術淵宏 執一含三 會三歸一 大演天戒 永世爲法

― 한단고기 108쪽

하나를 잡아도 셋을 포함함이며 셋을 모으면 하나로 돌아감인 것이다.
執一而含三 會三而歸一也

― 한단고기 203쪽

하나를 잡아 셋을 포함하고 셋을 모아 하나로 돌아옴의 뜻으로 근본을 삼는다.

삼일신고 말씀 389

執一含三 會三歸一 之義爲本
_{집 일 함 삼　회 삼 귀 일　지 의 위 본}

- 한단고기 236쪽

6) 인생노정

(1) 사람은 남편과 아내가 사랑을 함으로써 임신이 이루어진다. 사람의 출생은 곧 성, 명, 정 3진과 심, 기, 신 3망이 대3합6으로 되어 탄생되는 것이다.

(2) 영아는 성장하여 유아가 되고 또 유년으로 성장하고 소년과 청년을 거치면서 성인이 된다.

(3) 육체가 성인으로 성장하면서 교화를 통하여 지성과 이성을 성숙시켜서 정신작용이 천리에 따른 인생의 목적을 알아야 하고 인생 목적을 달성하기 위한 실천계획까지 세워놓아야 한다.

(4) 전문성을 개발하고 생산활동을 열심히 하여 생활환경을 편안하고 여유롭게 만든다.

(5) 대3합6으로 된 철인의 인격을 갖춘 남성과 여성이 사랑을 위해 결혼하는 것은 창조 순리이다.

(6) 남편과 아내의 대3합6은 생 7, 8, 9, 10……이다. 생(生)은 파생원리에 따라 생하는 것이니 곧 자녀가 태어나는 것이다.

(7) 대3합6의 상태에 따라 자녀도 각각 다르게 태어난다. 그 상태는 똑같은 것이 없다. 시간적, 공간적, 상태적 차이는 끊임없이 변하므로 파생 결과체는 똑같은 것이 하나도 없다. 이것을 함축하면 대3합6에 따른 파생원리로 생 7, 8, 9이다.

(8) 남자와 여자로 나누어진 것은 부부 인연을 맺으라는 것이고 또 육체가 하나로 결합되는 것은 사랑 때문이며 이 일은 사랑의 시작점이 되는 것이었다. 결혼 후 30년이라는 세월 속에서 부부의 마음도 하나가 되도록 노력하는 것이 천리에 따른 인생노정이고 나

아가 얼 몸 맘이 하나가 되는 대3합6의 한 덩어리가 되어야 한다. 여기에서 부부의 쾌락이 만들어지고 또 쾌락을 누리며 살 수 있게 된다. 쾌락을 느껴본 사람은 설명이 무슨 필요가 있겠는가? 이것은 황홀 + 쾌락 + 행복 + 영원이다. 인생의 최종 목적지이다. 무엇 때문에 살아야 하는가에 대한 확실한 답이 되는 것이다.

(9) 남편과 아내는 대3합6으로 된 성통공완을 목표로 30년 세월을 변함없이 살면 체질화된 사랑체를 완성하게 된다.

(10) 드디어 인생이 쾌락이 있는 행복을 가지고 누리며 살 수 있는 시대가 되고 그런 세상이 되었다. 하느님께서 뜻하셨던 창조가 완성되어지는 시점이 되기도 한다. 천 지 인 창조가 드디어 광명과 길상과 쾌락과 행복과 영원이 완성되는 일이다.

(11) 삼일신고 제3훈 천궁훈에서 말하였던 "유 성통공완자 조 영득 쾌락"이 바로 이런 뜻이었다.

(12) 삼일신고 제5훈 인간훈의 끝맺음으로 "성통공완이 바로 이것이다"라고 말하였던 '성통공완 시'가 바로 이런 뜻이었다.

(13) 60세 전후에서 이 경지에 도달하고 그렇게 쾌락을 누리며 살다가 가달을 벗어버리고 천궁에 가서도 이 경지로써 영원히 누릴 수 있는 하늘세계가 있는 것이다.

4. 인간훈의 글자 수 167자의 의미

1) 인간훈의 구성

인간훈은 총 167자이며 삼일신고 전체의 약 46%이다. 삼일신고는 천, 지, 인을 설명하는 교화경으로써 인간에 대한 가르침이 전체에서 제일 많은 비중을 차지하고 있다. 교화는 인간을 깨우치고 인간을 행복하게 하려는 것이기 때문이다.

인간훈의 167자에서 반복되는 글자를 찾아보니,

眞(진) — 7번

性(성), 哲(철), 善(선), 惡(악), 淸(청), 濁(탁), 厚(후), 薄(박) — 각 4번

命(명), 精(정), 三(삼), 妄(망), 依(의), 感(감), 息(식), 觸(촉) — 각 3번

인간을 깨우침에 있어서 7번이나 사용된 진(眞)이라는 글자가 의미하는 바가 귀중하다고 생각된다. 인간의 인격이나 사랑에서 진이 의미하는 것처럼 참을 이루면 가장 올바른 일이 될 것은 자명한 일이다.

2) 인간훈의 글자 수 167자에 대하여

(1) 인간훈은 천 지 인 3중 구조에서 인간에 대한 말씀이다. 인간은 얼 몸 맘으로 곧 3중 구조로 되어 있고 시간적으로는 30수로 진행하고 구조적으로는 36수로 되어 있다.

(2) 인간 구조적 수 36수와 인간이 천 지 인의 3중 구조로 되어 있으니 이를 곱하면 108수가 된다(36×3=108).

(3) 인간은 인격체를 만드는 시간 30년의 수와 사랑체를 만드는 30년의 수를 합하면 60수가 된다. 인생은 60세가 되면 회갑이 된다. 인생을 한 바퀴 돌았다는 것이다. 또한 한 인생살이의 완성점이 되기도 한다(30+30=60).

(4) 인간은 남자와 여자로서 상대적으로 존재한다. 남녀가 실체로서 사랑체가 되면 완성지점은 둘이 하나로 겹쳐지니까 1을 뺀다. 그러므로 인간의 완성에 대한 총수는

인간 구조 수

    36수×3중 구조=108

인간 시간 수 (인격 완성 30년, 사랑 완성 30년)
      30수+30수=60

즉   108+60-1=167(수)

제15절 천부경과 삼일신고의 연계성
- (천부경 5단과 삼일신고 제5훈)

1. 천부경

> **천부경의 5단**
>
> 본심본태양앙명인중천지일일종무종일
> 本心本太陽昂明人中天地一一終無終一
>
> **삼일신고의 제5훈(人間訓)**
>
> 인물 동수삼진 왈 성명정 인 전지 물 편지 진성 무선악 상철통
> 人物 同受三眞 曰 性命精 人 全之 物 偏之 眞性 無善惡 上哲通
>
> 진명 무청탁 중철지 진정 무후박 하철보 반진일신
> 眞命 無淸濁 中哲知 眞精 無厚薄 下哲保 返眞一神
>
> 유중미지 삼망착근 왈 심기신 심의성 유선악 선복악화 기의명
> 惟衆迷地 三妄着根 曰 心氣身 心依性 有善惡 善福惡禍 氣依命
>
> 유청탁 청수탁요 신의정 유후박 후귀박천
> 有淸濁 淸壽濁殀 身依精 有厚薄 厚貴薄賤
>
> 진망대작 삼도 왈 감식촉 전성십팔경 감 희구애노탐염 식 분란
> 眞妄對作 三途 曰 感息觸 轉成十八境 感 喜懼哀怒貪厭 息 芬殞
>
> 한 열진습 촉 성색취미음저
> 寒熱震濕 觸 聲色臭味淫抵
>
> 중 선악청탁후박 상잡종 경도임주 타 생장소병몰 고 철 지감
> 衆 善惡淸濁厚薄 相雜從 境途任走 墮 生長消病歿 苦 哲 止感
>
> 조식 금촉 일의화행 반망즉진 발대신기 성통공완 시
> 調息 禁觸 一意化行 返妄卽眞 發大神機 性通功完 是

1) 천부경에서 5단은 인간에 대한 이치를 말한 것이다. 본심을 태양처럼 밝고 밝게 인간이 성숙되어서 "사람 속에서 하늘과 땅이 하나가

된다"는 '인중천지일'을 핵심으로 말하였다. 이것이 완성점이 되는 것이다.

2) 사람 속에서 천지가 하나 되려면 어떻게 하여야 하는지 그 답을 삼일신고에서 설명하고 있다. 사람 가운데(人中)에 있다고 하니까 이 말을 자기중심적으로 해석하여 자기 안에 있는 본성을 통달시키는 것으로 생각할 수도 있지만, 사람의 범위를 남자와 여자를 아우르는 인간 세계의 말로 이해하면 사람 가운데(人中)는 개인 한 사람이 아니라 남녀의 세계를 아우르는 말이다. 곧 부부 가운데 천지가 하나로 된다는 말이다.

3) 남녀에 대한 인생이치를 자세하게 설명하는 것은 삼일신고와 참전계경이 가르치고 있다. 천부경의 5단에서 말하는 인간에 대한 내용을 교육하는 교과서와 같은 것이 바로 삼일신고 제5장 인간훈이다.

삼일신고 인간훈은 인간에 대한 이치를 말한 것이다. 인간훈에서는 인간의 구조를 구체적으로 설명하고, 인간을 성숙시키는 과정과 인생의 완성을 실현할 수 있도록 설명하고 있다.

삼일신고의 가르침은 3진을 완벽하게 부여받은 인간을 위대한 존재로 시작하여 인간으로서 이 세상에서 위대한 존재로 완성하고 이 세상을 행복한 세상으로 실현시키는 데 있다. 또 죽은 뒤에 이루어지는 것이 아니고 살아서 이루는 것이다. 3망을 가지고 있을 때 모두 다 완성하고 모두 실현하는 이치를 말하고 있다.

현재의 인간은 부족한 것이 하나도 없이 완벽한 존재이다. 인간이 실수를 하여 죄인으로 변질된 것도 없는 창조 본연의 그 모습이 지금도 그 모습이고, 인간은 천리 이치 안에서 살았고 대대로 그렇게 살아왔다. 다만 천리 이치대로 살아가면 완성을 이루고 영원한 쾌락을 이루게 된다.

2. 삼일신고

1) 이 일을 위하여 삼일신고에서는 먼저 깨달음을 가져야 하는 이치를 '창창비천'에서 설명하였다. 교화는 먼저 깨달음이 되어야 변화를 이룰 수가 있다. 변화를 위한 깨달음이 필요한 것이다. 변화가 되지 않는 것은 깨달음이 아니다.

2) 다음은 변화이다. 곧 대3합6이다. 변화는 인격의 변화와 세상의 변화이다. 바로 홍익인간과 재세이화이다. 이것이 하늘의 천리 이치이며 우리나라의 건국이념으로 세운 것이다.

3) 그리고 완성이다. 곧 성통공완이다. 완성은 가정에서 사랑의 완성과 세계에서 사랑 세상을 완성하는 것이다. 인간의 창조 이치를 삼일신고는 완벽하게 설명하고 있다. 어떤 사상보다 핵심을 확실하게 설명하고 인생 목적을 완성할 수 있도록 가르쳐주는 최고의 인생 교과서이다. 동서고금을 막론하고 온 인류에게 희망과 정도를 주고 행복을 주는 하늘의 말씀이다.

4) 하느님은 1에서 3을 만들었고 인간은 일생을 살면서 3을 1로 만드는 것이므로 이 말씀이 곧 3·1 원리이며 3·1신고(삼일신고)이다. 다시 말하면 천부경의 첫 출발은 '일시무시'로 시작하였고 곧 1의 시작은 무형에서 시작하는 것이라고 하였다. '인중천지일'은 남편과 아내로 된 부부가 대3합6으로 하나 되어 성통공완을 이룬 참 사랑체가 되는 것을 말하는 것으로 인생노정이 완성되었으니 '일종무종'으로 끝나는 것이다.

또한 삼일신고의 첫 출발은 '천 곧 하늘은 무엇인가?'로 시작하여 깨달음을 얻고 이어서 의식변화로 시작한 사람이 인격을 완성하고 부부가 되어 인생길을 완성하는 것은 성통공완을 이룬 참사랑의 실체가 되는 것이 천리 이치라고 끝맺음하였다. 곧 성통공완을 완성하는 것이다.

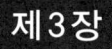

가정에 대한 소고

가정의 성립은
성인이 된 남성과 여성이 결혼하여
부부가 됨으로 시작한다.
부부는 가정의 핵심이며
부부는 인도의 시작이다.

제1절 가정에 대한 소고

1. 부부

성인 남녀가 결혼을 하면 부부가 된다. 부부관계를 발전시키려면 의사소통이 가장 중요하다. 다음은 상대에 대한 이해와 인정이다. 모든 사람은 자기에 대해서 이해받고 인정받기를 원한다. 보통 신혼 초기에는 상대방의 장점을 잘 찾아내고 단점이나 미흡한 점은 넘어가는 경향이 많이 있다. 그러나 일정 기간이 지나면 상대방의 약점을 발견하고 약점을 말하는 것에 집중한다.

이 시기에 부부는 모든 사람에게는 장점과 단점이 동시에 공존한다는 사실을 알고 이해와 인정하려는 노력이 필요하다.

2. 가정

로버트 프리스트는 "가정이란 찾아가면 언제든지 반갑게 맞이하는 곳이다"라고 하였다. 가정은 언제든지 나를 반갑게 맞아주고 언제든지 편히 쉴 수 있는 곳이다.

1) 가정은 인격의 종착지

가정은 인격의 결실지이다. 인격의 성숙된 정도에 따라 가정의 화평이 만들어진다. 인격이 모가 나면 가정에는 상처가 생기고 엉망이 된다. 인격이 올바로 성숙한 부부라면 가정은 성숙한 안정과 화목이 이루어진다. 부부의 인격이 합쳐져서 드디어 꽃이 피고 열매까지 맺는 곳이 바로 가정이다.

2) 가정은 생활의 보금자리

가정은 사람으로서 살아갈 수 있는 생활의 보금자리이다. 가정이 정상적으로 이루어질 때 온 가족이 먹고, 자고, 쉬고, 입고, 사랑하고, 일할 수 있는 삶의 터전이 된다. 민주주의가 개인의 인권과 자유와 존엄성을 중심으로 만들어진 사회라고 한다면 미래사회는 가정의 안정과 행복과 존귀성을 중심으로 하는 사회가 될 것이다. 이를 가정주의(家庭主義)라고 할 수 있다.

3) 가정은 생명을 창조하는 조화력

가정은 부부가 생명을 창조하는 곳이다. 하느님이 주신 조화를 실현할 수 있는 처소이다. 가정을 통해서 자녀를 출생해야 인류의 영속성이 계속 이루어지는 것이니 이 얼마나 소중한 것인가!

4) 가정은 조화(造化), 교화(敎化), 치화(治化)의 종합청사

가정은 조화, 교화, 치화를 하는 3화의 종합청사이다.

조화, 교화, 치화의 3화가 만들어지고 실행되는 곳이 가정이다.

생명창조라는 자녀 번식은 곧 부모의 조화력이며, 자녀가 성장할 때 부모의 가르침은 스승 자리로서 교화력이며, 가족의 화목과 행복이 이루어지는 다스림의 자리는 치화력이 있는 것으로 3화가 이루어지고 실현되는 그 최소 단위가 바로 가정이다.

5) 가정은 대3합6과 생7, 8, 9의 천도(天道)를 실현하는 장소

부부가 대3합6을 하는 것은 사람이 가야 할 정도이며 하늘이 바라는 최대 사항이다. 가정은 대3합6 생7, 8, 9, 10……의 천도문화(天道文化)의 실현 장소이다. 천리에 따른 천도문화를 맨 먼저 건설해야 하는 곳이 가정이고, 확대하면 나라가 되고 세계가 된다.

6) 가정은 사랑의 배양처, 성숙처, 완성처

가정은 사랑의 배양처이다. 사랑을 키우고, 가꾸고, 성숙시켜 가는 곳이며 결국에는 사랑을 완성시켜서 부부 자신이 사랑체로 변할 수 있는 유일한 곳이다.

7) 가정은 성통공완의 실체를 완성하는 성소

가정은 삼일신고의 성통공완을 실천하고 완성할 수 있는 곧 인생의 목적을 완성할 수 있는 유일한 곳이다.

8) 가정은 재세이화를 실현하는 최초, 최소 단위

가정은 우리 조국의 건국이념인 재세이화를 건설하는 최소 단위이다. 천리 이치에 따른 이화세상을 만들려면 천리 이치에 맞는 하늘 사람이 먼저 나와야 하는데 그 사람과 그 문화가 실현되는 최소 단위가 가정이다.

그래서 선천시대는 독음독양(獨陰獨陽)으로 살았던 세상이었지만 후천시대인 지금 세상은 부부가 있고 나아가 하늘 이치에 맞는 올바른 부부로 정음정양(正陰正陽) 시대가 되어 올바른 사랑을 실천하여 행복한 인간, 행복한 세상을 건설하는 것이다.

과거 시대는 모사재인 성사재천(謀事在人 成事在天)이라고 하여 모사는 인간이 하고 이루어지는 것은 하늘에 달렸다고 하였다.

지금 시대는 모사재천 성사재인(謀事在天 成事在人)이라고 하여 계획은 하늘이 세웠지만 이루어지는 것은 인간에게 달렸다고 한다.

하느님도 할 수 없고 인간만이 할 수 있는 것이 두 가지가 있다. 하나는 인격체를 만드는 일이고 또 하나는 사랑체를 실현하는 일이다. 그러므로 과거 시대에는 개인의 자유와 인권을 주장하고 살았지만 이제부터는 가정의 행복과 참 사랑체를 주장하며 살아야 한다.

이제는 우리나라의 건국이념인 홍익인간 재세이화를 실천하여 실체를 실현하는 시대로 접어들었다.

3. 부부살이의 4가지 형태

부부의 형태를 4가지로 분류하면 냉전 부부, 위기 부부, 원만 부부, 이상 부부로 나누어볼 수 있다.

냉전 부부는 마치 철길을 달려가는 부부와 같다. 부부간에 일정 거리가 유지되어 더 이상 좁혀지지 않고 서로 팽팽하게 맞서서 사는 부부이다. 내 것은 내 것이고, 네 것은 네 것이며, 내 돈은 끝까지 내가 주인이고, 또 내 행복은 내가 찾고 네 행복은 네가 알아서 하라는 식의 부부이다. 현대 교육을 많이 배운 사람일수록 이런 생각을 많이 하고 있다.

위기의 부부는 시간이 갈수록 부부 사이가 더 많이 벌어지는 부부이다. 소통이 안 되는 부부는 돈 문제로 싸우게 되고 자녀 문제로 다투게 되며 성격 문제로 스트레스를 받고 시시콜콜한 것까지도 의견이 서로 다르다고 미워하고 벌어지는 부부이다. 대화가 이루어지지 않으니 길이 전혀 보이지 않는다. 결국에는 파경을 맞이하게 된다.

원만한 부부는 인격이 성숙한 부부이거나 성격이 넉넉한 부부이다. 인격이 모가 나지 않아 부딪힘이 별로 없고 문제될 일이 별로 없다. 어떤 문제가 발생하더라도 그런가 보다 하고 이해하거나 참는다. 서로 의견 차이가 있어도 그것이 문제로 비화되지 않는다. 살아갈수록 정이 들고 미안하고 고맙고 감사하는 마음이 생긴다. 인격적으로 수양이 된 사람은 자제력이 풍부하고 상대방과 원만하게 사교적인 처세를 한다. 세상을 낙관적으로 바라보고 항상 희망을 갖고 살아간다. 언제나 결과가 좋을 것이라고 긍정적인 생각을 한다. 자기 인생은 자기가 책임진다는 자세로 살아간다.

　이상적인 부부는 동일한 목표가 있고 노력하는 방향이 같은 노선이고 창조하는 생활을 한다. 무엇보다도 인생에 대한 목표와 목적이 같으니 대화하는 화제가 같고 그러므로 소통이 잘된다. 같이 노력한 결과가 서로의 위안이 되고 보람이 된다. 세월이 흐를수록 부부는 생각도 닮아가고 말도 닮아가고 얼굴도 닮아간다. 인격과 심정도 동일하게 변해 간다. 일체화되는 것이 많아진다. 서로가 위해 주고 위함을 받는다. 주어서 기쁘고 받아서 기쁘다. 이것이 사랑 창조이며 이상적인 부부이다.

부부의 4가지 형태

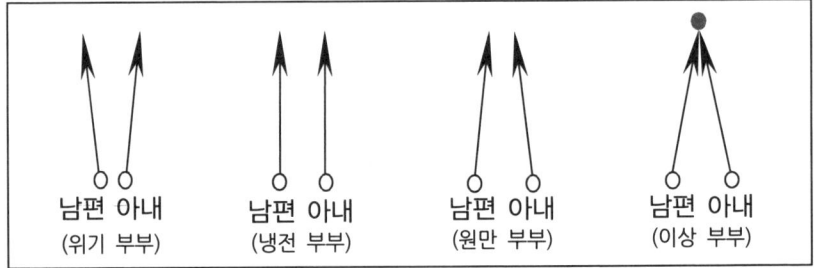

4. 부부는 사랑 창조

1) 좋아한다와 사랑한다.

　'좋아한다'는 남성이 여성을 보면 무조건 좋아하도록 창조되어 있다. 남성의 심·기·신은 여성을 향하여 끝없이 쫓아가려는 이력을 내재하고 있고, 남성호르몬이 생기면 견딜 수 없는 충동을 일으키도록 되어 있다.

'사랑한다'는 말은 부부간에 사용되어야 한다. 결혼을 하면 부부가 되는 것이고 결혼식은 사랑 시작을 알리는 선포식이다. 모두가 축하해 주는 일이다. 결혼식은 사랑의 시작을 선포하는 자리이니 신랑 신부가 앞으로 살아갈 인생에 대한 결심을 발표할 수 있어야 한다.

2) 이혼은 사랑 창조의 중단이며 실패이다.

미래 사회는 이혼을 상상할 수도 없는 세상이 되고 천국세상이 될 것이다. 이혼은 사랑을 포기하는 것이다. 사랑에 대한 시험에서 낙제 점수를 받은 실패한 인생이다. 천리 이치를 가려는 사람에게는 상상도 할 수 없는 일이다. 아무리 어려운 난관이 있어도 이혼으로 끝내지 않고 좋은 방향으로 해결해야 한다.

3) 부부는 사랑 창조의 시작이다.

인간의 사랑은 부부로부터 시작되는 것이다. 사랑을 완성해 보지 못한 부부는 정상적인 사랑을 제3자에게 나누어줄 수 없다. 부부는 참으로 신기한 관계이다. 남남으로 만나서 촌수도 없는 무촌이 된다. 부부 사이는 부끄러움도 없고, 계산으로 따지지 않고 비밀도 없는 마냥 좋고 좋은 친밀한 관계가 이루어진다. 드디어 사랑으로 한 덩어리가 되어 합일된 절대적 존재가 된다. 그래서 부부라는 세월 속에서 참사랑이라는 실체가 되는 것이다.

성 통 공 완 시
"性通功完 是"

부 록

1
삼일신고 신사기본

2
삼일신고 태백일사본

3
[발해국 석실본] 삼일신고

4
포명본교대지서 (佈明本敎大旨書)

5
대한독립선언서

【句】「蒼蒼」은 深靑色이오 「玄玄」은 黑而有黃色이며 「虛虛」는 外虛오 「空空」은 內空이다.

【講】 以下九節은 檀誥를 講演한것인데 此節은 天訓을 記述함이다.

檀은 兄上一位에 有大德大慧大力하사 生天하시며 主兄數世界하시고 造甡甡物하시니 纖塵無漏하야 昭昭靈靈하야 不敢名量이라 聲氣願禱하면 絕親見이니 自

性求子하야 降在爾腦시니라

【字】「性」은 理也니 受於 檀者也오 「子」는 種也니 受於 親者也라. 「生天」은 猶言天理始明이다. 「昭昭」(환-하게 밝힘)는 明之也오 「靈靈」(신령 소 러움)은 神之也라. 「絕親見」은 檀本兄形無言이라 故로 人不得親受也니라.

【講】 此節은 檀訓을 記述함이다.

爾는 檀國이 有天宮하야 階万善이며 門万德이니

一檀攸居오 羣靈諸喆이 護侍니하야 大吉祥이며 大光明處니 惟性通功完者

라야 朝하야 永得快樂이니

1. 삼일신고 신사기본

演_연檀_단誥_고大_대訓_훈于_우衆_중하시다

【字】「演」은 衍通하니 廣也라.
【句】「誥」는 三一檀誥이다.
【講】此節은 誌事를 叙述한것이다.

欽_흠稽_계敎_교化_화主_주日_왈

桓_환雄_웅이 以_이 檀_단化_화人_인하사 立_입大_대道_도하시며 設_설大_대敎_교하사 感_감化_화蠢_준蠢_준民_민하시니라

【句】「敎化主」는 万理를 開示하신 上帝시오 「桓雄」은 天師의 義니 上帝의 別稱이며

【講】「蠢蠢」은 愚貌이다.
此節은 主位를 須함이다.

主_주若_약日_왈, 咨_자爾_이衆_중·蒼_창蒼_창이 非_비天_천이며 玄_현玄_현이 非_비天_천이오· 天_천은 無_무形_형質_질하며 無_무端_단倪_예며 上_상下_하四_사方_방에 虛_허虛_허空_공空_공하야 無_무不_부在_재며 無_무不_불容_용이니

【1】

惟衆은迷地에三妄아著根니하야日, 心과氣와身이心은依性하야有善惡과善福과

惡徇하고氣는依命하야有淸濁과淸壽濁死고, 身은依精하야有厚薄니하厚貴薄

賤라니

【講】 此節은眞理訓中에三妄을記述함이다.

眞妄이對야作三途니하야日, 感息觸이轉成十八境에니하感, 喜懼哀怒貪

厭이息, 芬彌寒熱震濕이觸애聲色臭味淫抵마니

【字】「對」(맞설)는獅間이오「作」은造也이오「觸」은同觸이오「芬」은草木氣오「彌」은炭 尸氣오「抵」는觸也라.

【講】 此節은眞理訓中에三途를記述함이다.

衆은善惡과淸濁과厚薄을相雜하야從境途任走야하墮生長肖病歿의苦고하

嘉은止感며調息며禁觸야하一意化行야하返妄卽眞야하發大神機니하性通

功完이是마니

【4】

爾觀森列星辰하라 數丨盡고大小와明暗과苦樂이不同하니라

一丸이造畢世界고 丸勅日世界使者하사 舝七百世界니하사 爾地自

[字] 「森」은木多貌오「丸」은同轄이오「丸」은黑鐵小彈이다.
[講] 此節은世界訓中에叢世界를記述함이다.

大나 一丸世界라니

一丸이呵氣包底고 煦日色熱

行藌化游栽의 物이繁殖라니

中火震盪야 海幻陸遷야 乃成見象라니

[講] 此節은世界訓中에地世界를記述함이다.

人物이同受三眞니하나曰, 性과命과精이라人은全之고物은偏之니眞性은兀善

惡니하고上嚞이通하고中嚞이知고下嚞이保

니하시 返眞안 一丸이라니

一桓造羣世界桓勅日世使者牽七石世界爾地自大一
凢世界中火震盪海幻陸還乃成見像桓呵氣包底照日
色熱行蕩化游栽物繁殖

第五章 人物 十七字

人物一百六

人物同受三真惟众迷地三妄着根真妄對你三途
曰性命精人全之物偏之真性善兄惡上嘉通真命清兄
濁中嘉知真精厚兄簿下嘉保孳真一桓
曰心氣身心依性有善惡善福惡禍氣依命有清濁清壽
濁夭身依精有厚簿厚貴簿賤
曰感息觧靜成十八境感喜懼哀怒貪厭息芬爛寒熱震
濕觧辞色臭味淫抵众善惡清濁厚簿相雜從境任走
隨生長肖病殁苦嘉止感調息禁觧一意化行改妄即真
發大神機性通功完是

2. 삼일신고 태백일사본

第一章 虛空 三十六字

帝曰爾五加眾蒼蒼非天玄玄非天兒形質兒端倪兒上下四方虛虛空空兒不在兒不容

第二章 一神 五十一字

神在兒上一位有大德大悲大力生天主兒數無世界造甡甡物纖塵兒漏昭昭靈靈不敢名量聲氣願禱絕親見自性求子降在爾腦

第三章 天宮 四十字

天禋國有天宮階萬善門萬德一神攸居羣靈諸嘉護侍大吉祥大光明處惟性通功完者朝永得快樂

第四章 世界 七十二字

爾觀森列星辰數兒盡大小明暗苦樂不同

3. 【발해국 석실본】 삼일신고

三一神誥序(삼일신고서)

臣竊伏聞 群機 有象 眞宰 無形
신절복문 군기 유상 진재 무형

藉其無而陶鈞亭毒 曰 天神 假其有而生歿樂苦 曰 人物
자기무이도균정독 왈 천신 가기유이생몰락고 왈 인물

厥初神錫之性 元無眞妄 自是人受之品
궐초신석지성 원무진망 자시인수지품

乃有粹駁 譬如百川所涵 孤月 同印 一雨所潤 萬卉殊芳
내유수박 비여백천소함 고월 동인 일우소윤 만훼수방

嗟嗟有衆 漸紛邪愚 竟昧仁智
차차유중 점분사우 경매인지

膏火-相煎於世爐 腥塵交蔽於心竅
고화-상전어세로 성진교폐어심두

因之以方榮方枯 旋起旋滅 翻同帶晞之群蜉
인지이방영방고 선기선멸 번동대희지군부

未免赴燭之孱蛾 不啻孺子之井淪
미면부촉지잔아 불시유자지정륜

寧忍慈父之岸視 玆蓋大德大慧大力
영인자부지안시 자개대덕대혜대력

天祖之所以化身降世 所以開敎建極也
천조지소이화신강세 소이개교건극야

若三一神誥者 洵神府寶藏之最上腦珠
약삼일신고자 순신부보장지최상뇌주

化衆成喆之無二眞經 精微邃玄之旨
화중성철지무이진경 정미수현지지

靈明炳煥之篇 有非肉眼凡衆之所可窺測者也
영명병환지편 유비육안범중지소가규측자야

惟我
유아

聖上基下 素以天縱之姿 克紹 神界之統
성상기하 소이천종지자 극소 신비지통

旣奠金甌 乃垂黃裳 爰捧天訓之瓊笈
기전금구 내수황상 원봉천훈지경급

載緝宸翰之寶贊 五彩-騰於雲潢
재즙신한지보찬 오채-등어운황

七曜麗於紫極
칠요리어자극

于時 四海-波晏 萬邦 民寧 於戲韙哉
우시 사해-파안 만방 민녕 어호위재

臣猥以末學 叨承聖勅 才有限而道無窮
신외이말학 도승성칙 재유한이도무궁

心欲言而口不逮 縱有所述 無異乎塵培喬嶽
심욕언이구불체 종유소술 무이호진배교악

露霑巨浸也
노점거침야

　　　　　　　　　　　　天統十七年 三月 三日
　　　　　　　　　　　　천통십칠년 삼월 삼일

　　　　　　　　盤安郡王 臣 野勃　奉勅 謹序
　　　　　　　　반안군왕 신 야발　봉칙 근서

御製 三一神誥 贊1
어제 삼일신고 찬1

贊曰
찬왈

巚彼長白　巖巖蒼穹　霧霢霞霱　萬嶽祖宗
절피장백　암암창궁　무옹하휼　만악조종

維帝神降　靈檀寶宮　建極垂敎　覆幬寰中
유제신강　영단보궁　건극수교　복도환중

帝演寶誥　籒篆珢璘　大道　眞倧　邁化超神
제연보고　주전빈린　대도　진종　매화초신

卽三卽一　返妄歸眞　恒照恒樂　群象　同春
즉삼즉일　반망귀진　항조항락　군상　동춘

爰命喆工　始克箋誥　探賾闡微　昭如剔炷
원명철공　시극전고　탐색천미　소여척주

啓覺濟迷　無央有部　祥露彩暾　普天涵煦
계각제미　무앙유부　상로채돈　보천함후

朕承丕緖　夙夜戰兢　封蔀粘妄　曷由超昇
짐승비서　숙야전긍　봉부점망　갈유초승

焄酵跪讀　三途乃澄　庶祈默佑　勿墜勿崩
훈발궤독　삼도내징　서기묵우　물추물붕

天統十六年 十月 吉日 題
천통십육년 시월 길일 제

御製 三一神誥 贊2
어제 삼일신고 찬2

理起一無　體包萬有
이기일무　체포만유

冲虛曠漠　擬議得否
충허광막　의의득부

正眼看來　如啓窓牖
정안간래　여계창유

雖然群機　疇能仵耦
수연군기　주능오우

至昭至靈　萬化之主
지소지령　만화지주

旣剛而健　慧炤德溥
기강이건　혜소덕부

財成神機　如持規矩
재성신기　여지규구

離聲絕氣　不見眞府
이성절기　불견진부

玉殿穹窿　寶光煜煜
옥전궁륭　보광욱욱

惟善惟德　方陞方入
유선유덕　방승방입

至尊左右　百靈扈立
지존좌우　백령호립

遊戲娛樂　檀雨霊霫
유희오락　단우립습

陶輪世界　星絡轇轕
도륜세계　성락교갈

依眞而起　如海憤沫
의진이기　여해분말

太陽線躔　七百回斡
태양선전　칠백회알

群生芸芸　水激火擦
군생운운　수격화찰

自一而三　眞妄分圖
자일이삼　진망분도

會三之一　迷悟判途
회삼지일　미오판도

任化之間　殃慶自呼
임화지간　앙경자호

錯綜至理　惟神之符
착종지리　유신지부

三一神誥
임아상의 주해

紫授大夫
자수대부

宣詔省
선조성

左平章事 兼 文籍院監
좌평장사 겸 문적원감

臣任雅相 奉勅 註解
신임아상 봉칙 주해

天訓

帝曰元輔彭虞蒼蒼非天玄玄非天天無形質無端倪無上下四方虛虛
空空無不在無不容

帝 檀帝 一神化降也 元補官名 彭虞人名 受 帝勅 奠山川
제 단제 일신화강야 원보관명 팽우인명 수 제칙 전산천

爲土地祗也 蒼蒼 深靑色 玄玄 黑而有黃色 地外氣也
위토지지야 창창 심청색 현현 흑이유황색 지외기야

端倪始際也 上下四方 以自身觀 有 以天 觀 無也 人物微孔
단예시제야 상하사방 이자신관 유 이천 관 무야 인물미공

雖視力不到處 盡在也 大而世界 小而纖塵 盡容也
수시력부도처 진재야 대이세계 소이섬진 진용야

神訓

神在無上一位有大德大慧大力生天主無數世界造牲牲物纖塵無漏
昭昭靈靈不敢名量聲氣願禱絶親見自性求子降在爾腦

神 一神 無上一位 無二尊所也
신 일신 무상일위 무이존소야

大德 生養諸命 大慧 裁成諸體 大力 幹旋諸機
대덕 생양제명 대혜 재성제체 대력 알선제기

生 造 主 宰也 無數世界 郡星辰也 甡甡 衆多貌
생 조 주 재야 무수세계 군성진야 신신 중다모

漏 遺失也 昭昭靈靈 造化也 聲氣願禱 欲聞 神之聲
누 유실야 소소령령 조화야 성기원도 욕문 신지성

見神之氣而禱也 自性 自己眞性 求 覓也
견신지기이도야 자성 자기진성 구 멱야

腦 頭髓 一名神府 此身 未出胎前
뇌 두수 일명신부 차신 미출태전

神已在腦 衆人 妄求於外也
신이재뇌 중인 망구어외야

天宮訓

天神國有天宮階萬善門萬德一神攸居群靈諸哲護侍大吉祥大光明
處惟性通功完者朝永得快樂

天宮 非獨在於天上 地亦有之 太白山南北宗 爲神國
천궁 비독재어천상 지역유지 태백산남북종 위신국

山上神降處 爲天宮 人亦有之 身爲神國 腦爲天宮
산상신강처 위천궁 인역유지 신위신국 뇌위천궁

三天宮 一也 階 陞也 門 入也
삼천궁 일야 계 승야 문 입야

群靈 神將 諸哲 神官也 性通 通眞性也
군령 신장 제철 신관야 성통 통진성야

功完 持三百六十六善行 積三百六十六陰德
공완 지삼백육십육선행 적삼백육십육음덕

做 三百六十六好事也 朝 覲 一神也
주 삼백육십육호사야 조 근 일신야

永得快樂 無等樂 與天同享也
영득쾌락 무등락 여천동향야

世界訓

爾觀森列星辰數無盡大小明暗苦樂不同一神造群世界神勅日世界
使者轄七百世界爾地自大一丸世界中火震盪海幻陸遷乃成見象神
呵氣包底煦日色熱行翥化游栽物繁植

參 木多貌 列 布也 數 算也 無盡 不能計也
삼 목다모 열 포야 수 산야 무진 불능계야

群星辰 皆爲 一神之所造世界 而與地比準
군성진 개위 일신지소조세계 이여지비준

有大者 小者 明者 暗者 苦者 樂者也
유대자 소자 명자 암자 고자 락자야

日世界使者 受一神勅 主治太陽之神官也 牽 車軸也
일세계사자 수일신칙 주치태양지신관야 할 차축야

七百世界 君星辰中 七百屬於日 如車軸所湊也
칠백세계 군성진중 칠백속어일 여차축소주야

自大 衆人 以地大 莫與爲俱 亦日屬內之一世界也
자대 중인 이지대 막여위구 역일속내지일세계야

丸 圓轉物 轎諸日則如小丸也 中火震盪 地中火
환 원전물 교제일즉여소환야 중화진탕 지중화

與與面水 相搏 海凸爲陸 陸陷爲海 幻遷不一也
여여면수 상박 해철위륙 육함위해 환천불일야

見象 今所示形也 呵 噓也 包 裹也 煦 蒸也
현상 금소시형야 가 허야 포 과야 후 증야

地與人物 無氣色熱 初不生活
지여인물 무기색열 초불생활

一神 呵以包之 命曰世界使者 煦之也
일신 가이포지 명일세계사자 후지야

行 足腹動類 䨇 羽族類 化 金石水火土類
행 족복동류 저 우족류 화 금석수화토류

游 魚族類 栽 草木類也 繁殖 多生也
유 어족류 재 초목류야 번식 다생야

眞理訓

人物同受三眞曰性命精人全之物偏之眞性無善惡上哲通眞命無淸
濁中哲知眞精無厚薄下哲保返眞一神惟衆迷地三妄着根曰心氣身
心依性有善惡善福惡禍氣依命有淸濁淸壽濁殀身依精有厚薄厚貴
薄賤眞妄對作三途曰感息觸轉成十八境感喜懼哀怒貪厭息芬𤺄寒
熱震濕觸聲色臭味淫抵衆善惡淸濁厚薄相雜從境途任走墮生長消
病歿苦哲止感調息禁觸一意化行返妄卽眞發大神機性通功完是

受 得也 眞 惟一無二也 性 ○也 命 □也 精 △也 强相其妙也
수 득야 진 유일무이야 성 원야 명 방야 정 각야 강상기묘야

全 具備也 偏 不齊也 哲 神之下 聖之上也
전 구비야 편 부재야 철 신지하 성지상야

上哲 與 神合德 通永不塞也
상철 여 신합덕 통영불색야

中哲 與 神合慧 知永不愚也
중철 여 신합혜 지영불우야

下哲 與 神合力 保永不滅也 反眞 三歸一 一歸神也
하철 여 신합력 보영불멸야 반진 삼귀일 일귀신야

衆 凡人也 迷地 胚胎初也 妄 歧而不一也 着根 置本也
중 범인야 미지 배태초야 망 기이불일야 착근 치본야

心 吉凶宅 氣 生死門 身 情慾器也 依 附也
심 길흉택 기 생사문 신 정욕기야 의 부야

福 百順也 禍 百殃也 壽 久 殀 短也 貴 尊 賤 卑也
복 백순야 화 백앙야 수 구 요 단야 귀 존 천 비야

對 猶間也 作 造也 途 路也 感 識辯主
대 유간야 작 조야 도 로야 감 식변주

息 出納客 觸 傳送奴也 境 界也
식 출납객 촉 전송노야 경 계야

喜 懽忭 懼 恐惶也 哀 悲憐 怒 惠憤也 貪 嗜好 厭 苦避也
희 환변 구 공황야 애 비련 노 혜분야 탐 기호 염 고피야

芬 草木氣 殈 炭尸氣也 寒 冰氣 熱 火氣也 震 電氣 濕 雨氣也
분 초목기 란 탄시기야 한 빙기 열 화기야 진 전기 습 우기야

聲 耳受 色 目接也 臭 鼻嗅 味 口嘗也 淫 厶交 抵 肌襯也
성 이수 색 목접야 취 비후 미 구상야 음 사교 저 기친야

雜 不純全也 從 就也 任 走 爲衆第一長技也
잡 불순전야 종 취야 임주 위중제일장기야

墮 落也 生 始出也 長 壯大也 消 衰微也
타 락야 생 시출야 장 장대야 소 쇠미야

病 疾痛也 歿 散終也 此地 爲五苦世界也
병 질통야 몰 산종야 차지 위오고세계야

止感 心平 調息 氣化 禁觸 身康 止調禁三法 防妄賊苦魔之利伏也
지감 심평 조식 기화 금촉 신강 지조금삼법 방망적고마지리장야

一意 絕万起邪想 一正其意 万挫不退
일의 절만기사상 일정기의 만좌불퇴

万搖不動 做成一團也 化行 爲哲無二寶
만요부동 주성일단야 화행 위철무이보

訣也 眞本無減 圓滿自在 回妄 卽眞也
결야 진본무감 원만자재 회망 즉진야

大神機 曰 見神機 近而自他之臟腑毛根
대신기 왈 견신기 근이자타지장부모근

遠而天上及群世界 地中水中諸情形 瞭然見之也
원이천상급군세계 지중수중제정형 요연견지야

曰 聞神機 天上地上及群世界之人物 語音 皆聞也
왈 문신기 천상지상급군세계지인물 어음 개문야

曰 知神機 天上天下 身前身後 過去未來之事
왈 지신기 천상천하 신전신후 과거미래지사

人物心中潛伏之事 神秘鬼藏 無遺洞知也
인물심중잠복지사 신비귀장 무유동지야

曰 行神機 耳目口鼻之功能 互用 無盡數之世界 如電往返
왈 행신기 이목구비지공능 호용 무진수지세계 여전왕반

空中地中及金石水火 無碍通行 分身万億 變變化化 隨意行之也
공중지중급금석수화 무애통행 분신만억 변변화화 수의행지야

是 永離五苦世界 朝天宮而享天享樂也
시 영리오고세계 조천궁이향천향락야

三一神誥 讀法
삼일신고 독법

麻衣克再思 曰 嗟我信衆 必讀神誥
마의극재사 왈 차아신중 필독신고

先擇淨室 壁眞理圖 盥漱潔身 整衣冠
선택정실 벽진리도 관수결신 정의관

斷葷酒 燒栴檀香 斂膝跪坐 默禱于 一神
단훈주 소전단향 염슬궤좌 묵도우 일신

立大信誓 絶諸邪想
입대신서 절저사상

持三百六十六顆大檀珠 一心讀之
지삼백육십육과대단주 일심독지

正文三百六十六言之眞理 徹上徹下
정문삼백육십육언지진리 철상철하

與珠 合作一貫
여주 합작일관

至三萬回 災厄 漸消
지삼만회 재액 점소

七萬回 疾疫 不侵
칠만회 질역 불침

十萬回 刀兵 可避
십만회 도병 가피

三十萬回 禽獸馴伏
삼십만회 금수순복

七十萬回 人鬼敬畏
칠십만회 인귀경외

一百萬回 靈哲 指導
일백만회 영철 지도

三百六十六萬回 換三百六十六骨
삼백육십육만회 환삼백육십육골

湊三百六十六穴 會三百六十六度
주삼백육십육혈 회삼백육십육도

離苦就樂 其妙 不可殫記
이고취락 기묘 불가탄기

若口誦心違 起邪見 有褻慢
약구송심위 기사견 유설만

雖億萬斯讀 呂入海捕虎 了沒成功
수억만사독 여입해포호 요몰성공

反爲壽祿減削 禍害立至 轉墮苦暗世界
반위수록감삭 화해입지 전타고암세계

杳無出頭之期 可不懼哉 朂之勉之
묘무출두지기 가불구재 욱지면지

三一神誥 奉藏記
삼일신고 봉장기

謹按古朝鮮記 曰
근안고조선기 왈

三百六十六甲子 帝握天符三印
삼백육십육갑자 제악천부삼인

將雲師雨師風伯雷公 降于太白山檀木下
장운사우사풍백뇌공 강우태백산단목하

開拓山河 生育人物
개척산하 생육인물

至再週甲子之戊辰歲上月三日 御靈宮 誕訓神誥
지재주갑자지무진세상월삼일 어령궁 탄훈신고

時 彭虞 率三千團部衆 頫首受之
시 팽우 솔삼천단부중 부수수지

高矢 採靑石於東海濱
고시 채청석어동해빈

神誌 畫其石而傳之
신지 화기석이전지

後朝鮮記 箕子-聘一土山人王受兢
후조선기 기자-빙일토산인왕수긍

以殷文 書神誥于檀木枴 而讀之
이은문 서신고우단목폐 이독지

然則神誥 原有石檀二本而世傳
연즉신고 원유석단이본이세전

石本 藏於夫餘國庫
석본 장어부여국고

檀本 則爲衛氏之有 竝失於兵燹
단본 즉위위씨지유 병실어병선

□□□□□□□□□□此本 乃高句麗之所譯傳
□□□□□□□□□□차본 내고구려지소역전

而我 高考之讀而贊之者也
이아 고고지독이찬지자야

小子-自受誥以來 恒恐失墜
소자-자수고이래 항공실추

又感石檀二本之爲世波所盪
우감석단이본지위세파소탕

玆奉靈寶閣 御贊珍本
자봉영보각 어찬진본

移藏于太白山報本壇石室中
이장우태백산보본단석실중

以爲不朽之資云爾
이위불후지자운이

大興三年 三月 十五日 藏
대흥삼년 삼월 십오일 장

三一神誥

帝曰元輔彭虞蒼蒼非天玄玄非天天無形質無端倪無上下四方
虛虛空空無不在無不容
神在無上一位有大德大慧大力生天主無數世界造甡甡物纖塵
無漏昭昭靈靈不敢名量聲氣願禱絶親見自性求子降在爾腦
天神國有天宮階萬善門萬德一神攸居群靈諸哲護侍大吉祥
大光明處惟性通功完者朝永得快樂
爾觀森列星辰數無盡大小明暗苦樂不同一神造群世界神勅
日世界使者轄七百世界爾地自大一丸世界中火震盪海幻陸
遷乃成見象神呵氣包底煦日色熱行翥化游栽物繁殖
人物同受三眞曰性命精人全之物偏之眞性無善惡上哲通眞命
無淸濁中哲知眞精無厚薄下哲保返眞一神惟衆迷地三妄着根
曰心氣身心依性有善惡善福惡禍氣依命有淸濁淸壽濁殀身依
精有厚薄厚貴薄賤眞妄對作三途曰感息觸轉成十八境感喜懼
哀怒貪厭息芬𤰞寒熱震濕觸聲色臭味淫抵衆善惡淸濁厚薄相
雜從境途任走墮生長消病歿苦哲止感調息禁觸一意化行返妄
卽眞發大神機性通功完是

4. 포명본교대지서(佈明本敎大旨書)

　금일(今日)은 유아(惟我)

대황조단군성신(大皇祖檀君聖神)의 4237회(四千二百三十七回) 개극입도지경절야(開極立道之慶節也)라 우형등(愚兄等) 13인(十三人)이 태백산(太白山, 今之白頭山) 대숭전(大崇殿)에서 본교(本敎) 대종사(大宗師) 백봉신형(白峯神兄)을 배알(拜謁)하고 본교(本敎)의 심오(深奧)한 의(義)와 역대(歷代)의 소장(消長)된 논(論)을 경승(敬承)하와 범아동포형제자매(凡我同胞兄弟姉妹)에게 근고(謹告)하노니 본교(本敎)를 숭봉(崇奉)하와 선(善)을 추(趨)하며 악(惡)을 피(避)하야 영원(永遠)한 복리(福利)가 자연(自然)히 일신일가일방(一身一家一邦)에 달(達)하기를 희원(希願)하나이다.

　오호(嗚呼)라 왕양(汪洋)한 천파만류(千派萬流)의 수(水)도 기원(其源)을 새(塞)하면 갈학(渴涸)하고 울창(鬱蒼)한 천지만엽(千枝萬葉)의 목(木)도 기근(其根)을 절(絶)하면 고최(枯摧)하나니 황천자만손(況千子萬孫)의 인족(人族)이 기조(其祖)를 망(忘)하고 어찌 번창(繁昌)하기를 망(望)하며 안태(安泰)하기를 기(期)하리오.

　석아(昔我)

대황조(大皇祖)께옵서 천명(天命)을 수(受)하시고 단목영궁(檀木靈宮)에 강림(降臨)하사 무극(無極)한 조화(造化)로 지도(至道)를 탄부(誕敷)하시며 대괴(大塊)를 통치(統治)하실새 북서(北西)로 삭막궁양(朔漠窮壤)과 남동(南東)으로 영해제도(瀛海諸島)까지 신화(神化)가 과존(過存)하시고 공덕(功德)이 양일(洋溢)하시니 서

(西)에서는 동방군자(東方君子)의 국(國)이라 칭(稱)하고 동(東)에서는 서방유성인(西方有聖人)이라 위(謂)함이 개아(皆我)

대황조(大皇祖)를 모(慕)한 바이라, 입방천유여년간(立邦千有餘年間)에 성자신손(聖子神孫)이 계계승승(繼繼繩繩)하사 인족(人族)이 익번(益蕃)하며 치화(治化)가 유흡(愈洽)하야 화풍서일(和風瑞日)에 복록(福祿)이 희양(熙穰)하니 은(殷)의 기자(箕子)가 역모화래조(亦慕化來朝)함에 기궁투(其窮投)한 정적(情跡)을 긍민(矜憫)하사 평양일우(平壤一隅)에 안접(安接)케 하셨더니 기씨(箕氏)의 자손(子孫)이 기후은(其厚恩)을 감(感)하야

대황조(大皇祖)를 숭봉(崇奉)함이 본토인(本土人)에 우절(尤切)하야 세세적성(世世積誠)이 심입염화(深入染化)되야 명령(螟蛉)의 계(系)를 분수(分受)하고 기준(箕準)에 지(至)하야 홍범복서(洪範卜筮)만 전신(專信)하고 점점태만(漸漸怠慢)하다가 금마(金馬)의 축(逐)을 당(當)하였더니 본교(本敎)의 일선광명(一線光明)이

대황조(大皇祖)본파유예부여가(本派遺裔扶餘家)에 상전(向傳)하야 고구려(高句麗)가 발흥(勃興)할새

동명성왕(東明聖王)이 칠세(七歲)에 단목일지(檀木一枝)를 취(取)하야 왈(曰) 차(此)는

성조조강(聖祖肇降)하신 영목(靈木)이라하야 작궁사적(作弓射的)에 백발백중(百發百中)하시고 급수통(及垂統)에 숭봉(崇奉)의 전(典)을 특설(特設)하고 포화(佈化)의 방(方)을 대행(大行)하시니 을지문덕형제(乙支文德兄弟)같으신 영웅(英雄)도 조석배례(朝夕拜禮)하오며 광개토왕(廣開土王)같으신 영주(英主)도 매사(每事)를

대황조태묘(大皇祖太廟)에 고(告)한 후(後)에 행(行)하시니 천하(天下)가 미연이종지(靡然而從之)하야 신라(新羅)·백제(百濟)도

역일체존신(亦一體尊信)하야 이천년성의(二千年盛儀)를 서가복도(庶可復覩)러니 우연(偶然) 석가(釋迦)의 교(敎)가 유입(流入)함에 백제(百濟)가 최선염화(最先染化)하다가 기국(其國)이 선망(先亡)하고 고구려(高句麗)가 역남북불법(亦南北佛法)의 침입(浸入)을 피(被)하야 종가(宗家)의 본교(本敎)를 점망(漸忘)하다가 쇠멸(衰滅)에 지(至)함에 기신(其臣) 대조영(大祚榮)이 분개(憤慨)를 불승(不勝)하사 교문경전(敎門經典)을 포지(抱持)하시고 말갈지(靺鞨地)에 도피(逃避)하사 발해국(渤海國) 삼백년기업(三百年基業)을 창흥(創興)하셨으며 신라(新羅)의 춘추왕(春秋王)과 김유신시대(金庾信時代)에는 본교(本敎)가 동남(東南)에 초성(稍盛)한 고(故)로 태백(太白)의 산명(山名)을 영좌(嶺左)로 개이(改移)하였더니 미기(未幾)에 불설(佛說)과 유론(儒論)이 구행(俱行)하야 신라(新羅)가 역쇠망(亦衰亡)되고 고려 태조(高麗 太祖) 왕건(王建)은 기부조(其父祖)가 본교(本敎)를 독신(篤信)하는 고(故)로 기가정(其家庭)의 견문(見聞)을 승습(承襲)하사

대황조(大皇祖)의 성휘이자(聖諱二字)로 씨명(氏名)을 방의(仿擬)하사 기경모(其敬慕)의 성(誠)을 우(寓)하시며 본교(本敎)의 종국(宗國) 고구려(高句麗)를 불망(不忘)하사 국호(國號)를 고려(高麗)라 칭(稱)하시고 묘향산(妙香山)에 영단(靈壇)을 건(建)하시며 강동대박산(江東大朴山)에 선침(仙寢)을 수(修)하시나 기자손(其子孫)이 유지(遺志)를 승(承)치 못할 뿐 아니라 불법(佛法)을 전봉(專奉)함이 전대(前代)에 우심(尤甚)하야 거국(擧國)이 본교(本敎)를 전폐(全廢)한 고(故)로 원조(元朝)의 환(患)에 생민(生民)이 도탄(塗炭)을 당(當)하였고 아(我) 태조고황제(太祖高皇帝)께옵서는

대황조(大皇祖) 성신강림(聖神降臨)하신 태백산남(太白山南)에서 발상(發祥)하사 숭봉경모(崇奉敬慕)하신 성심(誠心)이 전대제

왕(前代諸王)에게 탁월(卓越)하사 압록강회군시(鴨綠江回軍時)에 몽중금척(夢中金尺)을

대황조(大皇祖)께 친수(親受)하시고 보위(寶位)에 탄등(誕登)하신 후(後)에

대황조(大皇祖)의 사전(祀典)을 존(尊)하시고 본교(本敎)를 위(爲)하사 불법(佛法)을 엄척(嚴斥)하셨으나 성원언인(聖遠言湮)하야 일조(一朝)에 환연복명(煥然復明)치 못한 바는 시운소지(時運所至)에 유교(儒敎)가 점왕(漸旺)하야 본교숭장(本敎崇獎)의 논(論)이 행(行)치 못하니 유식자(有識者)가 개우탄(皆憂歎)하는 바이라. 시이(是以)로 남효온(南孝溫)시(詩)에 왈(日)

「**단군생아청구중(檀君生我青邱衆)** 교아이륜패수변(敎我彝倫浿水邊)」자(者)는 역시(亦是) 경앙흠탄(敬仰欽嘆)하는 의(意)오, 세조조(世祖朝)에 지(至)하여 **대황조위판(大皇祖位版)**에 특서왈(特書日) "조선시조단군지위(朝鮮始祖檀君之位)"라 하시며 우친(又親)히 마니산(摩尼山)에 제천(祭天)하사 보본(報本)의 성의(誠意)를 특표(特表)하시나 국조제유(國朝諸儒)가

대황조신성(大皇祖神聖)의 적(蹟)은 설(說)하되 공맹정주(孔孟程朱)의 서(書)에 편체(偏滯)하여

대황조(大皇祖) 신성(神聖)하신 교(敎)는 연구(硏究)치 못하였으며 공맹정주(孔孟程朱)는 재좌후선(在座後先)한 것 같이 상(想)하되

대황조성신(大皇祖聖神)의 양양재상(洋洋在上)하신 줄은 부지(不知)하니 자국(自國)을 건조(建造)하신 성조(聖祖)를 불숭(不崇)하며 자신(自身)을 생육(生育)하신 성신(聖神)을 불경(不敬)하며 자가(自家)를 수수(修守)케 하신 성교(聖敎)를 불봉(不奉)하고 타(他)의 조(祖)를 시숭(是崇)하며 타(他)의 신(神)을 시경(是敬)하며

타(他)의 교(敎)를 시봉(是奉)하니 어찌 여차(如此)히 이(理)에 역(逆)하고 상(常)에 괴(乖)하는 사(事)가 유(有)하리오. 지인지자(至仁至慈)하신

　대황조성신(大皇祖聖神)께옵서 불초자손(不肖子孫)을 대(對)하사 재앙(災殃)을 강(降)하야 일시(一時)에 진멸(殄滅)하기는 불인(不忍)하시나 복리(福利)를 보석(普錫)치 아니하시며 덕음(德音)을 선포(宣布)치 아니하시니 금일(今日)의 지리시진(支離澌盡)에 잔열쇠약(屠劣衰弱)함이 약시(若是)하도다. 오호(嗚呼)라 일월(日月)의 광명(光明)도 주야(晝夜)의 회명(晦明)이 유(有)하고 사시(四時)의 순환(循環)도 춘동(春冬)에 발한(發寒)이 생(生)하니 본교(本敎)의 소장진퇴(消長進退)함도 역차(亦此)에 관(關)함이러니 하행(何行) 아(我)

　백봉신형대종사(白峯神兄大宗師)께옵서 정천(挺天)의 영자(靈姿)로 응시이출현(應時而出現)하사 고대(高大)한 도덕(道德)과 굉박(宏博)한 학문(學問)으로 구세(救世)할 중임(重任)을 당(當)하시고 천하(天下)에 철환(轍環)하사 백고(百苦)를 경(經)하시고 태백산중(太白山中)에 십년도천(十年禱天)하사

　대황조성신(大皇祖聖神)의 묵계(黙契)를 수(受)하시고 본교경전(本敎經典)과 단군조실사(檀君朝實史)를 석함중(石函中)에 득(得)하와 장이차제(將以次第)로 세상(世上)에 공포(公布)하시려니와 본교재흥(本敎再興)의 홍운(洪運)을 당(當)한 금일(今日)에 선차일언(先此一言)을 아형제자매(我兄弟姉妹)에게 예고(豫告)하노니 범아동포형제자매(凡我同胞兄弟姉妹)는 개아(皆我)

　대황조(大皇祖) 백세본지(百世本支)의 자손(子孫)이오 본교(本敎)는 내사천년(乃四千年) 아국고유(我國固有)한 종교(宗敎)라 기론(其論)은 수잠식(雖暫息)하나 시리(是理)는 불민(不泯)하고 기

행(其行)은 수잠지(雖暫止)하나 시도(是道)는 자재(自在)하야 여천지동기수(與天地同其壽)하며 여산천동기구(與山川同其久)하며 여인류동기시종(與人類同其始終)하여 시교(是敎)가 흥(興)하면 천지(天地)가 경신(更新)하며 산천(山川)이 복환(復煥)하며 인류(人類)가 번창(蕃昌)하고 시교(是敎)가 쇠(衰)하면 비고(卑高)가 역위(易位)하며 동정(動靜)이 실처(失處)하며 품물(品物)이 불생(不生)하나니 시이(是以)로 고금(古今)의 소장(消長)과 역대(歷代)의 존폐(存廢)가 본교(本敎)에 관(關)함이 약합부절(若合符節)한지라. 오호(嗚呼)라 사천년(四千年) 전래(傳來)하던 대교대도(大敎大道)가 불언부지중(不言不知中)에 전연(全然)히 망각(忘却)할 경(境)에 지(至)하야 금일(今日)에 본교(本敎)의 명(名)도 기득(記得)하는 자(者) 무(無)함이 수삼백년(數三百年) 장근(將近)하니 유불(儒佛)의 유래(流來)에 인심(人心)의 습속취향(習俗趣向)을 변이(變移)함이 약시(若是)하도다. 수연(雖然)이나 석저(石底)의 순(荀)이 사출(斜出)하고 진여(燼餘)의 전(殿)이 독존(獨存)하야 백겁(百劫)을 경(經)하되 능(能)히 마멸(磨滅)치 못하고 만마(萬魔)가 장(鄣)하되 유(惟)히 지보(支保)한 자(者)는 단금일언어상(但今日言語上)에 조선국(朝鮮國)이라 칭(稱)함은

단군조중엽(**檀君**朝中葉)에 배달국(倍達國)이라 칭(稱)한 어(語)가 한자(漢字)의 자의자음(字義字音)으로 전변(轉變)하야 조선(朝鮮)이 되었으니 고어(古語)에 위조왈배(謂祖曰倍)오 위부왈비(謂父曰比)오 지광휘지물왈달(指光輝之物曰達)이라 하니 조부광휘(祖父光輝)를 피(被)한 사표토지(四表土地)라 하여 국호(國號)를 건(建)한 바인즉 배달(倍達)은 즉조광(卽祖光)이라 한토사필(漢土史筆)이 외국국명(外國國名)에 험자(險字)를 용(用)함은 관례(慣例)라 황조자(況祖字)를 용(用)하리오 조(祖)를 이음역지(以音譯

삼일신고 말씀　433

之)하여 조자(朝字)가 되고 광휘(光輝)를 이의역지(以義譯之)하여 선자(鮮字)가 되었으나 지금(只今)까지 혁혁(赫赫)한 고명(古名)이 오인구두(吾人口頭)에 상존(尙存)한 자(者)는 배달목(倍達木)이라 함은

대황조(大皇祖)광휘목(光輝木)이며 태백산(太白山)이라 함은

대황조산(大皇祖山)이며(배지위백역한자지통음(倍之爲白亦漢字之通音)) 패강(浿江)이라 함은

대황조강(大皇祖江)이오{압록강(鴨綠江) 고칭패강(古稱浿江), 패역배자지통음(浿亦倍字之通音)} 일국(一國)의 군주(君主)를 칭(稱)하되 임검(任儉)이라 함은

대황조성휘(大皇祖聖諱)에 출(出)한 바이니 고석(古昔)에 인(人)을 존칭왈임(尊稱曰任)이라 하며 신(神)을 존칭왈검(尊稱曰儉)이라 하야 인신(人神)을 합칭(合稱)하여 존경(尊敬)하는 어(語)요 신라왕(新羅王)을 이사금(尼師今)이라 함과 백제왕(百濟王)을 이니금(理尼今)이라 하는 금자(今字)도 역검자야(亦儉字也)니 백의지신(白衣之神)이라 존경(尊敬)하는 어(語)요 방국(邦國)을 나라(那羅)라 칭(稱)함은 기씨(箕氏)의 소관(所管) 평양일구(平壤一區)를 통명(統名)한 고호(古號)라 본교고기중(本敎古記中)에 유왈(有曰) 나라인최성신용위선겁위악조신희지곡풍민무병(那羅人最誠信勇爲善怯爲惡祖神喜之穀豊民無病)이라 하니 차(此)는 기씨조(箕氏朝)를 지(指)한 어(語)요 국도(國都)를 서울(西鬱)이라 칭(稱)함은

단군조말엽(**檀君**朝末葉)에 천도(遷都)한 부여국중(扶餘國中) 지명(地名)이니 본교고기중(本敎古記中)에 운(云)한바 서울교변(西鬱敎變)이라하는 대사안발생(大事案發生)하든 부읍(府邑)이오 견고완전(堅固完全)한 물(物)을 지(指)하되 단단(檀檀)이라 칭(稱)하고 화패위태(禍敗危殆)한 물(物)을 지(指)하되 탈(脫)이라 칭(稱)

함은 삼국시(三國時) 불법초입(佛法初入)할 제(際)에 본교인(本敎人)이 불상(佛像)을 탈탈(脫脫)이라 위(謂)하여 당시(當時)에 단단탈탈(檀檀脫脫)의 가곡(歌曲)이 본교중(本敎中)에 유(有)한 바요, 의복상(衣服上)에 영금(嶺襟)의 백연(白緣)은 고구려시(高句麗時) 본교(本敎)에서

대황조(大皇祖)를 애대(愛戴)하든 태백산(太白山) 표장(表章)이오 소아(小兒)의 변발(辮髮)하던 포조(布條)를 단계(檀戒)라 위(謂)함은 발해국(渤海國)에서 아생초도(兒生初度) 기부모(其父母)가

대황조묘(大皇祖廟)에 솔왕고알(奉往告謁)하고 "보수명(保壽命) 거질병(袪疾病)"등자(等字)를 오색포조(五色布條)에 서(書)하야 소아두발(小兒頭髮)에 집괘(繫掛)하고 영계(靈戒)를 수(受)하였다는 구습(舊習)이요, 풍속상(風俗上)에 민간(民間)에 새제(賽祭)한 성조(成造)라 하는 신(神)은 즉고대(卽古代)에 가가존봉(家家尊奉)하던 가방(家邦)을 성조(成造)하신

대황조신위(大皇祖神位)거늘 금인(今人)이 부지(不知)하고 가옥성조(家屋成造)한 신(神)이라 하니 기무망(其誣妄)이 태심(太甚)하도다. 시이(是以)로 기제(其祭)가 십월삭(十月朔)에 다행(多行)함은 즉(卽)

대황조경절(大皇祖慶節)을 응(應)한 바이오, 영동고사(嶺東古寺)에 신라솔거(新羅率居)가 화전(畵傳)한

대황조어진(大皇祖御眞)에 고려(高麗) 평장사(平章事) 이규보(李奎報)의 제찬(題贊)한 시(詩)에 왈(曰) "영외가가신조상(嶺外家家神祖像)은 당년반시출명공(當年半是出名工)"이라 하였으니 차(此)를 관(觀)한즉 가가(家家)마다 존봉(尊奉)함을 가지(可知)로다. 예붕(禮崩)에 구야(求野)하고 낙망(樂亡)에 재만(在蠻)이라 하

삼일신고 말씀 435

더니 금일(今日)의 산도영로(山道嶺路)에 선령당(仙靈堂)이라 칭(稱)하는 신(神)은

　대황조(大皇祖)의 명(命)을 수(受)하여 고산대천(高山大川)을 전(奠)하던 팽우(彭虞)의 사(祠)요, 전주간(田疇間)에 농부(農夫)가 오엽(午饁)을 대(對)하면 일시(一匙)를 선위공투(先爲恭投)하고 고성념호(高聲念呼)함은

　대황조(大皇祖)의 명(命)을 수(受)하야 가색(稼穡)을 교(敎)하던 고시(高矢)의 제(祭)요, 만주(滿洲) 철령(鐵嶺)등지(等地)에 왕왕 수림중(往往樹林中)에 고묘유적(古廟遺蹟)이 존(存)한데 토인(土人)이 상전왈(相傳曰) "태고단신제여허(太古壇神祭餘墟)"라 하니 단자(壇者)는 단자(檀字)의 오야(誤也)니 차(此)는 고구려조(高句麗朝)의 본교성행(本敎盛行)할 시(時)에

　대황조(大皇祖)를 숭봉(崇奉)하던 확거(確據)요, 임진지역(壬辰之役)에 일본(日本) 도진의광(島津義光)이 아국자기공(我國磁器工) 십팔성(十八姓)을 거가이천(擧家移遷)하여 일본(日本) 녹아도(鹿兒島) 이집원(伊集院)에 주거(住居)하였는데 기십팔성(其十八姓)이 본국고속(本國古俗)을 잉습(仍襲)하야

　대황조성신(大皇祖聖神)을 숭봉(崇奉)하여 지금(只今)까지 가가(家家)에 향사(享祀)하니 고석(古昔) 본교(本敎)의 성(盛)함을 어차(於此)에 가(可)히 추지(推知)할 바라 오호(嗚呼)라 우역(禹域)의 경전(經典)이 공벽급총(孔壁汲塚)에 출(出)하고 서토(西土)의 영적(靈蹟)이 라마혈거(羅馬穴居)에 로(露)하니 교문(敎門)의 겁액현회(劫厄顯晦)는 고금동서(古今東西)가 동연(同然)하도다.

　범아형제자매(凡我兄弟姉妹)여 제심명청(齊心明聽)하소서. 본교(本敎)는

　대황조성신(大皇祖聖神)의 지인대덕(至仁大德)을 체(體)하여 성

심성의(誠心誠意)로 숭경봉행(崇敬奉行)하여 일념일성(一念一誠)이 시종여일(始終如一)하면 백고백액(百苦百厄)이 재전(在前)하여도

대황조(大皇祖)께옵서 능(能)히 해제(解除)하시며 일념일성(一念一誠)이 시종유차(始終有差)하면 백녹백복(百祿百福)이 당전(當前)하여도

대황조(大皇祖)께옵서 능(能)히 퇴수(退收)하시나니 일가(一家)의 부모(父母)도 현숙(賢淑)한 자녀(子女)에게는 애호상찬(愛護賞讚)하고 패악(悖惡)한 자녀(子女)에게는 초책초달(誚責楚撻)하거든 황명명재상(況明明在上)하신

대황조(大皇祖)께옵서 천자만손(千子萬孫)을 강감(降監)하사 선악(善惡)을 수(隨)하여 화복(禍福)을 강(降)하시니 자손중(子孫中) 일인(一人)이 선념선사(善念善事)가 유(有)하면 즉선촉지(卽先燭知)하시며 자손중(子孫中) 일인(一人)이 악념악사(惡念惡事)가 유(有)하여도 즉선촉지(卽先燭知)하시나니

대황조(大皇祖)께옵서 천자만손(千子萬孫)으로 하여금 거개선념선사(擧皆善念善事)만 유(有)하여 복록(福祿)을 강사(降賜)하시기에 무가(無暇)함이 최상(最上)의 극락(極樂)으로 망(望)하시나 불초(不肖)한 자손(子孫)들이 우미포려(愚迷暴戾)하며 황태교음(荒怠巧淫)하여 망본배원(忘本背源)에 불경부도(不敬不道)하고 반상역리(反常逆理)에 무실무진(無實無眞)하여 호상쟁탈(互相爭奪)하며 호상제함(互相擠陷)하며 호상사기(互相詐欺)하며 호상장살(互相戕殺)하여 무수죄악(無數罪惡)이 자취화앙(自取禍殃)하니

대황조(大皇祖)께옵서 차상탄석(嗟傷歎惜)하사 약통재기(若痛在己)하신 지의(至意)가 과당하여(果當何如)하실는지 유아(惟我)

대황조(大皇祖)의 자손(子孫)된 형제자매(兄弟姉妹)여 형(兄)은

제(弟)를 권(勸)하며 자(姉)는 매(妹)를 권(勸)하여 일인(一人)으로 십인(十人), 십인(十人)으로 백천인(百千人), 백천인(百千人)으로 만억인(萬億人)까지 동심동덕(同心同德)하여 형(兄)의 경(慶)이 제(弟)의 희(喜)며 자(姉)의 척(慼)이 매(妹)의 비(悲)니 일제(一弟)의 척(慼)으로 중형(衆兄)의 비(悲)를 생(生)치 말고 일매(一妹)의 경(慶)으로 중자(衆姉)의 희(喜)를 성(成)케 하소서. 지자지혜(至慈至惠)하신

대황조성신(大皇祖聖神)께옵서 천자만손(千子萬孫)을 일시동인(一視同仁)하시와 권선징악(勸善懲惡)에 대(對)하여 일인(一人)이 유선(有善)하면 중인(衆人)이 권성(勸成)하였다 하사 균사기복(均賜其福)하시며 일인(一人)이 유악(有惡)하면 중인(衆人)이 권저(勸沮)치 못하였다 하사 동강기벌(同降其罰)하시나니 시이(是以)로 인(人)의 선(善)을 견(見)커든 진심표조(盡心表助)할지어다. 즉아(卽我)의 선(善)이며 아(我)의 복(福)이오, 인(人)의 악(惡)을 견(見)커든 수수념시(袖手恬視)치 말지어다. 즉아(卽我)의 악(惡)이며 아(我)의 벌(罰)이니 시이(是以)로 일신(一身)에 일사(一事)가 선(善)하면 기신(其身)이 안(安)하며 일사(一事)가 악(惡)하면 기신(其身)이 위(危)하고 일가(一家)에 일인(一人)이 선(善)하면 기가(其家)가 보(保)하며 일인(一人)이 악(惡)하면 기가(其家)가 패(敗)하고 일방(一邦)에 일세(一世)가 선(善)하면 기방(其邦)이 흥(興)하며 일세(一世)가 악(惡)하면 기방(其邦)이 망(亡)하나니 일방(一邦)은 즉일가(卽一家)요 일가(一家)는 즉일신(卽一身)이며 형(兄)이 즉제(卽弟)요 자(姉)가 즉매(卽妹)니 분이각언(分而各言)하면 수시(雖是) 금일(今日)의 형(兄)과 제(弟)와 자(姉)와 매(妹)의 신야가야방야(身也家也邦也)나 합이통언(合而統言)하면 내시석일(乃是昔日)에

대황조(大皇祖)의 일골육야일실야(一骨肉也一室也)라 오호(嗚呼)라 음수이사원(飮水而思源)하며 재목이배근(栽木而倍根)하나니 본교자(本敎者)는 내당연지리(乃當然之理)며 당행지사(當行之事)요, 역지지리(易知之理)며 역행지사(易行之事)라. 신심독행(信心篤行)하며 일성숭봉(一誠崇奉)하소서 사천여년(四千餘年) 구교(舊敎)의 회이부명(晦而復明)이 기재금일(其在今日)이며 천만억형제자매(千萬億兄弟姉妹)의 화이부복(禍而復福)이 역재금일(亦在今日)하니 오호(嗚呼)라 범아형제자매(凡我兄弟姉妹)여.

단군개극입도사천이백삼십칠년(檀君開極立道四千二百三十七年)
즉대한광무팔년갑진시월초삼일어태백산(卽大韓光武八年甲辰十月初三日於太白山)
대숭전동무고경각(大崇殿東廡古經閣) 십삼인(十三人) 동서(同署)

부백(附白)

본교(本敎) 경전(經典), 선악영험편(善惡靈驗篇), 인신론(人神論), 본교(本敎) 제철신심록(諸哲信心錄), 단군조실사(檀君朝實史), 본교(本敎) 역대고사기(歷代古事記), 백봉신형현세기(白峯神兄現世記) 급(及) 각종(各種) 서적(書籍)은 시기(時機)의 적의(適宜)를 관(觀)하고 인심(人心)의 신앙(信仰)을 수(隨)하야 차제(次第)로 세상(世上)에 선포(宣布)하려니와 금일(今日)은 초학입덕(初學入德)의 문(門)의 대지요어(大旨要語)와 의식절규(儀式節規)를 우형등(愚兄等) 십삼인(十三人)이 십삼도(十三道)에 분행(分行)하여 구전심수(口傳心授)의 법(法)을 선포(先佈)하여 고해화수(苦海禍水)에 자투(自投)하는 형제자매(兄弟姉妹)를 인도(引導)하여 환천복지(歡天福地)에 제등(躋登)케 하오며 우형등외(愚兄等外)에 20인(二十人){본강(本疆) 12인(十二人), 봉천성(奉天省) 2인(二人), 길림성(吉林省) 2인(二人), 흑룡강성(黑龍江省) 3인(三人), 금주(錦州) 1인(一人)}은 요동(遼東), 만주(滿洲), 몽고(蒙古) 급(及) 숙신(肅愼), 여진(女眞), 말갈(靺鞨), 거란(契丹), 선비(鮮卑), 구강(舊疆)으로 이지청국(以至淸國), 일본국(日本國) 등(等) 각지(各地)에 파유(派遊)하여 고대(古代)의 적(蹟)을 수구(搜求)하며 당금(當今)의 정(情)을 관찰(觀察)하고 본교(本敎)를 위(爲)하여 내외(內外)로 일심진성(一心盡誠)하나이다.

5. 대한독립선언서(大韓獨立宣言書)

　우리 대한 동족 남매와 온 세계 우방 동포여!
우리 대한은 완전한 자주독립과 신성한 평등복리로 우리 자손 여민(子孫 黎民)에 대대로 전하게 하기 위하여, 여기 이민족 전제의 학대와 억압(抑壓)을 해탈하고 대한 민주의 자립을 선포하노라.
　우리 대한은 예로부터 우리 대한의 한(韓)이요, 이민족의 한이 아니라, 반만년사의 내치외교(內治外交)는 한왕한제(韓王韓帝)의 고유 권한[固有權]이요, 백만방리의 고산려수는 한남한녀(韓男韓女)의 공유재산(共有財産)이요, 기골문언(氣骨文言)이 구아(歐亞)에 뛰어난[拔粹] 우리 민족은 능히 자국을 옹호하며 만방을 화합하여 세계에 공진할 천민(天民)이라, 우리나라의 털끝만한 권한[韓一部의 權]이라도 이민족[異族]에게 양보할 의무가 없고, 우리 강토의 촌토[韓一尺의 土]라도 이민족이 점유할 권한이 없으며, 우리나라 한 사람의 한인[韓一個의 民]이라도 이민족이 간섭할 조건이 없으니, 우리 한(韓)은 완전한 한인(韓人)의 한(韓)이라.
　슬프도다 일본의 무력과 재앙(災殃)이여. 임진 이래로 반도에 쌓아 놓은 악은 만세에 엄폐[可掩]치 못할지며, 갑오 이후 대륙에서 지은 죄는 만국에 용납[能容]지 못할지라. 그들이 전쟁을 즐기는[嗜戰] 악습은 자보(自保)니 자위(自衛)니 구실을 만들더니, 마침내 하늘에 반하고 인도에 거스르는[反天逆人] 보호 합병을 강제[逞]하고, 그들이 맹세를 어기는 패습(悖習)은 영토니 문호니 기회니 구실을 거짓 삼다가 필경 몰의비법(沒義非法)한 밀관협약(密款

脅約)을 강제로 맺고[勒結], 그들의 요망한 정책은 감히 종교와 문화를 말살하였고, 교육을 제한하여 과학의 유통을 막았고 인권을 박탈하며 경제를 농락하며 군경(軍警)의 무단과 이민이 암계(暗計)로 한족을 멸하고 일인을 증식[滅韓殖日]하려는 간흉을 실행한지라.

적극소극(積極消極)으로 우리의 한(韓)족을 마멸시킴이 얼마인가.

십년 무력과 재앙의 작란(作亂)이 여기서 극에 이르므로 하늘이 그들의 더러운 덕[穢德]을 꺼리시어[厭] 우리에게 좋은 기회[時機]를 주실 새, 우리들은 하늘에 순종하고 인도에 응하여[順天應人] 대한독립을 선포하는 동시에 그들의 합병하던 죄악을 선포하고 징계하니[宣布懲辨],

1. 일본의 합방 동기는 그들의 소위 범일본주의를 아시아에서 실행함이니, 이는 **동아시아의 적**이요,
2. 일본의 합방 수단은 사기강박과 불법무도와 무력폭행을 구비였으니, 이는 **국제법규의 악마**이며,
3. 일본의 합병 결과는 군경의 야만적 힘[蠻權]과 경제의 압박으로 종족을 마멸하며, 종교를 억압하고 핍박(抑迫)하며, 교육을 제한하며, 세계 문화를 저지하고 장애[沮障]하였으니 이는 **인류의 적**이라,

그러므로 하늘의 뜻과 사람의 도리[天意人道]와 정의법리(正義法理)에 비추어 만국의 입증으로 합방 무효를 선포하며, 그들의 죄악을 응징하며 우리의 권리를 회복하노라.

슬프도다. 일본의 무력과 재앙이여! 작게 징계하고 크게 타이름[小懲大戒]이 너희의 복이니 섬은 섬으로 돌아가고, 반도는 반도로 돌아오고, 대륙은 대륙으로 회복할지어다.

각기 원상(原狀)을 회복함은 아시아의 바램[幸]인 동시에 너희도 바램이러니와, 만일 미련하게도 깨닫지 못하면 화근이 모두[全部禍根] 너희에게 있으니, 복구자신(復舊自新)의 이익을 반복하여 알아듣게 타이를 것[反復曉諭]이다.

보라! 인민의 마적이었던 전제와 강권은 잔재가 이미 다하였고, 인류에 부여된 평등과 평화는 명명백백하여, 공의(公義)의 심판과 자유의 보편성은 실로 광겁(曠劫)의 액(厄)을 일세(一洗)코자 하는 천의(天意)의 실현함이요, 약국잔족(弱國殘族)을 구제[濟]하는 대지의 복음이라.

장[大]하도다 시대[時]의 정의[義]여. 이때를 만난 우리는 함께 나아가[共進] 무도한 강권속박(强權束縛)을 해탈하고 광명한 평화독립을 회복함은, 하늘의 뜻을 높이 날리며 인심을 순응시키고자 함이며, 지구에 발을 붙인 권리로써 세계를 개조하여 대동건설을 협찬하는 소이로서 우리 여기 2천만 대중의 충성[赤衷]을 대표하여, 감히 황황일신(皇皇一神)께 분명히 알리고[昭告] 세계만방에 고하오니[誕誥], 우리 독립은 하늘과 사람이 모두 향응[天人合應]하는 순수한 동기로 민족자보(民族自保)의 정당한 권리를 행사함이요, 결코 목전의 이해[眼前利害]에 우연한 충동이 아니며, 은혜와 원한(恩怨)에 관한 감정으로 비문명한 보복수단에 자족한 바가 아니라, 실로 항구일관(恒久一貫)한 국민의 지성이 격발하여 저 이민족으로 하여금[彼異類] 깨닫고 새롭게 함[感悟自新]이며, 우리의 결실은 야비한 정궤(政軌)를 초월하여 진정한 도의를 실현함이라.

아 우리 대중이여, 공의로 독립한 자는 공의로써 진행할지라, 일체의 방편[一切方便]으로 군국전제를 삭제하여 민족 평등을 세계에 널리 베풀[普施]지니 이는 우리 독립의 제일의 뜻[第逸意]이요, 무력 겸병(武力兼倂)을 근절하여 평등한 천하[平均天下]의 공도(公道)로 진행할지니 이는 우리 독립의 본령이요, 밀약사전(密約私戰)을 엄금하고 대동평화를 선전(宣傳)할지니 이는 우리 복국의 사명이요, 동등한 권리와 부[同權同富]를 모든 동포[一切同胞]에게 베풀며 남녀빈부를 고르게 다스리며[齊], 등현등수(等賢等壽)로 지우노유(知愚老幼)에게 균등[均]하게 하여 사해인류(四海人類)를 포용[度]할 것이니 이것이 우리 건국[立國]의 기치(旗幟)요, 나아가 국제불의(國際不義)를 감독하고 우주의 진선미를 체현(體現)할 것이니 이는 우리 대한민족의 시세에 응하고 부활[應時復活]하는 궁극의 의의[究竟義]니라.

아! 우리 마음이 같고 도덕이 같은[同心同德] 2천만 형제자매여! 우리 단군대황조께서 상제(上帝)에 좌우하시어 우리의 기운(機運)을 명하시며, 세계와 시대가 우리의 복리를 돕는다. 정의는 무적의 칼이니 이로써 하늘에 거스르는 악마와 나라를 도적질하는 적을 한 손으로 무찌르라. 이로써 5천 년 조정의 광휘(光輝)를 현양(顯揚)할 것이며, 이로써 2천만 백성[赤子]의 운명을 개척할 것이니, 궐기[起]하라 독립군! 제[齊]하라 독립군!

천지로 망(網)한 죽음[一死]은 사람의 면할 수 없는 바인즉, 개·돼지와도 같은 일생을 누가 원하는 바이리오. 살신성인하면 2천만 동포와 동체(同體)로 부활할 것이니 일신을 어찌 아낄 것이며, 집안이 기울어도 나라가 회복되면[傾家復國] 3천리 옥토가 자가의 소유이니 일가(一家)를 희생하라!

아 우리 마음이 같고 도덕이 같은 2천만 형제자매여! 국민본령(國民本領)을 자각한 독립임을 기억할 것이며, 동양평화를 보장하고 인류평등을 실시하기 위한 자립인 것을 명심할 것이며, 황천의 명령을 크게 받들어[祗奉] 일절(一切) 사망(邪網)에서 해탈하는 건국인 것을 확신하여, 육탄혈전(肉彈血戰)으로 독립을 완성할지어다.

건국기원 4252년 2월

김교헌(金敎獻) 김규식(金奎植) 김동삼(金東三) 김약연(金躍淵) 김좌진(金佐鎭) 김학만(金學滿) 여 준(呂 準) 유동열(柳東說) 이광(李 光) 이대위(李大爲) 이동녕(李東寧) 이동휘(李東輝) 이범윤(李範允) 이봉우(李奉雨) 이상룡(李相龍) 이세영(李世永) 이승만(李承晩) 이시영(李始榮) 이종탁(李鍾倬) 이 탁(李 沰) 문창범(文昌範) 박성태(朴性泰) 박용만(朴容萬) 박은식(朴殷植) 박찬익(朴贊翼) 손일민(孫一民) 신 정(申 檉) 신채호(申采浩) 안정근(安定根) 안창호(安昌浩) 임 방(任 □) 윤세복(尹世復) 조용은(趙鏞殷) 조 욱(曹 煜) 정재관(鄭在寬) 최병학(崔炳學) 한 흥(韓 興) 허 혁(許 爀) 황상규(黃尙奎)

〈참고 문헌〉

구조수학원론,	최재충 저,	보문인쇄소,	1991,
구조의학의 기초,	최재충 저,	구조의학부,	1989,
개벽,	안경전 저,	대원출판,	2006,
단군,	윤이흠 저,	서울대학교출판부,	1994,
단군기행,	박성수 저,	교문사,	1988,
단군신전에 들어 있는 역사소,	최남선 저,	현암사,	1973,
단기고사,	고동영 역,	한뿌리,	1990,
대종경전총람,	강천봉 역,	대종교출판사,	1996,
대종교 경전,	대종교 종경 편수위원회,	대종교출판사,	2002,
도통하는 천부경,	최의목 저,	신성,	1997,
동경대전,	최제우 저/최동희 역,	삼성출판사,	1983,
말하는 대로 이루어진다,	매튜 버드, 래리 로드스타인 저/이상원 역,		2002,
민족사상의 원류,	안창범 저,	교문사,	1993,
민족의 뿌리,	최재충 저,	한민족,	1986,
무지개 원리,	차동엽 저,	위즈앤비즈,	2008,
베일 벗은 천부경,	조하선 저,	물병자리,	1998,
부도지,	박제상 저/김은수 역해,	기린원,	1989,
불함문화론,	최남선 저,	현암사,	1973,
삼국사기,	김부식 저/이병도 역주,	을유문화사,	1997,
삼국유사,	일연 저/최호 역해,	홍신신서,	1996,
삼일신고,	최동환 저,	하남출판사,	1991,
삼일철학역해종경합편,	박영준 역,	대종교출판사,	1949,
새시대를 위한 주역,	서정기 역주,	글,	1993,
생명과학의 이해,	이광웅 외 편역,	을유문화사,	1996,
소통,	박태현 저,	(주)웅진씽크빅,	2007,
쑥뜸치료법,	김용태 저,	(주)서울문화사,	1996,
시원문화를 찾아서,	한배달 편,	한배달,	1992,
신단민사,	김교헌 저,	한뿌리,	1987,
신단실기,	김교헌 저,	한뿌리,	1987,

신선사상과 도교,	도광순 편,	범우사,	1994,
우리나라의 민속놀이,	석우성 저,	동문선,	1990,
우리문화의 수수께끼,	주강현 저,	한겨레신문사,	1998,
우주변화의 원리,	한동석 저,	행림출판,	1993,
위대한 민족,	송호수 저,	도서출판 보림사,	1989,
이야기 수학사,	이태규 저,	백산출판사,	1989,
인생의 목적,	할 어반 저/김문주 역,	더난 출판,	2005,
잃어버린 역사를 찾아서,	서희건 편저,	고려원,	1988,
정역과 한국,	박상화 저,	공화출판사,	1978,
조선상고 문화사,	신채호 저/이만열 주석,	신채호기념사업회,	1998,
좋은 습관,	존 토드 저/장홍석 역,	도서출판 북뱅크,	2004,
주역철학의 이해,	고희민 저/정병석 역,	문예출판사,	1995,
참전계경,	최동환 해설,	도서출판 삼일,	2007,
천교경전,	안창범 편저,	삼진출판사,	2007,
천부경,	최동환 저,	하남출판사,	1991,
천부경과 단군사화,	김동춘 저,	가나출판사,	1986,
천부경과 수의 세계,	최재충 저,	한민족,	1986,
천부경의 비밀과 백두산족의 문화,	안기석 저,	정신세계사,	1994,
천부경의 수수께끼,	윤해석 저,	도서출판 창해,	2000,
천부사상과 환단역사,	백산 편역,	동신출판사,	1989,
천지대학경,	학산 편저,	천지일월신선대학,	2009,
천지인,	한문화원 출판부,	한문화,	1989,
한국의 시원사상,	박용숙 저,	문예출판사,	1991,
한국민담사전,	최근학 저,	문화출판공사,	1994,
한단고기,	임승국 주해,	정신세계사,	1992,
한단고기,	김은수 역,	가나출판사,	1985,
한 사상,	김상일 저,	온누리,	1986,
홍암신형조천기,	김교헌 저,	대종교출판사,	2002,
훈민정음의 제자원리,	이정호 해,	아세아문화사,	1990,
홍익인간,	김영돈 저,	보경문화사,	2001,